일제강점기 문화재 정책과 고적조사

일제침탈사연구총서
문화
44

일제강점기 문화재 정책과 고적조사

동북아역사재단 일제침탈사 편찬위원회 기획
이순자 지음

동북아역사재단
NORTHEAST ASIAN HISTORY FOUNDATION

| 발간사 |

    일본이 한국을 침탈한 지 100년이 지나고 한국이 일본의 지배로부터 벗어난 지 70년이 넘었건만, 식민 지배에 대한 청산은 이루어지지 못하고 있다. 일본의 독도영유권 주장은 도를 넘어섰다. 일본은 일본군'위안부', 강제동원 등 인적 수탈의 강제성도 인정하지 않고 있다. 일본군'위안부'와 강제동원의 피해를 해결하는 방안을 놓고 한·일 간의 갈등은 최고조에 이르고 있다. 역사문제를 벗어나 무역분쟁, 안보위기 등 현실문제가 위기국면을 맞고 있다.
    한·일 간의 갈등은 식민 지배의 역사를 어떻게 볼 것인가 하는 역사인식에서 기인한다. 역사는 현재와 과거의 대화이며 이를 기반으로 미래로 나아갈 수 있다. 과거 침략의 역사를 미화하면서 평화로운 미래를 말하는 것은 불가능하다. 식민 지배와 전쟁발발의 책임을 인정하지 않고 반성하지 않으면 다시 군국주의가 부활할 수 있고 전쟁이 일어날 위험성도 배제할 수 없다. 미래지향적 한일관계를 형성하고 나아가 동아시아의 평화와 번영의 기틀을 조성하기 위해 일본은 식민 지배의 책임을 인정하고 그 청산을 위해 노력해야 할 것이다.
    식민 지배의 역사를 청산하기 위해서는 식민 지배는 어떻게 이루어졌는지 그 실상을 명확하게 규명하는 일이 긴요하다. 그동안 일본제국주의에 맞서 조국의 독립을 위해 헌신한 독립운동가들의 활동을 찾아내고 역사적으로 평가하는 일에는 상당한 성과를 거두었다. 반면 일제 식민침탈의 구체적인 실상을 규명하는 일에는 충분한 노력을 기울이지 못했다. 제국주의가 식민지를 침탈했다는 것은 너무나 당연한 사실로 여겨졌기 때문에, 굳이 식민 지배에서 비롯된 수탈과 억압, 인권유린을 낱낱이 확인할 필요가 없었는지도 모른다. 그러는 사이 일본은 식민 지배가 오히려 한국에 은혜를 베푼 것이라고 미화하고, 참혹한 인권유린을 부인하는 역사부정의 인식을 보이는 데까지 이르고 있다. 일제의 통치와 침탈, 그리고 그 피해를 종합적으로 조사하고 편찬할 필요성이 여기에 있다.

　일제침탈사를 체계적으로 정리하는 일은 개인이 감당하기 어렵다. 이에 우리 재단은 한국학계의 힘을 모아 일제침탈사 편찬위원회를 꾸렸다. 편찬위원회가 중심이 되어 일제의 식민지 침탈사를 정치·경제·사회·문화 모든 방면에 걸쳐 체계적으로 집대성하기로 했다. 일제 식민침탈의 실체를 파악하기 위해 2020년부터 세 가지 방면으로 사업을 추진하고 있다. 하나는 일제침탈의 실상을 구체적이고 생생한 자료를 통해서 제공하는 일로서 〈일제침탈사 자료총서〉로 편찬한다. 다른 하나는 이들 자료들을 바탕으로 연구한 결과물을 〈일제침탈사 연구총서〉로 간행한다. 그리고 연구의 결과를 대중들이 이해하기 쉽게 〈일제침탈사 교양총서〉를 바로알기 시리즈로 간행한다. 자료총서 100권, 연구총서 50권,

교양총서 70권을 기본 목표로 삼아 진행하고 있다.

〈일제침탈사 연구총서〉는 일제침탈의 실태를 정치·경제·사회·문화 분야로 대별한 뒤 50여 개 세부 주제로 구성했다. 국내외 학계 전문가들이 현재까지 축적된 연구 성과를 반영하면서 풍부한 자료를 활용하여 집필했다. 연구자뿐만 아니라 교육 현장에서도 활용되고 일반 독자들도 이해할 수 있도록 집필하기 위해 노력했다. 연구총서 시리즈가 일제침탈의 역사적 실상을 규명하고 은폐된 역사적 사실을 기억하고 왜곡된 과거사에 대한 인식을 바로 잡음으로써 역사인식의 차이로 인한 논란과 갈등을 극복하는데 기여하는 디딤돌이 되기를 바란다.

2021년
동북아역사재단 이사장

| 편찬사 |

　1945년 한국이 일제 지배로부터 해방된 지 76년의 세월이 지났다. 그럼에도 불구하고 일본 사회 일각에서는 여전히 일제의 한국 지배를 합리화하고 미화하는 주장이 나오고 있으며, 최근에는 한국 사회 일각에서도 일제 지배를 왜곡하고 옹호하는 주장이 나오고 있다. 이는 한국과 일본 사회, 한일 관계와 동아시아 국제관계의 미래를 위해서도 결코 바람직하지 않은 일이다.
　이에 동북아역사재단은 일제의 한국 침략과 식민 지배에 대한 학계의 연구 성과를 총정리한 〈일제침탈사 연구총서〉를 발간하기로 하였다. 이에 따라 2019년 9월 학계의 전문가를 중심으로 편찬위원회를 구성하였으며, 편찬위원회는 학계의 연구 성과를 토대로 정치·경제·사회·문화 부문에서 일제의 침탈이 어떻게 이루어졌는지 정리하여 연구총서 50권을 발간하기로 하였다.
　주지하듯이 1905년 일제는 러일전쟁에서 승리한 뒤, 한국에 군대를 주둔시키면서 한국의 외교권을 빼앗고 통감부를 두어 내정에 간섭하였다. 1910년 일제는 군사력으로 한국 정부를 강압하여 마침내 한국을 강제 병합하였다. 이후 35년간 한국은 일제의 식민 통치를 받았다.
　일제는 한국의 영토와 주권을 침탈하였을 뿐만 아니라, 군사력과 경찰력으로 한국을 지배하면서, 정치·경제·사회·문화의 모든 부문에서 한국인의 권리와 자유, 기회와 이익을 박탈하거나 제한하였다. 정치적으로는 군사력과 경찰력, 각종 악법을 동원하여 독립운동을 탄압하고, 한국인의 정치활동을 억압하고 참정권을 박탈하였으며, 집회와 결사의 자유를 억압하였다. 경제적으로는 일본자본이 경제의 주도권을 장악하고, 일본인 위주의 경제정책을 수행했으며, 식량과 공업원료, 지하자원 등을 헐값으로 빼앗아 갔고, 농민과 노동자 등 대다수 한국인의 경제생활을 어렵게 하였다. 사회적으로는 한국인들을 차별적으로 대우하고, 한국인의 교육의 기회를 제한하고, 한국인으로서의 정체성을 박탈하여 결국은 일본의 2등 국민으로 만들고자 하였다. 문화적으로는 표현과 창작의 자유, 종교와 사상의 자유를 억압하고, 한글 대신 일본어를 주로 가르치고, 언론과 대중문화를 통제하였다. 중일전쟁, 아시아태평양전쟁을 도발한 뒤에는 인적·물적 자원을 전쟁에 강제동원하고, 많은 이들을 전장에 징집하여 생명까지 희생시켰다.

〈일제침탈사 연구총서〉는 침탈, 억압, 차별, 동화, 수탈, 통제, 동원 등의 단어로 요약되는 일제의 침략과 식민 지배의 실상과 그 기제를 명확히 밝히고자 하였다. 이를 통해 일제의 강제 병합을 정당화하거나 식민 지배를 미화하는 논리들을 비판 극복하고, 더 나아가 일제 식민 지배의 특성이 무엇이었는지, 식민 통치의 부정적 유산이 해방 이후에 어떤 영향을 미쳤는지를 밝히고자 하였다.

편찬위원회는 연구총서와 함께 침탈사와 관련된 중요한 주제들에 관하여 각종 법령과 신문·잡지 기사 등 자료들을 정리하여 〈일제침탈사 자료총서〉도 발간하기로 하였다. 아울러 일반인과 학생들이 보다 쉽게 읽을 수 있는 〈일제침탈사 교양총서〉를 바로알기 시리즈로 발간하기로 하였다.

일제의 한국 침략과 식민 지배의 역사는 광복 후 서둘러 정리해냈어야 했지만, 학계의 연구가 미흡하여 엄두를 내기 어려웠다. 이제 학계의 연구가 어느 정도 축적되어 광복 80주년을 맞기 전에 이와 같은 작업을 할 수 있게 된 것을 다행으로 생각한다. 한일 양국 국민이 과거사에 대한 올바른 역사인식을 갖고 성찰을 통해 미래를 향해 함께 나아갈 수 있기를 기대하면서 삼가 이 책들을 펴낸다.

2021년
동북아역사재단 일제침탈사 편찬위원회

차례

발간사 4
편찬사 7

머리말　　　　　　　　　　　　　　　　　　　　　　　15

제1장　**강제병합 전후 문화재 약탈과 한반도 고건축·고적조사**
　　1. 강제병합 이전 문화재 약탈:
　　　　개성 지역 고려고분 도굴 및 골동상　　　　　　30
　　2. 세키노 다다시의 고건축물·고적조사　　　　　　50
　　3. 구로이타 가쓰미의 조선사적유물 조사　　　　　79

제2장　**조선총독부의 문화재 정책: 법령과 제도**
　　1.「고적급유물보존규칙」과
　　　「조선보물고적명승천연기념물보존령」제정　　　88
　　2. 고적조사위원회와
　　　조선총독부보물고적명승천연기념물보존회 설립　126
　　3. '역사 만들기' 공간으로서 조선총독부박물관　　144

제3장　**조선총독부의 고적조사**
　　1. 고적조사위원회의 고적조사 5개년 사업(1916~1920)　196
　　2. '문화통치기' 고적조사(1921~1930)　　　　　　221
　　3. 조선총독부 외곽단체인
　　　조선고적연구회 고적조사(1931~1945)　　　　　273

제4장 지역고적보존회 활동과 박물관 설립

1. 지역고적보존회와 조선총독부박물관 분관 설립 및 활동　**322**
2. 지역고적보존회와 부립박물관 설립 및 활동　**348**
3. 기타 지역고적보존회 활동　**367**

제5장 개인 소장가의 문화재 반출: 오구라 다케노스케를 중심으로

1. 사업가 오구라 다케노스케: 재산 축적 과정　**379**
2. 유물 수집가 오구라 다케노스케: 문화재 수집과 반출　**384**
3. 일본으로 반출해간 오구라컬렉션　**400**

맺음말을 대신하여:
1965년 '한일협정'과 문화재 반환을 돌아보며　**415**

부록 **433**
참고문헌 **450**
찾아보기 **461**

오늘날 일본이 국보(國寶)라 하며 세계에 자랑하고, 세계인 역시 그 아름다움을 인정하고 있는 많은 작품들이 도대체 누구의 손으로 만들어진 것이라 생각하고 있을까. 그 중에서도 국보 중의 국보라 부르지 않으면 안 되는 것의 거의 모두가 사실은 조선 사람의 손에 의해 만들어진 것이 아닌가. … 이것에 대해서는 역사가도 실증하는 틀림없는 사실이다. 그것들은 일본의 국보라고 불리기보다는 정확하게 말하면 조선의 국보라고 불리지 않으면 안 된다.

야나기 무네요시(柳宗悅),
『조선과 그 예술(朝鮮とその藝術)』 중에서

머리말

일제는 일찍부터 한국 역사에 관심을 가지면서 역사 속에서 식민통치의 정당성을 찾고자 하였다. 그 일환으로 고적조사사업을 실시하였으며, 이를 용이하게 진행하고자 문화재 정책을 수립하였다. 일제의 고적조사사업은 크게 두 가지 측면에 역점을 두었는데, 첫째는 역사에서 식민통치 이데올로기의 정당성을 찾고자 하였다. 즉 일제는 식민사관(植民史觀)을 통해 식민통치의 정당성을 주창하고, 이를 고고학적으로 증명하려 하였다. 한국의 역사가 타율적으로 진행되었다고 주장하면서 이를 규명하고자 평양 중심의 낙랑군 관련 유적, '신공황후 삼한정벌(神功皇后 三韓征伐)'과 '임나일본부(任那日本府)의 한반도 지배'를 주장하기 위한 신라와 가야 유적의 발굴조사에 집중하였다.

둘째는 '문화적 식민통치'를 대내외에 알리려는 목적으로 '근대적' 전시공간인 박물관을 설립하였다. 고고학적 발굴 성과물을 박물관에서 전시하되, 그들이 '보여주고' 싶은 역사로 재구성한 것이었다. 그리고 발굴조사 보고서를 발행하여 식민통치의 '문화적 성과'를 자랑하였다.

일찍부터 한국에 건너온 일본인들은 개성 지역 고분을 도굴하였고, 동시에 '정찰적'인 조사를 진행하였다. 이후 조선총독부는 한국 문화재 '보존'이라는 명분하에 고적조사를 실시하였다. 조선총독부는 본격적인 고적조사사업과 함께 문화재 정책의 일환으로 법령과 기구를 갖추고, 제한적이긴 하지만 나름 근대적인 틀 속에서 정책과 제도를 마련하여 문화재 관리를 추진하였다. 이로써 다른 분야와 마찬가지로 한국에서도 학문으로서 고고학 및 '근대적'인 의미의 문화재(유적·유물) 개념이 비로소 생성되었다.

국외소재문화재재단 조사에 따르면, 2020년 4월 기준 해외에 있는 한국 문화재는 21개국 193,136점이다. 이 가운데 일본에 있는 한국 문화재는 81,889점(42.4%)으로 1위를 차지한다.[1] 이들 문화재는 주로 박물관이나 공공기관, 대학이 소장하고 있는 공개된 유물의 숫자이며, 개인 소장 반출 문화재는 사실상 정확한 규모나 소재 파악조차 어려운 상황이다. 또한 소재가 파악되었다 하더라도 유출 경로를 정확하게 밝힐 수 있는 객관적 자료가 없는 경우가 대부분이다. 게다가 정상적인 거래를 통해 유출된 것과는 달리 불법적인 방법에 의해 반출된 문화재를 찾아내는 일은 더더욱 어려운 일이다.

그럼에도 불구하고 강제병합 이전부터 자행되어온 한국 문화재 침탈 양상과 함께 식민통치 기간 동안 시기별로 어떠한 법령과 기구, 인적 네트워크하에서 고적조사가 이루어졌으며, 발굴 성과물들을 어떻게 재현하였는지를 살펴보는 것은 일제강점기 문화재 침탈사를 규명함에 중요한 작업이다.

이 분야에 대한 선행연구는 크게 세 부분으로 정리해볼 수 있다. 먼저 문화재 정책과 관련해서 오세탁[2]은 일제의 문화재 정책을 형식적 법치주의하에 시행된 총체적 수탈 정책으로 보고 이를 시대순으로 정리하였다. 유승훈[3]은 조선총독부에 의한 문화재 관리 특징을 철저한 문화재 관련 탐문조사 및 발굴조사, 자국의 경험을 기초로 한 문화재 제도의 정비, 문화재 관리의 주관자가 공공연한 문화재 파괴자임을 지적하였다.

1　국외소재문화재재단 홈페이지 참고. 미국 53,141점(27.5%), 중국 12,984점(6.72%), 독일 12,113점(6.27%), 영국 7,638점(3.96%), 프랑스 5,684점(2.94%) 순이다(2020년 4월 1일 검색).

2　오세탁, 1996, 「일제의 문화재정책-그 제도적 측면을 중심으로」, 『문화재』 29; 오세탁, 1998, 「植民地朝鮮に對する日帝の文化財政策-その制度的側面を中心にして」, 『考古學研究』 452.

3　유승훈, 2003, 「일제강점기 '문화재 관리'에 대한 비판적 고찰」, 역사민속학회 발표문.

김용철[4]은 관련 법률을 중심으로 일본의 근대 문화재 보호제도를 시기별로 검토함으로써 한국의 문화재 보호제도를 재검토할 수 있는 토대를 마련하였다. 최석영[5]은 일제의 동화이데올로기 정책하에서 '외지(外地)'로서 조선의 식민 상황을 학문적·정치적으로 규명하기 위해 일제가 실행한 민속학·고고학·인류학적 조사를 다각도에서 살피고, 식민지 고고학적 발굴에 의해 수집·출토된 유물들이 일본 등 외국으로 반출된 이유가 관련 법의 '차별적' 운영에 있음을 밝혀 문화재 정책의 한계를 지적하였다. 오영찬[6]은 문화재 제도의 도입과 성격, 그리고 변천을 통해 조선총독부의 문화재 제도가 지닌 식민주의적 맥락을 규명하였다.

한편 문화재 침탈에 대한 연구로는 황수영의 『일제기 문화재 피해 자료』[7]가 선구적이었다. 이 자료집은 당시 국립박물관에 소장된 자료 가운데 관련 주제의 자료들을 스크랩하여 각 장에 항목별로 분류하고, 해당 자료들을 직접적으로 관련된 부분 또는 키워드로 적었다. 따라서 전체적인 문맥을 파악하기에 어려움이 있었다. 그러던 중 2011년에 일본어로 증보판이 출간되었고, 이를 2014년 국외소재문화재재단이 증보 번역하고, 해제를 붙여 다시 발간함으로써 종합적인 이해가 가능해

---

4   김용철, 2017, 「근대 일본의 문화재 보호제도와 관련 법령」, 『미술자료』 92.
5   최석영, 1997, 『일제의 동화이데올로기의 창출』, 서경문화사; 최석영, 2012, 『일제의 조선연구와 식민지적 지식생산』, 민속원; 최석영, 2012, 『한국박물관 100년 역사: 진단&대안』, 민속원; 최석영, 2015, 『일제의 조선 '식민지 고고학'과 식민지 이후』, 서강대학교 출판부.
6   오영찬, 2015, 「'고적'의 제도화: 조선총독부 문화재 정책의 성립」, 『한일 문화재 반환문제의 과거와 미래를 말하다』, 국외소재문화재재단.
7   황수영 편, 1973, 『일제기 문화재 피해 자료』(고고미술자료 제22집); 황수영 편, 이양수·이소령 증보, 강희정·이기성 해제, 2014, 『일제기 문화재 피해 자료』, 국외소재문화재재단.

졌다. 정영호[8]는 고분의 도굴과 출토품 약탈, 석불의 훼손, 불법 반출물의 반환, 행방불명된 약탈문화재, 일본에 있는 대형 석조물 등으로 구분하여 문화재 약탈을 언급한 바 있다. 1996년 문화재관리국 주최로 '일제의 문화재정책 평가 세미나'[9]가 개최되어 이 분야에 대한 연구가 한자리에 모아지면서 본격적인 연구가 시작되었다. 이구열[10]과 정규홍[11]은 일제강점기 일본인과 도굴자들에 의해 각종 문화재가 전국에서 약탈·도굴된 사례를 정리하였다. 특히 정규홍은 일찍부터 이 분야에 관심을 가지고 광범위한 자료 고증을 통해 각 분야에서 수탈당한 한국 문화재 찾기에 연구성과를 꾸준히 발표해왔다. 최근에는 『우리 문화재 수난일지』(전10권)를 통해 1866년부터 1945년 광복을 맞은 해까지 방대한 우리 문화재 수탈사를 시기별로 정리하였다. 이현혜 등[12]은 일본으로 반출되어 도쿄대학 문학부와 공학부에 있는 낙랑유물과 동양문고의 우메하라고고자료목록 가운데 낙랑 관련 자료를 통해 일본에 있는 낙랑유물에 대한 내용을 정리하였다. 이 밖에도 국외로 유출된 개별 문화재의 소재와

---

8   정영호, 1989, 「문화재 약탈」, 『한민족독립운동사』 5, 국사편찬위원회.
9   당시 발표된 연구로는 황수영의 「일정기의 문화재 재정의 진상」, 오세탁의 「일제의 문화재정책-그 제도적 측면을 중심으로」, 조유전의 「일제시 고분발굴 및 도굴실태」, 김동현의 「일제시 宮, 陵, 園의 수난사」, 정영호의 「석조문화재의 수난」, 박현수의 「식민지 문화 연구의 양면성」이 있다. 그리고 「일제의 문화재 수탈과 유출」이라는 제목하에 윤용이(도자기), 천혜봉(전적), 유홍준(회화)이 발표하였다.
10   이구열, 1996, 『한국 문화재 수난사』, 돌베개.
11   정규홍, 2005, 『우리 문화재 수난사』, 학연문화사; 정규홍, 2007, 『석조문화재 그 수난의 역사』, 학연문화사; 정규홍, 2009, 『유랑의 문화재-제자리를 떠난 문화재들에 대한 보고서』, 학연문화사; 정규홍, 2010, 『위기의 문화재』, 학연문화사; 정규홍, 2012, 『우리 문화재 반출사』, 학연문화사; 정규홍, 2016, 『우리 문화재 수난일지』(전10권), 학연문화사.
12   이현혜·김병준·오영찬·정인성·이명선, 2008, 『일본에 있는 낙랑 유물』, 학연문화사.

실태를 파악한 많은 성과물들이 나왔는데, 대표적인 것이 국립문화재연구소[13]와 동북아역사재단[14] 및 국외소재문화재재단[15]에서 발간한 연구서들이다. 특히, 국외소재문화재단에서는 지속적으로 해외 소재 문화재 출처조사를 통해 일본을 비롯한 해외에 있는 한국 문화재에 대한 구체적인 내용들을 파악하고 있다.

다음은 일제의 고적조사사업과 박물관에 대한 연구이다. 처음에는 직접 발굴사업에 참여하였던 일제 고고학자 및 관학자들이 남긴 발굴조사 활동 내용이나 회고담, 발굴보고서 형식에 의존하였으나[16] 이후 다양한 연구들이 진행되었다. 특히 식민지 고고학을 바라보는 서로 다른 견해를 가진 일본 학자들의 연구가 주목된다.

니시카와 히로시(西川宏)[17]는 식민지 조선에서 이루어진 고고학적 활동의 정치성을 언급한 데 반해, 곤도 요시로(近藤義郎)[18]는 제국주의 고고학 자체의 정치성이 아니라 일본 고고학자들이 제국주의에 눈을 감고

13　국립문화재연구소, 1986, 『해외소재한국문화재목록』.

14　동북아역사재단 편, 2008~2019, 『일본 소재 고구려유물』 I-V.

15　국외소재문화재재단 편, 2014, 『오구라 컬렉션 일본에 있는 우리 문화재』; 국외소재문화재재단·고려대학교 민족문화연구원 해외한국학자료센터 편, 2018, 『일본 도쿄대학 소장 오구라문고 한국전적』, 국외소재문화재재단.

16　關野貞, 2009, 『關野貞日記』, 關野貞研究會; 藤田亮策, 1963, 『朝鮮學論考』, 藤田先生記念事業會; 梅原末治·藤田亮策 編, 1947, 『朝鮮古文化綜鑑』, 養德社; 有光教一, 1999, 『有光教一著作集』 1-3, 同朋舍 등이 있다.

17　西川宏, 1968, 「帝國主義下の朝鮮考古學はたして政策に密着しなかったか」, 『朝鮮研究』 75; 西川宏, 1970, 「日本帝國主義下における朝鮮考古學の形成」, 『朝鮮史研究會論文集』 7.

18　近藤義郎, 1964, 「前後日本考古學の反省と課題」, 『日本考古學の諸問題 考古學研究會十周年記念論文集』.

있었던 점을 비판하였다. 2010년에 간행된 『특집 조선고고학사』[19]에서는 일제강점기 고적조사사업을 '총독부가 직접 담당하여 비과학적 남굴(濫堀) 파괴를 방지하기 위해 노력한 최초의 시도로 파악하고, 보고서는 일본에서도 자랑할 만큼 당당한 것이라고 평가'하였다.

나아가 최근 일본에서 제국주의 시기 고고학을 보는 시각에는 당시 시대적 상황과 학문으로서의 고고학을 구분해서 보는 시각이 주를 이루며, 제국주의의 원조(援助)가 있기는 하였지만 실제 고고학 조사 내용 자체는 객관적이었다고 평가하고 있다. 하지만 고적조사가 어떠한 배경에서 진행되었으며, 그 과정에서 실제 담당하였던 일제 관학자들의 주장이 과연 실증적인 역사학에 입각한 고고학적 견해였는가 하는 문제에 대해서는 재론의 여지가 있다.

한국 측에서는 식민지 고고학은 일제의 식민통치를 정당화하기 위한 역사적 접근으로 주로 이해하고 있다. 지건길[20]은 우리 고고학의 시작을 광개토대왕비 조사에 두고 이를 기점으로 최근까지 '100년의 역사'를 통사적으로 서술하였다. 이순자[21]는 조선총독부가 실시한 고적조사사업을 제도사적인 측면에서 종합적으로 실태를 살피고, 이 사업의 역사적 의미를 규명하였다. 이 외에도 개별 유적조사에 대해서 많은 연구가 있는데, 김대환,[22] 차순철,[23] 정인성,[24] 이성주,[25] 오영찬[26] 등의 연구에 주목하였다. 특히 이기성[27]은 일제강점기 한국과 대만·광동주·만주 지역에서의 조사활동을 서로 비교하며 제국주의와 고고학의 관계를 정리하

---

19 早乙女雅博, 2010, 「總論 植民地期の朝鮮考古學」, 『月刊考古學ジャーナル』 596.
20 지건길, 2016, 『한국고고학100년사: 연대기로 본 발굴의 역사 1880-1980』, 열화당.
21 이순자, 2009a, 『일제강점기 고적조사사업 연구』, 경인문화사.

였다.

　일제강점기 고적조사를 통해 수집된 유물이나 구입·기증된 유물을 전시한 박물관에 대해서는 1970년대에 개론서가 한 권 나왔을 뿐,[28] 이후 20여 년이 넘도록 미개척 분야에 머물고 있었다. 그러다가 1996년 국립박물관 개관 50주년을 돌아보는 강우방[29]의 연구를 통해 조선총독부박물관이 고고물 조사에 치중하여 박물관의 기능을 제대로 하지 못하였음을 지적하였다. 이후 2000년대 들어 고고학 분야는 물론 교육학, 국가기록학, 박물관사적인 측면까지 연구가 확대되었다. 목수현[30]은 이왕가박물관(창경궁박물관)을 전사(前史)로 하고, 조선총독부박물관을 주 대상으로 삼아 우리나라 박물관의 형성과 의미를 고찰하였으며, 특히 박물관 운영이 박물관협의회와 고적조사위원회를 통해 이루어졌음을 찾아내어 조선총독부가 실시한 고적조사사업과 박물관 설치, 운영의 연관성,

---

22　김대환, 2014, 「일제강점기 금관총의 조사와 의의」, 『고고학지』 20.

23　차순철, 2006, 「일제강점기의 신라고분 조사 연구에 대한 검토」, 『문화재』 39.

24　정인성, 2006, 「관야정의 낙랑유적 조사, 연구의 재검토: 일제강점기 '고적조사'의 기억1」, 『호남고고학보』 24.

25　이성주, 2013, 「일제강점기 고고학조사와 그 성격」, 『일제강점기 영남지역에서의 고적조사』, 학연문화사.

26　오영찬, 2006, 『낙랑군 연구』, 사계절출판사; 오영찬, 2008, 「제국의 예외-1925년 일본 도쿄제국대학의 낙랑 고분 발굴」, 『일본에 있는 낙랑 유물』, 학연문화사.

27　이기성, 2018, 「일본 제국주의 시기 고고학 조사의 다양성과 평가」, 『한국상고사학보』 100.

28　이난영, 1972, 『박물관학 입문』, 삼화출판사.

29　강우방, 1996, 「국립박물관 오십년 약사」, 『국립박물관의 역할과 위상』, 국립중앙박물관.

30　목수현, 2000a, 「일제하 박물관의 형성과 그 의미」, 서울대 석사학위논문.

기구의 변화를 살폈다. 최석영[31]은 식민지 지배의 속성은 '식민지적 지(知)'를 생산하였을 뿐만 아니라 이른바 조선의 '전통' 문화가 지배전략이 포함된 개념으로 변화되는 과정이라고 하였다. 전경수[32]는 한국의 주요 문화재가 원적지로부터 이탈당하는 중심지가 바로 조선총독부박물관이었음을 지적하면서, 조선총독부박물관이 어떻게 한국의 역사와 문화를 축소·은폐하려고 하였는가를 지적하였다. 국성하[33]는 일제강점기 사회교육 실천의 장으로서 박물관의 교육적 역할에 대해 언급하였다. 이성시[34]는 일제의 한국 지배를 위해 시작한 고적조사사업과 조선총독부박물관의 역사적 성격을 규명하고자 이 사업의 기획자였던 구로이타 가쓰미(黑板勝美, 1874~1946)에 주목하였다. 국립중앙박물관에서는 박물관의 역사를 통사적으로 정리한 바 있으며,[35] 이 외에도 김인덕,[36] 정인

---

31 최석영, 1999, 「조선박람회와 일제의 문화적 지배」, 『역사와 역사교육』 3·4, 웅진사학회; 최석영, 2002, 「식민지시대 '고적보존회'와 지방의 관광화: 부여고적보존회를 중심으로」, 『아시아문화』 18, 한림대학교 아시아문화연구소; 최석영, 2002, 「일제 강점 상황과 부여의 '관광명소'화의 맥락」, 『인문과학논문집』 35, 대전대학교 인문과학연구소; 최석영, 2001, 『한국 근대의 박람회, 박물관』, 서경문화사(증보판, 『한국 박물관의 '근대적' 유산』, 2004).

32 전경수, 1998, 「한국 박물관의 식민주의적 경험과 민족주의적 실천 및 세계주의적 전망」, 『한국 인류학의 성과와 전망』, 松峴李光奎 교수 정년기념논총위원회.

33 국성하, 2002, 「일제강점기 박물관의 교육적 의미 연구」, 연세대 박사학위논문; 국성하, 2007, 『우리 박물관의 역사와 교육』, 혜안.

34 이성시, 2004, 「조선왕조의 상징 공간과 박물관」, 『국사의 신화를 넘어서』, 휴머니스트; 이성시, 2015, 「조선총독부의 고적조사와 총독부박물관」, 『미술자료』 87.

35 한국박물관100년사 편찬위원회 편, 2009, 『한국박물관 100년사』, 국립중앙박물관 한국박물관협회.

36 김인덕, 2005, 「재일의 문화와 식민지 박물관」, 『재일조선인사와 식민지 문화』, 경인문화사; 김인덕, 2008, 「1915년 조선총독부박물관 설립에 대한 연구」, 『향토서울』 71; 김인덕, 2009, 「조선총독부박물관」, 『한국박물관 100년사』, 국립중앙박물관 한

성,[37] 함순섭,[38] 오영찬[39] 및 요시이 히데오(吉井秀夫)[40] 등의 연구가 있다.

이와 함께 국립중앙박물관에서는 광복 이후 미공개로 소장하고 있던 조선총독부박물관 공문서 목록집[41]을 1990년대 중후반 두 권으로 발간하여 이 분야 연구의 물길을 열었다. 그 후 전산화 작업을 거쳐 2018년에 홈페이지를 통해 디지털 자료로 전면 공개하였다. 조선총독부박물관 공문서 자료 공개에 힘입어 이를 활용한 다양한 연구가 활발하게 이루어지고 있다. 일찍이 김도형[42]은 조선총독부박물관 문서의 제한된 검토를 바탕으로 일제하 박물관의 기구 변화와 일제의 문화유적 및 유물에 대한 정책 전반을 살폈다. 오영찬[43]은 종전 방식과 달리 '기능적 출처'의 개념으로 조선총독부박물관 공문서의 새로운 분류체계를 제시하였다.

국박물관협회; 김인덕, 2010, 「조선총독부박물관 본관 상설전시와 식민지 조선문화-전시유물을 중심으로」, 『향토서울』 76; 김인덕, 2011, 「조선총독부박물관 전시에 대한 소고: 시기별 본관 전시실을 중심으로」, 전남대 세계한상문화연구단 국제학술회의.

37 정인성, 2009, 「일제강점기 경주고적보존회와 모로가 히데오(諸鹿央雄)」, 『대구사학』 95.

38 함순섭, 2011a, 「일제강점기 경주의 박물관에 대하여」, 『경북대학교 고고인류학과 30주년 기념 고고학논총』; 함순섭, 2011b, 「한일강제병합 전후 일제관학자의 경주 지역 조사」, 『신라문물연구』 5, 국립경주박물관.

39 오영찬, 2018, 「식민지 박물관의 역사만들기: 조선총독부박물관 상설전시의 변천」, 『역사와현실』 110.

40 吉井秀夫, 2009, 「일본고고학사에서 본 조선고적조사사업과 조선총독부박물관」, 『한국박물관 개관 100주년 기념세미나』, 국립중앙박물관.

41 국립중앙박물관, 1996, 『국립중앙박물관 보관 고문서 목록』; 국립중앙박물관, 1997, 『광복 이전 박물관 자료목록집』.

42 김도형, 2001, 「일제하 총독부박물관 문서와 관리 체계」, 『기록학연구』 3.

43 오영찬, 2019, 「조선총독부박물관 문서의 분류 체계에 대한 시론」, 『미술자료』 96.

이현일·이명희[44]는 조선총독부박물관 공문서 가운데 「고적조사」와 「지정」 문서철을 기초로 하여 일제강점기 고적조사와 관련하여 문화재 보존 법규가 제정된 배경과 특징을 파악하고, 법규에 따라 추진된 문화재의 등록과 지정 과정을 살폈다. 이 외에 일제강점기 지역고적보존회와 지방 박물관에 대해서는 최석영,[45] 국성하,[46] 정인성,[47] 이순자[48] 등의 연구가 있다.

이 책에서는 기존의 연구를 토대로 일제강점기 법령과 심의기구를 중심으로 한 문화재 정책과 고적조사사업을 정리하고, 수집된 유물들이 박물관사업을 통해 어떻게 재해석되었는가를 통사적으로 살펴보고자 한다. 그리고 그 과정에서 일어난 문화재 산일(散逸) 및 반출 실태를 통해 일제의 문화재 정책이 지닌 역사적 의미를 밝히고자 한다.[49]

먼저 제1장에서는 강제병합을 전후한 시기의 불법적인 도굴과 고적조사사업의 전사(前史)인 '정찰적' 목적의 고적조사 내용과 의미를 세키노 다다시(關野貞)와 구로이타 가쓰미를 중심으로 살펴보았다.

---

44 이현일·이명희, 2014, 「조선총독부박물관 공문서로 본 일제강점기 문화재 등록과 지정」, 『미술자료』 85.

45 최석영 외, 2002, 『문화관광과 박물관』, 민속원.

46 국성하, 2004, 「일제강점기 일본인의 낙랑군 인식과 평양부립박물관 설립」, 『고문화』 63.

47 정인성, 2009, 앞의 글.

48 이순자, 2008, 「1930년대 부산고고회의 설립과 활동에 대한 고찰」, 『역사학연구』 33; 이순자, 2009b, 「일제강점기 지방고적보존회의 활동에 대한 일고찰: 개성보승회를 중심으로」, 『한국민족운동사연구』 58.

49 이 책은 필자의 『일제강점기 고적조사사업 연구』를 개정·증보하여 정리하였음을 밝혀둔다.

제2장은 일제강점기 시행한 문화재 법령과 제도를 통해 조선총독부의 문화재 정책을 살펴보았다. 즉 1916년「고적급(及)유물보존규칙」과 1933년「조선보물고적명승천연기념물보존령」등 문화재 관련 법령의 내용과 한계를 비교하고, 고적조사위원회와 보물고적명승천연기념물보존회 그리고 조선총독부박물관과 박물관협의회 등 여러 심의기구와 제도 마련의 의미를 살펴보았다.

제3장은 일제가 식민사관을 고고학적으로 증명하기 위해 실시한 고적조사사업의 내용을 시기별로 살펴보았다. 먼저 공적 영역에서 조선총독부 고적조사위원회 중심의 고적조사 5개년 사업 시기(1916~1920)와 '문화통치기' 고적조사(1921~1930)와 1931년 이후 조선총독부 외곽단체인 조선고적연구회의 고적조사를 정리하고, 그 과정에서 자행된 문화재 산일 및 반출 사례를 언급하였다. 특히 고적조사위원회·조선사편수회·박물관협의회에 참여한 인물들의 연관성을 살펴봄으로써, 고적조사·역사 편찬·박물관 전시사업이 동일한 목적하에 유기적으로 진행된 사업이었음을 규명하였다.

제4장에서는 일제강점기 고적조사의 실행기구로 마련된 지역고적보존회와 지역 박물관 설립과 전시를 통해 한국 문화재에 대한 구체적인 재구성 및 왜곡의 내용을 살펴보았다.

제5장에서는 공적 영역과 달리 사적 영역에서의 문화재 약탈 및 반출의 실태를 오구라 다케노스케(小倉武之助)를 중심으로 살펴보았다. 일제의 한국 문화재 침탈사에서 자주 거론되는 오구라는 한국 문화재 '수집가'로서, 여기에서는 그의 문화재 수집 계기와 방법, 반출 문화재를 이용하여 설립한 오구라컬렉션보존회의 활동을 살펴보았다. 마지막으로 맺음말을 대신하여 1965년 한일회담 과정에서 논의된 약탈문화재 반환

문제 처리 과정을 간략하게 정리하여, 앞으로 문화재 반환 문제의 교훈을 얻고자 하였다.

제1장
강제병합 전후 문화재 약탈과
한반도 고건축·고적조사

1910년 한국의 주권은 완전히 일제에게 넘어갔다. 물론 그 이전부터 외교권·군사권·사법권을 빼앗겼으나, 강제병합을 기점으로 완전히 식민통치 아래 놓이게 되었다. 일제는 식민통치 내내 정치적인 차별과 경제적인 수탈은 물론, '내선일체(內鮮一體)'와 '내선융화(內鮮融和)'를 강조하였다. 그리고 일본적 국민의식 이데올로기와 문화 통합을 추진하기 위해 다양한 문화정책을 실시하였다.

일제의 식민문화정책은 단순히 한국의 고유문화를 말살하거나 탄압하는 단계를 넘어, 천황제 이데올로기를 주입시켜 한국인의 정신을 지배함과 동시에 오랜 역사를 가진 한국인의 고유문화에 대한 인식을 왜곡시키고자 하였다. 일방적인 무시·말살을 넘어선 고유문화의 왜곡과 변형을 통해 식민통치 이데올로기를 새롭게 구축하고, 이를 토대로 통치하기 쉬운 새로운 '식민지인 만들기'를 위한 문화정책을 펼치고자 하였던 것이다.

1. 강제병합 이전 문화재 약탈: 개성 지역 고려고분 도굴 및 골동상

메이지유신(明治維新) 이후 일본 정부는 이중 과제를 안고 있었다. 내부적으로는 국내 상황을 진정시켜 중앙집권적인 천황제 국가를 구축해야 하는 과제와 함께, 대외적으로는 이를 좀 더 공고화하기 위해 대륙 진출을 추진하는 것이었다. 그 과정에서 전진 기지로서 한국 지배가 필요하였다. 일찍이 에도시대부터 일본 국학자들은 『일본서기(日本書記)』와

『고사기(古史記)』 등 일본의 고전 연구를 통해 신국(神國) 일본의 정체성을 자랑하기 시작하였다. 건국신화와 천황의 역사에 나타난 조선상(朝鮮像)과 관련하여 일본 민족의 기원과 고대부터 일본의 한반도 지배를 주장하는 일선동조론(日鮮同祖論)이 그것이다. 즉 일선동조론은 일제의 대륙 침략과 지배를 정당화하기 위해 역사학자들과 인류학자들이 만들어낸 이데올로기였던 것이다.[1]

일본은 19세기 말 정한론(征韓論)의 대두로 한국 진출을 구체화하였다. 1871년 7월 육군참모국을 설치하고, 한국과 만주 일대에 밀정을 파견하여 대륙 진출을 위한 정탐활동을 시작하였다. 그리고 한국 침략의 현실적 과제를 위한 사전 기초 작업으로 한국의 역사·지리·풍속에 대한 연구를 학자들이 아닌 군부가 앞장서서 시작하였다. 그 가운데 1883년 일본 육군참모본부의 밀정이 중국 지린성(吉林省) 지안현(集安縣)의 광개토대왕비문 탁본을 일본으로 가져간 사건은 한국 유적·유물에 대한 일본인들의 관심을 촉발시키는 계기가 되었다.[2]

또한 일본은 강제병합 이전부터 식민지배의 방침을 동화정책(同化政策)으로 결정하였다. 동화(同化)란 "사람들이나 한 집단이 다른 사람들과 다른 집단의 기억·감정·태도를 갖게 되고, 그들의 경험과 역사를 공유함으로써 공통적인 생활공간에서 그들과 통하는 상호침투와 융합의 과정"으로,[3] 일제는 동화정책을 내세워 역사·문화를 통해 한국과 일본 민족의 접점을 찾아내고자 하였다. 이를 위해 1886년 이과계 전공자 중심

---

1 이만열, 1985, 「19세기말 일본의 한국사 연구」, 『청일전쟁과 한일관계』, 일조각, 79-133쪽 참고.
2 藤田亮策, 1951, 「朝鮮古文化財の保存」, 『朝鮮學報』 1, 248쪽.
3 최석영, 1997, 앞의 책, 303쪽.

의 도쿄인류학회, 1895년 문과계 학자들 중심의 일본고고학회를 창립하였다. 일본고고학회 회원 가운데는 한국의 문화재(유적·유물)를 집중적으로 연구하고, 이후 한국에서 고적조사사업을 실시할 때 직접적으로 참여한 인물들이 있었다. 그리고 1887년 도쿄제대 문과대학 사학과와 1889년 국사과의 신설은 메이지시기 식민지배체제와 일선동조론의 틀을 만드는 데 중추적인 역할을 하였다.[4]

한편 개항 이후 소수의 일본인들이 한국으로 건너와 개항장을 중심으로 상거래를 시작하였다. 그러다가 1894년 청일전쟁 직전부터는 군사력을 바탕으로 대거 한국으로 건너왔다. 당시 이들 대부분은 일본의 하급계층으로 일확천금을 꿈꾸며 도항하였다.

조선 같은 데로 가서 무역을 경영하는 자는 결코 자국의 신상(紳商)은 아닐 것이다. 이름이 알려져 있는 자가 아니라 반드시 집도 없고 지명도 없는, 지방장관에게는 알려져 있지도 않은 '이점(裏店)'에 있다든가 혹은 부채를 많이 지고 있다든가 하는 자들이 경영하는 것이다. 외국 무역이라고 하는 것은 모험자들이 하는 것이다. 오늘날 조선에 있는 재류인민(在留人民)은 반드시 그 처음은 모험자이거나 극빈자였다.[5]

대거 몰려온 도항자들은 일확천금을 목적으로 한국의 고분을 파괴하

---

4 최석영, 1997, 위의 책, 249-260쪽 참고.
5 『大日本帝國議會誌』 제2권 제7장, 메이지 27년 10월 19일 議事, 1808쪽(한우근, 1963, 「개국후 일본인의 한국침투」, 『동아문화』 1, 서울대 동아문화연구소, 15쪽 재인용).

고 부장품들을 몰래 꺼내는 등 조상숭배 의식을 갖고 있던 한국인들로서는 상상조차 하기 힘든 만행을 일삼았으며, 조잡하게 복제품들을 만들어 고가에 팔거나 사기나 다름없는 행패를 부리는 자들까지 등장하여 원성이 높아갔다.[6] 그러자 일본 정부는 이들 도항자들의 만행을 염려하여 1894년 9월 240여 명에게 귀국 명령을 내렸고[7] 10월에는 "문무관 기타 관청의 명령에 의한 자 이외의 일본 신민은 관할 지방청의 허가 없이 조선에 도항하는 것을 금한다"고 무면허 도항자들에 대한 금지령인 칙령 제135호를 만들어 1894년 11월 18일 제7회 제국의회에 의안으로 제출하였다.[8] 그러나 이 안은 중의원에서 부결 처리되고 도리어 도항을 장려하는 편의를 제공하여[9] 더 많은 도항자들이 한국으로 건너오게 되었다. 일본인 한국 도항자는 1890년 초 1,791명이었던 것이, 1895년에는 10,391명으로 증가하였다.[10] 1895년 경성의 일본거류민이 1,839명이었는데, 러일전쟁 승리 후에는 8,000명에 이르렀고, 1904년 9월 조사에 따르면 전체 55,000명[11]에 이를 만큼 폭발적으로 증가하였다. 일찍이 불법적으로 건너온 일본인들은 변장을 하고 각지를 돌아다니면서 지역 사당의 제기와 향로 등을 훔치는 만행을 저질러 한국 정부에서는 각 도에 통첩을 내려 이를 엄단하기도 하였다. 1896년에는 도굴을 하다가 잡

---

6 손정목, 1980, 「개항기 일본인의 내지 침투, 내지행상과 불법정착의 과정」, 『한국학보』 21, 90-91쪽.
7 「在韓の本邦人足(內外彙報朝鮮)」, 『日淸戰爭實記』 2, 1894.5, 博文館, 72쪽.
8 「帝國議會議案(內外彙報日本)」, 『日淸戰爭實記』 9, 1894.11, 82쪽.
9 「朝鮮渡航者の便利(內外彙報朝鮮)」, 『日淸戰爭實記』 9, 106쪽.
10 木村健二, 1989, 『在朝日本人の社會史』, 東京: 미래사, 19-29쪽 참고.
11 朝鮮統監府, 1906, 「韓國警察條」, 『韓國施政一斑』, 5쪽.

혀 일본영사관에서 형사처벌을 받은 경우도 있었다.[12]

또한 일제는 청일전쟁 중 획득한 전리품을 1894년 9월 6일부터 2주간 도쿄와 오사카 등지에서 전시하였다. 전시 목적은 "전리품을 진열하여 (일본) 국민의 적개심을 고무시키고 이를 통해 종군장사(從軍壯士)의 훈공을 밝히는 더없이 좋은 방법이며, 국민은 이를 통해 적병(敵兵)의 형상을 알고, 아군의 고전분투(苦戰奮鬪)의 사정을 알리는 것"[13]이라고 하여 전승을 선전하기 위한 것이었다. 평양전투에서는 일본군이 금은괴를 빼앗아 대본영으로 보냈는데,[14] 이러한 만행은 1894년에 제정한 「전시청국보물수집방법(戰時淸國寶物蒐集方法)」[15]에 잘 나타나 있다. 이것은 당시 제실박물관 총장 구키 류이치(九鬼隆一)가 작성한 것으로, 전쟁시 청국의 보물을 수집하는 요지(要旨, 제9항), 수집방법(方法, 제11항), 비용(費用)을 구체적으로 기록하였다. 그 내용에서 혼란한 전시에는 평시보다 극히 저렴한 가격으로 명품을 얻을 수 있기에, 보물수집원을 파견하여 약탈 또는 매수함을 밝혔다. 수집방법은 전쟁터 근방에서 수집하고 수집물품을 견고하게 포장하여 병참부에 송부하고, 병참부에서는 본부에 송부하는 방법을 취하였다. 비용은 수집원에 대한 봉급, 수당, 매수 비용 등을 언급하였고, 마지막에 보물 수집이 "전승의 명예가 따르고 천세의 기

---

12 총무처 정부기록보존소 편, 1995, 「일본인의 고려자기 도굴 등 문화재 탈취 조」, 『國權回復運動判決文集』.

13 「戰利品の陳列」, 『日淸戰爭實記』 6, 1894.10, 46-47쪽; 「戰利品及び捕虜」, 『日淸戰爭實記』 8, 1894.11, 18-19쪽.

14 「平壤分捕金銀塊の處分」, 『日淸戰爭實記』 6, 87쪽.

15 이에 대한 내용은 李進熙, 1973, 『好太王碑の謎』, 講談社, 147-149쪽의 주석에서 인용한 中塚明의 『淸日戰爭の硏究』에 수록되어 있다(정규홍, 2016, 앞의 책 권1, 180-181쪽에서 재인용).

념으로 남을 국위(國威)를 선양(宣揚)"하는 것이라고 그 약탈적 성격을 명백히 밝혔다. 이러한 수집방법은 청일전쟁 이후 한국에서도 그대로 행해졌다.[16]

「전시청국보물수집방법」에 나타난 일제의 만행에 대해 니시야마 다케히코(西山武彦)는 다음과 같이 비판하였다.

> 일본 정부가 전쟁을 이용하여 중국이나 한국의 문화재와 보물을 약탈하는 방침은 1894년 가을에 이미 결정이 내려져 있었다고 한다. 더욱이 평시에는 여간해서 입수하기 어려운 '명품'을 입수하려면 전쟁 와중의 혼란한 틈을 타서 약탈함이 상책이라는 지침까지 지시했다는 사실에 이르러서는 불난 집에 뛰어들어 도둑질을 일삼는 화재도둑놈의 발상과 조금도 다를 바 없지 않는가? 더욱이 그것이 '국위를 선양하는' 일로 이어진다고 하는 데에는 그저 아연실색할 뿐이다. 개인이 사람을 죽이면 살인죄로 벌을 받지만 같은 사람이 국가를 배경으로 전쟁 마당에서 사람을 죽이면 훈공과 영예를 획득한다는 논리로 이어지는 것일까? 아무리 그렇다고 하더라도 일국의 문명국 정부가 염치도 없이 귀중품을 노략질하는 골동상인처럼 남의 나라를 침략한 끝에 그 재보(財寶)뿐 아니라 문화재까지 해적적인 수법으로 탈취한다는 것은 도저히 납득할 수 없는 이야기가 아닐는지 … 하지만 이는 일본 정부가 서슴없이 자행한 엄연한 사실이다.[17]

---

16 정규홍, 2016, 앞의 책 권1, 180-181쪽 참고.
17 西山武彦, 1990, 「韓國建築調査報告書의 수수께끼」, 『韓國의 建築과 藝術』, 월간건축문화(정규홍, 2016, 앞의 책 권1, 181-182쪽 재인용).

한국인에게 선조의 무덤은 효(孝)의 표상이며 신성불가침 영역이었기에 이를 파헤치는 일은 금기시되었으나, 일본인들에게는 일확천금을 획득할 수 있는 일종의 '보고(寶庫)'였다. 한국인들은 통일신라시대까지 죽은 사람이 사후세계에서 풍요로움을 누리기를 바라는 마음으로, 지위와 경제력에 따라 시신과 함께 많은 부장품을 매장하는 풍습이 있었으며, 고려시대에는 왕릉에 고려자기를 비롯한 부장품들을 함께 매장하였다. 당시 일본인 도항자들의 고분 파괴 사례는 뒷날 평양박물관 관장을 지낸 고이즈미 아키오(小泉顯夫)의 증언을 통해서도 알 수 있다.

특히 죽은 자에 대한 모욕을 혐오하는 뿌리 깊은 사상의 소유자인 조선 민족으로서는 어지간한 하급의 무식한 자가 아니면 이러한 일을 감히 하려고 하지 않았음에 틀림없다. 그렇기 때문에 현재에 이르기까지 조선의 고분이 비교적 잘 보존되어온 것이다. 오늘날과 같은 참상에 이르게 된 것은, 병합 전후부터 일본인이 조선의 시골마을까지 들어가기 시작한 때부터의 일이다. 일확천금을 꿈꾸고 조선으로 건너온 그들은, 금사발이 묻혀 있다든가, 정월 초하루에는 금닭이 묘 안에서 운다든가 하는 전설의 고분을, 요사이 유행인 금산(金山)이라도 파내는 것처럼 파고 다닌 것 같다.[18]

처음에는 상인으로 가장하여 한두 명씩 몰래 거류지역을 벗어나 도굴을 하였으나 청일·러일전쟁 승리 후에는 막강한 군사력에 힘입어 대

---

18 小泉顯夫, 1932.6, 「古墳發掘漫談」, 『朝鮮』, 86-87쪽.

대적인 도굴을 감행하였다. 특히 러일전쟁 이후에는 한국주차군사령관 하세가와 요시미치(長谷川好道)의 군정하에서 전국에 파견된 12개 헌병 분대와 56개 헌병분견소의 지원이 이루어지기도 하였다.[19] 무력으로 지역 주민들을 위협하여 접근을 막은 후 도굴을 하였고, 때로는 백주(白晝) 대낮에 총검을 들이대고 후손들이 펄펄 뛰고 발을 구르는 눈앞에서 선조의 무덤을 유린하고 부장품을 강탈하는 만행도 서슴치 않았다.[20]

당시 각지에 주둔하고 있던 헌병과 순사는 물론 퇴역 군인들도 도굴에 참여하거나 직접 골동품 거래를 하였다. 순사를 지낸 다카하시(高橋)는 오랫동안 개성에서 근무하면서 개성 부근 고분에서 파낸 유물을 사모았는데, 가게를 내지 않았으면서도 일찍부터 개인적으로 고려자기를 매매하는 일을 하였다.[21] 경성미술구락부 초대 이사를 지낸 모리 이노시치로(毛利猪七郞)는 군인 출신으로 러일전쟁 당시 개성 방면 수비를 맡았는데, 개성에서 출토되는 고려자기를 보고 퇴역 후 서울과 개성을 오가며 골동상으로 활동하였다. 또 육군 간호졸 출신인 경성미술구락부 지배인 오타오 쓰루키치(太田尾鶴吉)도 퇴역 후 골동상으로 활약하였다.[22]

이후 이런 류의 도굴은 차츰 자취를 감추게 되었으나 대신 이른바 '호리꾼(掘屋)'이라는 직업적 도굴단이 등장하였다.[23] 이들은 대개 일본

---

19 오세탁, 1996, 앞의 글, 160-161쪽.
20 황수영 편, 「머리말」, 『일제기 문화재 피해 자료』(이하 황수영의 자료집은 황수영 편, 이양수·이소령 증보, 강희정·이기성 해제, 2014, 『일제기 문화재 피해 자료』, 국외소재문화재단 발행 자료로 인용).
21 三宅長策, 「그 당시의 추억-고려고분 발굴시대」, 황수영 편, 2014, 위의 책, 128쪽.
22 京城美術俱樂部, 1942, 『京城美術俱樂部創業20年記念誌』, 3-6쪽 참고.
23 小泉顯夫, 1932.6, 앞의 글, 86-87쪽.

인에게 훈련받은 한국인을 앞세워 도굴을 자행하였다. 도굴단과 함께 시골로 돌아다니며 물건을 모아오는 골동상인 가이다시(買出)나 물건을 거래하는 거간(居間), 그 위의 좌상(座商)에 이르기까지, 문화재 도굴과 거래에 관련된 사람들의 역할도 점차 분업화되었다.[24] 일부 수집가들은 도굴꾼들을 직접 사주하여 원하는 물건을 손에 넣는 대담함도 보였다.

조선은 순수한 가족사회로 조상에 대한 공경심이 깊고 특히 분묘를 소중히 하는 관습이 있어, 봄과 가을에는 묘역을 청소하여 제사를 지내고 일족이 서로 만나 술을 마시고 음식을 먹기에, 꿈속에서라도 이를 파서 옛 사실을 규명한다거나 혹은 옛 물건을 발굴해서 즐긴다는 식의 생각은 추호도 없었다. 이것은 엄정하게 본다면 일본인이 발굴한 것이다. 그러나 직접 하수인은 늘 조선인이었다. 최고조기에는 일본인도 참가하였을지 모르지만, 일본인은 뒤에 있다가 파낸 것을 사 버리고, 조선에 있는 호사가들 사이를 돌아다니며 이익을 얻었던 것이다.[25]

1900년대 초 고려청자가 세상에 알려지기 전 경성에는 아유카이 후사노신(鮎貝房之進)과 아가와 시게로(阿川重郎) 정도의 수집가들이 있었을 뿐 고려자기에 관심을 갖는 사람은 없었다. 다만 곤도(近藤)라는 골동품 가게가 있었는데 이곳에는 "당시 주로 백고려(白高麗)라 부르는 중국

---

24 김상엽·황정수 편, 2005, 『경매된 서화: 일제시대 경매도록 수록의 고서화』, 시공사, 616-617쪽 참고.
25 三宅長策, 앞의 글, 황수영 편, 2014, 앞의 책, 173쪽.

의 건백(建白), 여균(呂均), 주니(朱泥)의 종류나, 일본의 말차기류(抹茶器類)가 놓여 있었는데, 고려의 발굴품이 나오면서부터는 진귀하여 곧 누군가가 가지고 가버렸다. 이에 누군가가 부추긴 것인지 그 후 가게에 놓이는 고려청자의 수가 날로 많아지기 시작하였다"라고[26] 할 만큼 암암리에 도굴품들이 매매되었다.

1906년 통감부 법무원 재판장의 평정관으로 부임한 미야케 조사쿠(三宅長策)는 도굴범 재판장으로 근무한 이후 경성에서 변호사로 활동하였는데, 일본에 있을 때부터 한국에서 반출된 고려자기에 관심을 갖고 있다가 자청하여 한국에 건너왔다고 한다.[27] 또한 조선공사관 야마요시 모리요시(山吉盛義)는 재직시 도자기 수백 점을 모아 도쿄제실박물관에 전시실 하나를 마련하여 진열하였다.[28]

그러나 고려자기가 세상 사람들의 주목을 본격적으로 끌기 시작한 것은 1906년 초대 통감 이토 히로부미(伊藤博文)가 한국에 부임하였을 즈음이다.

그 후 이것을 수집하는 사람들이 격증하여 메이지 44년(1912), 45년(1913) 경에는 그 수집열이 최고정(最高頂)에 이르렀다. 당시 발굴 판매로 생활하여 온 자가 수백십 명의 많은 수에 달하였다고 말하고 이와 함께 종래 전연(全然) 알지 못하였던 각종 각양의 조선 고도자기가 발견되기에 이르렀다. 그 후 금령(禁令)이 엄격해져 한때 발굴이

---

26 三宅長策, 위의 글, 황수영 편, 2014, 앞의 책, 172쪽.
27 三宅長策, 위의 글, 황수영 편, 2014, 앞의 책, 172-177쪽 참고.
28 關野貞, 1904, 『朝鮮建築調査報告』(東京帝國大學工科大學學術報告6), 東京帝國大學 工科大學, 105쪽.

가라앉게 된 일도 있지만 계속하여 금일까지 고려고분의 도굴이 없어진 날은 없고 이 사이 발굴된 고려 고도자의 총수는 몇십백만이라고 헤아리기가 곤란한 것이리라.[29]

최대의 고려자기 장물아비였던 이토는 고려고분이 마구 파헤쳐져 한국인의 원성이 높아지자 1908년 이왕가박물관(제실박물관)을 설립하였다.[30] 당시 명분은 "한국 고대 서적과 미술품을 구입하여 인민의 지식을 계발하기 위하여 관람케 한다"고[31] 선전하였지만 이는 유물을 수집한다는 미명으로 도굴을 합리화하고, 더 조직적이고 광범위하게 수탈하기 위한 하나의 술책이었던 것이다.

이토 히로부미가 통치를 그만둘 무렵 한국에서 고려자기의 수집 붐은 최고조기였다. 당시 고려자기에 대한 인식은 예술적·학술적 가치의 우수함보다는 막연히 귀중한 것으로 인식하거나 '재산적 가치'나 '개인적 취미활동'으로 모으기 시작한 것이었다. 또 일본에서 온 사람이나 관직을 마치고 돌아가는 사람들에게 선물로 주기 위해 수집하는 정도였다. 당시 가장 선호하는 선물 품목이 인삼과 함께 고려자기였다.

이토는 천여 점 이상의 고려자기를 수집하였는데, 이 중 우수한 것을 골라 일본 천황에게 바치기도 하였다. 당시 이토의 연회 자리에 나가 늘 노래를 부르거나 춤을 추며 흥을 북돋웠던 닛타(新田)라는 사람은 후에 여관을 개업하였는데, 이토는 닛타에게서 고려자기를 마구 사들여,

---

29 小山富士夫, 「高麗의 古陶瓷」, 황수영 편, 2014, 앞의 책, 121쪽.
30 이구열, 1996, 앞의 책, 66-74쪽 참고.
31 「제실박물관」, 『황성신문』, 1908.2.12.

30점이나 50점씩 한 번에 일본 관공서나 고관들에 기증 또는 선물하는 등 정치적으로 활용하였다. 어떤 때에는 곤도 가게의 고려자기를 통째로 사 버리는 일도 있었다. 이 때문에 경성에서는 한때 고려자기 매물이 자취를 감추기도 하였다.[32] 이토 통감은 어떤 경우는 "귀경할 때 정거장으로 마중 나온 사람들에게 인사한 후, 사람들은 입구가 깨진 병이나 파손된 청자 사발을 나눠 가지고 돌아갔다"는 일화가 있을 정도였다.[33]

이런 분위기로 인해 골동품 매매업자들이 수십 명으로 늘어났고, 개성·강화·해주 방면의 크고 작은 고분들이 수없이 도굴되는 참사를 겪게 되었다. 일본의 유명한 도자 연구가인 고야마 후지오(小山富士夫)는 그의 저서 『고려청자(高麗青磁)』(河出書房, 1953)에서 "고려청자의 대부분은 근년 고려고분에서 출토된 것으로 이 책에 수록된 것도 거의 메이지 말기 이후의 출토품이다. 고려의 옛 도자기가 세상 사람들의 주목을 받게 된 것은 1906년 이토 히로부미가 초대 통감으로 조선에 부임한 때부터였다고 들었다. 그 후 고려도자의 수집열은 해마다 높아져서 1911~1912년경엔 최고조에 이른다"고 하였다.[34]

한편 1904년 이전에 한국에 건너온 일본인들에게 '고물상'(골동품상)이란 직업이 막대한 이익을 남길 수 있는 업종으로 소개되었다. 당시 한국의 다양한 업종에 대한 정보를 모아 발간한 『(기업안내) 실리의 조선』

---

32 三宅長策, 앞의 글, 황수영 편, 2014, 앞의 책, 173쪽.
33 佐佐木兆治, 1942, 「朝鮮古美術業界20年回顧」, 앞의 책, 18쪽. 이토 히로부미를 비롯한 관료들에 의한 반출은 정규홍, 2012, 앞의 책, 339-373쪽 참고.
34 정영호, 2015, 「한일 간 문화재 반환문제의 과거와 미래를 말하다」, 『한일 문화재 반환 문제의 과거와 미래를 말하다』(광복 70주년 및 한일국교정상화 50주년 기념 학술대회 자료집), 국외소재문화재재단, 28쪽.

「고물상(古物商)」에는 다음과 같이 소개되어 있다.

> 고려시대의 도기 및 불상이 많은데 그 값이 굉장히 싸다. 많이는 지중(地中) 또는 사원에서 발견된다. 일본으로 수출하여 비싼 값으로 된 것도 적지 않다. 또 구미 등으로 수송해서 의외의 이익을 얻은 것도 있다. 이것을 매수하기 위하여 앞잡이 역에 조선인을 이용하는 데 능수능란한 수법이 필요한 때도 있다. 또 자신이 고사(古寺), 고총(古塚), 고분(古墳)을 심방하는 것도 필요하다. 이 업에 정통하게 되면 상당한 사업으로 성장할 수 있다.[35]

1906년경 한국에 고물상은 214명 정도였는데,[36] 1909년 1월 당시 한 신문사에서 평양에 있는 일본인을 대상으로 조사한 일본인 업종별 조사에 따르면,[37] 평양에만 12명의 고물상이 있었으며, 이들은 대부분 도굴품을 취급하던 자들이었다. 또한 『선남요람(鮮南要覽)』「대구저명영업자안내」조에 따르면, 대구에만 골동상이 4곳이나 있었는데,[38] 1920년에 15곳으로 증가하였다.[39]

이처럼 도항해온 일본인들에 의해 비공개적으로 시작된 고분 도굴

---

35 吉倉凡農, 1904, 『(企業案內)實利之朝鮮』, 文星堂書店, 59쪽.
36 統監府總務府, 1907, 「在韓日本人職業別一覽表」, 『韓國事情要覽』第2輯, 京城日報社, 54-59쪽(정규홍, 2012, 앞의 책, 384쪽 재인용).
37 白川正治, 1909, 『平壤要覽』, 平壤實業新聞社, 21쪽.
38 大邱新聞社, 1912, 「慶北雜纂」, 『鮮南要覽』, 98쪽(정규홍, 2012, 앞의 책, 385쪽 재인용).
39 佐瀨直衛, 1920, 『最近大邱要覽』, 大邱實業會議所, 21-23쪽(정규홍, 2012, 앞의 책, 387-389쪽 〈초기 골동상 일람표〉 참고).

이 경제적 이득을 가져오는 하나의 직업이 됨으로써 약탈 범위는 확대되었다. 이로 인해 개성 지역 고려고분에서 도굴한 고려자기를 팔다가 잡힌 자들을 영사관이나 통감부 법무원에서 처벌한 구체적인 사례도 있

〈표 1〉 일본인의 고려자기 도굴·약탈 사례

이름	직업	나이	거주지	본 주소	날짜	내용
高木德彌	무직	35	경성 이현	岐阜縣 上石津郡 木田村	1897.1.12	1896년 12월 장단군에서 고려자기 도굴을 위한 고분 발굴 *감형선고서 원본 첨부: 일본 황태후 大喪을 맞이하여 형량 1/4씩 감형
深川淳一	무직	19	경성 군부관사 기숙	岐阜縣 武儀郡 開町		
梅津伊三郎	인력거꾼	23	경성 나동	山口縣 厚狹郡 船木村	1902.10.22	1902년에 창덕궁 大角堂에 걸려 있는 편액 반출 기도
梶原菊造	무직	25	경기 개성부	大分縣 下毛郡 眞坡村	1905.4.15	1905년 2월 16일 밤 9시부터 개성부 남대문밖 여능리 소재 고려왕손 宣陵 등에서 고려자기 51점 불법 발굴 및 매매
西山由太郎	과자상	33	경기 개성부	熊本縣 天草郡 登立村		
落合源藏	무직	22	경기 개성부	熊本縣 天草郡 須子村		
高間新太郎	잡화상	29	경기 개성부	兵庫縣 神戶市 楠公社		
稻川字市	대장장이	27	경기 개성부	岐阜縣 安八郡 安井村		
廣瀨桂次郎	무직	42	경기 개성부	京都府 南桑田郡 千歲村	1906.11.16	1906년 9월 개성부 묵사동 소재 고분 5기로부터 고려자기, 眞鍮箸 등 불법 발굴 및 매매
東昇	무직	29	경기 개성부	熊本縣 玉名郡 江田村		
森梅太郎	매약상	29	경기 개성부	香川縣 綾歌郡 林田村	1907.7.3	1907년 3월 경기도 장단군 소재 고분으로부터 고려자기 화병, 金箸 등 불법 발굴 및 매매
景井增太郎	무직	27	경기 개성부	大坂市 南區		
村岡辰一	토목	35	황해 평산군	佐賀縣 小城郡 小城町		
吉武房吉	무직	21	경기 개성부	福岡縣 八女郡 二川村		
近藤長次郎	세탁업	36	경기 개성부	福岡縣 八女郡 古川村		

이름	직업	나이	거주지	본 주소	날짜	내용
村田縫典助	숙박업	31	경기 개성부	福岡縣 遠賀郡 江川村	1908.3.18	1907년 4월 개성에서 고려자기 다기, 화병 등 장물 매매
高欓榮吉	고물상	43	경성 욱정	廣島縣 深安郡 福山町		
稻田	임대업	34	경기 개성부	熊本縣 廉本郡 山廉町		
姜仁馨	평민	39		南部 山林洞	1908.5.11	일본인 의뢰에 의한 고찰의 석탑, 고분의 인형석 채취 매매
柳明俊	농민	45		京畿道 楊州郡 院堂里		
金澤鎭	농민	49		京畿道 廣州郡 簇子洞		
安致在	농민	55		東部 東小門外 牛耳洞		
元興在	농민	31		東部 東小門外 牛耳洞		
李範必	상업	21		南部 甫山洞		
柳善洪	농민	35		東部 東小門外 牛耳洞		
朴春植	雇軍	28		南部 長洞		
李永善	織履	55		南部 南山洞		
花田市松	무직	34	경성 미창정	福岡縣 宗像郡 深屋岐町	1909.5.13	1907년 2월 경기도 양주군 흥천사 불상 절취
三浦菊太郎	무직	36	경성 욱정	長崎縣 西波杵郡 野母村	1909.5.16	1909년 2월 花田市松이 양주군 흥천사에서 절취한 불상을 85원에 매수
澁田猪兵衛	무직	19	경기 개성부	福岡縣 粕屋郡 靑坪村	1909.5.18	1909년 4월 풍덕군 소재 고분으로부터 고려자기 불법 발굴
小栗長次郎	쌀상회	*	경기 개성부	愛媛縣 溫泉郡 浮穴村		
吉田政藏	무직	37	경기 개성부	大分縣 北海部郡 北津留村	1909.8.7	1909년 9월 개성군 청교면 소재 고분으로부터 고려자기를 오전 9시부터 오후 2시까지 대낮에 불법 발굴
平岡弁太郎	잡화상	37	경기 개성부	德島縣 美島郡 平田村		

출처: 총무처 정부기록보존소 편, 1995, 앞의 글.

었다(〈표 1〉 참고).

이들은 주로 경기 개성부와 경성 지역에 거주하는, 무직이거나 농업·상업에 종사하는 사람들이었다. 일본인 도굴꾼들은 고분이 있는 토지를 매입하여 공공연하게 고려고분에서 유물을 도굴하였다. 능묘의 형태를 띤 것은 대부분 도굴되었으며, 심한 것은 같은 곳을 두세 차례 도굴한 경우도 있었다. 이미 능묘의 석물을 분실하여 외관상으로 분묘인지조차 알 수 없는 경우라도 교묘하게 탐색·발굴하여 부장품의 약탈을 자행하였다.[40]

이처럼 1910년을 전후하여 약 10여 년간 개성·강화·해주 지역 일원에서 무법자들에 의해 왕릉과 귀족들의 무덤이 마구 파헤쳐졌고, 거기서 출토된 많은 부장품들이 골동상들에 의해 매매되었다. 이들은 때로 파낸 뒤 흙 묻은 채 그대로 신문지 같은 것으로 싼 다음 경성에 와서 호사가들에게 판매하였다.

이왕직 차관을 지낸 고미야 미호마쓰(小宮三保松)는 당시 상황을 이렇게 말하였다.

> 고려시대처럼 도자기를 이와 같이 다량으로 매장 보존할 수 있었던 나라는 역시 전혀 없을 것이다. … 고려자기는 상당히 많은 수가 발굴되어 그 규모가 얼마나 되는지는 알 수 없으나, 아마도 수만으로 헤아릴 수 있을 것이고, 또한 도굴할 당시 잘못하여 파괴된 것 등을 합하면 그 수가 더욱 늘어남은 물론이며, 그 종류 및 종별 역시 자세히 분류한다면 매우 많아 당시 동양의 모든 도자기류가 포함된다고

---

40 今西龍, 1917, 「高麗諸陵墓調査報告書」, 『大正五年度古蹟調査報告』, 270쪽.

해도 틀리지 않을 것이다.⁴¹

골동상이 증가하고 통감을 비롯한 관직자들의 골동품 수집 열기가 고조됨으로써 한국의 고분은 수난의 시대를 맞이하였다. 특히 이왕직이나 총독부가 박물관을 만들기 위해 유물을 마구 사들인 시점부터는 고려자기의 값이 크게 올랐다. 발굴이 성행하므로 한국인들의 반감이 높아졌지만 금지하는 방침을 세우려 할 즈음에는 이미 많은 사람들이 이 일로 생활하고 있었으므로 총독부에서도 정책상 당분간은 묵인하는 상태였다.⁴² 이처럼 고분 매장유물이나 각지에 흩어져 있는 유물들을 수집하는 행위는 개인적인 사리사욕을 채우는 도구로 전락하였고, 그 자체가 유물의 '파괴' 행위였다. 그리고 막대한 양의 고려자기는 일본으로 암암리에 반출되었다.

우리 국토가 일제에 점령당하고 온갖 문화유산이 그들에 의하여 유린되던 금세기 초반의 역사는 악몽과 같이 우리의 머리를 떠나지 않으며, 그 자취는 또한 쉽게 아물지 않는다. 그들은 이른바 '고적조사사업'을 내세우고 있으나 그 성과는 그들이 범한 고대 분묘의 약탈 같은 단 한 가지 사례만을 들더라도 그들이 무엇으로 보상하고 변명하겠는가. 그중에서도 개성을 중심으로 한 고려분묘에 대한 악독한 약탈은 인류역사상에 다시 그 유례가 없다는 것을 우리는 똑똑히 알고 있다. 백주에 총검을 들이대고 그 후손들이 펄쩍 뛰고 발을 구르

---

41 小宮三保松, 1932, 「머리말」, 『李王家博物館所藏品寫眞帖 陶磁器部』.
42 三宅長策, 앞의 글, 황수영 편, 2014, 앞의 책, 174쪽.

는 눈앞에서 선조의 영역(靈域)을 유린하고 부장품을 강탈하던 만행을 필자는 향노(鄕老)들로부터 자주 들었다. 과연 수만 기의 고려고분 속에서 단 한 기라도 그들이 오늘도 내세우는 이른바 '고적조사'를 한 일이 있었는가 다시 한번 물어본다. 그리고 이같이 강탈된 수만 점의 고려도자는 지금 일본에 있다고 그들 자신이 말하고 있지 않은가.[43]

당시 오사카의 야마나카상회(山中商會, 대표 山中定次郎)는 한국에서 고려자기를 대량으로 사 모아 미국·영국 등지로 반출, 판매까지 하였다.[44] 그럼에도 불구하고 한국인 가운데는 고려자기의 존재나 진가에 눈을 뜬 사람은 거의 없었다. 본래 조각가로 1913년 한국에 와서 도자기 문화를 연구하였던 아사카와 노리타카(淺川伯敎)가 창경궁박물관장 스에마쓰 구마히코(末松熊彦)에게 들었다면서 "어느 날인가 고종 황제께서 처음으로 보시고 나서 이 청자가 어디의 것인지 물으셨을 때 이토 공이 이것은 조선의 고려시대 것이라고 설명드렸더니, 전하는 이러한 것은 조선에 없다고 말씀하셨습니다. 이토 공은 답변을 못한 채 침묵하고 있었습니다. 아시는 바와 같이 이런 경우 출토품이라는 설명은 드릴 수 없으니까요. 또한 이토 공이 돌아갈 때, 이렇게 훌륭한 것을 모으는데 지금까지 얼마나 지불하였느냐고 물어보기에, 회계원이 십만 엔이 조금 넘는다고 하니, 그런 돈으로 이 정도나 모았느냐고 칭찬하였습니다. 그 후부터 구입함에

---

43 황수영 편, 2014, 앞의 책, 15쪽.
44 정규홍, 2012, 앞의 책, 423-427쪽 참고.

사정이 좋아져 편했습니다"라고 하였다.[45]

고종 황제조차 처음 보는 신기하고 아름다운 고려자기가 일본인들에 의해 고려왕릉이나 귀인들의 무덤에서 도굴되었던 것이다. 이렇게 수집된 도굴품들은 여러 경로를 통해 일본으로 반출되었고, 일본 내 부유한 상류층 수집가들의 손에 들어가면서 일본에서도 고려자기 수집 대유행을 불러일으켰다.

1909년 가을에는 도쿄에서 대대적인 '고려소(高麗燒)전람회'가 열렸다. 얇은 가죽과 비단으로 장정된 『고려소(高麗燒)』라는 표제를 단 카탈로그의 서문에는 "이 고려자기는 오래전 외국으로 건너갔던 것은 별개로 하더라도 조선에서는 한 점도 지상에서 이것을 볼 수가 없었고, 모두 고분에서 파내고 있다", "고려자기의 미술상의 가치는 일찍부터 우리나라[일본] 호사가들 사이에 애완되어 왔고 또 귀중시 되었다. … 이 물건들이 내지(內地, 일본)에 흘러들어오기 시작한 것은 불과 30년 이래의 일이다", "다음에 고려자기의 출토지를 보면, 특히 정교한 것들은 송도(개성)를 중심으로 하여 100여 리 안팎의 분묘에서 나오고, 강화도의 고려 귀인 묘에서도 나오고 있다"고 하여 당시의 고려자기는 모두 고분에서 출토된 것, 즉 도굴품이라고 설명하였다.[46] 이 전람회에는 일반인이 소장한 900여 점 이상이 출품되었는데,[47] 이를 통해 1910년 강제병합

45　淺川伯敎, 1945.3,「朝鮮の美術工藝に就いての回顧」,『朝鮮の回顧』, 270쪽(황수영 편, 2014, 앞의 책, 151쪽).

46　이구열, 1996, 앞의 책, 72-73쪽.

47　황수영 편, 2014, 앞의 책, 180쪽. 여기에는 도록에 실린 출품자를 정리하였는데, 후작 마쓰카타가(松方家), 자작 오카베가(岡部家), 자작 스에마쓰가(末松家), 남작 고토가(後藤家), 남작 다카하시가(高橋家)를 비롯하여 오사카 스미모토가(住友家)·오쿠라가(大倉家), 도쿄 하라가(原家)·네즈가(根津家) 등 귀족·거상, 경성 아유카이(鮎

이전에도 많은 수의 고려자기가 무단으로 일본에 반출되었음을 알 수 있다.

그들의 도굴 기술은 상상을 초월하여 처음에는 분묘의 형태를 갖추고 있는 고분을 도굴하였으나 이를 모조리 도굴한 후에는 고분이 형태를 잃어버린 분묘도 교묘히 찾아내어 도굴을 자행하였다.[48] 이들 대다수의 도굴품들은 일본으로 건너간 것으로 보이는데, 어느 일본인 전문가의 견해를 빌리면 3~4만 점은 될 것이라고 하였다.[49]

후에 조선총독부 촉탁이었던 젠쇼 에이스케(善生永助)가 요업품 조사차 개성에 방문하였을 때 우연히 나카다 이치고로(中田市五郎)의 소장품을 보았다.

> 나카다 이치고로 씨는 야마구치현(山口縣) 사람이다. 지금부터 30여 년 전에 개성에 왔다. 말하자면 일본인으로서 이곳에 이주한 선구자적인 실업가로, 현재 포목·잡화 등을 업으로 하고 있다. 자산과 명망이 모두 높은 온후한 사람이다. 나카다 씨는 조선에 올 당시부터 본업의 여가·취미로 고려자기를 수집하여, 현재 소장하고 있는 명품만으로도 100여 점에 이른다. 당시에는 이러한 일에 주목하는 사람이 거의 없었고, 일본 골동상들의 손이 뻗치지 않아서 이를 얻는 것이 그다지 어렵지 않았던 것 같다. 이왕직박물관 등에도 고려자기 참고품은 상당수 진열되어 있지만 민간에서 이와 같이 다수의 우수한 자

貝)·곤도(近藤)·시라이시(白石)·아카호시(赤星) 등이 출품하였다.
48 고유섭, 「輓近의 골동수집: 빈번한 부장품의 도굴」, 『동아일보』, 1936.4.14.
49 이구열, 1996, 앞의 책, 77쪽.

기를 갖추고 있는 곳은 아마도 없을 것이다. 이전에는 구하라광업(久原鑛業)의 중역 야마오카 센타로(山岡千太郎) 씨가 고려자기 수집가로서는 일본 제일이라고 들었는데, 나카다 씨는 발굴된 고려자기를 수집하기에 가장 편리한 곳에 살고 있으며, 풍부한 재력을 가지고 있고, 일찍이 도자기 수집에 종사하여 타의 추종을 불허하는 것은 당연하다고 생각한다.[50]

이처럼 일본인들은 본격적인 식민통치가 이루어지는 강제병합 이전부터 경제적인 이유로 한국의 유적과 유물, 특히 개성 지역을 중심으로 한 고려고분에 관심을 갖고 무작위로 도굴하여 고려자기를 반출해갔다. 전문 골동상들이 등장하였으며, 도항자나 군부·경찰들뿐만 아니라 고관들에 의한 도굴 사례도 두드러졌는데, 이들은 권력을 이용하여 유물 '획득' 및 전리품으로 문화재를 약탈해간 것이다.

2. 세키노 다다시의 고건축물·고적조사

일본은 1902년 세키노 다다시(關野貞, 1868~1935)의 한국 고건축조사를 시작으로 한국 고고품에 대한 관심을 본격적으로 드러냈다. 이보다 앞선 1900년 고고인류학 분야에서 야기 쇼자부로(八木奬三郎)의 '정찰적

---

[50] 善生永助, 1926.12, 「開城に於ける高麗燒の秘藏家」, 『朝鮮』, 80쪽.

조사'가 있어 이를 '일본인 고고학자로는 가장 최초의 연구 여행'[51]으로 평가하기도 하나, 이것은 인류학적 조사였고, 조사 보고자료가 남아 있지 않으며, 훗날 한국 고고학이 세키노의 조사를 바탕으로 진행되었기에 그의 조사를 출발점으로 잡는다.[52]

먼저 도쿄제대 인류학교실에서 파견한 야기의 조사 여행은 1900년 10월 27일 부산을 시작으로 낙동강 좌우의 고분을 조사하여 석기시대 유물을 조사 채집하였다. 그의 「한국탐험일기(韓國探險日記)」 서문에는 "다년 내지의 유물·유적을 탐색한 결과 한국 조사가 필요한 것을 알고 이를 실행하였으며, 또한 여행 중에 보고 들은 것을 경과 순서로 기록하여 후일 도항자들에게 일조를 하고자 한다"고[53] 여행 목적을 언급하였다. 그 후 야기는 2차로 1901년 10월 초부터 11월까지 경상도·전라도는 물론 평양·의주·원산까지 살펴보았다.

야기의 조사는 후일 세키노만큼 주목을 받지 못하였지만 한국에 대한 정보가 많지 않던 시기 일본 학계에 자못 큰 영향을 미쳤으며, 1902년 세키노의 한국건축조사에도 기초가 되었다. 예를 들면, 1904년 세키노가 간행한 『한국건축조사보고』의 '만월대' 항목에서 고려왕궁지를 서술하면서 "우인(友人) 야기 쇼자부로가 일찍이 여기를 다녀가 그가 조사한 도면을 참고하였다"고 언급하였다.[54] 이처럼 야기는 1900년 10월부터 1901년 사이 대략 8개월 정도 한국 전역에 대한 일반적인 조사를 하였지만 그가 어떤 유물을 가져갔는지는 구체적으로 밝혀진 바가

---

51 高正龍, 1996, 「八木奘三郎の韓國調査」, 『考古學史研究』 6, 34쪽.
52 이순자, 2009a, 앞의 책, 32쪽.
53 八木奘三郎, 1902, 「韓國探險日記」, 『史學界』 4-4·5월호 참고.
54 關野貞, 1904, 앞의 책, 83쪽.

없다.[55]

이후 한반도 유적에 대한 본격적인 조사는 세키노에 의해 시작되었다. 1902년의 고건축물·고적조사와 1909년부터 1911년까지의 조사가 그것이다. 세키노는 한반도 전체를 조사 대상으로 삼았으며, 1935년 사망할 때까지 해마다 건너와 낙랑·고구려의 고적을 조사하였다.

1) 1902년 고건축물·고적[56] 조사

세키노 다다시는 도쿄제대 공과대학 조교수로, 1902년 6월 학교에서 한국의 고건축조사를 명령받았다. 조사에 앞서 공과대학장 다쓰노 겐고(辰野堅固)는 "역사적 연구를 목적으로, 될 수 있는 대로 넓게 관찰하라. 깊지 않더라도 관계가 없다"[57]고 조언하였고, 세키노는 1902년 6월 27일 도쿄를 출발하여 7월 5일 인천에 도착하였다.

세키노는 62일간 한국에 머물면서 "이 기간 내에 많은 유익한 성과

---

55 정규홍, 2012, 앞의 책, 36쪽.

56 고적[古蹟, Historic Remains, Historic Place(Sopt)]은 유적(遺蹟)과 유사어로, 남아 있는 옛날의 건물이나 시설물 또는 그 터를 의미한다. 일제강점기 고적이라는 용어는 시기에 따라 고고학 유적을 지칭하거나 유적 중 지정문화재를 지칭하는 개념으로 사용되었지만 대개 식민지 전시기에 걸쳐 문화재 일반을 지칭하는 개념으로 사용되었고, 이것은 후에 문화재라는 용어로 바뀌었다. 반면 일본에서는 한국과 달리 19세기 후반 이래 '구적(舊蹟)'이라는 용어와 함께 '고적'이라는 용어를 사용하였으나 대개는 역사가 깃든 사적(史蹟)이라는 용어가 통용되었다. 반면 식민지 조선에서는 역사가 배제된 고적이라는 용어를 보편적으로 사용하였다(오영찬, 2015, 앞의 글, 46쪽 참고).

57 關野貞, 1904, 「서언」, 앞의 책, 1-2쪽.

를 얻도록 기획하여"[58] 고도(古都)인 경성(서울)·개성·경주 등을 중심으로 조사하였다. 조사 대상은 주로 고건축물, 특히 궁전·성곽·사원·서원·능묘 석조물 등이었으며, 조각과 공예품까지도 조사 범위에 포함시켰다. 러일전쟁을 앞두고 전장(戰場) 내지 보급지가 될 지역에 사용 가능한 건축물의 상황 파악을 위한 차원에서 조사를 실시하였다.[59] 그리고 조사 성과를 1904년 『한국건축조사보고(韓國建築調査報告)』

〈그림 1〉 세키노 다다시(關野貞)

출처: 日本放送協会関東支部 編, 1926, 『ラヂオ講演集 第3輯』, 日本ラヂオ協会·博文館.

(도쿄제국대학 공과대학 학술보고 제6호)로 출간하였는데, 이것은 한국 고적조사의 시작으로 '기억할 만한 공적'이었다.[60]

그러나 도쿄제대 공과대학장의 '특별명령'이란 것과, '될 수 있는 대로 넓게, 깊지 않더라도 관계없다'라는 지시는 두 가지의 의미를 지닌다. 즉 일본 정부로부터 지시를 전달받은 것이며, 학문적인 연구라기보다는 한국 침략의 기초 자료가 될 만한 정보의 수집 및 탐색을 목적에 두고 국가적인 차원에서 '정찰적' 조사를 실시한 것이다.[61] 따라서 일본 정부는 이 조사를 전폭적으로 지원하였다. 재한 일본인 관계자들(주한공사,

---

58 關野貞, 1904, 위의 글, 2쪽.
59 大橋敏博, 2004, 「韓國における文化財政策システムの成立と展開」, 『文化政策論叢』 8, 島根縣立大學, 175쪽.
60 藤田亮策, 1931.12, 「朝鮮古蹟調査と保存の沿革」, 『朝鮮』, 98쪽.
61 이순자, 2009a, 앞의 책, 34쪽.

萩原 서기관, 鹽川 통역관, 大鳥 외교관, 三增 경성영사, 加藤 인천영사, 弊原 부산영사)과 함께 일찍이 한국 연구에 관여하였던 인물들(八木獎三郎, 金澤庄三郎, 小山光利, 長田信藏, 伊藤祐晃, 長山之介, 幣原垣)의 도움이 그것이다.[62] 반면 조선왕실도 일본공사 하야시 곤스케(林權助)의 요청에 따라 1902년(광무 6) 7월 16일 자로 외무대신 유기환(兪箕煥)이 각 군수에게 훈령(제15호)을 내렸다.

> 제국 공과대학 조교수 겸 신궁을 세우는 일을 맡은 기사이며, 또한 오래된 고사사(古社寺) 보존회 위원 세키노 다다시가 오는 18일부터 한성을 출발하여 강화·개성·파주·부여·은진·경주·합천 등지를 돌며 조사하거늘, 여권(護照)과 공문을 가졌다. 이에 훈령이니 이 사람이 도경(到境)해 오거든 마땅히 보호하여 주도록 하라.
>
> 의정부 찬정 외부대신 임시서리 궁내부 특진관 유기환
> (議政府 贊政 外務大臣 臨時署理 宮內府 特進官 兪箕煥)[63]

즉, 해당 지역 관청의 도움을 받아 조사를 진행할 수 있도록 편의를 제공하였던 것이다.

나는 이 명령을 명심하고 한국에 있는 중요한 유적은 모두 한번 보려고 마음을 먹었지만 국내의 교통이 불편하고 날짜도 제한되어, 부득이하게 기한 내에 되도록 많은 유용한 재료를 얻고자 예로부터 항상

62　關野貞, 1904, 앞의 책, 5쪽.
63　국립중앙박물관, 1997, 『舊 朝鮮總督府建物實測 및 撤去 報告書』에 轉載.

문화의 중심이며 유물 또한 많은 곳을 선택하였다. 상고 천 년간 신라의 수도였던 경주, 중세기 오백 년간 고려의 왕도였던 개성 및 근세 오백 년간 오늘날 조선의 도성인 경성 및 그 주위를 탐험 조사하였다.[64]

1902년은 일제의 한국 침탈이 본격적으로 진행되기 전으로 일본은 한국의 지리·역사에 대한 많은 정보와 함께 고건축조사라는 명목하에 한반도 전반을 파악하고자 하였으며, 제일선에 세키노가 있었던 것이다.

세키노의 조사 일정은 7월 5일 인천에 도착하여, 9월 5일 귀국할 때까지 62일간 진행되었다. 관심 지역은 주로 경주(첨성대·분황사·불국사·통도사·범어사 등의 건축과 왕릉, 고분, 석탑, 석비 등과 해인사)·개성(내외 성지, 관전지, 사지, 석탑, 석비 등과 그 외 화장사, 관음사)·서울(경복궁, 창덕궁과 경성성벽, 성문, 탑동 10층탑, 원각사비)이었다. 당시 전국 각지에서 이루어진 고적조사는 주로 지상에 드러나 있는 문화재에만 관심을 가진 것 같은 인상을 불식시키기 위해서였던지 이듬해부터는 개별 유적에 대한 집중조사로 방향을 전환하면서 매장 유적에 대한 지표조사도 병행하였다.[65]

두 달간의 조사를 마치고 일본으로 돌아간 세키노는 조사 내용을 정리하여 1904년에 『한국건축조사보고』를 발간하였다. 하마다 고사쿠(濱田耕作)는 세키노의 실적에 대해 "세키노 박사의 한국에서의 조사는 실로 일본의 고고학 연구가 처음 국외로 진출하여 그 범위를 외국으로 확

---

64 關野貞, 1904, 앞의 책, 1-2쪽.
65 지건길, 2016, 앞의 책, 24-25쪽.

대한 최초의 사건으로 영구히 기억될 것이다"라고 극찬하였다.[66]

이 보고서는 총 4편으로 구성되었는데, 제1편 총론에는 한국의 지세·지질·기후·역사·종교·사회·형식의 분류로 나누어 서술하였다. 제2편 신라시대는 총 6장으로 총설, 도성(경주의 지세, 성벽), 사원(불국사, 통도사, 분황사 9층탑, 범어사, 해인사, 폐 구암사 3층석탑), 능묘(오릉, 태종무열왕릉, 일반의 구조 및 부장품), 자여(自餘) 유물(첨성대, 원 봉덕사 범종, 불상, 와, 옥적), 결론으로 서술하였다. 제3편 고려시대는 총 7장으로 총설, 개성 성곽[나성, 내성, 시가 및 민거(民居)], 왕궁[석시(昔時)의 전문(殿門), 만월대], 사원(개성 불사, 폐 대원각사 대리석탑파, 폐 경천사 대리석탑파, 개성 7층석탑파, 관음사 7층석탑파, 화장사 7층석탑파, 폐 공림사 5층석탑파), 능묘(태조 현릉, 화장사 지공묘), 자여 유물(개성 남대문 범종, 불상, 도기, 동기), 결론으로 서술하였다. 마지막 제4편 조선시대는 총 12장으로 총설, 성곽(개성 내성, 경성 성곽, 동래 성곽, 경주 읍성, 북한산성), 왕궁(창경궁, 창덕궁, 경복궁, 한국 왕궁 제도와 중국 궁성 제도 비교), 학교 및 문묘(경주향교, 개성 성균관, 경성 문묘), 관왕묘(경성 동묘, 동 남묘, 동 북묘, 개성 관왕묘), 서원(서악서원, 숭양서원), 불사(범어사, 통도사, 해인사, 백율사, 화장사, 대흥사, 관음사, 중흥사, 신흥사, 청량사), 능묘(왕족의 능묘, 신민의 묘, 승려의 묘), 주택(귀족의 주택, 상민의 가옥), 자여 유물(석비, 범종, 석교), 당 시대 건축의 통성(通性), 결론으로 서술하였다.

한국의 유적·유물에 대한 정보가 적었던 당시에 이 보고서는 관련 분야에 관심을 둔 일본인들에게는 일종의 교과서가 되었다. 그러나 내용은 시종일관 한국의 건축 및 유물을 중국·일본의 것과 비교하여 설명

---

66 濱田耕作, 1939, 『考古學研究』, 座右寶刊行會, 290쪽(정규홍, 2012, 앞의 책, 40쪽 재인용).

하면서 한국 문화의 모방성을 강조하는 방식으로 서술하였다.[67] 더구나 조사 당시 세키노가 한국의 유물을 얼마나 가져갔는지는 밝히지 않았다. 「고려의 구도 및 왕궁유지」에서 "만월대에서 약간의 당초와(唐草瓦) 2종 및 파와(巴瓦) 2종 잔편을 채집하였다"고만 서술하였다.[68]

한편 1904년 도쿄제대에서는 '임나' 지역을 선정하고 인류학교실 소속 시바타 조에(柴田常惠)를 파견하여 가야 지역의 김해패총을 조사하였다. 그리고 1905년 가을부터 겨울까지 도리이 류조(鳥居龍藏)가 만주 일대의 고구려고분과 광개토대왕릉비를 조사하였다. 1906년 9월에는 대학원생 이마니시 류(今西龍)가 수학여행으로 경주에 와서 18일 정도 머물면서 경주 일대를 답사하고 당시 황남리 고분군 가운데 검총(劍塚, 100호분) 조사에 참여하였다. 이는 우리 고고학사상 경주 신라고분에 대한 첫 학문적인 접근이었다고 할 수 있으나, 무덤의 중심부에는 이르지 못하고 일부 시굴에 그친 조사였다. 당시 출토된 유물과 경주 일대에서 수집한 고와들을 모두 도쿄제대 공과대학으로 반출해갔다.[69] 결국 강제병합 이전부터 야기, 세키노, 이마니시, 도리이 등 일본 학자들에 의해 한국 유적·유물에 대한 전반적인 조사를 실시하였는데, 이 '정찰적 조사'의 성과물은 이후 식민지배를 위한 기초 자료로 활용하였던 것이다.[70]

---

67 이순자, 2009a, 앞의 책, 39쪽.
68 關野貞, 1904.7, 「高麗の舊都及王宮遺址」, 『歷史地理』 6-7(정규홍, 2012, 앞의 책, 40쪽 재인용-).
69 정규홍, 2012, 앞의 책, 42쪽.
70 정규홍, 2005, 앞의 책, 58쪽.

2) 1909~1915년 고건축물·고적조사

세키노 다다시는 1909년 8월 23일 통감부 탁지부 건축소 고건축물조사 촉탁에 임명되어 고적조사를 실시하였다. 당시 통감부는 서서히 한국의 사법행정권을 접수하면서 관청을 마련하기 위해 건물을 신설하거나 옛 건축물을 해체 혹은 개축하고자 전문가의 의견을 구하였다. 1909년 통감부에 의한 조사 목적은 그 일환으로 "구 건축물을 새로이 행정시설로 전용 혹은 파괴하거나 철거의 위험이 있는 것은 그 중요도에 의해 보존하는 것"이었다.[71] 이 작업에 '건축전문가'이자 일찍이 한반도 전역을 조사한 경험이 있는 세키노를 적임자로 보았던 것이다. 세키노의 조사사업은 건축소 공사고문인 공학박사 쓰마키 요리나카(妻木賴黃)와 탁지부 차관 아라이 겐타로(荒井賢太郎)의 추천으로 이루어졌다. 주관부서는 1910년부터 내무부 지방국 사사과(社寺課)를 거쳐, 8월 강제병합 이후에는 내무부 지방국 제1과로 인계되었으며, 1914년까지 사찰을 포함한 한반도 전역의 고건축물이 조사 대상이었다.

세키노는 건축공학사 구리야마 슌이치(栗山俊一)와 고고학 전문가 야쓰이 세이이치(谷井濟一)와 팀을 이루고, 탁지부 건축소 기사 조씨와 공부(工夫) 1명(有村)과 동행하여 조사를 실시하였다. 이 조사는 형식상 한국 정부의 위촉을 받아 이루어졌기에 이들 일행은 재정적 지원은 물론 어떠한 제지도 받지 않고 전국을 마음대로 조사할 수 있었다. 그리고 조사의 결과는 조사개요 강연집 『한홍엽(韓紅葉)』(1909),[72] 조사보고서 『조

---

[71] 藤田亮策, 1951, 앞의 글, 249쪽.

[72] 이 책은 關野貞(韓國藝術の變遷に就て), 谷井濟一(上世に於ける日韓の關係), 栗山俊一

선예술지연구(朝鮮藝術之研究)』(1910)로 출간하였다.

1909년의 조사는 9월 20일부터 12월 17일까지 3개월 동안 이루어졌다.

> 작년(1909) 8월 23일 고건축조사에 관한 사무를 촉탁받아 건축소 촉탁 문학사 야쓰이 세이이치, 공학사 구리야마 슌이치 두 사람과 함께 9월 19일 경성에 도착, 부근 및 개성, 황주, 평양, 의주, 안주, 영변, 광주, 양주, 강화, 수원, 공주, 은진, 부여, 대구, 영천, 경주, 울산, 양산, 부산 등의 각지 고건축물조사를 추진하고 12월 21일에 부산을 출발하여 일본으로 돌아갔다.[73]

이 조사는 표면상으로는 한국의 고건축물을 보존하기 위한 목적으로 시작하였으나, 순수한 학술적 성격은 아니었다. 식민통치의 행정시설 마련을 위해 한국 고건축물의 활용 여부를 파악하기 위한 행정실용적 성격이었다. 고건축물 활용에 대한 조사를 기본으로 하면서 부수적으로 고대문화의 상태 및 변천을 살피기 위한 자료를 넓게 탐구하고자 건축물 외에도, 고적·불상·동종·찰간·석탑·비갈·향로·서화 등 사찰과 경내 및 주변의 불교 문화재와 석실 등의 구조물을 지닌 고분에 대한 조사 등 여러 방면의 조사가 일부 이루어졌다. 지역적으로는 주로 철도노선이 연결된 지방과 경주·부여 지역의 유물을 집중적으로 조사하였는데, 특히

(平壤開城の古墳)가 한국 탁지부의 의뢰로 1909년 한국의 고대 건축물 및 동양 예술에 대한 한반도의 유적을 조사하고 강연한 내용을 묶은 것이다.

73 關野貞, 1910, 『朝鮮藝術之研究』, 度支部建築所, 1쪽.

익산·평양에서는 마한과 고구려시대의 유적을 조사하고, 고령·함안· 진부에서는 가야시대의 것으로 인정할 만한 궁지·성지·분묘를 살펴보았다.[74]

1909년 10월 세키노 조사팀은 평양에 도착하여 처음으로 대동강 주변에 있는 고분을 조사하였다.

> 당시 평양에 거주하는 관민유지(官民有志)의 호의, 특히 오기 히토시(小城齊), 이마이즈미 시게마쓰(今泉茂松), 두 기사 및 시라카와 마사하루(白川正治) 씨의 협력으로 고분 2기의 내부를 조사했다. 이후 도쿄제대 문과대학 교수 문학박사 하기노 요시유키(萩野由之)와 문학사 이마니시 류(今西龍)는 같은 해 겨울 1기의 고분을 조사하였다.[75]

당시 평양일보 사장이었던 시라카와에게 대동강 남안에 많은 고분이 있다는 이야기를 듣고 조사하였는데, 바로 석암동 고분으로 한반도 최초의 학술적 발굴조사라고 할 수 있다.[76] 이때의 고분 조사는 정식으로 보고되지 않았으며 이후『조선고적도보(朝鮮古蹟圖譜)』제1책에 사진만 수록하였다. 그리고 이들 고분 출토유물은 도쿄제대 공과대학 소장으로 되어 있어 출토품을 반출한 것으로 추정되며, 하기노가 발굴한 고분에서 출토된 유물(鏡, 金銅食器, 耳飾, 팔찌, 陶壺) 역시 모두 일본으로 반출되어

74　日本歷史地理學會 編, 1911,「朝鮮遺蹟調查略報告」,『歷史地理』17-2.

75　조선총독부, 1919,「平壤附近に於ける樂浪時代の墳墓(一)」,『古蹟調査特別報告』제1책(황수영 편, 2014, 앞의 책, 78쪽)

76　정인성, 2006, 앞의 글. 처음 세키노는 이 고분을 고구려고분으로 인식하였다가 후에 1914년 낙랑고분으로 언급하였다.

도쿄제대 문학대학 열품실(列品室)에 보관되었다가[77] 관동대지진 때 모두 소실되었다. 조사 당시에 촬영한 유리건판 사진은 국립중앙박물관에 소장되어 있다.

또한 세키노는 황남리 고분을, 야쓰이는 서악리 고분을 조사하였다. 4기의 서악리 고분 가운데 야쓰이는 외형적으로 완전한 것을 먼저 조사하였다. 부장품으로는 고배의 대(臺)와 토기 파편을 발굴하였는데, 그 가운데 석침(石枕) 등은 반출되어 도쿄제대 공과대학 소장품이 되었다.[78]

조사 기간 중 세키노는 1909년 11월 23일 탁지부 주최로 종로 광통관에서 강연회를 가졌는데, 그 자리에서 고구려고분에서 발견한 유물들의 제작기법을 찬양하면서 당시의 문화적 퇴보를 개탄하였다.[79] 이 강연에 참여한 사람은 "여보게, 나는 일본 공학자의 강론하는 말을 들으니까 참 기가 막혀. 한국이 옛적에는 미술기예가 극히 정교하였는데 점차 퇴보되어 지금은 볼 것이 전혀 없으니 그게 웬일이냐. 그중에 고대미술품이 잔괴(殘塊) 중에 매재(埋在)한 것을 한국인은 발견하지도 못하고 일인들이 찾아내어 연구하느니 강론하느니 한즉 그게 다 웬일인고 참 기가 막혀 못살겠네"라고 한탄하였다.[80]

한편 세키노의 고건축조사와는 별도로, 학무국 편찬과에서는 교과서 편찬을 위한 사료조사 명목으로 도리이 류조, 이마니시 류, 구로이타 가쓰미에게 조사를 의뢰하였다. 도리이 류조는 1910년 한 차례 예비 조사

---

77 『朝鮮古蹟圖譜』 제1책 대동강 고분(을) 도판 63-80, 도쿄제대 문학부 소장.
78 「彙報-東京大學工科大學建築學科第四回展覽會(下)」, 『考古學雜誌』 2-10, 1912.6, 628쪽.
79 「宜其浩歎」, 『황성신문』, 1909.11.25.
80 「社會燈」, 『대한매일신보』, 1909.11.26.

를 포함하여 이후 1911~1918년 사이에 모두 여섯 차례에 걸쳐 한반도 조사를 실시하였는데 주로 선사유적을 조사하였다.[81] 후지타 료사쿠(藤田亮策)에 의하면 세키노와 도리이의 조사는 데라우치 마사타게(寺內正毅)의 계획과 제안에 의한 것이라고 하였다.[82]

특별히 세키노 조사팀은 조사 대상 건축물을 상태에 따라 갑을병정 등급으로 구분하였다. 가치 기준을 보존에 적용하여, 갑·을 등급은 특별 보호가 필요한 것으로 구분하였고, 병은 조사가 완료된 후 비교 검토하여 을에 편입시킬 것들로 구분하였다. 한 예로 1909년 조사에서 '병' 등급이었던 경성 동대문은 1910년 조사에서 '을' 등급으로 변경되었다.

1910년 가을 궁내부의 촉탁으로 세키노 팀이 고적조사를 예정하고 있었으나 10월에 조선총독부가 설치되자 담당은 조선총독부 내무부 지방국 제1과로 넘어갔다. 9월 22일 경성에 도착한 세키노 팀은 전년도와 같이 내무부의 전적인 지원하에 개성의 고려고분과 평양 대동강면의 고분군을 조사하고, 10월 12일부터 남쪽으로 내려와 옥천·보은·속리산·성주·합천 해인사를 거쳐 고령의 가야고분을 조사하였다. 그 후 창녕에서 가야고분을 발견하고, 함안에서는 성산산성, 성산 서북의 가야고분, 가야왕궁지를 답사하였지만 발굴조사를 할 여유는 없었다. 진주에서는 수정봉 제2호분, 옥봉 제7호분을 발굴조사하여 출토유물을 도쿄제대 공과대학으로 보냈다. 그 후 하동·구례·남원·곡성·옥과·창평·광주·능주·나주·목포·영암·해남·군산·전주·익산·인천을 거쳐 12월 7일 경

81　朝倉敏夫, 1993, 「鳥居龍藏の朝鮮半島調査」, 『鳥居龍藏の見たアジア』, 國立民族學博物館.

82　藤田亮策, 1953, 「朝鮮古蹟調査」, 『古文化の保存と研究:黑板博士の業績を中心として』, 黑板博士記念會, 334쪽.

성으로 돌아왔다. 이들은 1910년도의 조사결과를 『조선예술지연구 속편(朝鮮藝術之硏究 續編)』으로 간행하였다.

1910년에는 3개월에 걸쳐 한반도 남쪽을 중심으로 고대문화의 상태와 변천을 알 수 있는 자료를 폭넓게 조사하고 이것을 지방별·시대별로 구분하여 정리하였는데, 특히 한국의 유물을 일본·중국 및 서양과 비교 대조하여 연대를 밝혀두었다. 발굴조사는 평양 부근에서는 대동강 남쪽 대동강면 고분 2기와 대동강 북쪽 임원면 대성산 서쪽 기슭에서 실시하였다. 남부 지역에서는 가야고분을 탐색하고, 경북 고령 주산, 경남 진주 옥봉·수정봉을 발굴하였다. 특히 진주의 옥봉·수정봉 고분군은 7~8기의 큰 고분군으로, 1910년 여름 장마로 인해 고분의 일부가 드러나 8월 신원미상의 일본인에 의해 도굴되었고, 11월에 세키노가 도청의 허가를 얻어 발굴조사를 실시하였다.

고분에서는 등자(鐙子)·재갈·교구(鉸具)·도끼·직도(直刀)·청동사발·소옥 및 투구 등의 부장품이 나왔는데, 진주경찰서에 보관되었다가, 도쿄제대 공과대학에 기증되었으며,[83] 현재는 도쿄대학 총합박물관에 소장되어 있다. 특히 이 조사를 세키노는 "당시에 이 지방은 고고학·건축학·인류학과 같은 종류의 학술적 조사를 목적으로 여행한 사람이 없었다"고 하며,[84] 특히 낙동강 연안의 가야유적 조사를 성과로 지목하였다.

1911년 세키노 팀(세키노, 야쓰이, 구리야마 외 총독부 영선과 기수)은 9월 13일 경성에 도착하여, 경성을 시작으로 경기도·평안남도·황해

---

83   關野貞, 1911.3, 「伽倻時代の遺物」, 『考古學雜誌』 1-7, 10쪽.
84   關野貞, 1911.3, 위의 글, 12쪽.

도·경상도를 조사하였다. 특히 1911년의 조사는 9월 13일부터 11월 5일까지 1개월 반 정도의 짧은 기간으로 조사 건수는 비교적 적었으나, 주로 고대 고적에 관한 단서를 얻기 위한 고분 및 유적지를 조사하였다. 그리고 이 조사를 마치고 경성·개성·평양·경주·대구 지역 등을 조사한 내용을 『조선고적조사약보고(朝鮮古蹟調査略報告)』로 발간하였다.

9월 18일 경기도 광주 석촌고분을 시작으로 고양(9월 19일), 개성(9월 23일), 용강(9월 30일~10월 1일), 강서 우현리삼묘(10월 3일), 강동(10월 6일, 10일, 17일, 18일), 성천(10월 7~8일), 봉산·안주(10월 14~15일), 경주(10월 27일~11월 1일), 옥산(10월 30일), 동화사(11월 3~4일)를 조사하였다. 특히, 1911년 9월 24일에 평양에 도착한 세키노 팀은 한왕묘(漢王墓)를 답사하였으나 날씨로 인해 일정이 지연되어 10월 5일에야 발굴을 개시하였다. 그러나 10일에 고분의 일부가 붕괴되는 사고가 일어나 일시 중단하였다가 16일 발굴을 재개하였다. 이후 사리원역으로 돌아오는 길에 선로 곁에 있던 '도총(都塚)'(황해북도 봉산군 미산면 오강동)에서 약 여섯 종류의 문자가 새겨진 벽돌[塼]을 발굴하였다.

그중 하나는 매우 중요한 것으로 보입니다. 즉 측면의 짧은 변에는 '使君帶方太守張撫夷塼'이라고 쓰여 있고, 긴 변에는 '天生小人供養君子千人造塼以葬父母旣好且堅典竟記之'라고 되어 있는 것입니다. 이 2행은 모두 좌문자로 압출된 것입니다(실물은 총독부의 것이나 현재 도쿄제대 문과대학 열품실에 보관되어 있습니다). 이 고분은 대방태수 장씨 부부의 묘를 그 아들이 만든 것이거나, 혹은 태수 부모의 묘를 태수가 만든 것입니다. 아마도 태수 부부의 묘로 생각됩니다. 이 고분은 그 외형이 주한(周漢) 시대의 능묘와 유사하며, 또 벽돌의 명문도 한대(漢代) 풍이 있어 이 고분은 한대 혹은 한대에서 멀지 않은 시대의 것으로 명백하게 '대방태수'의 명문이 있습니다.[85]

명문전 출토로 이 고분은 '장무이묘(張撫夷墓)'라 불렀고, 한강 유역이라 여겨졌던 대방군의 위치를 황해도로 비정하는 결정적인 고고학적 증거로 삼았다. 이 무덤의 발굴유물은 반출되어, 도쿄제대 공과대학에 소장되었으며, 『조선고적도보』 제1책에 대동강 고분(을) 도판을 수록하였다.

또한 강서 지역 부근 우현리 강서삼묘를 견학하였다. 특히 강서대묘는 연도와 현실로 이루어진 단실묘로 현실 네 벽에 사신도(四神圖)가 있어 고구려 고분벽화의 걸작으로 손꼽혔다. 원래 강서대묘는 강서중묘와 함께 1902년 강서군수가 처음 발굴하였으나 부장품을 하나도 얻지 못하였다고 한다. 이후 1905년 당시 강서수비대에 근무하고 있던 도쿄미술학교 학생 오타 후쿠조(太田福藏)가 내부 벽화와 천정에 그려진 사신도, 초화문양 등을 간단하게 모사하였다. 1911년 세키노는 이 고분을 견학하면서 중국 남북조 영향을 받은 고구려고분임을 밝혔다. 그는 "이 그림은 오늘날 무사히 남아 있는 동양 최고의 회화 중 하나일 것이다. 이를 그냥 땅속에 묻어 둔 채로 두는 것은 애석하기 짝이 없는 일이다"라고 극찬하였다.[86]

1912년 4월 16일부터 3일간 도쿄제대 공과대학 건축학과 교실에

---

85 谷井濟一, 1912.1, 「朝鮮通信(三)」, 『考古學雜誌』 2-5, 53쪽.
86 조선총독부, 『朝鮮古蹟調査略報告』, 36쪽. 이것은 이후 1912년 조사 때 오바 쓰네키치(小場恒吉)와 오타 후쿠조가 파견되어 벽화를 모사하였으며, 1930년대에도 벽화 모사 작업이 이루어졌다.

서 제4회 전람회를 개최하였다. 이 전람회는 4개의 진열실로 구성하였는데, '조선에서 세 차례에 걸쳐 가져온 것'이라는 내용으로 낙랑부터 조선시대에 이르는 유물을 사진과 함께 시대별로 '조선부'라 하여 복도와 제3실에 진열하였다.[87] 이 유물들은 세키노, 야쓰이, 구리야마가 1909년부터 1911년까지 세 차례에 걸쳐 한국에서 가져간 것들이었다. 특히 대방의 당토성에서 발견된 전돌과 함께 봉산군 미산면 오강동(사리원)에서 발견된 '사군대방태수장무이전(使君帶方太守張撫夷塼)' 명문이 새겨진 전돌을 두어, 한(漢)의 대방군치지임을 증명하는 자료로 활용하였다.[88]

1913년 4월 3일에는 도쿄제대 연구실에서 일본사학회가 사료전람회를 개최하였는데, 3개의 전시실 가운데 제3실을 조선사 관계품으로 진열하였다. 당시 진열품은 대부분 세키노 일행이 1911년경에 반출해간 유물들이었다.[89]

또 1914년 4월 8일부터 10일까지 3일간 도쿄제대 공과대학 건축과에서 개최한 제5회 전람회도 조선예술품과 가고시마(鹿兒島) 및 아키타(秋田) 진재(震災) 2부로 나뉘어 전시하였는데, 진열품 대부분은 모두 세키노와 야쓰이가 '최근 한국에서 가져온 것'이라 하였다.[90] 조선예술품은 낙랑·대방 및 고구려(제1실), 삼국시대(제2실), 신라통일시대(제3실),

---

87 「彙報-東京大學工科大學建築學科第四回展覽會(上)」, 『考古學雜誌』 2-9, 1912.5.6, 50-53쪽.
88 구체적인 전시 목록은 정규홍, 2012, 앞의 책, 100-102쪽, 〈건축학과 제4회 전람회 목록〉 참조.
89 정규홍, 2012, 앞의 책, 115쪽, 〈사료전람회목록〉 참고.
90 「彙報-東京大學工科大學建築學科第五回展覽會」, 『考古學雜誌』 4-9, 1914.5(황수영 편, 2014, 앞의 책, 67-70쪽 참조).

고려 및 조선시대(제4실) 등으로 나누어 진열하였다.[91] 이 가운데 제1실에는 광개토대왕비 탁본을 두었는데, "광개토왕비 탁본 비문은 신공황후 정벌에 관한 기사로 아국(我國)의 사료로 진품이다"라고 설명하였다.[92] 또한 제2실에는 가야시대 고령·함안·진주 등지에서 발굴한 유물과 사진들을 진열하였는데 "야마토(大和) 민족의 해외 발전 사적을 추회(追懷)"한다고 소감을 적고 있어[93] 일본인 관학자들이 발굴조사하여 반출해 간 한국의 문화재들을 통해 말하고자 하였던 역사가 무엇이었는가를 분명하게 밝혔다.

요컨대 1909년부터 1911년 세키노에 의해 실시한 고적조사는 학술적 목적이라기보다는 식민지배통치를 위한 기초적 자료 조사의 성격을 지녔다. 당시 한국에는 유적·유물에 대한 인식 부족과 그에 대한 법적·제도적 장치 부재로, 수집한 유물은 아무런 제약도 없이 대부분 일본으로 반출해갔다. 그리고 일본 내에서 여러 차례 전람회를 통해 유물을 공개하였다. 그 외에도 당시 석등과 묘탑의 수집 열기로 인해 유물이 반출되어 흩어지므로 단속 방법을 검토할 정도로[94] 당시 한국 유물의 반출 및 산일(散逸)이 빈번하게 이루어지고 있었다.

한편 세키노 일행은 1909년부터 3년에 걸쳐 한국의 지방도시 50여 개를 조사하였다.[95] 각 지역의 중심 행정시설에 관한 조사(고건축물인 객

---

91 정규홍, 2012, 앞의 책, 120-124쪽, 〈건축학과 제5회 전람회 목록〉 참고.
92 「東京大學工科大學建築學科第五回展覽會」, 『歷史地理』 23-5, 1914.5(정규홍, 2012, 앞의 책, 119쪽 재인용).
93 정규홍, 2012, 앞의 책, 119쪽.
94 谷井濟一, 1911.10, 「朝鮮通信(一)」, 『考古學雜誌』 2-2, 63쪽.
95 이순자, 2009a, 앞의 책, 47-62쪽, 〈표 2-5〉 關野貞의 한국 고건축 고적조사 목록

사·군청·향교 등)와 사원을 조사하여, 조사 대상을 등급별로 나누었다. 1909년의 경우, 고건축물 관련 유적 194건, 석조물 64건, 유물 30건으로 총 288건을 조사하였는데, 이 가운데 갑 등급을 받은 것은 총 50건(고건축물 23건, 석조물 및 유물 27건)이다. 대체로 '새로운 시설'로 활용하기 위해 조사하였던 고건축물의 등급은 다른 대상들에 비해 낮았고, 그로 인해 이들 건축물의 보존이 절실하지 않다고 평가하여 일제의 지방행정시설로 즉각 변용하였다.

예를 들어 1909년 조사에서 정(丁) 등급을 받은 평북 의주 객사 취승당(聚勝堂)은 재판소로, 양산 회아당(匯鵞堂)은 경무소(경찰서)로 사용하였다.[96] 특별히 1914년 부제(府制) 실시 후 각 지역의 객사나 관아는 도청이나 거류민단사무소로 사용하였다.[97] 해주군청의 경우는 조선시대 구 관아의 건물을 그대로 사용하기도 하였다.[98] 이처럼 강제병합 이전 실시된 세키노의 고건축물 조사는 일제의 지방행정 통치 시설물로 활용하는 데 기초 자료가 되었으며, 이로써 1910년 강제병합 이후 일제가 중앙은 물론 지방통치까지 단기간에 장악할 수 있는 토대를 마련하였던 것이다. 한반도 전역에 대한 조사를 통해 파악한 고건축물들을 변용·활용하여 비교적 단기간에 순조롭게 식민통치체제를 이루어 갈 수 있었던 것이다.[99]

또한 세키노 팀이 실시한 유적·유물에 대한 등급 부여 작업은 이후 일

(1909-1911) 참고.
96 關野貞, 1910, 앞의 책, 39쪽, 55쪽.
97 손정목, 1992, 『한국 지방제도 자치사 연구』, 일조각, 121-160쪽 참고.
98 海州保勝會, 1929, 『海州』, 4쪽.
99 이순자, 2009a, 앞의 책, 61쪽.

제의 한국 문화재 지정에도 기초 자료로 활용되었다. 즉 세키노가 갑·을 등급으로 지정한 것 가운데 1933년 「보존령」에 따라 고적 및 보물로 지정된 것은 고적 25건, 보물 66건이었다. 그 내용은 다음 〈표 2〉와 같다.

〈표 2〉 세키노 다다시의 고건축·고적조사 대상 중 지정 문화재

연도	지역	대상물	등급	「보존령」지정
1909	경성	남대문	갑	보물1호
		원각사 13층탑	갑	보물4호
		문묘 대성전	갑	보물236호
		사직	을	고적57호
		동묘	을	보물237호
		보신각 대종	을	보물3호
		원각사 비	을	보물5호
1909	개성	만월대	갑	고적5호
		남대문	갑	보물10호
		연복사종(남대문 루상)	갑	보물11호
		첨성대	을	보물9호
1909	황주	성불사 극락전	을	보물130호
		성불사 응진전	을	보물131호
1909	안주	백상루	을	보물246호
1909	공주	갑사 철찰간	을	보물395호
1909	김해	김수로왕릉	을	고적107호
		김수로왕비 허씨릉	을	고적108호
1909	의주	남문	갑	보물307호
1909	대구	달성	을	고적94호
1909	평양	보통문	갑	보물138호
		숭인전	갑	보물306호
		정거장 앞 7층석탑	을	보물205호
		부벽루	을	보물137호
		대동문	을	보물136호
		종각 종	을	보물139호
1909	양산	통도사 대웅전	을	보물241호
1909	광주	대청황제공덕비	을	보물164호

연도	지역	대상물	등급	「보존령」지정
1909	동래	범어사 3층석탑	을	보물389호
1909	수원	수원 성곽	을	고적14호
1909	은진	관촉사 미륵석상	갑	보물346호
		관촉사 석등	갑	보물361호
1909	부여	대당평백제탑	갑	보물33호
		유인원기공지비	갑	보물34호
1909	경주	월성유지	갑	고적32호
1909	경주	분황사탑	갑	보물100호
		첨성대	갑	보물105호
		불국사 다보탑	갑	보물84호
		불국사 석가탑	갑	보물85호
		불국사 청운교백운교	갑	보물88호
		불국사 연화교칠보교	갑	보물87호
		석굴암	갑	보물89호
		포석정 유적	갑	고적1호
		괘릉	갑	고적42호
		굴불사 사면불	갑	보물192호
		불국사비로사나동상	갑	보물96호
		불국사미타동상	갑	보물97호
		백률사석가동상	갑	보물98호
		종각 봉덕사종	갑	보물99호
		태종무열왕릉비	갑	보물92호
		전 김양묘 귀부	갑	보물106호
		5층석탑(介塔)	을	보물201호
		3층석탑(京南)	을	보물94호
		낭산(월성동산)석불상 수구	을	보물91호
1909	강화도	전등사 약사전	을	보물299호
		전등사 대웅전	을	보물298호
1910	익산	쌍릉	을	고적122호
		미륵산성	을	고적127호
1910	합천	해인사 경판장고 2동 부속 칠성각, 응진전	을	보물251호
1910	김제	금산사 미륵전	을	보물337호

연도	지역	대상물	등급	「보존령」지정
1910	진주	촉석루	을	보물276호
1910	함안	성산산성(가야)	갑	고적99호
		성산 서북 가야고분	을·병	고적118호
1910	경성	동대문	을	보물2호
1910	구례	화엄사 각황전	을	보물378호
1910	보은	법주사 팔상전	을	보물271호
1910	평양	안학궁지	갑	고적51호
1910	고령	주산 가야산성지	갑	고적93호
		가야시대 고분	을·병	고적113호
1911	강서	우현리 삼묘	갑	고적13호
	봉산	당토성	갑	고적65호
	대구	동화사 비로암비로자나불 석상	갑	보물383호
		동화사 당간지주	을	보물393호
		동화사 비로암3층석탑	을	보물386호
		금당 앞 동 3층석탑	을	보물387호
		금당 앞 서 3층석탑	을	보물387호
1911	개성	폐 영통사 대각국사비	갑	보물159호
		폐 현화사 7층석탑	갑	보물156호
		폐 현화사 현화사비	갑	보물155호
		폐 영통사 5층석탑	을	보물160호
		폐 영통사 3층석탑(서)	을	보물157호
		폐 영통사 3층석탑(동)	을	보물158호
1911	경주	흥덕왕릉	갑	고적46호
		헌덕왕릉	갑	고적45호
		남산성지	갑	고적38호
		명활산성지	갑	고적76호
		망덕사폐지	을	고적19호
		망덕사폐지 당간지주	을	보물104호
		구황리탑폐지 및 인왕석상	을	고적18호
1911	성천	객사 동명관	을	보물250호
		폐 자복사 5층석탑	을	보물142호
1911	용강	어을동고성	을	고적52호

출처: 조선총독부, 1924, 『古蹟及遺物登錄臺帳抄錄附參考書類』; 『朝鮮總督府官報』.

3년에 걸친 한반도 고적조사사업 이후에도 세키노 팀의 조사는 계속되었다. 1912년 세키노 팀(세키노, 구리야마, 야쓰이, 총독부 영선과 기수)은 조선총독부 촉탁으로 9월 18일 경성에 도착해서 12월 12일까지 3개월 동안 강원도·경북·충북의 유적을 조사하였다. 특히 강원도로 출발하기 전 약 일주일 예정으로 강서군 우현리 삼묘(三墓)와 경의선 사리원역 남쪽에 있던 도총(都塚) 및 경성 송파 부근의 고분을 조사하였다. 이것은 세키노가 1909년 평양에 도착했을 때 시리카와 마사하루로부터 강서에 3개의 고분이 있다는 이야기를 들었고, 1911년 평양에 갔을 때 군수에게서도 벽화가 있다는 이야기를 들었기 때문이었다. 더구나 도쿄에서 강서수비대로 있었던 오타 후쿠조가 7~8년 전에 모사한 벽화의 일부를 보고 그 벽화의 화풍이 남북조시대의 양식을 가진 벽화임을 일찍이 알고 있었기 때문이기도 했다. 이에 세키노 일행은 9월 하순에 강서고분 3기의 내부 조사를 결정하였다. 오바 쓰네키치와 오타 후쿠조가 벽화를 모사하였는데, 약 70일에 걸쳐 모사한 대묘 벽화는 도쿄제대로 가져갔다. 이를 계기로 일본 학자들이 고구려 벽화고분에 관심을 갖게 되었다.[100]

당시의 상황에 대해 야쓰이는 다음과 같이 언급하였다.

요즘은 벽지(僻地)에도 헌병파견소나 출장소가 있어서 주막에 머물지 않더라도 헌병 쪽에서 호의적으로 일본인에게 숙박을 제공하며, 사원(寺院)도 온돌이 비교적 청결하고 빈대에 물리는 일이 적어 유쾌하게 여행할 수 있습니다. 여행 중 어떤 군(郡)에 밤이 되어 도착하였더니 도중에 주민이 횃불을 켜서 길을 비춰 주었습니다. 이는 군청의

---

100 정규홍, 2012, 앞의 책, 68-69쪽.

호의겠지만 이러한 경우 대부분 징발이어서 인부의 임금을 지불하지 않는다고 합니다. 주민들이 '세금도 받으면서 심지어 이러한 용역을 하라고 하는 것은 무법하다'라고 말한다는 것을 듣고서는 말할 수 없는 불쾌감을 가졌습니다. 여하간 사리를 모르는 하급관리들이 오랜 악습을 답습하였으리라고 생각합니다. 사소한 일 같지만 이러한 상황에서는 조선인들이 한국병합의 진의를 의심하게 되지 않을까 한심하기 짝이 없습니다.[101]

즉 고적조사를 할 때 헌병이나 지역 군청의 협조로 지역 인부들을 동원하였는데, 이들에게 노역만 시키고 임금을 지불하지 않으면 불만이 쌓이게 되고 이로 인해 도리어 일제 통치의 진정성을 의심받을 수도 있을 것이라고 걱정할 정도로 고적조사에 지역민들을 빈번하게 동원하였던 것이다.

이 밖에 1912년 조사에서는 강서고분 외에 대부분 사찰 유물을 조사하였으며, 폐사지에서 많은 와편을 수집하여 도쿄제대로 가져갔다. 10월 중순에 이루어진 금강산 장안사 답사 때도 세키노 팀 외에 강원도청에서 수행하는 도 서기 1명, 안내와 호위를 겸한 헌병보조원(조선인) 1명을 더해 총 8명이 동행하였다. 이들은 금강산 장안사·표훈사·정양사·유점사·신계사를 거쳐, 고성 건봉사·낙산사, 강릉 신복사지, 오대산 월정사·상원사·오대산사고,[102] 원주 흥법사지·법천사지·거돈사지, 여

101　谷井濟一, 1912.12, 「朝鮮通信(一)」, 『考古學雜誌』 3-4, 42-43쪽.
102　오대산사고 중 실록각에 보존되어 있던 『조선왕조실록』은 1914년에 도쿄제대로 반출되었다. "1914년 3월 3일 총독부 직원과 평창군 서무주임 히구치(桶口), 직원 조동선(趙東璇) 등이 우리 본산에 와서 머무르며 선원보각에 소장한 사책(史冊)

주 신륵사·고달사지·세종 영릉(英陵)·효종 영릉(寧陵), 충주 탑정리 7층 석탑·개천사지, 풍기 비로사, 영주 부석사, 순흥 소수서원, 봉화 태백산 각화사와 사고, 안동 도산서원·태사묘, 상주, 의성 고운사를 거쳐 도쿄로 돌아갔다. 이 가운데 원주 법천사지를 답사할 때 법천사 지광국사현묘탑이 운반되어 존재하지 않음을 확인하였다.

이것은 오사카의 모 부호가 거액을 투자해 이를 구입하였는데 이 현묘탑을 판 조선인은 국유지에 있는 이 묘탑을 멋대로 매각했기에 횡령죄로 걸렸으며, 현묘탑은 오사카에서 조선으로 돌아오게 되었고, 앞서 이를 구입하여 오사카의 모씨에게 전매한 경성의 모 상인은 큰 타격을 입은 듯합니다. 작년부터 묘탑 반출이 하나의 유행처럼 일어났으나 이번에 현묘탑 매각자가 법에 걸려들었고, 탑이 다시 돌아오게 된 것을 비추어보면, 이후 이러한 나쁜 풍조는 근절될 것으로 생각됩니다.[103]

이처럼 주인 없는 폐사지의 석조유물들이 암암리에 반출되었던 것이다.

1913년에도 세키노는 조선총독부 촉탁으로 야쓰이 세이이치, 이마

150점을 강릉군 주문진으로 옮기고, 곧바로 일본으로 보내어 도쿄제대에 소장하였다. 이때 운반하는 사람들은 사사로이 다섯 동리에서 데려와 거행하였고 3일부터 11일까지 사역하였다"(황수영 편, 2014, 「이조실록 오대산본 월정사 사적 말미」, 앞의 책, 245쪽). 이 가운데 일부는 1923년 관동대지진으로 불타 없어지고, 화재를 면한 27책만이 1932년에 경성제대(현 서울대학교)로 옮겨졌다. 도쿄제대에 남아 있던 47책은 2006년 도쿄제대의 기증이라는 형식으로 한국에 돌아왔다.

103 谷井濟一, 1913.1, 「朝鮮通信(二)」, 『考古學雜誌』 3-5, 60쪽.

니시 류, 구리야마 슌이치와 함께 9월부터 12월까지 97일간 평안남북도의 낙랑 유적과 중국 지린성 지안현의 고구려 유적을 조사하였다.

세키노 등은 다이쇼 2년(1913)에 낙랑토성에서 낙랑시대 고와를 발견한 이래 수십 회 토성을 왕래하면서 낙랑시대 고와를 주웠는데, 그 수가 수백 점에 달하였다. 이것은 1916년 조선총독부박물관·도쿄제대·교토제대·평양진열소에 기증하였다. 특히 낙랑토성을 조사할 때는 주위의 아이들에게 전(塼) 2개를 주워 오면 1전을 주겠다고 하여 수집하였는데, 7~8명이 약 2시간 만에 200여 개를 주워 와 이를 수집하였으며, 이렇게 수집한 것 중 151종을 『낙랑시대의 유적(樂浪時代の遺蹟)』(『조선고적도보』 2책)에 채록하기도 하였다.[104]

세키노는 아이들을 동원하여 수집한 수백 점의 기와의 일부를 일본으로 가져가 도쿄제대 문과대학 표본실과 도쿄제실박물관 역사관에 기증하였다.[105] 그리고 중국 지안현 태왕릉에서 발견된 명문이 새겨진 기와 파편 및 화와(花瓦) 파편 등 총 100여 점을 고고학회에 기증하였다. 당시 기증한 것 중에 고구려 태왕릉 발견의 와전(瓦塼) 중 벽돌 파편 5개, 기와 파편 10개에 한해 고고학회에 참석한 사람들에게 추첨을 통해 나누어 준 일도 있었다. 그러나 학회에 참석하지 못하는 지방회원들의 요구가 많아, 와전 파편 종류에 따라 1엔에서 30전의 금액을 납부한 사람

---

104 谷井濟一, 1914.4, 「朝鮮平壤附近に於ける新たに發見せられた樂浪郡の遺蹟」, 『考古學雜誌』 4-8, 22쪽.

105 자세한 목록은 정인성, 2008, 「도쿄대학 문학부 고고학연구실 소장자료-낙랑토성 출토 자료」, 앞의 책 참고.

에게 나누어 주기도 하였다.[106]

또한 1913년 조사에서는 그동안 여의치 않아 조사를 미루었던 광개토대왕비를 조사하였다. 그 일대에서 초석·와편 등을 발견하고, 장군총·태왕릉·천추총 등을 조사하며 다수의 와편과 전을 수집하기도 했다.[107]

1914년의 고적조사는 조선총독부 촉탁인 이마니시와 야쓰이 두 사람에 의해 이루어졌을 뿐[108] 세키노는 개인적인 사정[109]으로 참여하지 않았다. 9월 상순부터 평안남도 용강군 성채동 고분, 황해도 은율군 운화동 지석묘를 조사한 후 함경북도 지역을 조사하고 12월 중순에 경성으로 돌아왔다.

세키노는 1915년 다시 조선총독부 고적주임으로 촉탁을 받아 새 멤버로 건축 담당 고토 게이지(後藤慶二)와 함께 조사에 참여하였다. 이해에는 개성과 부여 지역 고분과 함께 경주 지역 고분을 집중적으로 발굴조사하였다. 6월에 야쓰이와 고토가 먼저 개성에 가서 고려시대 고분 조사를 하였고, 하순에 경주로 와서 황남리 검총을 발굴조사하던 세키노와

---

106 「考古學會記事 高句麗塼瓦片の寄贈」,『考古學雜誌』4-6, 1914.2, 66-67쪽.

107 이 유물들은 세키노가 1년간 조사 연구를 마친 후 1914년 10월 22일 도쿄미술학교에 기증하였다. 도쿄미술학교는 1966년 도쿄예술대학으로 통합된 후 예술자료관을 설립하여 미술품 등을 수장하고 있다. 이 기관에서 1992년에 발간한『東京藝術大學 藝術資料館藏品 目錄』에는 세키노 일행이 만주 일대에서 수집한 고구려 고와와 고구려 벽화 모사에 참여하였던 오바 쓰네키치가 경주 일대에서 수집한 유물이 수록되어 있다(정규홍, 2012, 앞의 책, 134-139쪽 목록 참조).

108 有光敎一, 1985,「朝鮮古蹟調査略報告」,『朝鮮考古資料集成』13 해설 참고.

109 1914년 세키노는 문부성으로부터 유럽 유학 명령을 받았으나 이해 3월에 부친상을 당하고 모친마저 병중에 있어 연기하였다가 1918년에 2월에 출발하였다. 이로 인해 1914년 조사에는 참여하지 못하였다.

합류한 후 보문리의 부부총·금환총도 발굴하였으나 발굴 내용은 알려지지 않았다. 그리고 동천리 와총(瓦塚), 서악리 석침총(石枕塚)도 발굴조사하였다.[110] 경주 서악리와 보문리 고분은 이미 상당수가 도굴당한 상태였다.[111] 7월 중순에는 부여로 가서 능산리 중하총, 서하총의 발굴조사를 하고 있던 구로이타와 합류하였다.

특히 신라고분의 발굴과 출토 부장품들은 갈수록 세상 사람들의 관심을 모았고, 경주의 약탈 유물을 통해 일확천금을 노리던 도굴꾼들에게 많은 정보를 제공하는 결과를 가져왔다. 일찍이 경주를 답사한 이마니시의 보고에 따르면, 대형 고분 1기와 중형 고분 몇 기를 조사하였는데, 그 중 한 고분은 이미 발굴되어 내부가 교란되어 있어 연구 목적을 달성할 수 없었으며 다른 고분에서는 13점의 토기를 발견하였지만 연구자로서는 매우 부끄러워해야 할 부주의로 인해 배치 및 인골의 유무에 대해선 알 수가 없었다고 하였다.[112]

1915년에는 백제의 수도였던 공주와 부여에 대한 조사를 본격적으로 실시하였다. 1915년 7월 세키노 팀(이마이 문학사, 고토 공학사)은 부여 군서기를 통해 부여 능산리에 백제왕릉이 있다는 소식을 듣고 현지를 답사한 후 조선총독부에 보고하고 6기의 고분 중 두 고분을 발굴조사하였다. 석상 위에서 목관 내지 그 덮개 파편과 금동보관의 장식 금구(金具) 여러 개를 발견하였다. 그러나 이것들은 이미 도굴해가고 남겨진 것

---

110 이곳에서 출토된 부장품은 『朝鮮古蹟圖譜』 제3책에 보문리 부부총(도판번호 1125-1169), 보문리 금환총(도판번호 1170-1185), 동천리 와총(도판번호 1186-1196)으로 수록하였다.

111 차순철, 2006, 앞의 글, 108-111쪽 참고.

112 今西龍, 1911.1, 「新羅舊都慶州の地勢及び其遺蹟遺物」, 『東洋學報』 1-1, 112-113쪽.

들이었다.[113]

　이처럼 한국의 고적·고건축은 일제의 강제병합 이전부터 통감부 혹은 총독부의 촉탁으로 임명받고 한국에 건너온 세키노 팀에 의해 발굴 조사되었다. 조사팀은 조사 예정표 작성 및 제출을 위해 일주일 이상 경성에 머물렀고, 제출한 일정을 바탕으로 도나 군청으로부터 필요한 각종 편의·숙박 시설 및 수행자를 제공받았다. 조사 일행의 규모는 대개 10여 명으로, 보조자로 총독부로부터 기수(技手), 공부(工夫), 속(屬) 등 직원 2명 정도가 파견되고, 헌병 혹은 헌병보조원이 필히 동행하여 경비와 함께 안내나 통역을 담당하였다. 기간은 9월이나 10월에서 12월까지, 즉 가을에서 겨울에 이르는 짧은 기간에 집중적으로 조사하였다. 일단 각지의 고건축물을 비롯하여 고적을 식민통치를 위한 자료 수집 차원에서 조사하다가 점차 고분 발굴조사를 집중적으로 진행하였다. 이 조사는 1916년부터 본격적으로 실시한 고적조사사업의 기초 단계를 마련하였다.[114] 특히 고건축조사를 통해 수집된 정보는 일제의 지방행정시설 마련에 적절하게 이용되었으며, 당시 조사 내용을 통해 정리된 등급별 유물·유적은 이후 일제의 문화재 지정 기초 자료로 삼았다.

113　關野貞, 1915.1,「百濟の遺蹟」,『考古學雜誌』6-3, 111-115쪽.
114　이순자, 2009a, 앞의 책, 67-68쪽.

3. 구로이타 가쓰미의 조선사적유물 조사

구로이타 가쓰미(黑板勝美, 1874~1946)는 조선총독부와는 별도로 도쿄제대의 명령을 받아 1915년 4월 22일~8월 2일까지 100여 일간 '실지를 답사하여 고고학·역사지리학 방면에서 관찰하여 이를 상대사 연구의 자료로 삼는다'는 목적으로 한반도 남부 지역을 답사·조사하고 1916년 7월 19일부로 도쿄제국대학 총장에게 『조선사적유물조사복명서』를 결과물로 보고하였다.[115] 이에 앞서 『매일신보』에 여러 편의 글을 연재하기도 하였다.[116]

구로이타는 "낙동강 유역은 옛날 신라·임나의 경역지점(境域地點)인데, 임나는 우리 일본부(日本府) 소재지라. 즉 일본이 남선(南鮮)을 지배할 때에 총독과 같은 것이 있었던 곳이라 낙동강 유역의 연구가 상대사에 필요하다"고 강조하여[117] 그의 연구가 고대 한일관계에서 '임나일본부'에 초점을 두고 있음을 분명하게 밝혔다. 100여 일 동안 구로이타의 조사 일정을 정리하면 〈표 3〉과 같다.

---

115 黑板勝美, 1974, 「朝鮮史蹟遺物調査復命書 序言」, 『黑板勝美先生遺稿』, 黑板勝美先生誕生百年記念會, 吉川弘文館. 이 복명서는 서언, 제1 고분의 조사, 제2 산성의 조사, 제3 남선 해안의 조사, 제4 신라문화의 조사, 제5 백제문화의 조사, 제6 평양 및 개성 부근의 조사, 결론, 도판, 부록으로 구성되어 있다(정규홍, 2016, 「구로이타 가쓰미(黑板勝美)의 조선사적유물조사와 그의 행적: 1915년(4월 22일-8월 2일)을 중심으로」, 앞의 책 권3, 423-424쪽 재인용, 이하 구로이타의 조사 내용은 이 책의 414-480쪽 내용을 참고).

116 「古代思想의 日鮮關係」(1915.4.29~5.1, 3회); 「文化史上으로 觀호 日鮮의 關係」(1915.6.8); 「南鮮史蹟의 踏査」(1915.7.29~8.17, 15회); 「朝鮮의 歷史的 觀察」(1921.9.19~9.26, 6회).

117 「南鮮史蹟의 踏査(2)」, 『매일신보』, 1915.7.30.

〈표 3〉 구로이타의 한반도 답사 일정(1915)

날짜	대상 지역	비고
4.17	도쿄역 출발	
4.21	부산 도착	
4.22	경성 도착	
4.24	야마가타(山縣) 정무총감과 만찬	
4.29	총독부도서회 초빙 강연	근대사학의 연구
4.30	경성 출발. 청주 도착	스즈키(鈴木) 도장관 소장 도금불상 1구 관람
5.1	충주 도착	
5.2	충주군청 소재 홍법대사 실상탑과 철불 조사	
5.3	풍기 도착. 풍기 서제리 발견 석기 열람. 출토지 답사	
5.4	순흥 가야고개 일대 산상의 고분군, 소수서원, 숙수사지의 사리탑 기석 조사	
5.5	영주 부석사 조사	원융국사비편 5개 채집
5.6	태백산사고	
5.7	구 봉화 거쳐 태자사지 조사	
5.8~11	안동 도착. 활지리, 임하리 일대, 불가곡, 대사곡, 중리, 월림사지 조사	
5.12	안동 도산서원, 서악사, 흥복사지탑, 삼대사 유물 조사	
5.13	하회리 류성룡 후손가에서 유품 열람 조사	총 410점
5.14	막곡산 고적	
5.15	이동	
5.16	군위군	
5.17	경북서기 기무라(木村) 소장 유물, 메사키(目崎) 소장 유물 열람	
5.18	대구 부근 조사	
5.19	경주 경유 포항 도착하여 조사	
5.20	경주 도착. 오사카 긴타로 수집품 열람	
5.23	경주 명활산성과 남산성 조사	
5.24	경주 내동면 보문리 명활산록의 고분 조사. 부근 금당평, 사천왕사지, 무령왕릉, 백률사, 문무왕릉, 성덕대왕릉, 분황사지, 불국사 석굴암, 황룡사지 조사	3기 중 1기 고분 조사. 발굴 중단 와당편 채집
5.27	불국사 석굴암 조사	
5.28	울산지역 조사	
5.29	양산 통도사 유물 조사	

날짜	대상 지역	비고
5.31	부산진 성적(城跡) 조사 부산교육회 주최로 구 부산민단역소에서 강연	문화사상으로 관(觀)한 일선(日鮮)의 관계
6.1	대구 달벌성과 성산동 사문산성 조사	토기편 채집
6.2	성주 선산산성과 고분 조사	와편·토기 채집
6.3	김천읍 외 고분 조사	도기 잔편 채집
6.4	김천 금오산록 갈항사지 조사	와편·전편 채집
6.5	상수 사벌산성 조사	다케우치(武內) 소유 순금불상과 미나토 이구타로(湊幾太郞) 소유 고려 청동7층탑 열람
6.6	선산군 해평면 대문동석탑, 도리사 유물 조사	
6.7	선산군 해평면 낙산동 고분 발굴	경북 서기 기무라(木村)와 동행
6.10	고령 주산 동방의 고분군 3기 조사. 고령 주산산성, 관동산성 조사	세키노와 야쓰이의 조사 지역. 발굴 석관 1916년 조선총독부박물관으로 이관
6.13	해인사 유물 조사, 반야사지 원경왕사비 조사	
6.14	합천 죽고동 고려시대 석불 3체 조사, 합천 읍외산성 조사	
6.16	창녕 읍내면 말흘리에서 불교 유물 조사. 목마산성과 석불, 창녕 진흥왕순수비, 창녕3층석탑 조사	
6.17	마산 일대 조사	
6.18	진해, 마산, 진주로 이동	배를 이용하여 이동
6.19	진주읍 외 고분 소재지 답사. 촉석산성, 고려 범종 조사	
6.20	함안 말이산 석곽분, 가야산성, 함안읍 동 산성리 산성 조사	
6.22	마산 조사	
6.23	구포 감통포 고성지 조사. 김해 주촌면 류하리고분 조사	대부분 도굴 흔적
6.24	김해 수로왕비릉 근처 고분(원총, 대원총) 발굴조사	대원총 발굴 두개골, 치아 등 일본 의과대학으로 가져가 조사 청함
6.25	악릉(岳陵) 근처 패총 발굴. 김해보통학교에서 강연	"한국병합은 임나일본부의 부활이니 우리도 상고에 있던 것 같이 동국동문화라는 사상이 있으면 진정한 병합이 될지라"고 함

날짜	대상 지역	비고
6.26	패총 발굴. 고성 고성산성지와 고성고분군 답사	
6.27	통영 일대 및 거제도 산성 조사	해안 조사시 각 기관장의 적극적인 지원을 받음
6.28	통영 이순신 충렬사, 한산도 제승당비 조사	
6.29	전남 순천 순천성 조사	
6.30	여수 고진성, 고장산성 조사	
7.2	하동군 횡보면 원리, 마전면 신방촌 산성지, 악양면 산성지, 원촌산성지, 원촌리 고분군	
7.3	화개장터 답사	
7.4	구례 풍성산성, 화엄사 석경 조사	
7.5	남원 만복사지, 교룡산성, 남원 이백면 백제식 고분, 용담리 석탑·석등	남원 부근 와편 채집
7.8	공주 충남도청 보관 석기류 열람	
7.9~17	부여 능산리 고분(6기 중 2기) 발굴조사 정림사지, 부소산성 유인원비 조사	7월 15일 세키노 일행과 함께 조사
7.20~22	평양 부근 조사(대동강안 토성 부근, 강서 고구려고분, 안학성지 및 대성산성 탐방)	오수전·동촉 채집
7.24~26	개성 반월성지, 선죽교, 남문루 범종 조사	
7.28	총독부 고다마(兒玉) 국장 방문	
7.29	데라우치 총독 초대 만찬	
8.2	도쿄로 출발	

출처: 黑板勝美, 1916, 『朝鮮史蹟遺物調査復命書』와 정규홍, 2016, 앞의 글 참고.

    1915년 4월 21일 부산에 도착한 구로이타는 부산중학교장 히로타 나오사부로(廣田直三郎)와 함께 서울로 향하였다. 그는 기자들에게 "임나(任那)라는 국가는 역사상 실로 흥미 있는 좋은 과제[好課題]로 그 옛날에 일본과의 관계가 깊다. 임나와 신라·백제의 국경 연구에 이르기까지 대사업으로 생각한다"고 하며[118] 낙동강 연안의 역사를 탐구하여 '임나'·신라·백제의 국경을 밝히고자 하였다. 서울에 도착하여 여행 준비를 마

---

[118] 黑板文學博士 談,「任那の國境研究」, 『부산일보』, 1915.4.24.

치고, 통역을 맡은 학무국 편집과 촉탁 가토 간가쿠(加藤灌覺)와 사진기사 1명과 함께 답사를 시작하였다. 당시 구로이타는 "나는 전부터 되도록 그 지역에 들어가면, 그 지방인이 되어서 지방인과 동화하지 않으면 그 나라의 역사를 알지 못한다 하나니, 오직 표면에 나타난 것만은 결코 그 전체가 아니다. 표면에 있는 것만으로 역사라 생각할 것 같으면 이는 공허한 것"이라 하며[119] 한국인에게 좀 더 쉽게 접근하기 위해 한복을 입고 한국 말을 타고 다니며 자료를 조사하였다.

구로이타는 5월 20일에는 경주에 도착하여 오사카 긴타로(大坂金太郎)의 수집품을 열람하고, 총독부의 발굴 허가를 받아 24일부터 내동면 보문리 명활산록의 한 고분을 발굴 착수하였으나 내부의 유물에 대해서는 밝히지 않았다.[120] 5월 30일에 부산에 도착하여 부산민단역소에서 부산교육회 주최로 '문화사상(文化史上)으로 관(觀)한 일선(日鮮)의 관계'라는 제목으로 강연을 하였는데, 그 내용은 다음과 같다.

> 백제 문명 유입 일본. 전술한 바와 같이 일선(日鮮) 교통(交通)은 신공황후 정벌의 때로부터 … 임나에 대한 일본의 세력이 비상히 증가함에 따라 백제와 일본 간에 비상히 친밀하게 되고 백제의 문명은 비상한 세(勢)로써 일본에 유입하였으며, … 백제가 신라에게 망할 때에 백제의 왕자는 그 일족과 함께 백제의 문명을 가지고 일본에 망명

---

119 黑板勝美, 「朝鮮의 歷史的 觀察(二)」, 『매일신보』, 1921.9.20.
120 정규홍, 2012, 앞의 책, 141쪽. 정규홍은 「구로이타 가쓰미(黑板勝美)의 조선사적유물조사와 그의 행적: 1915년(4월 22일-8월 2일)을 중심으로」에서 구로이타가 당시 보문리에서 2기 이상의 발굴을 하였고 그중 1기는 미기에 그쳐 1918년에 다시 발굴한 것으로 추정하였다.

하니 … 백제의 사실(史實)은 조선에서는 단절되고 일본의 『서기』 중에 잔존하였다.[121]

신공황후 정벌과 '임나'의 존재 및 백제와 일본과의 관계까지 언급하는 등 식민사관에 기초한 역사의식을 그대로 강조하였다.

6월 7일부터는 경북 서기 기무라(木村)와 함께 선산군 낙산동에 있는 고분을 발굴하였다.[122] 6월 10일에는 고령에서 초자옥(硝子玉)의 소구옥(小勾玉) 1개와 유리옥 5개를 구득(購得)하였다. 고령과 선산의 고분 발굴에서는 특히 '임나일본부'의 흔적을 찾고자 하였으나 목적을 이루지는 못하였다. 그는 조사에서 일본식은 발견되지 않고 한국식 유물만 나오자 "이미 도굴 파괴되어 구분이 어렵지만 거기에는 일본 취미의 것도 있을 것인데, 이는 좀 더 폭넓게 타 지방의 것도 연구해 보면 발견될 것"이라 하며, 그 이유는 조선 문화의 정도가 일본에 비해 높았기에 "당시 조선에 있던 일본 부장품과 분묘도 모두 조선식을 모방하여 구분하기 힘든 것으로, 확실히 일본인이 사용하던 것이 아니라고도 단정할 수 없다"고 여지를 두었다.[123]

6월 23일에는 부산중학교 히로타와 함께 김해 대원총(大圓塚)을 발굴하였는데, 이곳에서 나온 두개골과 치아는 일본으로 가져가 의과대학 해부학연구실장 하세베(長谷部) 박사에게 조사를 청하였다. 그리고 근처 김해패총의 발굴을 통해 일찍부터 일본과 한국이 서로 밀접한 관련이 있

---

121 「黒板 박사의 고적, 고분에 대한 연설」, 『부산일보』, 1915.6.1; 「文化史上으로 觀혼 日鮮의 關係」, 『매일신보』, 1915.6.8.
122 「古墳 發見」, 『매일신보』, 1915.6.20.
123 黒板勝美, 「南宣史蹟의 踏査(9)」, 『매일신보』, 1915.8.10.

었다고 하면서 "한일병합은 임나일본부의 부활이니 오(吾)도 상고(上古)에 재(在)홈과 여(如)히 동국동문화(同國同文化)라는 사상이 유(有)하면 화합(和合)이 될 터로다 ᄒ는 것이 요점이 되얏더라"고 하여[124] 일제가 식민사관을 통해 주장하는 한일 고대사의 동문동종(同門同種)의 성격을 강조하여 강제병합의 합법성을 증명하고자 하였다.

이후 구로이타는 전라도 지역을 거쳐 부여 능산리 고분을 발굴하였고, 7월 20일부터는 낙랑군치지로 추정되는 평양 대동강안 토성 내를 조사하여 오수전(五銖錢) 2개, 동촉(銅鏃) 2개 등을 채집하여, 오수전 1개와 동촉 1개는 조선총독부에 기증하였다. 이어 개성을 거쳐 경성에 도착한 후 8월 2일 도쿄로 돌아갔다.

1915년 구로이타의 한반도 답사는 총 104일이었다. 이 기간에 조사한 구역은 상당히 넓은 범위였는데, 이것은 조선총독부는 물론 각지의 도청, 군청, 경무부 및 민간유지들이 편의를 제공하였기에 가능한 일이었다.[125] 구로이타는 한국의 유적과 유물이 비교적 보존되어온 것은 "한국인이 원래 유물을 수집하는 취미를 가지고 있지 않았으며, 또 역사 연구에 냉담한 결과로 유물을 파괴하지도 않았고 보호하지도 않았으며 그대로 방임한 상태였다"고 하며 그렇기 때문에 "이것은 우리(일본인)들에게는 다행한 점이라. 나도 이번에 유익한 사료를 상상 이상으로 수집할 수 있었다"고 하였는데,[126] 이를 통해 상당한 유물을 수집해갔음 추측할 수 있다. 구로이타는 이 조사를 통해 고대 일본 세력이 '임나일본부'를

---

124 「任那故地紀行(上)-名越文學士談」, 『매일신보』, 1915.7.22.
125 黑板勝美, 1974, 앞의 글, 10쪽(정규홍, 2016, 앞의 글 참고).
126 黑板勝美, 「南鮮史蹟의 踏查(3)」, 『매일신보』, 1915.8.1.

세워 한반도 남부 전체를 지배하였을 뿐만 아니라 광개토대왕비문을 보면 한반도 북쪽까지 진출하여 관계를 유지하였다고까지 주장하며, '임나일본부'의 위치를 김해·함안 지역이라고 왜곡·주장하였다.[127]

앞서 세키노와 마찬가지로 구로이타가 발굴·습득한 유물들은 1912년 5월 7일에 공포한 제령 제23호와 조선총독부령 제97호「유실물 기타의 물건에 관한 건」에 의하면, 해당 지역의 경찰서나 군청 등에 보관하여야 하지만 아무런 제지도 받지 않고 일본으로 반출해갔다. 구로이타가 어디서 어떤 유물을 수집하였는지는 정확히 알 수 없으나 반출한 것은 「참고자료 채집목록」에 수록하여 복명서에 첨부하였다.[128]

이처럼 1915년 구로이타의 조선사적유물조사는 도쿄제대의 명령을 받아 실시한 사업이지만 조선총독부의 적극적인 지지로 100여 일의 짧은 시간에 넓은 곳을 조사할 수 있었다. 조사 목적은 명분상으로는 실지를 답사하여 상대사의 연구자료를 얻고자 함이었으나, 실제적으로는 일제 식민통치의 '합법적' 근거로 주장하던 임나일본부설의 증거가 될 만한 유적과 유물을 찾기 위함이었다. 그러나 기대한 만큼의 물적 증거를 찾지는 못하였고, 다만 어떠한 제지도 없이 많은 양의 발굴품을 일본으로 반출해갔다. 이는 귀국 후 일본 고고학회 월례회 강연에서 "수집한 사진과 발굴품은 아직 도착하지 않았다"[129]고 말한 것으로 미루어 그 규모를 짐작해볼 수 있을 것이다.

---

127 黒板勝美,「南鮮史蹟의 踏査(1)」,『매일신보』, 1915.7.29;「南鮮史蹟의 踏査(7)」,『매일신보』, 1915.8.7;「南鮮史蹟의 踏査(8)」,『매일신보』, 1915.8.8(정규홍, 2016, 앞의 글 재인용).

128 정규홍, 2016, 앞의 글에 구로이타가 1915년 수집 및 반출한 유물 목록을 수록함.

129 「考古學會記事」,『考古學雜誌』6-3, 1915.11, 70-71쪽.

제2장
조선총독부의 문화재 정책:
법령과 제도

우리나라에서 근대적 의미의 문화재라는 개념이 생기기 시작한 것은 일제강점기였다. 이전에는 왕실 내에서 전해오는 귀중한 물건이나 완상용(玩賞用) 물건을 보물이라 하여 주로 왕실 수장고나 보물고에 보관하였다. 따라서 문화재를 관리하는 법령이나 제도는 마련되어 있지 않았다. 그러나 일본인들에 의해 고분 도굴 및 발굴조사가 이루어지면서, 다른 분야와 마찬가지로 근대적인 법령과 제도의 필요성을 절감하게 되었고, 그들의 편의에 의해 식민통치 기간에 '근대적' 의미의 문화재 법령과 제도를 마련하기 시작하였다.

1.「고적급유물보존규칙」과「조선보물고적명승 천연기념물보존령」제정

1)「고적급유물보존규칙」시행

일찍부터 한국의 고건축과 고적에 관심을 가진 일제는 강제병합으로 주권을 빼앗은 후 1916년부터 본격적으로 한반도 일대의 고적조사 사업을 실시하였다. 새롭게 고적조사를 계획하고 유적·유물 수집에 힘을 기울이자 일본인 약탈자들에 의한 고분 도굴과 위법 매매는 더욱 성행하였다. 이에 일반인들의 항의가 고조되므로 법 제도의 마련이 필요하였다.[1] 앞서 조선총독부는 1910년「조선총독부경찰총감부사무분장규정

---

1 「古蹟及遺物保存規則에 對ᄒ여-兒玉總務局長談」,『매일신보』, 1916.7.9.

(朝鮮總督府警察總監部事務分掌規定)」을 마련하여 매장물에 관한 사항을 보안과 행정경찰계의 담당 업무로 지정하였다.[2] 이후 1913년 1월 25일에는 매장물 발견의 신고에 대한 규정을 마련했다.[3] 이러한 규정들은 고적 전반에 관한 것이 아니라, 매장물에 관한 사항을 보안과 행정경찰계의 업무로 규정하고, 고분을 발굴하기 위해서는 미리 신청하고 조선총독부의 지휘를 받아야 한다고 명기한 정도였다.

이외에 「사찰령(寺刹令)」(1911년 6월 3일, 제령 제7호)과 「신사사원규칙(神社寺院規則)」(1915년 8월, 조선총독부령 제82호)이 있었으나 이 또한 조선총독부 종교정책의 일환으로 반포한 법률로, 사원 소재 고건축물과 유물(불상·석물·고문서·고서화) 등을 사원 재산의 일부로 규정하고, 조선총독의 허가를 받아야만 처분할 수 있도록 하였다. 그러나 「사찰령」은 유물의 매매나 산일을 일부 금지하고자 할 때 법적 근거가 될 뿐, 유물의 보호·보존의 구체적인 방법까지는 제시하지 못하였다.

따라서 조선총독부는 문화재 보존 행정책을 보완할 법령이 필요하였다. 구체적이고 제도화된 조직과 규정에 기반한 유적 및 유물조사를 위해 1916년 7월 4일 조선총독부령 제52호로 「고적급(及)유물보존규칙」(이하 「보존규칙」)과 조선총독부 훈령(訓令) 제29호 「고적조사위원회 규정」, 조선총독부 훈령 제30호 「고적급유물에 관한 건」을 반포하였다.[4]

---

[2] 「朝鮮總督府警察總監部事務分掌規定」, 조선총독부 훈령 제4호(1910.10.1); 「遺失物, 漂流物, 埋藏物に關する事項は保安課行政警察係の事務分掌」.

[3] 「埋藏物發見の屆出」, 조선총독부 훈령 제2호(1913.1.25).

[4] 『朝鮮總督府官報』, 1916.7.4(제1175호). 일제는 러일전쟁 조차지가 된 關東州에서도 1916년 12월 2일 관동도독부령 제34호로 「고적보존규칙」을 공포하였다. 이것은 조선의 「보존규칙」보다 짧은 전문 4조로 貝殼, 석기, 토기 및 골기류를 포함하는 선사유적, 고분, 성채 및 봉수 등의 遺趾를 고적으로 지정하였으나 대장의 작성은 언급되

이것은 한국에서 최초로 시행된 사적보호법(史蹟保護法)으로 일본 본토에 비해 3년이나 앞서 '실험적으로' 시행한 것이었다. 이에 대해 후지타는 식민지 조선에서 최초의 제도화된 문화재 정책이라고 평가하면서, 규칙이 발표된 이후 기본적으로는 도굴, 그리고 발굴품을 포함한 일본으로의 문화재 반출은 금지하게 되었다고 자랑하였다.[5]

당시 데라우치 총독은「보존규칙」의 실시 의미를 다음과 같이 밝혔다.

> 첫째, 고대문화의 조사와 보존을 위해 내외 학자로 조사위원회를 만들고, 학술적으로 신중을 기울이며, 조사 보존은 모두 총독부의 통일적인 계획에 따라 실시한다.
> 둘째, 조선의 문화재는 모두 조선 내에 보존하여 국외 산일을 방지하며, 널리 학술과 사회교육의 자료로 사용하며, 조선인의 문화적 자각에 충당한다. 이러한 취지로 박물관에서 조사와 보존 진열 사무를 함께 실시한다.
> 셋째, 이들의 결과를 내외 학계에 보고하고 학술연구의 자료로 제공하며, 문화적인 반도 통치의 실제 증거로 활용한다. 대책(大冊)의 고적조사보고서 및 화려한 고적도보를 인쇄 반포한다. 고적도보 제1권에서 제5권에는 영문 설명을 첨부하여 세계 각국에 기부한다.[6]

지 않았다(이현일·이명희, 2014, 앞의 글, 99쪽).
5　藤田亮策, 1963,「朝鮮古蹟調査」,『朝鮮學論考』, 78쪽.
6　藤田亮策, 1951, 앞의 글, 252-253쪽.

즉 한국 내의 문화재는 모두 한국 안에 보존한다는 '현지보존주의'를 통해 문화재의 국외 산일을 방지하고, 박물관에서 조사·보존과 진열 사무를 겸하여 행함으로써 고적조사사업과 박물관사업의 연계성을 모색하였다. 그리고 단순한 조사에서 끝나는 것이 아니라 일제의 반도 통치의 '문화적 측면'을 과시하고자 「보존규칙」을 실시하려 한 것이었다.

「보존규칙」은 전체 8조의 조문과 부칙으로 이루어져 있다.[7] 내용은 〈부록-자료 1〉과 같은데, 제1조는 고적과 유물의 개념과 종류를 명시하였다. 이전까지 한국에는 고적이나 유물을 포함한 문화재라는 개념이 전혀 없었는데, 비로소 고적과 유물의 개념과 그 범위를 명시함으로써 조사와 연구, 보존 및 보호의 대상이 되는 근대적 제도로서 문화재 개념이 일제의 식민지배하에 형성되었다. 즉 「보존규칙」에서 고적은 패총·석기·골각기류를 포함한 토지 및 수혈(竪穴) 등의 선사유적과 고분·도성·궁전·성책·궐문·교통로·역참·봉수·관부·사우·단묘·사찰·도요 등의 유지(遺址) 및 전적(戰蹟), 기타의 사실(史實)에 관한 유적을 지칭하였다. 또한 유물은 세월이 지나온 탑, 비, 종, 금석물, 당간, 석등으로 역사, 공예, 기타 고고의 자료가 될 만한 것이라고 규정하였다. 앞서 세키노의 조사 대상이 주로 고건축물과 고분을 중심으로 한 고적이었다면, 「보존규칙」에서 규정하고 있는 고적은 고고학 유적, 역사 유적까지 포괄하는 비교적 넓은 범주였다. 이것은 1916년 이전까지 이루어진 조사 성과를 반영한 것으로, 선사유적은 도리이 류조가 1910년부터 1915년까지 반도 유사(有史) 이전의 인종과 문화조사에서, 고분과 고건축물은 세키노 다다시의 조사에서, 사적(史蹟)은 이마니시 류가 세키노 조사팀에

---

7 조선총독부령 제52호, 『朝鮮總督府官報』, 1916.7.4(제1175호).

합류하여 한반도 북부와 만주 일대를 공동으로 조사한 내용이었다.[8]

　제2조는 첨부한 별도의 양식에 따라 고적 및 유물 대장을 마련하여 제1조에서 정한 고적 및 유물 가운데 보존 가치가 있는 것을 조사하고 이에 대한 등록 내용을 작성하도록 하였다. 제3조에서는 고적 및 유물의 신고 방법과 절차를, 제4조는 등록시 소유자 또는 관리자에게 통지하도록 하였다. 제5조는 현상을 변경·이전·수선·처분할 경우 경찰서장을 거쳐 조선총독의 허가를 받도록 하였고, 제6조는 등록 사항에 변경이 생길 경우 경찰서장은 조선총독에게 보고하도록 하였다. 제7조는 매장물 발견 신고시 경찰서장은 경찰총장을 거쳐 조선총독에게 보고하도록 하였고, 제8조에서는 위반시 벌금 또는 과태료에 대한 규정을 명시하였다.

　다이쇼(大正) 5년(1916) 7월에는 고적급유물보존규칙을 반포하여, 일본이 처음으로 고적에 대한 단속·보존·조사의 강목(綱目)을 규정하고 국가에서 보존해야 할 것을 등록하게 하였다. 이로써 총독부의 허가 없이는 일체 발굴조사를 할 수 없게 되었고, 가능한 도굴을 막아 통일된 조사를 하려고 노력하였다. 이러한 규정이 만들어진 이유는 러일전쟁 전후에 개성을 중심으로 한 능묘 도굴이 들판의 불처럼 전국에 번져, 이후 고려자기라는 귀중한 유물은 예술적 연구를 거치지 못한 채 잃어버리게 되었고, 오늘날에 그 연대의 전후를 판정하는 일은 공상 속에서만 가능해졌다. … 개성·강화도의 참상을 보고, 그 결과로 생각하여 언제나 유감스러움을 금치못할 따름이다. 모쪼록 그 전철을 밟고 싶지 않다고 생각한다. 이러한 사정이 중심이 되어

8　오영찬, 2015, 앞의 글, 47쪽.

고적급유물보존규칙이 만들어진 것이다.⁹

그러나 「보존규칙」은 제정 과정에서 조선총독부 내 내무부에서도 이견이 있었다. 즉 제령(制令)이 아니라 부령(府令)이며 소유권 제한이 있어 고적 및 유물 소재지까지 관할할 수 없으므로 철저한 관리가 어렵다는 등 형식상의 한계를 지적하였다. 그 외에도 고적 및 유물의 발견 신고 및 등록 물건의 단속, 변경 보고 등이 경찰서장을 통해 이루어지는 점, 당시 문화재에 대한 인식이 거의 없던 지방민들에게 유적·유물에 대한 신고를 기대하기는 어렵고 도리어 도굴을 조장하기 쉬웠을 것이라는 점, 사찰이 가진 탑비·불상·불구 등에 관해서는 이미 「사찰령」으로 규정하고 있음에도 불구하고 이를 처분시 고적조사위원회를 거쳐 총독의 허가를 필요로 한다는 점, 명승이나 천연기념물에 대한 조항은 포함되지 않았다는 점 등의 한계를 지니고 있었다.¹⁰

이러한 한계에도 불구하고 「보존규칙」은 일본 내의 문화재보호법보다 3년 앞서 시행한 것이다. 즉 일본이 1919년 4월 「사적명승천연기념물보존법」 제정을 시작으로 하여 1929년 「국보보존법」, 1933년 「중요미술품보존법」 등 문화재보호법을 제정하여 문화재 관리를 위한 제도적 조치를 마련한 것에 비하면, 조선에서 1916년에 「보존규칙」을 마련한 것은 시기적으로 앞선 것으로 의도하는 바가 있었다. 이 법은 이전부터 구로이타가 주창한 내용을 대부분 따른 것으로, 구로이타의 보존법에

---

9 藤田亮策, 1933.4, 「朝鮮考古學略史」, 『ドルメン』, 16-17쪽(황수영 편, 2014, 앞의 책, 143쪽).
10 이순자, 2009a, 앞의 책, 74-75쪽 참고.

의한 구상이 식민지 조선에서 실현되었던 것이다. 즉 일본의 사적보존회(史蹟保存會) 평의원이었던 구로이타는 1912년 「사적유물에 관한 의견서(史迹遺物に關する意見書)」에서 사적과 유물을 동일한 원칙에서 보호해야 한다고 주장하면서 「대장법(臺帳法)」을 언급하였다. 그리고 천황제 이데올로기의 제약[11]과 국회의 법안 통과나 천황의 재가 등 복잡한 절차를 생략한 채 총독의 직권으로 부령을 발동할 수 있다는 점을 이용하여 본국에서 정책을 실시하기 전에 식민지 조선에서 먼저 '실험적'으로 운용하고 그 결과를 통해 제도의 미비점을 보완하려는 성격으로 법령을 시행하였던 것이다.[12]

무엇보다 「보존규칙」에서 주목되는 것은 경찰과 총독부와의 긴밀한 연관성이다. 「보존규칙」과 함께 시행된 조선총독부 훈령 제30호 「고적급유물에 관한 건」에는 「보존규칙」 시행에서 조선총독에게 보고하고, 인가받고, 다시 보고하는 절차를 언급하였다.

> 고적 유물 또는 고문서를 발견할 때는 고적급유물보존규칙 제2조의 사항을 갖추어 이를 조선총독에게 보고할 것. 고적 또는 역사 혹은 공예에 관계된 유물 기타 공작물의 현상을 변경할 경우, 금석물 기타 유물을 이전하고 수선 혹은 이를 처분할 경우 또는 고적 명승지 등에

---

11 戰前의 일본에서는 천황제 이데올로기가 지배하여, 일본 고고학에서도 대형 고분은 주로 천황의 무덤이라고 여겨져 발굴조사 자체가 불가능하였다. 하지만 일본과 달리 한반도는 자유롭게 발굴조사가 가능하여 당시 일본 고고학자들에게는 기회의 땅이었다[近藤義郎, 1964, 「後日本考古學の反省そ課題」, 『日本考古學の諸問題-考古學研究會十周年記念論文集』(이기성, 2009, 「조선총독부의 고적조사위원회와 고적급유물보존규칙: 일제강점기 고적조사의 제도적 장치(1)」, 『영남고고학』 51, 49쪽에서 재인용)].

12 이성시, 2015, 앞의 글, 25쪽.

영향을 미치는 시설을 할 경우는 고적급유물보존규칙 제5조 사항에 따라 미리 조선총독의 인가를 받도록 함. 전항에 의해 인가를 받고 사항을 집행할 경우는 이를 바로 조선총독에게 보고할 것.[13]

다시 말하면 조선총독의 허가가 없으면 발굴조사가 가능하지 않았기에, 모든 발굴조사는 공식적으로는 조선총독부 관리하에 이루어졌음을 알 수 있다. 즉 "패총·고분·사지·성지·요지 그 외에 유적으로 인정되는 것, 가령 고적으로 지정되지 않는 것이라 할지라도 조선총독의 허가 없이 발굴하거나 현상을 변경할 수 없다. 이를 위반한 자는 1년 이하의 징역이나 금고 또는 500엔 이하의 벌금 또는 과태료에 처한다. 또한 유물로 인정되는 것을 발견한 자는 이를 즉시 조선총독에게 신고해야 하며, 위반하고도 신고하지 않는 자는 100엔 이하의 벌금 또는 과태료를 처한다"[14]고 하여 지정된 고적은 물론 지정되지 않은 패총·고분·사찰 등이나 그 외 유적으로 인정되는 것이라도 함부로 발굴하거나 현상을 변경할 수 없으며, 이른바 도굴품과 같은 것은 절대로 구입할 수 없게 하였다.

더욱이 유적·유물의 발견, 현상 변경, 이전, 수선을 할 경우 그 지역의 경찰서장에게 보고하는 것을 의무로 하였다. 따라서 등록된 유적·유물에 대한 책임은 각 지역의 경찰서장이 갖고 있었다. 당시 경찰서장은 경찰서의 사무를 취급하는 동시에 헌병분대의 장을 겸하고 있으면서 민

---

13 「古蹟及遺物に關スル件」, 조선총독부 훈령 제30호, 『朝鮮總督府官報』, 1916.7.4(제1175호), 34면.

14 齊藤忠, 「朝鮮に於ける古蹟保存と調査事業とに就いて」, 39쪽(황수영 편, 2014, 앞의 책, 33쪽 재인용).

간의 일상생활 전체에 영향을 미치고 있었기에 유적·유물을 발굴하는 고적조사사업에 일선 경찰서장의 영향력이 직접적으로 미쳤던 것이다. 즉 유적 및 유물을 발견한 사람은 그 지역의 경찰서장에게 신고하고 등록한 경우에도 해당 경찰서장에게 대장의 등본을 송부하고 매장물의 경우도 경찰서장에게 신고하도록 되어 있으며, 이는 경찰총장을 거쳐 조선총독에게 보고하도록 규정하였다. 이처럼 무엇보다 고적과 유물의 발견 이후 행정적으로 지역 경찰에서 조선총독부로 신고하는 절차를 통해 조선총독부가 식민지의 유적과 유물을 전체적으로 통제 관리하는 시스템을 구축하려 한 것이다. 그러나 이 「보존규칙」에서 주목할 점은 강제병합 이후 본격적으로 전국에 걸쳐 실시된 고적 발굴에 의하여 출토된 유물에 대한 처리 규정이 없었다는 점이다. 이로 인해 출토유물에 대한 관리는 허술하였고, 유물의 반출에도 어떠한 제지를 가하지 못하였던 것이다.[15]

한편 「보존규칙」은 유적 및 유물에 대한 등록제도를 시행하였는데, 이 또한 구로이타의 제안을 적극적으로 수용한 것이다. 구로이타는 일찍이 일본에서 1897년 제정된 「고사사보존법」에서 개인이 소장한 보물류와 국가 소유의 건조물이 보호받지 못하여 파괴와 산일이 발생하는 문제점을 보완하기 위해 독일식 '대장법'을 주장하였다.[16] '대장법'은 모든 사적과 유물을 대장에 등록한 후, 사적과 유물의 현상에 따라 보존 방법의 완급을 강구하는 방식이었다. 「보존규칙」의 8개 조항 중 4개 조항은 대장법에 기초한 규칙으로 「보존규칙」 자체가 대장법을 기반으로 하였

---

15   최석영, 2015, 앞의 책, 129-130쪽.
16   黑板勝美, 1912, 「史蹟遺物保存に關する意見書」, 『史學雜誌』 23, 901쪽.

음을 알 수 있다.

　조선총독부박물관 공문서 중 '고적조사'와 '지정' 문서철을 통해 고적 및 유물의 등록 과정을 살펴보면, 총무국에서는 「보존규칙」 제정 전인 1916년 2월부터 이미 한국 전역의 고분·성지 및 고대 유적을 대상으로 명칭과 소재, 현상, 관련 전설 등을 조사하였음을 알 수 있다. 그중에서도 고적 유물로 등록할 물건에 대해서는 소재지, 형상, 크기, 현황, 유래·전설 등의 상세 내용을 각 도에서 추가로 보고받았다. 당시 총무국의 박물관계 주임이 고적조사위원회 간사를 겸임하여 등록 절차를 진행하였는데, 먼저 심사대상 304건의 등록요항(登錄要項)을 작성하여 위원회에서 설명한 뒤 결의를 거쳐 조선총독에게 신청하였다. 총독이 결재한 후 최종 교정된 원고를 바탕으로 '고적 및 유물 대장'에 등록·기입하고 그 등본을 해당 지역 경찰서장에게 송부하였다. 1917년 3월 15일에 136건을 등록하였고, 이후 7월 7일 31건, 8월 20일 26건이 추가되었다.[17] 이를 지역별로 정리하여 1924년 조선총독부에서 출간하였는데, 『고적급유물등록대장초록(古蹟及遺物登錄臺帳抄錄)』 문서철로 남아 있다.

　『고적급유물등록대장초록』에는 1924년 4월까지 등록된 193건(1건 누락)만이 나와 있으나 조선총독부박물관 『고적급유물등록대장』에는 198호까지 등록되어 있고, 199호부터의 등록 내용은 조선총독부박물관 공문서 '고적조사' 및 '지정' 문서철에 산재해 있다. 이를 정리해보면 1917년에 193건을 등록한 다음 한동안 신규 등록은 없었으며, 이전이나 취소의 변경 사항만 정정하였다가, 1926년부터 등록을 재개하였다. 이후 1931년 8월 28일 제35회 고적조사위원회에서 26건을 결의한 뒤

17　이현일·이명희, 2014, 앞의 글, 100쪽.

이를 1932년 2월 29일에 등록하고, 4월 21일에 관할 도지사 및 경찰서장에게 대장의 등본을 송부하였다.[18]

---

18 이현일·이명희, 2014, 앞의 글, 101-102쪽.

1917년 이후 등록된 고적 및 유물

번호	명칭	등록일	번호	명칭	등록일
194	부산 진자성대 (釜山 鎭子城臺)	1926.3.19	210	경주 구황리 3층석탑 (慶州 九黃里 三層石塔)	1932.2.29
195	낙랑 토성지 (樂浪 土城址)	1927.5.10	211	황주읍 유물포함층 (黃州邑 遺物包含層)	
196	공주읍내 석조 (公州邑內 石槽)	1929.4.19	212	봉산 휴유산성 (鳳山 鵂鶹山城)	
197	공주읍내 석조 (公州邑內 石槽)		213	강서 삼묘리고분 (江西 三墓里古墳)	
198	공주읍내 당간지주 (公州邑內 幢竿支柱)		214	용강 안성리 쌍영총 (龍岡 安性里 雙楹塚)	
199	중흥산성 3층석탑 (中興山城 三層石塔)	1931.4.11	215	용강 안성리 대총 (龍岡 安性里 大塚)	
200	중흥산성 쌍사석등 (中興山城 雙獅石燈)		216	강서 간성리 연화총 (江西 肝城里 蓮華塚)	
201	경주 신라효자손시양정려비 (慶州 新羅孝子孫時揚旌閭碑)	1932.2.29	217	용강 매산리 수렵총 (龍岡 梅山里 狩獵塚)	
202	경주 서악리 귀부 (慶州 西岳里 龜趺)		218	용강 신덕리 성총 (龍岡 新德里 星塚)	
203	경주 삼랑사 당간지주 (慶州 三郞寺 幢竿支柱)		219	용강 신덕리 감신총 (龍岡 新德里 龕神塚)	
204	경주 효현리 3층석탑 (慶州 孝峴里 三層石塔)		220	순천 북창리 팔각천정총 (順天 北倉里 八角天井塚)	
205	경주 포석 (慶州 鮑石)		221	김해 회현리 패총 (金海 會峴里 貝塚)	
206	경주 배리 삼체석불상 (慶州 拜里 三體石佛像)		222	이원 신라 진흥왕순수비 (利原 新羅 眞興王 巡狩碑)	
207	경주 두대리 마애삼존불 (慶州 斗岱里 磨崖三尊佛)		223	영광 신천리 3층석탑 (靈光 新川里 三層石塔)	
208	경주 보문리 석조 (慶州 普門里 石槽)		224	영광 신천리 석등 (靈光 新川里 石燈)	
209	경주 보문리 당간지주 (慶州 普門里 幢竿支柱)	1932.2.29	225	영암 탑동 5층석탑 (靈岩 塔洞 五層石塔)	1932.2.29
			226	부여 세탑리 5층석탑 (扶餘 細塔里 五層石塔)	

다음 쪽의 〈표 1〉에 따르면 보존 대상에는 일찍이 세키노에 의해 갑·을 등급이 부여된 것들이 다수 포함되어 있다. 다만 고건축물에 대해서는 책임 소재가 불분명할 때, 각 부서에서 질의하는 경우 고적조사위원회가 조언을 해주는 정도였다. 더욱이 한국의 고건축물은 세키노의 고건축 조사가 시작된 이래 중요한 대상이었음에도 불구하고 1933년「조선보물고적명승천연기념물보존령」이 제정되어서야 보존 대상에 편입되었다.

「보존규칙」에 의해 고적으로 등록된 193점 가운데 누락된 번호(186)를 제외한[19] 총 192점을 구분해보면, 경북의 유물·유적이 가장 많고(41점), 다음으로 경기도(38점), 강원도(26점), 충남(25점), 경남(13점), 전북(13점), 충북(9점), 전남(8점), 평남(7점), 황해도(5점), 평북(4점), 함경도(3점) 순이다. 종류별로 보면 탑비류가 104점으로 가장 많고, 불상류(금동·석불) 44점, 그 외 당간 20점, 기타 24점이다. 특히 등록된 192점 가운데 1909~1912년에 세키노가 조사한 유적·유물이 83점이 포함되었는데, 이를 통해 세키노의 조사가 한국의 유적·유물 정리 보존정책에 큰 영향을 미쳤음을 알 수 있다.[20]

그런데 다른 한편으로는 세키노가 1909년부터 1912년까지 4년간 조사한 건수는 1,450건에 달하는데, 보존이 필요하다고 분류한 갑·을 등급은 578건이었다. 그런데 그 가운데 극히 일부만 등록하여 모든 고적이나 유물을 등록한다는 등록제도의 본래 취지를 무색하게 했다. 즉, 사원 소유의 건축물이나 보물은 조선총독부 종교국이 관리하고, 객사·

---

19 186호는 안양사지 5층석탑으로 실제로는 존재하지 않는 것인데 착오로 등록되었으며, 그 내용이 강원도 회양군 안양면 소재 191호 안풍사지 5층석탑과 중복되므로 취소 삭제하였다.

20 이순자, 2009a, 앞의 책, 76-89쪽.

〈표 1〉「보존규칙」에 따라 등록된 유적·유물 목록

등록번호	유적·유물	소재지	등급
1	원각사지 10층석탑(圓覺寺址 十層石塔)	경기도 경성부 종로 2정목 38번지 탑동공원	갑
2	원각사비(圓覺寺碑)	경기도 경성부 종로 2정목 38번지 탑동공원	을
3	보신각종(普信閣鐘)	경기도 경성부 종로 2정목 102번지	을
4	장의사지 당간지주(莊義寺址 幢竿支柱)	경기도 고양군 은평면 신영리	
5	북한산 신라 진흥왕순수비(北漢山 新羅 眞興王巡狩碑)	경기도 고양군 은평면 구기리 비봉	
6	중초사지 당간지주(中初寺址 幢竿支柱)	경기도 시흥군 동면 안양리	
7	중초사지 3층석탑(中初寺址 三層石塔)	경기도 시흥군 동면 안양리	
8	중초사지 마애종(中初寺址 磨崖鐘)	경기도 시흥군 동면 안양리	
9	광주 구읍 5층석탑(廣州 舊邑 五層石塔)	경기도 광주군 서부면 춘궁리	
10	광주 구읍 3층석탑(廣州 舊邑 三層石塔)	경기도 광주군 서부면 춘궁리	
11	삼전도 청태종 공덕비(三田渡 淸太宗功德碑)	경기도 광주군 중대면 송파동	을
12	창성사지 진각국사비(彰聖寺址 眞覺國師碑)	경기도 수원군 일형면 상광교리 광교산	
13	고달사지 원종대사 혜진탑(高達寺址 元宗大師 慧眞塔)	경기도 여주군 북내면 상교리	갑
14	고달사지 원종대사 혜진탑비(高達寺址 元宗大師 慧眞塔碑)	경기도 경성부 경복궁 조선총독부박물관	갑
15	고달사지 승탑(高達寺址 僧塔)	경기도 여주군 북내면 상교리	갑
16	고달사지 귀부(高達寺址 龜趺)	경기도 여주군 북내면 상교리	을
17	고달사지 석불좌(高達寺址 石佛座)	경기도 여주군 북내면 상교리	을
18	여주 하리 3층석탑(麗州 下里 三層石塔)	경기도 여주군 북내면 하리	을
19	여주 창리 3층석탑(麗州 倉里 三層石塔)	경기도 여주군 북내면 창리	을
20	보제사지 대경대사 현기탑비(菩堤寺址 大鏡大師 玄機塔碑)	경기도 경성부 경복궁 조선총독부박물관	
21	파주 호미리 2체석불상(坡州 虎尾里 二軆石佛像)	경기도 파주군 광탄면 용미리	
22	서봉사지 현오국사탑비(瑞峰寺址 玄悟國師塔碑)	경기도 용인군 수지면 신봉리	
23	영통사지 대각국사비(靈通寺址 大覺國師碑)	경기도 개성군 영남면 현화리 영통동	갑
24	영통사지 5층석탑(靈通寺址 五層石塔)	경기도 개성군 영남면 현화리 영통동	을
25	영통사지 동3층석탑(靈通寺址 東三層石塔)	경기도 개성군 영남면 현화리 영통동	을

등록번호	유적·유물	소재지	등급
26	영통사지 서3층석탑(靈通寺址 西三層石塔)	경기도 개성군 영남면 현화리 영통동	을
27	현화사비(玄化寺碑)	경기도 개성군 영남면 현화리 현화동	갑
28	현화사지 7층석탑(玄化寺址 七層石塔)	경기도 개성군 영남면 현화리 현화동	갑
29	개성 첨성대(開城 瞻星臺)	경기도 개성군 송도면 만월정	을
30	선죽교(善竹橋)	경기도 개성군 송도면 원정	병
31	강화 종각종(江華 鐘閣鐘)	경기도 강화군 부내면 관청리	병
32	강화 하점면 5층석탑(江華 河岾面 五層石塔)	경기도 강화군 하점면 장정리	
33	용두사지 철당간(龍頭寺址 鐵幢竿)	충북 청주군 청주면 본정 3정목 청주경찰서구내	
34	충주 탑정리 7층석탑(忠州 塔亭里 七層石塔)	충북 충주군 가금면 탑평리	갑
35	정토사지 법경대사 자등탑비(淨土寺址 法鏡大師 慈燈塔碑)	충북 충주군 동량면 하천리	갑
36	충주 남문외 철불상(忠州 南門外 鐵佛像)	충북 충주군 충주면 충주읍내	갑
37	억정사지 대지국사비(億政寺址 大智國師碑)	충북 충주군 엄정면 괴동리	
38	월광사지 원랑선사 대보선광탑비(月光寺址 圓郞禪師 大寶禪光塔碑)	경기도 경성부 경복궁 조선총독부박물관	갑
39	사자빈체사지 4층석탑(師子頻迅寺址 四層石塔)	충북 제천군 한수면 송계리	갑
40	괴산 신풍리 마애이체불상(槐山 新豊里 磨崖二軆佛像)	충북 괴산군 연풍면 원풍리	
41	괴산 미륵당리 석불상(槐山 彌勒堂里 石佛像)	충북 괴산군 상모군 미륵리	
42	괴산 미륵당리 5층석탑(槐山 彌勒堂里 五層石塔)	충북 괴산군 상모군 미륵리	갑
43	부여읍 남5층석탑(平百濟塔, 扶餘邑 南五層 石塔)	충남 부여군 부여면 동남리	갑
44	부여읍 남석불상(扶餘邑 南石佛像)	충남 부여군 부여면 동남리	을
45	유인원기공비(劉仁願紀功碑)	충남 부여군 부여면 관북밀 부소산	갑
46	부여읍내 석조 1(扶餘邑內 石槽 1)	충남 부여군 부여면 구아리	
47	부여읍내 석조 2(扶餘邑內 石槽 2)	충남 부여군 부여면 구아리	
48	보광사 중창비(普光寺 重刱碑)	충남 부여군 임천면 가신리	
49	강당사지 법인국사 보승탑(講堂寺址 法印國師 寶乘塔)	충남 서산군 운산면 용현리	
50	강당사지 법인국사 보승탑비(講堂寺址 法印國師 寶乘塔碑)	충남 서산군 운산면 용현리	
51	강당사지 철불상(講堂寺址 鐵佛像)	충남 서산군 운산면 용현리	
52	강당사지 5층석탑(講堂寺址 五層石塔)	충남 서산군 운산면 용현리	

등록번호	유적·유물	소재지	등급
53	강당사지 당간지주(講堂寺址 幢竿支柱)	충남 서산군 운산면 용현리	
54	강당사지 석조(講堂寺址 石槽)	충남 서산군 운산면 용현리	
55	안국사지 3체석불상(安國寺址 三體石佛像)	충남 서산군 정미면 수당리	
56	안국사지 석탑(安國寺址 石塔)	충남 서산군 정미면 수당리	
57	성주사지 낭혜화상 백월보광탑비(聖住寺址 朗慧和尙 白月葆光塔碑)	충남 보령군 미산면 성주리	
58	성주사지 5층석탑(聖住寺址 五層石塔)	충남 보령군 미산면 성주리	
59	성주사지 중앙3층석탑(聖住寺址 中央三層石塔)	충남 보령군 미산면 성주리	
60	성주사지 서3층석탑(聖住寺址 西三層石塔)	충남 보령군 미산면 성주리	
61	봉선홍경사 갈(奉先弘慶寺 碣)	충남 천안군 성환면 대홍리	
62	천흥사지 당간지주(天興寺址 幢竿支柱)	충남 천안군 거성면 천흥리	
63	청양읍내 3층석탑(靑陽邑內 三層石塔)	충남 청양군 청양면 읍내리	
64	청양읍내 3체석불상(靑陽邑內 三體石佛像)	충남 청양군 청양면 읍내리	
65	정산 서정리 9층석탑(定山 西亭里 九層石塔)	충남 청양군 정산면 서정리	
66	개태사 3체석불상(開泰寺址 三體石佛像)	충남 논산군 연산면 천호리	
67	개태사 철부(開泰寺址 鐵釜)	경기도 경성부 경복궁 조선총독부박물관	
68	서천 봉남리 3층석탑(舒川 烽南里 三層石塔)	충남 서천군 서남면 봉남리	
69	미륵사지 당간지주(彌勒寺址 幢竿支柱)	전북 익산군 금마면 서고도리	을
70	미륵사지 석탑(彌勒寺址 石塔)	전북 익산군 금마면 서고도리	갑
71	익산 석불리 석불상(益山 石佛里 石佛像)	전북 익산군 삼기면 연동리	갑
72	익산 고도리 쌍석불상(益山 古都里 雙石佛像)	전북 익산군 금마면 서고도리	갑
73	만복사지 석불상(萬福寺址 石佛像)	전북 남원군 남원면 왕정리	갑
74	만복사지 5층석탑(萬福寺址 五層石塔)	전북 남원군 남원면 왕정리	을
75	만복사지 석좌(萬福寺址 石座)	전북 남원군 남원면 왕정리	을
76	만복사지 당간지주(萬福寺址 幢竿支柱)	전북 남원군 남원면 왕정리	을
77	용담사지 석불상(龍潭寺址 石佛像)	전북 남원군 주천면 용담리	
78	용담사지 7층석탑(龍潭寺址 七層石塔)	전북 남원군 주천면 용담리	
79	용담사지 석탑(龍潭寺址 石塔)	전북 남원군 주천면 용담리	
80	나주 북문외 3층석탑(羅州 北門外 三層石塔)	전남 나주군 나주면 과원정	을
81	나주 동문외 석당간(羅州 東門外 石幢竿)	전남 나주군 나주면 북문정	을
82	나주 서문내 석등(羅州 西門內 石燈)	전남 나주군 나주면 금정	을
83	개선사지 석등(開仙寺址 石燈)	전남 담양군 남면 학선리 개선동	갑
84	광주읍 동5층석탑(光州邑 東五層石塔)	전남 광주군 서방면 동계리	을

등록번호	유적·유물	소재지	등급
85	광주읍 서5층석탑(光州邑 西五層石塔)	전남 광주군 광주면 향사리	을
86	광주북문외 석불상(光州北門外 石佛像)	전남 광주군 광주면 수기옥정	정
87	광주읍내 철불상(光州邑內 鐵佛像)	전남 광주군 광주면 수기옥정	
88	신라 무열왕릉비 이수 급 귀부(新羅武烈王陵碑 螭首 及 龜趺)	경북 경주군 경주면 서악리	갑
89	신라 성덕왕 신종(新羅 聖德王 神鐘)	경북 동부리 경주고적보존회 진열관	갑
90	경주 첨성대(慶州 瞻星臺)	경북 경주군 경주면 인왕리	갑
91	굴불사지 석각불상(掘佛寺址 石刻佛像)	경북 경주군 천북면 동천리 금강산	갑
92	경주 석빙고(慶州 石氷庫)	경북 경주군 경주면 인왕리 월성	
93	무장사지 미타전 비 이수 귀부(鍪藏寺址 彌陀殿 碑 螭首 龜趺)	경북 경주군 경주면 내동면 암흑리	
94	무장사지 석탑(鍪藏寺志 石塔)	경북 경주군 경주면 내동면 암흑리	
95	고선사지 3층석탑(高仙寺址 三層石塔)	경북 경주군 내동면 덕동리	
96	경주읍내 석불상(慶州邑內 石佛像)	경북 경주군 경주면 동부리 경주고적보존회 진열관	
97	망덕사지 당간지주(望德寺址 幢竿支柱)	경북 경주군 내동면 배반리	을
98	정혜사지 13층석탑(淨慧寺址 十三層石塔)	경북 경주군 강서면 옥산리	갑
99	경주 서악리 3층석탑(慶州 西岳里 三層石塔)	경북 경주군 경주면 서악리	을
100	경주 남산리 3층석탑(慶州 南山里 三層石塔)	경북 경주군 내동면 남산리	
101	경주 나원리 5층석탑(慶州 羅原里 五層石塔)	경북 경주군 견곡면 나원리	을
102	태자사 낭공대사백월서운탑비(太子寺 郎空大師白月栖雲塔碑)	경기도 경성부 경복궁 조선총독부박물관	
103	숙수사지 당간지주(宿水寺址 幢竿支柱)	경북 영주군 순흥면 내죽리	을
104	영주 사현정리 당간지주(榮州 四賢井里 幢竿支柱)	경북 영주군 순흥면 읍내리	을
105	영주 영주리 석불상(榮州 榮州里 石佛像)	경북 영주군 영주면 영주리	
106	개심사지 5층석탑(開心寺址 五層石塔)	경북 예천군 예천면 남본동	갑
107	동사지 3층석탑(東寺址 三層石塔)	경북 예천군 예천면 동본동	을
108	동사지 석불상(東寺址 石佛像)	경북 예천군 예천면 동본동	을
109	상주 화달리 3층석탑(尙州 化達里 三層石塔)	경북 상주군 사벌면 화달동	을
110	상주 지사리 전탑(尙州 芝沙里 磚塔)	경북 상주군 외남면 지사리	
111	문경 내화리 3층석탑(聞慶 內化里 三層石塔)	경북 문경군 산북면 내화리	을
112	고령 쾌빈동 3층석탑(高靈 快賓洞 三層石塔)	경북 고령군 고령면 쾌빈동	

등록번호	유적·유물	소재지	등급
113	고령 지산동 당간지주(高靈 池山洞 幢竿支柱)	경북 고령군 고령면 지산동	을
114	청도 송서동 3층석탑(淸道 松西洞 三層石塔)	경북 청도군 풍각면 송서동 탑평	
115	창녕읍내 신라 진흥왕척경비(昌寧邑內 新羅 眞興王拓境碑)	경남 창녕군 창녕면 교상동	
116	통도사 국장생 석표(通度寺 國長生 石標)	경남 양산군 하북면 답곡동	
117	월광사지 3층석탑(月光寺址 三層石塔)	경남 합천군 야로면 월광리	
118	봉산 지탑리 3층석탑(鳳山 智塔里 三層石塔)	황해도 봉산군 문정면 지탑리	
119	광조사지 진철대사 보월승공탑비(廣照寺址 眞徹大師 寶月乘空塔碑)	황해도 해주군 금산면 냉정리 수미창	
120	해주 백세청풍비(海州 百世淸風碑)	황해도 해주군 영동면 청풍리 청성묘	
121	해주 다라니 석당(海州 陀羅尼 石幢)	황해도 해주군 해주면 남욱정	
122	평양 성벽 석각(平壤 城壁 石刻)	평남 평양부 산수정 평안 평안남도청	
123	평양 기자정(平壤 箕子井)	평남 평양부 약송정	갑
124	평양 정거장전 7층석탑(平壤 停車場前 七層石塔)	평남 평양부 홍매정	을
125	평양 종각종(平壤 鐘閣鐘)	평남 평양부 이문리	을
126	점선현사산비(黏蟬縣祀山碑)	평남 용강군 해운면 용정리	
127	자복사지 5층석탑(慈福寺址 五層石塔)	평남 성천군 성천면 상부리(처인리)	을
128	용천 다라니 석당(龍川 陀羅尼 石幢)	평북 용천군 읍동면 동부동	
129	용천 서문외 석당(龍川 西門外 石幢)	평북 용천군 동하면 사흥동	
130	용천읍내 이체석불상(龍川邑內 二體石佛像)	평북 용천군 읍동면 성동동	
131	용천읍내 쌍석수(龍川邑內 双石獸)	평북 용천군 읍동면 성동동	
132	풍천원 석등(楓川原 石燈)	강원도 철원군 북면 홍원리	
133	황초령 신라 진흥왕순수비(黃草嶺 新羅 眞興王巡狩碑)	함남 함흥군 하기천면 진흥리	
134	북청여진자석각(北靑女眞字石刻)	함남 북청군 속후면 창성리 해안	
135	백두산정계표(白頭山定界標)	함북 무산군 삼장면 농사동 백두산 동남부	
136	경원여진자비(慶源女眞字碑)	경기도 경성부 경복궁 조선총독부박물관	
137	연복사 종(演福寺 鐘)	경기도 개성군 송도면 북본정	갑
138	익산왕궁 5층석탑(益山王宮 五層石塔)	전북 익산군 왕궁면 왕궁리	갑
139	만복사지 이왕석상(萬福寺址 二王石像)	전북 남원군 남원면 왕정리	

등록번호	유적·유물	소재지	등급
140	흥덕왕릉 석수(興德王陵 石獸)	경북 경주군 강서면 육통리 흥덕왕릉	갑
141	경주읍내 석수(慶州邑內 石獸)	경북 경주군 경주면 동부리 경주고적보존회 진열관	
142	성천 처인리 3층석탑(成川 處仁里 三層石塔)	평남 성천군 성천면 상부리(처인리)	
143	경주 서악리 마애석불상(慶州 西岳里 磨崖石佛像)	경북 경주군 경주면 서악리	
144	영주 사현정리 3층석탑(榮州 四賢井里 三層石塔)	경북 영주군 순흥면 읍내리	
145	영주 석교리 3체석불상(榮州 石橋里 三體石佛像)	경북 영주군 순흥면 석교리	
146	안동 신세동 7층벽탑(安東 新世洞 七層甓塔)	경북 안동군 안동면 신세동	갑
147	안동 동부동 5층벽탑(安東 東部洞 五層甓塔)	경북 안동군 안동면 동부동	갑
148	안동 조탑동 5층벽탑(安東 造塔洞 五層甓塔)	경북 안동군 일직면 조탑동	갑
149	안동 왕리동 3층석탑(安東 王里洞 三層石塔)	경북 안동군 안동면 옥리동	을
150	안동 안기동 석불상(安東 安寄洞 石佛像)	경북 안동군 안동면 안기동	
151	안동 이송천동 석불상(安東 二松川洞 石佛像)	경북 안동군 서후면 이송천동	을
152	상주 증촌리 석각불상(尙州 曾村里 石刻佛像)	경북 상주군 함창면 증촌리	
153	상주 증촌리 석불상(尙州 曾村里 石佛像)	경북 상주군 함창면 증촌리	
154	상주 복룡리 석불상(尙州 伏龍里 石佛像)	경북 상주군 상주면 복룡리	
155	봉화 서동리 3층석탑(奉化 西洞里 三層石塔)	경북 봉화군 춘양면 서동리	을
156	창녕 술정리 동3층석탑(昌寧 述亭里 東三層石塔)	경남 창녕군 창녕면 술정리	
157	창녕 송현동 석불상(昌寧 松峴洞 石佛像)	경남 창녕군 창녕면 송현동	
158	창녕 교동 석불상(昌寧 校洞 石佛像)	경남 창녕군 창녕면 교동	
159	봉림사지 진경대사 보월능공탑비(鳳林寺址 眞鏡大師 寶月凌空塔碑)	경기도 경성부 경복궁 조선총독부박물관	
160	하동 신흥리 수중석각(河東 新興里 水中石刻)	경남 하동군 화개면 신흥리	
161	반야사지 원경왕사비(般若寺址 元景王師碑)	경남 합천군 가야면 인리	
162	함안 대산리 3체석불상(咸安 大山里 三體石佛像)	경남 함안군 함안면 대산리	
163	단속사지 동동구석각(斷俗寺址 東洞口石刻)	경남 산청군 단성면 청계리	
164	단속사지 동3층석탑(斷俗寺址 東三層石塔)	경남 산청군 단성면 운리	
165	단속사지 서3층석탑(斷俗寺址 西三層石塔)	경남 산청군 단성면 운리	
166	남해 양아리 석각(南海 良阿里 石刻)	경남 남해군 이동면 양아리	
167	해주읍내 석빙고(海州邑內 石氷庫)	황해도 해주군 해주면 상정	
168	신복사지 3층석탑(神福寺址 三層石塔)	강원도 강릉군 성남면 내곡리 심복동	갑
169	신복사지 석불상(神福寺址 石佛像)	강원도 강릉군 성남면 내곡리 심복동	을

등록번호	유적·유물	소재지	등급
170	한송사지 석불상(寒松寺址 石佛像)	강원도 강릉군 강릉면 대화정 강릉군청	을
171	강릉 수문리 당간지주(江陵 水門里 幢竿支柱)	강원도 강릉군 강릉면 옥천정 (원 수문리)	을
172	강릉 수문리 석불상(江陵 水門里 石佛像)	강원도 강릉군 강릉면 옥천정 (원 수문리)	
173	굴산사지 석탑(崛山寺址 石塔)	강원도 강릉군 구정면 학산리 석천동	
174	굴산사지 당간지주(崛山寺址 幢竿支柱)	강원도 강릉군 구정면 금광평	
175	굴산사지 석불상 1(崛山寺址 石佛像 1)	강원도 강릉군 구정면 금광평	
176	굴산사지 석불상 2(崛山寺址 石佛像 2)	강원도 강릉군 구정면 금광평	
177	강릉 대창리 석불상(江陵 大昌里 石佛像)	강원도 강릉군 강릉면 옥천정 (원 대창리)	
178	강릉 대창리 당간지주(江陵 大昌里 幢竿支柱)	강원도 강릉군 강릉면 옥천정 (원 대창리)	을
179	영랑비 초석(永郞碑 礎石)	강원도 강릉군 강동면 하시동리	
180	거돈사지 원공국사 승묘탑비(居頓寺址 圓空國師 勝妙塔碑)	강원도 원주군 부논면 정산리 거론동	갑
181	흥법사지 3층석탑(興法寺址 三層石塔)	강원도 원주군 지정면 안창리 흥법동	을
182	평창 유동리 5층석탑(平昌 柳洞里 五層石塔)	강원도 평창군 평창면 유동리	을
183	춘천 선요선당리 7층석탑(春川 仙要仙堂里 七層石塔)	강원도 춘천군 춘천면 요선당리	을
184	춘천 전평리 당간지주(春川 前坪里 幢竿支柱)	강원도 춘천군 춘천면 전평리	을
185	춘천 우두리 석불상(春川 牛頭里 石佛像)	강원도 춘천군 신북면 우두리	
186	없음		
187	서림사지 3층석탑(西林寺址 三層石塔)	강원도 양양군 서면 서림리	
188	서림사지 석불상(西林寺址 石佛像)	강원도 양양군 서면 서림리	
189	장연사지 3층석탑(長淵寺址 三層石塔)	강원도 회양군 장양면 장연리	
190	회양현리 3층석탑(淮陽縣里 三層石塔)	강원도 회양군 난곡면 현리	
191	안풍사지 5층석탑(安豊寺址 五層石塔)	강원도 회양군 안풍면 가동리 탑가원	
192	홍천 희망리 3층석탑(洪川 希望里 三層石塔)	강원도 홍천군 홍천면 희망리	
193	홍천 희망리 당간지주(洪川 希望里 幢竿支柱)	강원도 홍천군 홍천면 희망리	

출처: 조선총독부, 1924.4, 『古蹟及遺物登錄臺帳抄錄 附參考書類』 참고.

누정(樓亭)·성문 등은 국유재산으로 토목국이 관할한다는 이유로 등록 대상에 포함시키지 않았으며, 1913년 경주고적보존회의 설립 이후 조사된 분황사·불국사·석굴암 등 경주 유적이나 유물이 등록되지 않았다.[21]

결국 모든 문화재를 대장에 등록한 후 상태에 따라 보존 방법을 강구한다는 「대장법」은 현실에서는 제대로 적용되지 않았음을 알 수 있다. 문화재 제도의 경제적·사회적 기반이 극히 취약하였던 식민지에서는 더욱이 시행되기 어려웠을 것이다. 이러한 한계점을 고려해, 1933년 「보존령」에서는 다시 등급 구분에 의한 선별 보호로 전환하는 수정을 하였다.[22]

결국 고적 및 유물의 등록제도를 근간으로 하는 「보존규칙」의 제정 의도는 문화재 보존보다는 유적·유물의 파악에 중점을 둔 것이다. 등록된 물건의 현상을 변경하거나, 이전·수선·처분 또는 보존에 영향을 미칠 만한 시설을 하는 경우는 경찰서장을 거쳐 조선총독의 허가를 받도록 되어 있을 뿐, 문화재 보존을 위한 실질적인 법제적 뒷받침이라고 보기는 힘들다. 이러한 점은 담당부처의 미비에 기인하는데, 조선총독부에서 고적의 조사와 보존 업무, 특히 고사사(古社寺) 보존 업무는 분리되어 있었다. 1921년 고적조사과가 신설되기 이전에 고사사 보존 업무는 학무국 종교과 소관이었으며, 조선총독부박물관으로 관련 업무가 이관된 이후에도 중요한 보존 공사는 박물관의 의뢰를 받아 토목부가 시공하였다. 이로써 막대한 비용을 필요로 하는 건축물의 보존 사업이나 수리

---

21 오영찬, 2015, 앞의 글, 52-54쪽 참고.
22 오영찬, 2015, 위의 글.

등은 우선순위에서 밀려나게 되었던 것이다.[23]

또한 「보존규칙」에서는 동산문화재의 관리가 소홀하였다. 동산문화재 가운데 수집·구입된 박물관 진열품만 조선총독부박물관의 관리 범위에 들어 있었을 뿐이며, 그 외는 등록 및 보존관리대상에서 거의 제외되어 해외로의 유출이 용이하였던 것이다. 이 점은 일본 내에서 자국 문화재의 해외 유출을 막기 위해 「국보보존법」(1929), 국보로 지정되지 않은 미술품을 대상으로 한 「중요미술품 등의 보존에 관한 법률」(1933)을 제정한 것과 극명한 차이를 보인다.[24]

2) 「조선보물고적명승천연기념물보존령」 시행

1916년에 제정된 「보존규칙」의 현실적인 한계점을 지적한 사람은 조선총독부박물관 주임 겸 경성제대 교수 후지타 료사쿠(藤田亮策)였다. 그는 고적유물을 발견하면 신고하도록 규정하고 있지만 지방민은 유물·유적이라는 것을 전혀 알지 못하며, 고의로 도굴 매각하는 일이 많고 이것을 단속한다는 것은 사실 곤란하다고 보고 개정을 촉구하였다.

---

23 오영찬, 2015, 위의 글.

24 「국보보존법」에서는 법률이 보호하는 문화재의 소장자를 「고사사보존법」(1897)이 규정한 고사사(古社寺)에서 개인으로까지 확대시켰고, 법률 제정의 궁극적인 목적은 개인 소장가들을 법률의 적용 대상에 편입시킴으로써 해외 유출을 막는 것이었다. 또한 「중요미술품 등의 보존에 관한 법률」은 임시입법의 한계에도 불구하고 국보급 고미술품의 보호 및 해외 유출 방지에는 일정 정도의 효과를 거두었다. 그리고 국보를 소장한 경우에 제한되기는 하지만 이 법을 통해 비로소 개인 소장가들이 법률의 사정권 안에 들어오게 되었다. 이와 같이 일본과 한국에서의 차별적 법 제정으로 인하여 한국의 많은 문화재들이 해외로 반출되었으며, 현재도 반환을 어렵게 하는 근거가 되고 있다(김용철, 2017, 앞의 책, 106-107쪽).

이상 본 규칙은 총독부령으로 실시상 불편이 적지 않아 제령으로 제정할 것을 바라며 노력해왔으며, 최근 일본 국내에서도 사적명승천연기념물보존법, 국보보존법 등이 새롭게 반포되어 의회의 협의를 거친 권위 있는 법률이 되었으니 조선에서도 서둘러 이를 본받아 제령으로 이를 정하고 고적과 함께 고건축물 및 천연기념물도 법률에 의하여 보호할 것을 바라며 제령안을 제출하여 이것이 통과되기를 기대하고 있다.[25]

이리하여 조선총독부는 한반도에서의 고적조사와 발굴의 성과를 일반인을 배제시킨 상태에서 소유·관리하고 최종적으로 법적인 테두리로 묶는 작업을 강화하고자 1933년 8월 9일 「조선보물고적명승천연기념물보존령」(이하 「보존령」)을 제령 제6호로 제정하였다. 그리고 1933년 12월 5일 「조선보물고적명승천연기념물보존령 시행규칙」(총독부령 제136호)과 「조선보물고적명승천연기념물보존령 시행수속」(총독부령 제42호)을 공포하여 보존과 관련한 제반사항에 대한 절차를 명기하였다. 「보존령」 시행과 동시에 1916년에 제정한 「보존규칙」은 자동적으로 폐지하였다. 「보존령」은 종전의 「보존규칙」을 근간으로, 일본의 「사적명승천연기념물보존법」(법률 제414호, 1919년 4월 10일)과 「국보보존법」(법률 제17호, 1929년 3월 28일)과 「중요미술품보존법」(1933)을 종합한 내용이었다.[26]

조선의 고적 및 유물 보존에 대해 다이쇼 5년(1916) 「보존규칙」을

---

25 藤田亮策, 1933, 「朝鮮の古蹟調査と保存の沿革」, 『朝鮮總攬』, 1035쪽.
26 藤田亮策, 1951, 앞의 글, 255쪽.

반포한 후 이를 기초로 보존을 필요로 하는 고적 및 유물을 등록하고, 등록된 물건의 현상을 함부로 변경·이전하거나 처분하는 것을 금지해왔다. 본 규정은 실제 소유권 제한을 함에도 불구하고 부령으로서 형식상의 결함이 있으며, 그 사무의 주관면에서 오늘날 형편에 맞지 않는 규정으로 내용상 부족함이 있고 또 종래 실적(實跡)으로 보면 특히 역사의 증거 또는 미술의 규범이 될 만한 유물에 대해 더욱 확실히 보존하는 동시에 소유자에 대해서도 일정한 의무를 부여하는 방법을 강구할 필요가 있다.

본 규칙은 근본적으로 이를 개정하기에 적당하다고 생각한다. 또 명승천연기념물의 보존에 대해 종래 어떤 법령으로도 제정을 한 적이 없으며, 근래 교통의 발달, 내외 관람객의 증가 등으로 인해 그 훼손 망실이 되는 경우가 속출하기에 적당한 법규를 세워 그 보호를 완료할 필요가 있다. 따라서 종래「보존규칙」은 본 법령의 시행과 동시에 폐지될 예정이다. 본 법령의 시행에 따라 반드시 조선에서 문화상에 한 단계의 효과를 가져올 것이며, 특히 해마다 내외인이 이 땅을 여행하는 자가 많아지고 특히 만주국의 신흥과 함께 그 수가 배로 증가하며, 유독 식산공업의 모습도 보이며, 더욱이 진보된 고대 반도의 실정을 주목할 때에도 그 반포는 의미가 깊다고 믿어진다.[27]

즉「보존규칙」의 한계를 지적하면서 문화재의 보다 완전한 보존과 함께 소유자에게 일정한 의무를 지게 할 방도를 마련할 필요가 요구

---

27 渡邊豊日子, 1933.9,「朝鮮寶物古蹟名勝天然記念物保存令の發布に就て」,『朝鮮』, 85-86쪽.

되어 근본적으로 개정하는 것이 필요하다고 하였다.[28] 그리고 1920~1930년대 들어 일본에서 한반도나 만주로 건너오는 관광객이 급증함에 따라 유물의 파손·망실이 빈번해질 가능성을 방지하기 위함이라고 하였다. 또한 종래 조선총독부의 고적조사를 제일선에서 주도한 세키노는 앞서 시행한「보존규칙」에 불국사와 부석사의 보탑, 국유에 속한 성문과 궁전 등이 빠져 있다는 것을 언급하면서,「보존규칙」의 미비점을 지적하고 새로운 법령은 사사(社寺) 및 국가·개인 소유를 불문하고 중요한 것은 전부 지정하여 충분히 이를 보존하는 것이 필요하다고 하였다.[29] 이처럼「보존규칙」의 한계를 보완하고자 일본의 법제를 종합하여 식민지의 문화재 관리를 위해「보존령」을 제정하였고, 이것은 광복 이후까지 그 효력을 유지하였다.

이 법령의 목적은 "수천 년의 역사를 가지고 옛부터 중국의 문화를 수입하여 이를 내지(일본)에 전파한 조선에서 그 역사의 변천 및 고대 일본과 중국의 관계를 천명한다. 또 미술공예의 규범이 되는 귀중한 유적 및 유물이 많고, 또 경승(景勝) 지역 혹은 동식광물 등 향토의 기념으로 그 특징을 나타내고, 또 학술상 연구자료로 삼으며, 이들을 영구 보존하며 미술공예 발전의 자료로 삼고 향토 애착의 생각을 환기시켜 편안히 그 업무에 힘쓰도록 기대한다"고 밝힘으로써[30] 문화재 지정과 보존의 목적이 한국의 문화와 고대 일본·중국과 관계를 밝히는 데 있음을 언급하

---

28 「所有者에 義務를 負한 朝鮮寶物保存令 昨九日附로 制令을 發布한 後 談話形式으로 渡邊局長談」,『매일신보』, 1933.8.11.

29 關野貞, 1933.10,「朝鮮寶物古蹟名勝天然記念物保存令의 發布에 就て」,『朝鮮佛敎』, 6쪽.

30 渡邊豊日子, 1933.9, 앞의 글, 88쪽.

였다.

「보존령」은 명승과 천연기념물까지 문화재의 범주에 포함시키고, 보물제도를 두어 총독이 지정할 수 있도록 하는 등 「보존규칙」의 내용이나 형식상 미비한 점을 보완하고자 하였다. 당시 신문 기사는 「보존령」의 시행 의미를 좀 더 구체적으로 언급하였다.

> 조선에는 「국보보존법」이나 「사적명승천연기념물보존법」 등이 시행되고 있지 않기 때문에 고적으로서는 세계의 학자들도 부러워하는 경주 불국사 석굴암의 석불 등이 세심한 주의 없이 시멘트로 수리되거나 낙랑, 양산, 경주 등에 있는 2,000여 년의 역사를 지닌 왕후·귀족의 고분이 함부로 발굴되었다. 이로 인해 동시대 미술의 정수라 할 수 있는 금관, 고려자기, 동기, 도검, 하니와(埴輪, 토우를 지칭), 가구, 장식품이 도굴되거나, 가토 기요마사(加藤淸正)의 울산·부산 등의 성지(城址)를 비롯하여 그 유명한 계룡산 도기의 가마터 등이 아무런 보존 방법도 강구되지 않은 채 비바람에 내버려져 황폐화되었다. 또한 보물에서는 경주 불국사의 사리탑과 그 외 조선의 고대 미술품이 자유롭게 조선 밖으로 이수(移輸)되거나 하는 상태이기에 이를 보호·보존할 방법을 찾는 것이 시급했는데 이번에 조선총독부에서 「조선보물명승천연기념물보존령」을 입안하여 현재 법제국(法制局)에서 심사를 진행하고 있으며, 9월 중에 각의(閣議)를 거친 후 재가(裁可)를 받아 공포할 예정이다.[31]

---

31 「조선에서 새로 공포된 보물보호법」, 『東京朝日新聞』, 1933.7.31 (황수영 편, 2014, 앞의 책, 28쪽 재인용).

「보존령」은 전체 24조로 구성되어 있다.[32] 그 내용은 〈부록-자료 2〉와 같은데, 제1조는 지정 보존 대상을 규정하였다. 지정 목적물은 역사상의 증거 또는 미술의 모범이 되는 건조물·전적·서적·회화·조각·공예품 등을 보물(寶物)로 지정하며, 사적(寺蹟)·성적(城蹟)·요적(窯蹟)·고분(古墳) 등 역사와 관계있는 것을 고적(古蹟)으로 정하였다. 그리고 경관이 뛰어난 지역은 명승(名勝)으로, 자연계의 기념물로 보존의 필요가 있는 것은 천연기념물(天然記念物)로 지정함으로써, 한국 문화재를 최초로 보물·고적·명승·천연기념물로 구분하였다. 제2조에서 자문기관으로 보물고적명승천연기념물보존회 설치를 명시하고, 제4·9조에서는 보물에 대한 수출·이출 금지와 박물관 출진의 의미를 언급하면서 조선총독의 허가를 받으면 수출 또는 이출을 제한받지 않는다고 하였다. 제6·10조에서 보조금 제도를 언급하였고, 제15조에서는 조선총독의 지정 해제 관련을, 제20~24조에서는 각종 의무 위반에 대한 처벌 내용을 담고 있다. 즉, 관리 및 벌칙 규정으로 총독은 보물·고적·명승·천연기념물을 지정·해제하거나, 각종 지정 물건에 대해 보존상 필요가 인정되는 일정 행위를 명령할 수 있는 전권을 가지고 있었다. 그러기에 만약 총독의 허가를 얻지 못하면, 현상을 변경 또는 양도(讓渡)·양수(讓受)할 수 없게 하였으며 허가를 받으면 수출·이출도 제한받지 않았던 것이다.

또한 등록제에서 지정제로 바꾸었고, 「보존규칙」과는 달리 지정되지 않은 유적조차도 허가 없이 발굴하거나 신고하지 않으면 벌금을 부과하는 등 규제를 더욱 엄격하게 하였다. 그리고 조선총독은 보물·고적·명승·천연기념물에 관한 조사가 필요하다고 생각할 경우 담당 관리자를

---

32 「朝鮮寶物名勝古蹟天然記念物保存令」, 『朝鮮總督府官報』 호외, 1933.8.9.

참여시키고, 측량 조사나 토지 발굴, 장애물 변경 제거, 기타 조사에 필요한 행위를 하도록 하였다. 또한 보물·고적·명승·천연기념물은 조선총독이 보존회에 자문을 받아 지정하도록 하였고, 조선총독이 이를 알리고, 해당 물건 또는 토지 소유자·관리자·점유자에게 통지하도록 하였다. 보물 소유자는 조선총독의 명령에 따라 1년 내에 이왕가·관립 혹은 공립박물관·미술관에 그 보물을 낼 의무가 있으며, 보물 소유자가 변경 혹은 멸실 또는 훼손할 경우 조선총독이 정한 바에 따라 이를 신고하도록 하였다. 「보존령」은 보조금 제도를 도입하고, 보존 사업 유물 및 유적의 격리 보존 방법을 유지할 뿐만 아니라 「보존규칙」에서 제외하였던 사찰 소유도 유지 관리에 필요한 비용을 지원하도록 하였다.

이처럼 「보존령」은 「보존규칙」에 비해 유물 관리와 보존 범위를 확대하여, 명승과 천연기념물까지 문화재 대상으로 확장하였으며, 보존의 취지도 강화하고, 국고 보조도 받을 수 있게 하였다. 그리고 보물 제도를 두어 대장 등록이 아니라 총독이 지정할 수 있도록 하는 등 이전의 「보존규칙」의 내용이나 형식상 미비한 점을 보완하였다. 그러나 보존에 관련된 주요 업무 부분을 경찰서장이 관장하고 있다는 점, 자문기관인 조선보물명승천연기념물보존회에 조선인은 2명만 참여할 뿐 일본인 위주로 문화재를 관리하였다는 점, 무엇보다 매장유물에 대한 규정보다는 비매장물에 대한 규정이 대부분이라는 점, 보물에 한해서만 문화재의 반출 및 약탈 관련 수출 또는 이출을 금지하고 있다는 점, 개인 소장품이 보물 지정에서 제외되었다는 점 등의 한계점을 여전히 가지고 있었다.[33] 특히

---

[33] 황수영 편, 2014, 앞의 책, 29쪽. 최석영은 이에 대해 일제가 자국 내 유적과 유물 보호 관련 법의 제정 및 운영과는 달리 외지에서 제정된 관련 법에서는 의도적으로 유물의 해외 반출을 금지하는 조항을 설정하지 않았을 뿐만 아니라 출토유물들을 수

당시 많은 발굴유물들이 불법적으로 산일·유출되어 관료와 일본인 관학자들을 비롯한 개인 소장가들의 손에 들어가 있었다. 이들은 자신들의 재산권을 침해받지 않고자 개인 소장품을 보물 지정에서 제외시켰던 것으로 추정된다.

조선총독부는 『조선보물고적명승천연기념물보존요목』[34]에 따라 보물·고적·명승·천연기념물 보존 기준을 정하고 각 종목의 종류와 구체적인 대상을 언급하였다. 보물은 그 소재지에서 옮겨져도 보존 가치가 있는 것으로 건조물·전적·서적·회화·조각·공예품으로, 고적은 반드시 그 원소재지와 밀접한 관계가 있는 것으로 패총·고분·사지·성지·도요지로, 명승은 경승지(景勝地)로 그 성질은 고적과 비슷하다고 인식하였고, 천연기념물은 동물·식물·지질·광물 등으로 구분하였다. 그러나 이들 네 종목으로 명확하게 구별될 수 없는 것도 적지 않았다. 즉 고적이면서 동시에 명승이거나 명승 내에 보물이 있는 경우도 있었다.

금강산 내에는 명승도 있고 다수의 천연기념물도 포함하고 있지만 동시에 보물이라고 하는 건조물도 있고, 또 건조물 내부에는 보물로 지정할 만한 불상·회화도 적지 않고 사지(寺址) 기타 고적도 많다. 고적이라 하여 지정된 지역 내에 거목진초(巨木珍草)가 있는가 하면, 사원(寺院)·묘단(墓壇)에 진귀한 나무가 있는 것도 드물지 않다. 다만 주요한 것을 취해 지정하고 전체의 보존을 계획하는 경우에는 한

장할 공간도 건립하지 않았다는 점에서 그 자체가 '의도적 불법'에 해당한다고 지적하였다(최석영, 2015, 앞의 책, 141쪽).

34 조선총독부 사회교육과, 1934, 『朝鮮寶物古蹟名勝天然記念物保存要目』, 7쪽.

지역 내에서 수 종목의 지정이 중복되기도 한다.[35]

고고학에서 유물(遺物)과 유적(遺蹟)의 구분은 움직일 수 있는 것과 움직이지 못하는 것으로 구분한다. 토지와 그 위에 물건을 하나로 하여 이를 유적이라 하고, 그 토지에서 떨어져 유리(遊離)하였던 물건을 유물로 구분한다. 보물은 원소재지를 떠나 옮겨 다니면서도 그 가치를 잃지 않는 것으로, 서화·조각·공예품 등이다. 반면 고적은 반드시 원소재지와 밀접한 관계가 있는 것으로 그 지역 내의 토지와 지상·지하의 물건을 모두 포함한 것을 일컫는다. 토지가 없는 고적은 있을 수 없으며, 동시에 토지만으로는 고적이라 할 수 없다. 그리고 일찍이 고적 내의 일부분이었으나 이미 원소재지를 떠나 옮겨진 것, 그 안에 국가가 보존할 필요가 있다고 인식하여 지정한 것을 보물이라고 하였다. 특히 고건축물은 대부분 원소재지에 보존할 필요가 있으나 경우에 따라서는 건축물을 이축하여도 보존 가치가 변함없이 유지되므로 이들을 보물로 분류하였다.[36]

1933년 「보존령」 반포로 1934년 8월 27일 고시된 문화재는 보물 153건, 고적 13건, 천연기념물 3건이다(〈표 2〉 참고). 이것은 조선총독부에서 작성한 우리나라 최초의 문화재 지정 목록으로 지정번호·종류·명칭·원수·소유자·소재지·소재지 소유자 등을 기재하였다. 그러나 여기에는 이미 밝힌 바대로 국유물이나 사찰 소유물만을 포함하였고, 개인 소장품에 대해서는 거의 적용하지 않았다.[37] 지정된 고적 및 보물에는

---

35 조선총독부, 1934, 위의 책, 7쪽.
36 조선총독부, 1934, 위의 책, 18쪽.
37 한 예로 1929년 서울에서 조선박람회를 개최하고, 이를 계기로 대구·경주에 있던 민간인 수장가들이 경주·대구 일대에서 수집한 유물을 중심으로 대구상품진열관에

〈표 2〉 보물고적천연기념물 지정 목록(1934)

구분	호	명칭	구분	호	명칭
보물	제1호	경성 남대문	보물	제31호	성주사지 5층석탑
	제2호	경성 동대문		제32호	성주사지 중앙 5층석탑
	제3호	경성 보신각종		제33호	부여 평백제탑
	제4호	원각사지 다층석탑		제34호	당 유인원 기공비
	제5호	원각사비		제35호	금산사 노주(露柱)
	제6호	중초사 당간지주		제36호	금산사 석련대(石蓮臺)
	제7호	중초사 3층석탑		제37호	금산사 혜덕왕사진응탑비
	제8호	북한산 신라 진흥왕순수비		제38호	금산사 5층석탑
	제9호	개성 첨성대		제39호	금산사 석종
	제10호	개성 남대문		제40호	금산사 육각다층석탑
	제11호	개성 연복사 종		제41호	금산사 당간지주
	제12호	관음사 대웅전		제42호	금산사 심원암 북강 3층석탑
	제13호	고달사 원종대사 혜진탑비 귀부 및 이수		제43호	만복사지 5층석탑
	제14호	고달사 원종대사 혜진탑		제44호	만복사지 석좌
	제15호	고달사지 부도		제45호	만복사지 당간지주
	제16호	고달사지 석불좌		제46호	실상사 수철화상능가보월탑
	제17호	서봉사지 현오국사탑비		제47호	실상사 수철화상능가보월탑비
	제18호	강화 하점면 5층석탑		제48호	실상사 석등
	제19호	강화 동종		제49호	실상사 부도
	제20호	광주 춘궁리 5층석탑		제50호	실상사 3층석탑
	제21호	광주 춘궁리 3층석탑		제51호	실상사 증각대사응료탑
	제22호	창성사지 진각국사대각원조탑비		제52호	실상사 증각대사응료탑비
	제23호	법주사 쌍사자 석등		제53호	실상사 백장암 석등
	제24호	법주사 사천왕 석등		제54호	실상사 백장암 3층석탑
	제25호	억장사 대지국사비		제55호	실상사 철제여래좌상
	제26호	정토사 법경대사자등탑비		제56호	용담사지 석불입상
	제27호	충주 탑정리 7층석탑		제57호	만복사지 석불입상
	제28호	봉선 홍경사 갈(碣)		제58호	익산 왕궁리 5층석탑
	제29호	정산 서정리 9층석탑		제59호	미륵사지 석탑
	제30호	성주사 낭혜화상백월보광탑비		제60호	익산 석불리 석불좌상

구분	호	명칭	구분	호	명칭
보물	제61호	익산 고도리 석불입상	보물	제95호	경주 석빙고
	제62호	성주사지 서 3층석탑		제96호	불국사 금동비로자나불좌상
	제63호	화엄사 각황전 앞 석탑		제97호	불국사 금동아미타여래좌상
	제64호	대흥사 북미륵암 마애여래좌상		제98호	백률사 금동약사여래입상
	제65호	나주 동문 밖 석당간		제99호	경주 성덕왕 신종
	제66호	나주 북문 밖 3층석탑		제100호	분황사 석탑
	제67호	무위사 극락전		제101호	평양성벽 석각(石刻)
	제68호	은해사 거조암 영산전		제102호	경주 효현리 3층석탑
	제69호	문경 내화리 3층석탑		제103호	경주 황남리 효자손시양정려비
	제70호	봉화 서동리 3층석탑		제104호	망덕사지 당간지주
	제71호	개심사지 5층석탑		제105호	경주 첨성대
	제72호	고령 지산동 당간지주		제106호	경주 서악리 귀부
	제73호	봉정사 극락전		제107호	함안 대산리 석불
	제74호	봉정사 대웅전		제108호	단속사지 동6층석탑
	제75호	안동 동부동 5층석탑		제109호	단속사지 서6층석탑
	제76호	안동 신세동 7층벽탑		제110호	통도사 국장생석표
	제77호	안동 조탑동 5층석탑		제111호	해인사 대장경판
	제78호	안동 안기동 석불좌상		제112호	창녕 신라진흥왕척경비
	제79호	부석사 대웅전 앞 석등		제113호	창녕 구정리 동3층석탑
	제80호	부석사 무량수전		제114호	창녕 송현리 석각불좌상
	제81호	부석사 조사당		제115호	청평사 극락전
	제82호	숙수사지 당간지주		제116호	춘천 전평리 당간지주
	제83호	영주 영주리 석불입상		제117호	춘천 조양동 7층석탑
	제84호	불국사 다보탑		제118호	풍천원 석등
	제85호	불국사 3층석탑		제119호	거둔사 원공국사승묘탑비
	제86호	불국사 사리탑		제120호	장안사 사성전
	제87호	불국사 연화교 칠보교		제121호	홍천 희망리 3층석탑
	제88호	불국사 청운교 백운교		제122호	홍천 희망리 당간지주
	제89호	석굴암 석굴		제123호	한송사 석불상
	제90호	경주 서악리 마애석불상		제124호	강릉 대창리 당간지주
	제91호	경주 배리 석불입상		제125호	강릉 수문리 당간지주
	제92호	신라 태종무열왕릉비		제126호	신복사지 석불좌상
	제93호	경주 보문리 석조		제127호	굴산사지 부도
	제94호	경주 서악리 3층석탑		제128호	굴산사지 당간지주

구분	호	명칭	구분	호	명칭
보물	제129호	심원사 보광전	보물	제151호	화엄사 3층사자석탑
	제130호	성불사 극락전		제152호	송광사 대반열반경소
	제131호	성불사 응진전		제153호	상원사 동종
	제132호	광조사 진철대사보월승공탑비	고적	제1호	경주 포석정지
	제133호	해주 백세청풍비		제2호	김해 회현리 패총
	제134호	해주읍내 석빙고		제3호	봉산 휴류산성
	제135호	해주 다라니 석당		제4호	강서 간성리 연화총
	제136호	평양 대동문		제5호	용강 안성리 쌍영총
	제137호	평양 부벽루		제6호	용강 안성리 대총
	제138호	평양 보통문		제7호	용강 매산리 수렵총
	제139호	평양 동종		제8호	용강 신덕리 성총
	제140호	신복사지 3층석탑		제9호	용강 신덕리 감신총
	제141호	성천 처인리 5층석탑		제10호	순천 북창리 천왕지신총
	제142호	성천 자복사지 5층석탑		제11호	평양 기자정
	제143호	점제현비		제12호	북청 여진문자석각
	제144호	용천 구읍내 석불입상		제13호	강서 삼묘리 고분
	제145호	용천 구읍내 석수(石獸)	천연기념물	제1호	달성의 측백수림
	제146호	황초령 신라 진흥왕순수비		제2호	합천 백조도래지
	제147호	석왕사 응진전			
	제148호	석왕사 호지문		제3호	익산 만주흑송수림
	제149호	탑산사 동종			
	제150호	도갑사 석제여래좌상			

출처: 조선총독부 고시 제430호, 『朝鮮總督府官報』, 1934.8.27(제2290호).

일찍이 세키노가 고건축물·고적조사시 지정한 문화재가 다수 포함되었다.[38]

서 '신라예술품전람회'를 개최하였다. 이때 시라카미(白神), 이치다(市田), 오구라(小倉) 등의 수집품이 출품되는 등 개인 수집가들의 유물이 상당히 파악되었음에도 불구하고 이들 개인 소장품들은 지정 목록에 포함시키지 않았다.

38 제1장 〈표 2〉 참고.

조선총독부박물관 공문서 '지정' 문서철을 통해 「보존령」 제정에 따라 보물·고적 등의 조사·지정·관리 업무를 살펴볼 수 있다. 조선총독부는 「보존령」 시행 후 각 도에 주요 문화재에 대한 보고를 통지하고, 해당 도에서는 종전의 등록대장 및 번호를 기반으로 지역별 고적용지(古蹟用地) 조사를 실시하였다. 지정 대상의 조사 항목을 작성하여 보고하였는데, 조사 항목은 명칭, 수량, 소재지, 소유자 및 관리자의 성명과 주소, 구조 형식 및 크기, 상태, 연혁, 보존상 필요사항, 기타 참고할 사항 등이었다.[39]

이러한 지정 대상을 기초로 1934년부터 1943년까지 1~2년에 한 번씩 총 7회에 걸쳐 보존회 총회를 개최하여 지정 대상을 심의하고 지정 예정을 결의하였다. 지정 예정 목록은 최종적인 수정과 보완을 거쳐 지정 목록으로 완성하였고, 1934년부터 1943년까지 1년에 한두 차례 『조선총독부관보』를 통해 조선총독의 이름으로 문화재 지정고시를 하였다(〈표 3〉 참고). 1940년 이후에는 간헐적으로 지정하다가 1943년을 끝으로 지정고시를 멈추었다. 몇몇 경우에는 고시 항목 뒤에 그림(도면)을 실어 관련 지역을 표시하였다. 지정된 문화재에는 각 도에 예산을 배정하여 석표를 세우고 보존물에 따라서 철책을 만들어 일반인의 출입을 금하는 등 보호책도 마련하였다.[40] 「보존령」 반포 이후 총 11차례에 걸쳐, 보물 419건, 고적 145건, 고적 및 명승 5건, 천연기념물 146건, 명승 및 천연기념물 2건을 문화재로 지정하였다(〈표 3〉 참고).

1934년 처음으로 지정된 보물 153건 가운데 보물 제1호는 경성의

---

39 이현일·이명희, 2014, 앞의 글, 105쪽.
40 「석표를 세워서 보물 고적을 수호, 총독부 3백 개 제작」, 『동아일보』, 1938.5.25.

〈표 3〉「보존령」에 의해 지정된 문화재 현황

고시 일자	보물	고적	고적·명승	천연기념물	명승·천연기념물	비고
1934년 8월 27일(고시 제430호)	1~153호	1~13호		1~3호		
1935년 5월 24일(고시 제318호)	154~208호	14~24호		4~16호		
1936년 2월 21일(고시 제69호)	209~235호	25~56호	1~2호	17~26호		
1936년 5월 23일(고시 제318호)	236~269호	57~64호		27~29호		
1937년 3월 10일(고시 제143호)		65~70호		44~52호	1호	
1938년 5월 3일(고시 제393호)	270~296호	71~87호		53~70호	2호	고적 3호(봉산 휴유산성), 62호(마산 일본성) 지정 지역 추가
1939년 10월 18일(고시 제857호)	297~335호	88~117호		71~98호		고적 28호(공주공산성) 지정 지역 추가
1940년 7월 17일(고시 제745호)			1호(→3호)			고적 가지정 2호(경주읍성)
1940년 7월 31일(고시 제808호)	336~377호	118~128호		99~119호		
1942년 6월 15일(고시 제893호)	378~403호	129~144호	3~4호 (→4~5호)	120~132호		
1943년 12월 30일(고시 제1511호)	404~419호	145호		133~146호		

출처: 『朝鮮總督府官報』 해당 항목; 이순자, 2009a, 앞의 책, 241-242쪽.

남대문[숭례문(崇禮門)], 보물 제2호는 동대문[흥인지문(興仁之門)]이었다. 일제는 교통에 방해가 된다는 이유로 남대문 포함 경성 도성의 4대문을 철거하려 하였으나, 당시 일본인 거류민단장이 이를 만류하였다. 이유는 임진왜란 때 왜장 가토 기요마사가 해전과 육전에서 승리하고 남대문을 통해 한양으로 입성하였기에 이를 기념하여 남대문을 '개선문'으로 삼아야 한다는 주장이었다. 이에 숭례문이라는 원래의 이름 대신 단순하게 방위를 나타내는 남대문이라는 이름으로 남겨두었고 이것을 보물 제1호로 지정하였다.

1934년에 지정된 문화재는 주로 경성·개성·평양 등 옛 도읍의 성문과 성곽, 경주 불국사 등의 유적들이었다. 1935년 2차 지정고시에서는 경기·황해·충청·경북 지역의 문화재들을 지정하였는데, 고적으로는 수원성곽과 만월대, 주요 사지와 산성지를 지정하였다. 1936년 3차, 4차에 지정된 문화재는 왕릉과 산성지, 각 지역의 사찰 소유 고건축물이 많았는데, 사찰의 가장 중심이 되는 건물 한 채가 지정되는 경우가 많았다. 1938년 6차 고시에서는 각 사찰의 건조물들을 중점적으로 선정하였으며, 개인 소유의 건축물로 보물 지정 범위를 일부 확대하였다. 이는 조선총독부에서 통제·관할하는 문화재의 범위가 한국인의 사유물(私有物)로까지 넓혀졌음을 의미한다. 즉 강릉 오죽헌(보물 제278호, 1938년 5월 3일), 안동 임청각(보물 제303호, 1939년 10월 18일), 강릉 해운정(보물 제305호, 1939년 10월 18일), 회덕 동춘당(보물 제336호, 1940년 7월 31일) 등 개인 소유의 조선시대 고택을 보물로 지정하였다. 그리고 국가와 개인 소유의 성지·사지 등도 고적으로 지정하였다. 1939년 7차 고시부터는 건축물이나 고적·산성지 등 부동산 유적·유물뿐만 아니라 소형 유물에 대한 보물 지정을 시작하였으며, 이러한 경향은 1943년 12월

<그림 1> 성벽 철거 이전 남대문

출처: H. B. Hulbert, 1906, *The Passing of Korea*.

11차 고시에 이르면 그 비중이 더욱 높아졌다.

『조선총독부관보』에는 「보존령」에 따른 문화재 지정뿐 아니라 지정이 해제·변경된 것도 함께 고시하였다. 전면적인 지정 해제 외에도 지정 지역의 일부를 해제하는 경우도 빈번했는데, 일제의 군사·행정적인 결정과 배치될 경우에 해당 지정 지역을 일부 해제하여 그 제한을 완화시켰다.[41] 예를 들어 고적 제79호 평양나성은 1938년 5월 3일에 지정 고시되었으나 도시계획 시행에 따른 도로 부설을 위해 평양부윤이 도면을 첨부하여 지정 지역의 일부 해제를 요청하였고, 1942년 6월 15일 고시 제895호에 의하여 평양나성에 대한 일부 지정 해제를 공포하였다.[42]

---

41 이현일·이명희, 2014, 앞의 글, 108쪽.

42 국립중앙박물관 소장 조선총독부박물관 공문서, 지정 10 제6회 보존회 총회 자문안과 풍납리토성 지정 해제 등 보물고적명승천연기념물 지정 및 지정 해제에 관한 건, 자문 제4호 고적의 일부 지정 해체에 관한 건 참고.

<그림 2> 우편국 수인

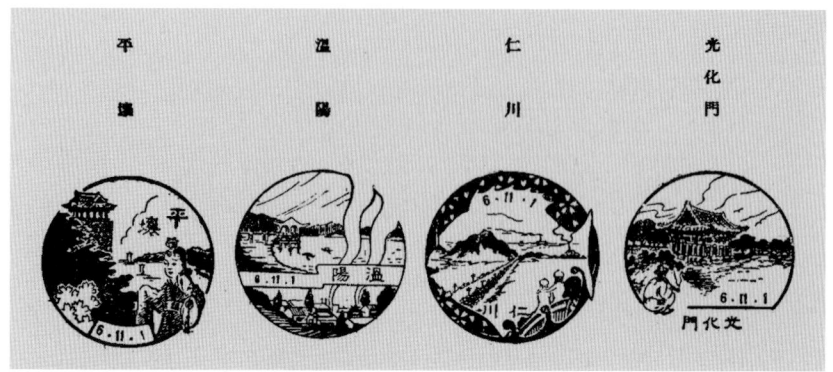

출처: 조선총독부고시 제522호, 『朝鮮總督府官報』, 1931.10.27.

　고적과 천연기념물에 관한 지정, 지정 해제, 변경 등의 사항에서는 그 보호구역을 표시한 지도를 함께 실었다. 그 외 지정된 고건축물이나 명승 관련 도안을 우체국의 일부인(日附印)으로 사용하여 널리 홍보하는 경우도 있었는데,[43] 밀양우편국에서는 영남루 도안을, 수안보우편국에서는 괴산 미륵당리 석불입상(보물 제167호)을 사용하는 등 각 지방의 명소를 그린 도안을 우편국 수인으로 활용하였다.[44]

　이처럼 일제강점기 문화재 법령으로 제정한 두 법령을 비교해보면, 우선 문화재 범주 면에서 「보존규칙」은 고적과 유물만을 한정한 데 반해, 「보존령」은 보물·고적·명승·천연기념물 등 범주를 세분화하고 대상 범

43　「명승고적의 일부인, 제2회의 도안발표」, 『동아일보』, 1931.10.28; 「명승고적을 도안한 우편 소인 사용, 명승고적으로 저명한 지방 체신국의 새 계획」, 『매일신보』, 1931.10.16.

44　「名勝史蹟等ニ因メル圖案ヲ挿入シタル通信日附印使用ニ關スル件」, 조선총독부고시 제391호, 『朝鮮總督府官報』, 1936.7.3 등.

위도 확대하였다. 관리 방법면에서 「보존규칙」은 보존 가치가 있는 것을 조사하여 고적 및 유물 대장에 등록하는 데 반해, 「보존령」은 총독이 보존회의 자문을 받아 등록 및 지정을 하며, 긴급한 것은 임시로 지정하기도 하였다. 신고원칙면에서 「보존규칙」은 등록된 고적이나 유물을 이전·수선·처분할 경우 경찰서장을 거쳐 조선총독에게 허락을 받아야 하는 데 반해, 「보존령」은 보물의 수출 및 이출을 금지하고 보존회의 자문을 얻은 조선총독의 허가에 따라 소유권 행사를 제한하였다. 그리고 보물 소유자에게 이왕가, 관공립박물관, 미술관에 출진(出陳)의 의무를 부여하였다. 만약 이를 위반하였을 경우 「보존규칙」은 벌금이나 과태료를 부과한 데 반해, 「보존령」은 최고 징역형에 처하는 등 벌칙을 강화하였다. 이처럼 「보존령」의 반포로 인해 한국의 유적·유물의 범위는 확대 세분화되었으며, 「보존규칙」에 비해 국가 통제를 강화하였다. 하지만 이와 같이 강화된 통제하에서도 법령을 위반하는 행위는 계속적으로 발생하였다.[45]

「보존규칙」을 통해 고적 유물을 등록하였고, 「보존령」에 의해 지정 제도가 정착됨으로 두 법령은 일제강점기 문화재 관리 및 보존에 대한 근대적인 법령으로 자리매김하였다. 그러나 명분상으로는 고적 유물을 관리 보존한다고 문화재로 등록 지정하였지만, 그 실상은 총독부의 의도에 따라 이전이나 반출, 지정 해제가 무분별하게 이루어졌고, 그들의 의도에 따라 한국 문화재에 대한 지배 통제를 강화하는 수단으로 활용된 점을 간과해서는 안 된다. 또한 발굴조사에서 보여준 일제의 '임나'와 '낙랑' 유적에 대한 관심과 집중은 문화재 지정으로 이어졌으며, 보존회

---

[45] 조선총독부 학무국장, 1941.7.11, 「遺蹟發掘ニ關スル件」(황수영 편, 2014, 앞의 책, 128쪽 재인용).

총회의 결의사항을 매회 언론에 홍보함으로써 일제의 식민통치가 '합리적인 문화통치'임을 선전하는 근거로 활용되었다.

2. 고적조사위원회와 조선총독부보물고적명승천연기념물보존회 설립

1) 고적조사위원회 규정과 인적 구성

조선총독부는 유적·유물의 조사와 '보존'을 위해 법령을 제정하고 관련 기구를 조직함으로써 구체적인 문화재 정책을 펼쳤다. 1916년 4월 28일, 「보존규칙」법령 반포에 앞서 『조선총독부관보』에 고적조사위원을 임명한다고 알렸으며, 같은 해 7월 4일 조선총독부 훈령 제29호로 「고적조사위원회규정」을 반포하였다.[46] 내용은 〈부록-자료 3〉과 같다.

제1조는 위원회의 목적, 제2~4조는 조직 구성, 제5~6조는 심의와 보고 내용, 제7~10조는 조사 방침과 그 범위 등을 언급하였다. 우선 고적조사위원회는 고적·금석물 그 외 유물 내지 명승지 등의 조사 및 보존에 관한 사항을 심사하기 위한 기구로 고적조사 대상 및 지역 등 고적조사를 기획 결정하는 것이 주요 목적이었다. 그리고 조선총독부의 자문기관으로 유적·유물의 조사·보존·등록·공사에 관한 건을 협의 의결하

---

46 「古蹟調査委員會規定」, 조선총독부 훈령 제29호, 『朝鮮總督府官報』, 1916.7.4 (제1175호).

여 조선총독에게 신청 또는 보고하도록 하였다. 위원장은 정무총감이 맡고, 위원은 총독부 관계국의 고등관료 또는 학식과 경험이 있는 전문가를 촉탁하였는데, 대부분 이전에 내무부에서 고적조사·사료조사를 촉탁하였던 일본 대학교수들이 맡았다.[47] 실무 책임 간사는 처음에는 조선총독부박물관 주임이 맡았고, 고적조사과 설치 후에는 고적조사과 과장이, 박물관이 종교과에 통합되면서는 종교과장이 맡았다.

고적조사위원회에서는 고적 내지 유물의 조사, 고적의 보존 및 유물의 수집에 관한 사항과 함께 고적에 영향을 미치는 시설에 대한 제반사항을 심사하였다. 조사 활동의 방침을 언급하였는데, 현지 조사를 담당하는 위원은 고적이 소재되어 있는 지역의 지방청 및 경찰관서와 협의하여 가능한 헌병이나 경찰관의 입회를 요청하였다. 이 항목은 조선총독부 고적조사에 대한 서로 다른 해석을 초래하는 지점인데, 즉 헌병이나 경찰의 입회를 요구한 것에 대해 한국 측에서는 무단으로 유물을 수집하고 제도적으로 도굴하기 위한 것으로 해석하는 반면, 일본 측에서는 한국인들은 당시 합법적인 고적조사에 대해서도 반발이 컸기에 조사단의 안전상 이유 때문이라고 해석하였다.[48]

고적조사위원회 설립 당시 조직은 조선총독부 정무총감 야마가타 이사부로(山縣伊三郎)가 위원장을 맡았고, 위원은 조선총독부 관련 부서의 고등관(사무관장 국부장·과장 및 토목·건축·회계·비서·문서·학무·산림·지방·경부의 각 과장) 외에 일본인 관학자들이 주로 참여하였다. 고적조사위

---

47   藤田亮策, 1931.12, 「朝鮮に於ける古蹟の調査及び保存の沿革」, 『朝鮮』, 93쪽.
48   이기성, 2009, 앞의 글, 40쪽.

⟨그림 3⟩ 평양 부근 지역 고적조사 발굴 현장

출처: 『朝鮮古蹟圖譜』 2책.

원회에 참여한 인물은 ⟨표 4⟩와 같다.[49]

이 가운데 세키노, 구로이타, 오다 쇼고(小田省吾), 이마니시, 야쓰이,[50] 도리이,[51] 기사 이와이 조자부로(岩井長三郎)는 처음부터 고적조사위원회

---

49 1934~1939년까지는 보물고적명승천연기념물보존회 내의 고적조사위원으로 명단이 기록되어 있다.

50 야쓰이 세이이치(谷井濟一, 1880~1959): 도쿄제대 문과대학 사학과를 졸업하고 교토제대 대학원에 진학하여 일본 고대사를 전공하였다. 1909년 대한제국 탁지부의 요청을 받아 세키노의 조수로 한반도 고건축 조사에 참여하였다. 1916년 조선총독부박물관 사무촉탁이 되어 경성으로 이주하였다. 이후 평양 낙랑고분 등을 발굴하였으며, 특히 사진촬영을 담당하였다. 1920년에 일본으로 돌아갔다(황수영 편, 2014, 앞의 책, 475-476쪽).

51 도리이 류조(鳥居龍藏, 1870~1953): 도쿄제대 인류학교실 교수로, 1910년부터 한반도 고적조사에 참여하였다. 그 이전에는 랴오둥반도, 대만, 오키나와, 만주, 몽고 지역을 조사하였는데, 강제병합 직후부터 조선총독부의 촉탁으로, 교과서 편찬 자료수집의 일환으로 인류학·민속학·선사고고학에 대한 조사를 실시하였다. 최초로 한반도의 선사시대에 대한 조사를 담당한 인물이지만, 총독부와의 불화로 일부를 제외

〈표 4〉 고적조사위원회 임원

연도	위원장(정무총감)	위원 및 촉탁위원	간사
1916	야마가타 이사부로 (山縣伊三郞)	關野貞, 黑板勝美, 谷井濟一, 小田省吾, 今西龍, 鳥居龍藏, 岩井長三郞, 柳正秀, 劉猛, 具羲書, 持地六三郞, 關屋貞三郞, 兒玉秀雄, 淺見倫太郞, 上林敬次郞, 荻ية悅造, 澤田豊丈, 郡山智, 黑田甲子郞, 中野有光, 時永浦三, 田中卯三, 宇佐美勝夫, 馬場是一郞, 工藤壯平	小田幹治郞
1917	야마가타 이사부로	關野貞, 黑板勝美, 谷井濟一, 小田省吾, 今西龍, 鳥居龍藏, 岩井長三郞, 柳正秀, 劉猛, 具羲書, 持地六三郞, 關屋貞三郞, 淺見倫太郞, 荻يا悅造, 澤田豊丈, 郡山智, 中野有光, 時永浦三, 田中夘三, 宇佐美勝夫, 馬場是一郞, 工藤壯平	小田幹治郞
1922	미즈노 렌타로 (水野鍊太郞) → 아리요시 주이치 (有吉忠一)	關野貞, 黑板勝美, 今西龍, 鳥居龍藏, 岩井長三郞, 谷井濟一, 小田省吾, 池內宏, 原田淑人, 濱田耕作, 柳正秀, 劉猛, 金漢睦, 水野鍊太郞, 馬場是一郞, 柴田善三郞, 渡邊豊日子, 伊藤武彦, 守屋榮夫, 菊山嘉男, 大原利武, 安武直夫, 山口安憲, 岡崎哲郞	小田省吾
1923	아리요시 주이치	關野貞, 藤田亮策, 黑板勝美, 谷井濟一, 小場恒吉, 小田省吾, 今西龍, 鳥居龍藏, 大原利武, 池內宏, 濱田耕作, 原田淑人, 末松雄彦, 岩井長三郞, 柳正秀, 劉猛, 金漢睦, 長野幹, 守屋榮夫, 松村松盛, 中村寅之助, 岡崎哲郞, 石黑英彦, 倉橋鋕	小田省吾
1924	아리요시 주이치 → 시모오카 주지 (下岡忠治)	關野貞, 黑板勝美, 今西龍, 鳥居龍藏, 小田省吾, 岩井長三郞, 谷井濟一, 池內宏, 原田淑人, 濱田耕作, 藤田亮策, 小場恒吉, 末松雄彦, 大原利武, 柳正秀, 劉猛, 金漢睦, 守屋榮夫, 岡崎哲郞, 長野幹, 倉橋鋕, 松村松盛, 石黑英彦, 中村寅之助, 大西一郞	小田省吾
1925	시모오카 주지	藤田亮策, 黑板勝美, 關野貞, 濱田耕作, 池內宏, 原田淑人, 鳥居龍藏, 今西龍, 末松熊彦, 谷井濟一, 大原利武, 小場恒吉, 小田省吾, 岩井長三郞, 柳正秀, 劉猛, 金漢睦, 李軫鎬, 松村松盛, 後藤眞咲, 石黑英彦, 倉橋鋕, 小河正儀	小田省吾

하고 조사 결과를 간행하지 않아 정확한 조사 내용을 알 수는 없다. 학문적으로 많은 성과를 이룬 학자이지만, 제국주의에 편승한 연구 행적에 대해 비판받고 있기도 하다(황수영 편, 2014, 앞의 책, 475쪽).

연도	위원장(정무총감)	위원 및 촉탁위원	간사
1926	유아사 구라헤이 (湯淺倉平)	黑板勝美, 關野貞, 今西龍, 鳥居龍藏, 大原利武, 濱田耕作, 原田淑人, 池內宏, 小田省吾, 谷井濟一, 小場恒吉, 末松熊彦, 藤田亮策, 岩井長三郎, 柳正秀, 劉猛, 金漢睦, 李軫鎬, 兪萬兼, 石黑英彦, 後藤眞咲, 田中武雄, 藤原喜藏, 小河正儀, 榛葉孝平, 中村寅之助	兪萬兼
1927	유아사 구라헤이 (湯淺倉平)	關野貞, 藤田亮策, 黑板勝美, 谷井濟一, 小場恒吉, 小田省吾, 今西龍, 鳥居龍藏, 大原利武, 池內宏, 濱田耕作, 原田淑人, 末松熊彦, 岩井長三郎, 柳正秀, 劉猛, 金漢睦, 李軫鎬, 兪萬兼, 小河正儀, 後藤眞咲, 藤原喜藏, 榛葉孝平, 中村寅之助, 穗積眞六郎, 富永文一	兪萬兼
1928	이케가미 시로 (池上四郎)	關野貞, 藤田亮策, 黑板勝美, 谷井濟一, 小場恒吉, 小田省吾, 今西龍, 鳥居龍藏, 大原利武, 池內宏, 濱田耕作, 原田淑人, 末松熊彦, 岩井長三郎, 柳正秀, 劉猛, 李軫鎬, 榛葉孝平, 中村寅之助, 穗積眞六郎, 富永文一, 矢島杉造	
1929	이케가미 시로	關野貞, 藤田亮策, 黑板勝美, 谷井濟一, 小場恒吉, 小田省吾, 今西龍, 鳥居龍藏, 大原利武, 池內宏, 濱田耕作, 原田淑人, 末松熊彦, 岩井長三郎, 柳正秀, 劉猛, 李軫鎬, 李昌根, 榛葉孝平, 中村寅之助, 張間源四郎, 後藤眞咲, 矢島杉造, 富永文一, 甘蔗義邦, 澤慶治郎, 福士末之助, 依光好秋	李昌根
1930	고다마 히데오 (兒玉秀雄(伯))	關野貞, 藤田亮策, 黑板勝美, 谷井濟一, 小場恒吉, 小田省吾, 今西龍, 鳥居龍藏, 大原利武, 池內宏, 濱田耕作, 原田淑人, 末松熊彦, 柳正秀, 李昌根, 武部欽一, 近藤常尙, 山縣三郎, 富永文一, 澤慶治郎, 萩原彦三, 田中武雄, 榛葉孝平, 後藤眞咲	李昌根
1931	이마이다 기요노리 (今井田淸德)	關野貞, 藤田亮策, 黑板勝美, 谷井濟一, 小場恒吉, 小田省吾, 今西龍, 鳥居龍藏, 大原利武, 池內宏, 濱田耕作, 原田淑人, 末松熊彦, 柳正秀, 李昌根, 近藤常尙, 山縣三郎, 富永文一, 澤慶治郎, 萩原彦三, 菊山嘉男, 田中武雄, 榛葉孝平, 後藤眞咲	李昌根
1932	이마이다 기요노리	關野貞, 藤田亮策, 黑板勝美, 谷井濟一, 小場恒吉, 小田省吾, 今西龍, 鳥居龍藏, 大原利武, 池內宏, 濱田耕作, 原田淑人, 末松熊彦, 柳正秀, 兪萬兼, 林茂樹, 榛葉孝平, 澤慶治郎, 萩原彦三, 菊山嘉男, 田中武雄, 安井誠一郎, 西岡芳次郎	兪萬兼
1933	이마이다 기요노리	關野貞, 黑板勝美, 藤田亮策, 鳥居龍藏, 小田省吾, 谷井濟一, 大原利武, 池內宏, 濱田耕作, 原田淑人, 小場恒吉, 末松熊彦, 柳正秀, 林茂樹, 榛葉孝平, 澤慶治郎, 近藤常尙, 萩原彦三, 西岡芳次郎, 安井誠一郎, 矢野義男, 塩田五洪	兪萬兼

연도	위원장(정무총감)	위원 및 촉탁위원	간사
1934	이마이다 기요노리	濱田耕作, 黑板勝美, 小場恒吉, 鮎貝房之進, 小田省吾, 關野貞, 梅原末治, 原田淑人, 池內宏, 小川敬吉, 藤田亮策, 植木秀幹, 田中豊藏, 立石巖, 池田淸, 柳正秀, 林繁藏, 嚴昌燮, 吉田浩, 崔南善, 金容鎭, 李能和, 天沼俊一, 牛島省三, 渡邊豊日子, 渡邊忍, 穗積眞六郞, 安井誠一郞, 森爲三, 三好學, 今吉敏雄, 藤島亥次郞, 鏑木外岐雄, 田中藤次郞, 澤慶治郞	嚴昌燮
1935	이마이다 기요노리	黑板勝美, 梅原末治, 濱田耕作, 渡邊豊日子, 小川敬吉, 小場恒吉, 鮎貝房之進, 藤田亮策, 池內宏, 原田淑人, 小田省吾, 關野貞, 藤島亥次郞, 天沼俊一, 鏑木外岐雄, 今吉敏雄, 吉田浩, 柳正秀, 林繁藏, 崔華石, 立石巖, 嚴昌燮, 崔南善, 金容鎭, 李能和, 兒島高信, 棟居俊一, 池田淸, 穗積眞六郞, 葛城末治, 田中藤次郞, 三好學, 森爲三, 矢島杉造, 田中豊藏, 植木秀幹, 牛島省三	嚴昌燮
1936	이마이다 기요노리	黑板勝美, 濱田耕作, 小場恒吉, 鮎貝房之進, 梅原末治, 小川敬吉, 小田省吾, 原田淑人, 池內宏, 藤田亮策, 天沼俊一, 藤島亥次郞, 鏑木外岐雄, 穗積眞六郞, 植木秀幹, 田中豊藏, 吉田浩, 柳正秀, 崔南善, 立石巖, 金大羽, 崔華石, 金容鎭, 李能和, 兒島高信, 矢島彬造, 富永文一, 三好學, 今吉敏雄, 林繁藏, 森爲三, 上瀧基, 大竹十郞, 葛城末治	金大羽
1937	오노 로쿠이치로 (大野綠一郞)	小田省吾, 黑板勝美, 梅原末治, 濱田耕作, 原田淑人, 小場恒吉, 池內宏, 小川敬吉, 鹽原時三郞, 藤本修三, 藤田亮策, 田中豊藏, 李能和, 崔南善, 立石巖, 金大羽, 植木秀幹, 金容鎭, 林繁藏, 柳正秀, 崔華石, 鮎貝房之進, 伊東忠太, 三好學, 藤島亥次郞, 長沼貞次郞, 葛城末治, 吉田浩, 三橋孝一郞, 穗積眞六郞, 大竹十郞, 天沼俊一, 森爲三, 山澤和三郞, 鏑木外岐雄, 眞室亞夫	金大羽
1938	오노 로쿠이치로	藤田亮策, 原田淑人, 梅原末治, 小田省吾, 黑板勝美, 小川敬吉, 小場恒吉, 池內宏, 眞室亞夫, 穗績眞六郞, 植木秀幹, 森爲三, 田中豊藏, 立石巖, 金大羽, 崔華石, 金容鎭, 李能和, 崔南善, 藤本修三, 工藤義男, 三橋孝一郞, 鹽原時三郞, 伊東忠太, 三好學, 水田直昌, 藤島亥次郞, 天沼俊一, 鮎貝房之進, 長沼貞治郞, 山澤和郞, 大竹十郞, 鏑木外岐雄	金大羽
1939	오노 로쿠이치로	黑板勝美, 藤田亮策, 小川敬吉, 梅原末治, 池內宏, 小場恒吉, 小田省吾, 工藤義男, 藤島亥次郞, 立石巖, 李源甫, 崔南善, 吳世昌, 金容鎭, 李能和, 森爲三, 原田淑人, 奧田誠一, 橋爪恭一, 天沼俊一, 鏑木外岐雄, 大竹十郞, 田中豊藏, 高尾甚造, 西岡芳次郞, 三橋孝一郞, 鹽原時三郞, 湯村辰二郞, 穗積眞六郞, 水田直昌, 小和田元彦, 長沼貞治郞, 鮎貝房之進, 三山喜三郞, 伊藤忠次, 三好學, 正木直彦, 植木秀幹	金秉旭

출처: 조선총독부, 『朝鮮總督府及所屬官署職員錄』 조사위원 명부.

에 참여하였고, 후지타, 이케우치(池內宏), 하마다,[52] 오바,[53] 오하라 도시타케(大原利武, 중추원 촉탁), 스에마쓰(末松熊彦, 이왕직사무관) 등도 1923년부터 지속적으로 참여하였다. 위원으로 활동한 한국인은 유정수(柳正秀),[54] 유맹(劉猛),[55] 구희서(具羲書),[56] 유만겸(俞萬兼),[57] 이창근(李昌根),[58] 김한목

---

[52] 하마다 고사쿠(濱田耕作, 1881~1938): 도쿄제대를 거쳐 유럽에서 고고학을 공부한 후 일본에 체계적인 학문으로서 고고학을 소개하였다. 일본에서 고고학 전공으로 최초로 만들어진 교토제대 고고학연구실의 초대교수로 취임하였으며, 1918년부터 우메하라와 함께 한반도의 고적조사에 본격적으로 참여하였다. 1937년 교토제대 총장으로 취임하였다(황수영 편, 2014, 앞의 책, 477쪽).

[53] 오바 쓰네키치(小場恒吉, 1878~1958): 도쿄미술학교를 졸업하고, 1912년부터 도쿄미술학교의 조교수로 재직하였으며, 이때부터 한반도로 건너와 고구려 고분벽화를 모사하였다. 1916년에 도쿄미술학교를 사임하고 조선총독부박물관 사무촉탁이 되어 경성으로 이주하였다. 주로 낙랑 및 고구려고분 발굴을 담당하였는데, 1924년 행정 정리로 해임된 후, 다시 도쿄미술학교 강사로 재직하였다. 1931년 조선고적연구회가 발족한 이후 낙랑 및 고구려고분 발굴에 종사하였으며, 특히 고구려 고분벽화의 실물 모사를 담당하였다(황수영 편, 2014, 앞의 책, 476쪽).

[54] 유정수(1857~1938): 중추원 참의, 경학원 대제학으로 1916년 1월 조선반도사 편찬사업 조사주임으로, 8월부터 고적조사위원으로 활동하였다. 1933년 12월 조선총독부 보물고적명승천연기념물보존회 위원으로도 활동하였다(『친일인명사전』 유정수 항목).

[55] 유맹(1853~1930): 중추원 참의, 조선사편수회 위원으로 1916년 8월부터 고적조사위원으로 활동하였고, 1922년 12월 조선사편찬위원회 위원, 1925년 7월 조선사편수회 위원으로도 활동하였다(『친일인명사전』 유맹 항목).

[56] 구희서(1861~1921): 중추원 부찬의로, 1912년 8월 1일 일본정부로부터 한국병합기념장을 받았다. 1915년 조선물산공진회 경성협찬회 부호원으로 참여하였고, 1915년 다이쇼대례기념장을 받았다. 1916년 8월~1919년 6월까지 고적조사위원회 위원으로 활동하였다(『친일인명사전』 구희서 항목).

[57] 유만겸(1889~1944): 중추원 참의, 도지사, 경학원 부제학으로, 1924년 12월 조선총독부 사무관으로 발탁되어 학무국 종교과장을 맡았다. 종교과장으로 재직하면서 1926년부터 조선미술심사위원회 간사, 조선총독부 고적조사위원회 위원 겸 간사를 겸임하였다(『친일인명사전』 유만겸 항목).

[58] 이창근(1900~?): 도지사, 사무관, 국민총력 경상북도연맹 회장을 지냈으며, 1929년 1월 조선총독부 사무관에 임명되어 학무국 종교과장 직무대리를 맡았다. 1929년

(金漢睦),[59] 이진호(李軫鎬)[60] 등으로 대부분 학식이 있는 고등관료를 위촉하였으나, 이들은 형식적으로 들어간 것으로 실제 고적조사의 방향을 결정하거나 조사하는 것은 모두 일본인들이 담당하였다.[61] 즉, 유맹이나 유정수는 역사학자도 아니었기에 고적조사에 직접적으로 영향력을 끼쳤다고는 볼 수 없으며, 조사 결과 보고서에도 한국인의 이름은 전혀 확인되지 않았다.[62] 일제강점기 통틀어 고적조사에 한국인이 직접 참여한 사례는 거의 찾아보기가 어려웠다. 그야말로 일본 관학자들의 독무대였다.

한편 고적조사위원회 위원들 가운데는 일제의 조선역사 편찬사업에도 깊이 관여하여, 고적조사를 통하여 증명하고자 한 식민사관을 역사서술로 구체화하였다.[63] 초대 총독이었던 데라우치는 "대화혼(大和魂)과 조

2월부터 1932년 2월까지 조선총독부 고적조사위원회 위원 겸 간사를 맡았다(『친일인명사전』 이창근 항목).

[59] 김한목(1872~1941): 조선총독부 중추원 촉탁으로 조선어사전 심사위원(1918.1~12), 구관심사위원회 위원(1918.10), 고적조사위원회 위원(1919.6~1927), 구관급제도조사위원회 위원(1921.6~1924)을 역임하였다. 1920년 2월부터 1921년까지 조선총독부 중추원 부찬의, 1921~1927년까지 중추원 참의를 역임하였다(『친일인명사전』 김한목 항목).

[60] 이진호(1967~1946): 1924년 12월 조선총독부 학무국장에 취임하여 1929년 1월까지 재임하였는데, 조선총독부의 국장급에 오른 최초의 한국인이다. 학무국장으로 재임하면서 경성제대창설위원회 위원, 고적조사위원회 위원, 조선사편찬위원회 위원 등을 겸직하였다. 1931년 1월 중추원 칙임관 대우 참의로 임명되어 1940년까지 재임하였다(『친일인명사전』 이진호 항목).

[61] 이기성, 2009, 앞의 글, 44-45쪽에서는 1939년까지 고적조사위원회 위원으로 활동한 조선인을 총 17명으로 정리하고 있으나, 여기에서는 보물고적명승천연기념물보존회 설립시 고적조사위원으로 활동한 사람들은 별도로 구분하였다.

[62] 고적조사에 참여한 조사원으로 보고서에 한국인의 이름이 명기된 것은 단 1명인데, 1938년 조선고적연구회의 고적조사에 당시 총독부박물관 경주분관원이었던 최남주(崔南柱)뿐이다(이기성, 2009, 앞의 글, 44쪽).

[63] 이순자, 2009a, 앞의 책, 154-160쪽, 〈표 3-15〉 고적조사위원회와 조선사편찬위원

선혼(朝鮮魂)을 혼합하여 우리 일본인이 저들(조선인)에게 대화혼을 심어주지 않은 채로, 저들이 우리의 문명적 시설로 인하여 지능을 개발하고 널리 세계의 형세에 접하게 되는 날에 이르러, 민족적 반항심이 타오르게 된다면 이는 큰일이므로 미리 일본인의 주의를 요한다. 이것이 대개 조선통치의 최대 난관인데 내가[寺內] 조선인의 철저한 자각을 바라는 동시에 조선 연구에 하루도 소홀히 할 수 없음을 강조하는 것은 이러한 이유 때문이다. 목전의 정치적 시설 이상으로 다시 영구적, 근본적인 사업이 필요한데 이것이 곧 조선인의 심리연구이며 역사연구이다"라고 하며,[64] 역사를 통해 한국인의 민족정신을 철저히 조사하는 것이 내선동화에 가장 필요한 사업임을 강조하였다. 이를 위해 구관제도조사나 사료조사 등을 실시하였으며, 고적조사사업 및 사서 편찬도 이와 같은 맥락에서 전개하였던 것이다.

이에 데라우치는 『조선반도사(朝鮮半島史)』 편찬에 착수하였고, 3·1운동 이후 부임한 사이토 마코토(齋藤實)의 발의로 1921년 조선사편찬위원회 설립을 계획하고,[65] 1922년 12월 4일 조선총독부 훈령 제64호로 「조선사편찬위원회규정」을 반포하였다. 조선사편찬위원회도 정무총감이 위원장을 맡고, 고문과 위원은 역사 전문가들을 위촉하였다. 원래 중추원 편찬과에서 진행하던 『조선반도사』 편찬 계획은 조선사편찬위원회의 『조선사』 편찬사업과 병행하여 진행하다가 조선사편찬위원회가 1925년 6월 조선사편수회(칙령 제218호 「조선사편수회관제」)로 개편

    회 관련자 명단.
64   靑柳南冥, 1928, 『總督政治史論』, 262-267쪽.
65   「朝鮮史編纂會 組織: 委員長은 有吉政務總監」, 『매일신보』, 1922.12.6.

됨에 따라『조선사』편찬사업으로 통일되었다.

> 조선의 문화는 그 연원이 심히 오래되고 문예·산업 등 각자 그 특색을 발휘하고 있다. 오늘날까지의 수사(修史)사업이 볼 만한 것이 없었던 것은 아니었으나 전토(全土)에 산재하여 여러 가지 많은 자료를 집대성하여 학술적 견지에서 극히 공평한 편찬을 완수하지 못하였던 것은 심히 유감스럽게 생각한다. … 우리 총독부는 과거에도 힘써 문화 방면의 시설에 중점을 두고 옛 관습조사를 비롯하여 고적조사 등 제반 사업을 진행하여 왔고 이미 역사에 관한 편찬에도 온 힘을 기울여 왔는데 이번에 또 위원회를 조직하여 새로이 계획을 세워서 수사사업(修史事業)을 개시하기로 하였다.[66]

조선사편수회에 참여한 일본인 전문학자 가운데 1925년부터 지속적으로 참여한 도쿄제대 교수인 구로이타와 후지타, 경성제대 교수인 오다와 이마니시가 주목된다.[67] 구로이타 가쓰미는 도쿄제대 국사학과(일본사) 교수로, 일찍이 '임나일본부'를 증명하기 위해 1915년부터 한반도 고적조사에 참여한 바 있었다. 1916년 고적조사위원회가 발족되면서 고적조사위원으로 임명되어 본격적으로 한반도 고적조사에 참여하였다. 이후 일본사 전공자로서『조선사(朝鮮史)』편찬 계획을 주도하였으며, 1925년 수사관으로 참여하였다가 1927년부터 1942년까지 계속적으로

---

66 조선총독부 조선사편수회, 1938,『朝鮮史編修會事業槪要』(서희건, 1986,『잃어버린 역사를 찾아서』1, 고려원, 159쪽).

67 이순자, 2009a, 앞의 책, 146-151쪽, 〈표 3-14〉 조선사편찬위원회(조선사편수회) 관련자 명단.

조선사편수회 고문으로 활동하였다.[68]

후지타 료사쿠(1892~1960)는 도쿄제대 문과대학 사학과를 졸업하고, 1922년 은사였던 구로이타의 소개로 고적조사위원으로 처음 한반도 고적조사에 참여하였다. 1923년 총독부박물관 주임이 되었으나 고적조사과가 폐지됨에 따라 조선총독부 편수관으로 자리를 옮겼다. 이후 1926년 경성제대 조교수로 임명되었고, 1945년까지 여러 선사시대 유적 등을 조사하였다. 1923년 조선사편찬위원회 위원에 선임, 1924년 조선사편수회 위원으로 선출되어 1925년부터 1942년까지 활동하였다. 일본에 돌아간 이후 일본고고학협회 위원장, 도쿄예술대학 교수, 나라국립문화재연구소 소장 등을 역임하였다.[69]

오다 쇼고(1871~1953)는 도쿄제대 문과대학 사학과를 졸업한 후 1910년 조선총독부 학무국 편집과장으로 경성에 부임하면서 교과서 편찬을 주관하였고, 고적조사위원으로 활동하였다. 1923년 4월 조선사편찬위원회 위원에 선임되었고, 1924년 5월부터 경성제대 교수로 재임하던 중 조선사편수회가 설치되자 위원으로 활동하였다.[70]

이마니시 류(1875~1932)는 1903년 도쿄제대 사학과를 졸업하고 대학원에서 조선사를 전공하였고, 고적조사사업과 『조선반도사』 편찬사업 등 총독부 사업에 적극적으로 참여하였다. 일제의 한국고대사 왜곡 논의를 가장 주도적으로 진행한 학자로, 특히 임나일본부설, 백제사 왜곡 등 한국

---

68 이성시, 2001, 「黑板勝美를 통해본 식민지와 역사학」, 『만들어진 고대』, 삼인, 209-227쪽 참조.

69 「藤田亮策先生略年譜」, 『朝鮮學報』 20, 1961, 151-158쪽.

70 朝鮮紳士錄刊行會, 1931, 『朝鮮紳士錄』, 83쪽; 朝鮮新聞社 編, 1935, 『朝鮮人事興信錄』, 73쪽.

사의 타율성론을 주장하였으며, 1923년부터 1932년까지 조선사편수회 위원으로 활동하였다.[71] 이외에도 고적조사위원회 위원으로 활동한 중추원 참의 유맹·어윤적(魚允迪), 총독부 편수관 이능화(李能和)·최남선(崔南善)·이병소(李秉韶)·홍희(洪熹) 등이 조선사편찬위원으로 참여하였다.

요컨대 고적조사위원회에 참여하여 각 지역의 고적을 발굴 조사하던 일본인 학자들이 조선사편수회 위원으로 조선사 편찬에도 적극 참여하였던 것이다. 이들은 일선동조론과 한국고대사의 타율성론을 증명하고자 고적조사사업을 실시하였으며, 더 나아가 조선역사 편찬사업을 통해 이를 역사 사실로 구체화하고자 하였던 것이다. 따라서 일제의 고적조사와 조선역사 편찬사업은 같은 목적으로 추진되었으며, 이것은 인적 구성면에서도 긴밀한 연관성을 가지고 체계적으로 진행하였음을 알 수 있다.[72]

고적조사위원회에서는 조선의 고적과 유물의 조사·보존·등록·출판·수집에 관한 건을 심의하고 그에 관한 계획을 작성하는 일을 주요 활동으로 하였다. 조선총독부박물관 공문서 '고적조사위원회' 문서철에는 1회에서 36회에 걸친 회의 안건과 의결 과정에 대한 행정문서 외에 이와 관련된 편지·전보·도면·사진·메모 등이 포함되어 있어 위원회의 활동을 살펴볼 수 있다.

조사는 각 시대 유적의 소재를 명확하게 하고 이를 발굴·촬영·측도

---

71 최재석, 1987, 「今西龍의 한국고대사론 비판」, 『한국고대사회사방법론』, 78-95쪽 참조; 황수영 편, 2014, 앞의 책, 477쪽.

72 이순자, 2009a, 앞의 책, 142-153쪽 참고.

하고 상세한 학술적 보고서를 제출한다. … **보존공사**는 필요하다고 인정되는 유적 또는 유물을 실측하고, 중요한 것은 박물관원에 의한 공사 설계에 의해 지방청의 경비를 배부해 시공하도록 한다. … **등록**은 고적 또는 유물의 소재·명칭·토지소유자·대소 형상·유래 전설의 각 항을 기록대장에 기재하여 정리하며, 등록 및 해제, 명칭·소재의 변경 등은 위원회의 결의를 필요로 한다. **출판**은 고적조사보고서 및 고적도보로 하고, 조사보고는 매년 조사를 보고하기 위한 것과 특별조사 보고의 두 종류가 있다. 『고적도보』는 한사군시대부터 조선시대 말까지 고적 및 고건축물, 미술공예품, 사료 등을 각 시대별로 하여 대도록으로 하고, 주로 세키노 공학박사가 편찬을 맡고, 다이쇼 4년(1915) 처음 간행한 이래 11책에 이른다.[73]

즉, 조사는 유적의 소재지를 명확하게 하기 위해 발굴·촬영·측량하여 상세한 학술보고서를 제출하며, 조사 방법으로는 일반조사·특별조사 그리고 임시조사로 구분하였다. 일반조사는 한반도 전체의 유적·유물을 개괄적으로 조사하고, 그 소재지·시대·상태·보존의 가부를 보고하도록 하였다. 특별조사는 일반조사에 포함되지 않은 특별 유적과 패총의 발굴, 사지·성지의 측량을 주로 하였다. 임시조사는 새로 발굴된 유물을 검증하거나 발굴조사로 고분의 자연 붕괴 또는 도굴이 발견된 것이 많았다.

조사시에는 상세도와 사진을 첨부하고 의무적으로 보고서를 제출하도록 하였으며, 조사는 대개 고적조사위원이 하고, 때로는 박물관 직원

---

73 藤田亮策, 1931.12, 앞의 글, 96-97쪽.

도 참여하였다. 보존 사업은 필요하다고 판단되는 경우 유적·유물을 실측하여 중요한 것은 박물관원에게 공사 설계를 시키고, 지방청에 경비를 지급하여 시공하도록 하였다. 보호책 등의 시설은 지방청에서 설계 시공하며, 경비는 대부분 조선총독부 고적조사비에서 지불하며, 드물지만 지방비나 기타 민간의 기부금으로 시공하는 경우도 있었다.

발족 이후 고적조사위원회는 고적조사사업에 대한 의안을 결의하고 고적조사 계획을 세워 사업을 수행하였다. 이로써 이전보다는 조사 범위가 확대되었으며, 분야도 선사유적을 비롯하여 고적, 고건축물, 금석, 고고물 등 다양해져 보다 구체적이고 본격적인 고적조사사업이 실시되었다.

2) 조선총독부보물고적명승천연기념물보존회 설립과 인적 구성

조선총독부는 1933년 「보존령」 반포와 함께 고적조사위원회와는 별도로 조선총독의 자문기관으로 조선총독부보물고적명승천연기념물보존회(이하 보존회)를 설립하였다. 칙령 제224호 「조선총독부보물고적명승천연기념물보존회 관제」(이하 「관제」)[74]와 훈령 제43호 「조선총독부보물고적명승천연기념물보존회 의사규칙」(이하 「의사규칙」)을 반포하였다.[75]

「관제」의 내용은 〈부록-자료 4〉와 같은데, 제1조는 보존회의 역할, 제2~4조는 조직 구성, 제5조는 의사 규칙 제정, 제6~7조는 간사·서기 등의 실무 업무를 언급하였다. 「의사규칙」에 따르면, 보존회는 원칙

---

74 「朝鮮總督府寶物古蹟名勝天然記念物保存會 官制」, 칙령 제224호, 『朝鮮總督府官報』, 1933.8.12(제1978호).

75 「朝鮮總督府寶物古蹟名勝天然記念物保存會 議事規則」, 훈령 제43호, 『朝鮮總督府官報』, 1933.12.5(제2072호).

적으로는 1년에 1회 보존위원회를 실시하였는데, 제1회 보존위원회는 1934년 5월 1일에 개최하였다. 회장은 정무총감 이마이다 기요노리(今井田淸德)가 맡았으며, 위원은 34명이 참석하였다. 보존회 회의는 2부로 나누었는데, 제1부에서는 보물과 고적에 관한 사항을, 제2부에서는 명승과 천연기념물에 관한 사항을 협의하였다. 보존회는 고적조사위원회의 활동 가운데 주로 보물고적명승천연기념물 보존 사항을 심의하고, 그 가운데 해마다 한국의 유적과 유물을 보물·명승·천연기념물로 지정하였다. 보존회에는 조선총독부의 관계자와 고고학·건축학·동식물학 분야의 전문 연구자가 40여 명이 참여하여 조선의 보물·고적·명승 천연기념물에 대한 지정·보존·처분 등의 중요사항을 자문하도록 하였다.

보존회 위원들의 대부분은 고적조사위원회 위원들로 학계의 전문가들과 조선총독부 직원들이 주축을 이루었다(〈표 5〉참고). 도쿄대 교수 구로이타·하라다(原田淑人)·[76]이케우치·가부라키(鏑木外崎雄)·후지시마(藤島亥次郎), 교토대 교수 우메하라(梅原末治)·[77]하마다(濱田耕作)·아마누

---

[76] 하라다 요시토(原田淑人, 1885~1974): 도쿄제대 문과대학 사학과를 졸업하고, 대학원에 진학하여 동양사를 전공하였으며, 이후 도쿄제대 조교수로 재직하였다. 1918년 조선총독부 고적조사위원으로 임명되면서 한반도 고적조사에 참여하게 된다. 주로 경상남북도의 고분을 조사하였으나, 가장 큰 업적은 낙랑 왕우묘의 발굴이다. 조선고적연구회의 연구원으로 1935년부터 평양의 낙랑군 토성 발굴을 담당하였다. 한반도에서 고적조사 외에도 동아고고학회의 목양성, 도쿄성 등의 발굴을 주도하는 등 중국 대륙에서의 조사 역시 활발하게 실시하였다(황수영 편, 2014, 앞의 책, 477쪽).

[77] 우메하라 스에지(梅原末治, 1893~1983): 1914년부터 교토제대 문과대학 진열관 조수로 근무하다, 1918년부터 하마다와 함께 한반도 고적조사에 참여하였다. 1921년 조선총독부 고적조사위원으로 임명되었으며, 김해패총, 경주 금관총 등의 보고서를 작성하였다. 우메하라가 저술한 『朝鮮古代の文化』(1946), 『朝鮮古代の墓制』(1947) 등은 1950년대까지 유일한 한국고고학 개설서였다(황수영 편, 2014, 앞의 책,

〈표 5〉 조선총독부보물고적명승천연기념물보존회 임원

연도	1934	1935	1936
회장	今井田清德	今井田清德	今井田清德
위원	黑板勝美(도쿄대 교수) 池內宏(도쿄대 교수) 鏑木外崎雄(도쿄대 교수) 藤島亥次郎(도쿄대 교수) 原田淑人(도쿄대 조교수) 關野貞(도쿄대 교수) 濱田耕作(교토대 교수) 天沼俊一(교토대 교수) 梅原末治(교토대 조교수) 田中豊藏(경성대 교수) 藤田亮策(경성대 교수) 森爲三(경성대 예과교수) 植木秀幹(수원고등농림학교 교수) 今吉敏雄(척무서기관) 牛島省三(내무국장) 林繁藏(재무국장) 穗積眞六郎(식산국장) 渡邊豊日子(학무국장) 渡邊忍(농림국장) 池田淸(경무국장) 吉田浩(철도국장) 安井誠一郎(총독부 사무관) 澤慶治郎(총독부 사무관) 嚴昌燮(총독부 사무관) 松野二平(총독부 기사) 立岩巖(총독부 기사) 柳正秀(중추원 참의) 小田省吾(종3훈3) 三好學(정3훈2) 李能和(정5훈6) 鮎貝房之進 小場恒吉 金容鎭 崔南善	黑板勝美(도쿄대 교수) 池內宏(도쿄대 교수) 鏑木外岐雄(도쿄대 교수) 藤島亥次郎(도쿄대 교수) 原田淑人(도쿄대 조교수) 關野貞(도쿄대 교수) 濱田耕作(교토대 교수) 天沼俊一(교토대 교수) 梅原末治(교토대 조교수) 田中豊藏(경성대 교수) 藤田亮策(경성대 교수) 森爲三(경성대 예과교수) 植木秀幹(수원고등농림학교 교수) 今吉敏雄(척무서기관) 牛島省三(내무국장) 林繁藏(재무국장) 穗積眞六郎(식산국장) 渡邊豊日子(학무국장) 矢島杉造(농림국장) 池田淸(경무국장) 棟居俊一(총독부 사무관) 兒島高信(총독부 사무관) 嚴昌燮(총독부 사무관) 立岩巖(총독부 기사) 柳正秀(중추원 참의) 吉田浩(철도국장) 三好學(정3훈2) 小田省吾(종3훈3) 李能和(정5훈6) 鮎貝房之進(훈6) 小場恒吉 金容鎭 崔南善	黑板勝美(도쿄대 교수) 池內宏(도쿄대 교수) 鏑木外岐雄(도쿄대 교수) 藤島亥次郎(도쿄대 교수) 原田淑人(도쿄대 조교수) 濱田耕作(교토대 교수) 天沼俊一(교토대 교수) 梅原末治(교토대 조교수) 田中豊藏(경성대 교수) 藤田亮策(경성대 교수) 森爲三(경성대 예과 교수) 植木秀幹(수원고등농림학교 교수) 今吉敏雄(척무서기관) 大竹十郎(내무국장) 林繁藏(재무국장) 穗積眞六郎(식산국장) 富永文一(학무국장) 矢島杉造(농림국장) 上瀧基(총독부 사무관) 兒島高信(총독부 사무관) 金大羽(총독부 사무관) 立岩巖(총독부 기사) 柳正秀(중추원 참의) 崔南善(중추원 참의) 吉田浩(철도국장) 三好學(정3훈2) 小田省吾(종3훈3) 李能和(정5훈6) 鮎貝房之進(훈6) 小場恒吉 金容鎭
간사	嚴昌燮(총독부 사무관)	嚴昌燮(총독부 사무관)	金大羽(총독부 사무관)
서기	田中藤次郎(총독부 속) 小川敬吉(총독부 기수)	田中藤次郎(총독부 속) 葛城末治(총독부 속) 崔華石(총독부 속) 小川敬吉(총독부 기수)	葛城末治(총독부 속) 崔華石(총독부 속) 小川敬吉(총독부 기수)

연도	1937	1938	1939
회장	大野綠一郎	大野綠一郎	大野綠一郎
위원	黑板勝美[(도쿄대 교수) 池內宏(도쿄대 교수) 鏑木外岐雄(도쿄대 교수) 藤島亥次郎(도쿄대 교수) 原田淑人(도쿄대 교수) 濱田耕作(교토대 교수) 天沼俊一(교토대 교수) 梅原末治(교토대 조교수) 田中豊藏(경성대 교수) 森爲三(경성대예과 교수) 植木秀幹(수원고등농림학교 교수) 眞室亞夫(척무서기관) 大竹十郎(내무국장) 林繁藏(재무국장) 穗積眞六郎(식산국장) 三橋孝一郎(경무국장) 吉田浩(철도국장) 山澤和三郎(총독부 사무관) 鹽原時三郎(총독부 사무관) 藤本修三(총독부 사무관) 金大羽(총독부 사무관) 立岩巖(총독부 기사) 柳正秀(중추원 참의) 崔南善(중추원 참의) 三好學(정3훈2) 伊東忠太(정3훈2) 小田省吾(종3훈3) 李能和(정5훈6) 鮎貝房之進(훈6) 小場恒吉 金容鎭	黑板勝美(도쿄대 교수) 池內宏(도쿄대 교수) 鏑木外岐雄(도쿄대 교수) 藤島亥次郎(도쿄대 교수) 原田淑人(도쿄대 교수) 天沼俊一(교토대 교수) 梅原末治(교토대 조교수) 田中豊藏(경성대 교수) 藤田亮策(경성대 교수) 森爲三(경성대예과 교수) 植木秀幹(수원고등농림학교 교수) 眞室亞夫(척무서기관) 大竹十郎(내무국장) 水田直昌(재무국장) 穗積眞六郎(식산국장) 鹽原時三郎(학무국장) 三橋孝一郎(경무국장) 工藤義男(철도국장) 山澤和三郎(총독부 사무관) 藤本修三(총독부 사무관) 金大羽(총독부 사무관) 立岩巖(총독부 기사) 崔南善(중추원 참의) 三好學(정3훈2) 伊東忠太(정3훈2) 小田省吾(종3훈3) 李能和(정5훈6) 鮎貝房之進(훈6) 小場恒吉 金容鎭	黑板勝美(도쿄대 교수) 池內宏(도쿄대 교수) 藤島亥次郎(도쿄대 교수) 鏑木外岐雄(도쿄대 교수) 原田淑人(도쿄대 교수) 天沼俊一(교토대 교수) 梅原末治(교토대 조교수) 田中豊藏(경성대 교수) 藤田亮策(경성대 교수) 森爲三(경성대예과 교수) 植木秀幹(수원고등농림학교 교수) 橋爪恭一(척무서기관) 奧田誠一(특허국기사) 大竹十郎(내무국장) 水田直昌(재무국장) 穗積眞六郎(식산국장) 湯村辰二郎(농림국장) 鹽原時三郎(학무국장) 三橋孝一郎(경무국장) 工藤義男(철도국장) 西岡芳次郎(총독부 사무관) 高尾甚造(총독부 사무관) 李源甫(총독부 사무관) 立岩巖(총독부 기사) 正木直彦(정3훈1) 三好學(정3훈2) 伊藤忠太(정3훈2) 三山喜三郎(정3훈2) 小田省吾(종3훈3) 李能和(정5훈6) 鮎貝房之進(훈6) 小場恒吉 金容鎭 吳世昌 崔南善
간사	金大羽(총독부 사무관)	金大羽(총독부 사무관)	李源甫(총독부 사무관) 金秉旭(총독부 사무관)
서기	葛城末治(총독부 속) 長沼貞次郎(총독부 속) 崔華石(총독부 속) 小川敬吉(총독부 기수)	長沼貞次郎(총독부 속) 崔華石(총독부 속) 小川敬吉(총독부 기수)	長沼貞次郎(총독부 속) 小和田元彦(총독부 속) 小川敬吉(총독부 기수)

출처: 조선총독부, 『朝鮮總督府及所屬官署職員錄』; 保存會官制及保存令施行期日(1933년 12월 11일 조선총독부령 제137호).

마(天沼俊一), 경성대 교수 다나카(田中豊藏)·후지타·모리(森爲三)와 수원 고등농림학교 교수 우에키(植木秀幹)가 계속 활동하였다. 일찍부터 한국의 고적조사를 시행하였던 세키노와 오다, 아유카이, 오바 등도 참여하였다. 한국인으로는 중추원 참의를 지낸 최남선·유정수·김용진·이능화가 참여하였는데, 이 가운데 최남선과 이능화는 역사학자로 조선사 편찬사업에도 참여하였다.[78]

보존회 위원들은 고적조사위원회처럼 학계의 전문가들과 조선총독부 각 부서의 장들이 참여하여 업무를 담당하였다. 정무총감이 업무를 총괄하고, 실제 업무는 주로 학무국에서 담당하였다. 그런데 당시 학무국의 고적조사의 실제 집행은 조선총독부 박물관협의회를 중심으로 이루어졌기에 고적조사위원회, 보존회, 조선총독부박물관은 서로 연관성을 가지고 활동하였다. 업무면에서도 보존회 총회에 제출할 자문안 자료는 모두 조선총독부박물관 직원이 작성하였다. 이로써 두 기관은 업무면이나 인적 구성면에서도 긴밀한 연관성을 가지고 있었음을 알 수 있다.[79] 보존회 총회는 1944년까지 매년 혹은 격년으로 개최되었으나, 자문기관이었기에 지정 예정 건의 조사나 연구에 필요한 경비는 전혀 사용할 수 없었다.[80]

476쪽).
78 　이순자, 2009a, 앞의 책, 236-239쪽.
79 　이순자, 2009a, 위의 책, 298-308쪽, 〈표 5-4〉 박물관협의회와 고적조사위원회 위원 명단.
80 　有光敎一, 2002, 『朝鮮古蹟硏究會遺稿』Ⅱ, 15쪽.

3. '역사 만들기' 공간으로서 조선총독부박물관

한국을 식민통치하기 이전부터 일제는 역사를 이용한 '동화(同化)' 이데올로기를 창출하고자 하였다. 이를 위해 한편으로는 일본과 한국 문화의 근친성(近親性)과 한국 민족의 융합·흡수를 합리화하는 일선동조론(日鮮同祖論)을 강조하였고, 다른 한편으로는 근대문명이 낙후된 한국 문화의 후진성을 드러내며, 문명적 동화를 통한 문명개화론을 주장하였다. 전자의 경우는 고적조사를 통해 선사시대부터 한국 문화가 중국을 비롯한 주변국의 영향을 받아왔고, 일본과도 밀접한 관계를 가지고 있음을 증명하려 하였고, 후자는 일제의 문명적 통치의 상징물로서 박물관 설립을 통하여 '역사 만들기' 작업을 구체화하였다.

근대적 전시공간으로서 박물관은 정해진 목적하에서 관람자들을 시각적으로 교육시키는 학습장이다. 한국에서 최초로 건립된 '근대적' 의미의 박물관은 1909년 11월 1일에 개관한 제실박물관(帝室博物館, 李王家博物館, 御苑博物館)이다.[81] 제실박물관은 고미야 미호마쓰의 건의로 이완용이 순종 황제의 위락과 취미 제공을 목적으로 건립을 제안하여, 조선의 이궁(離宮)인 창경궁에 식물원·동물원과 함께 건립하였다.[82]

---

81   1912년 『이왕가박물관소장품사진첩』을 발간하면서 공식 명칭을 이왕가박물관이라고 하였으나, '이왕가'라는 명칭은 강제병합 이전에는 성립되지 않는 명칭으로 개관 당시는 제실박물관이라는 명칭을 사용하였다. 제실박물관 이외에도 황실박물관, 왕립박물관, 창덕궁박물관, 창경궁박물관, 궁내부박물관 등으로 불리기도 하였다(이순자, 2009a, 앞의 책, 281쪽 참고).
82   박계리, 2003, 「타자로서의 이왕가박물관과 전통관-서화관을 중심으로」, 『제46회 전국역사학대회발표논문집』, 381-382쪽.

그러나 제실박물관임에도 불구하고 진열품은 황실 전래 유물보다는 시중에서 매매되는 고려고분 출토 도자기와 삼국·통일신라시대 불상·귀금속·옥석류, 조선시대 회화와 공예품이 대부분이었다. 때로는 박물관 직원을 파견하여 지방에서 직접 유물을 수집하여 오는 경우도 있었는데,[83] 유물 수집은 고미야 미호마쓰, 아유카이 후사노신, 스에마쓰 구마히코가 맡았다. 이왕직 차관이었던 고미야는 사무실에 고려청자를 두고 수시로 선물하였으며, 1912년 발간한 『이왕가박물관소장품사진첩』 회화 부분 해설을 쓸 정도로 제실박물관과 긴밀하였다. 아유카이는 당시 경성에서 유명한 골동상으로, 그가 수집한 도자기의 일부를 후에 조선총독부박물관에 기증하였다.[84] 스에마쓰는 박물관 세관 사무를 담당하던 인물로 박물관 초창기부터 1933년까지 사무관으로 일하였으며, 1914년에는 전남 강진 등 고려청자 도요지를 조사하여 청자를 수집하기도 하였다.[85]

전시 방법은 유물의 중요도를 선별하는 기준이 미비하여 대개는 가격이 비싼 고려자기나 신라 금속공예·불상 등을 중시한 반면, 조선의 것들은 상대적으로 소홀히 취급하였다. 이처럼 제실박물관은 일본인들의 골동 취미를 충족시켜 주는 유물을 모아 감상하도록 하였다. 동시에 한국을 '근대문명국'으로 만든 일본의 업적을 과시하고, 궁극적으로는 조선왕실의 권위를 실추시키려 하였다.

---

[83] 당시 대한제국 의친왕의 고문인 일본인 佐藤寬은 제실박물관이 물건의 가격을 올리고 도굴을 조장하는 분위기였다고 지적하였다(佐藤寬, 1908.5, 「韓國博物館設立に對いて」, 『朝鮮』).

[84] 藤田亮策, 1933.8, 「鮎貝房之進氏蒐集品に就いて」, 『博物館報』 4, 18-25쪽.

[85] 末松熊彦, 「高麗青磁窯新發見」, 『매일신보』, 1914.6.3-6.

1) 조선총독부박물관 설립

1912년경 구로이타는 '국립박물관'에 대한 구상을 다음과 같이 언급하였다.

> 박물관에 잡동사니나 물품을 모아서 진열하는 시대가 아니다. 그런 진열에 만족하지 말고 어떻게 의미 있는 박물관을 만들 수 있을까를 연구해야 한다. 그리고 박물관과 더불어 사적(史蹟) 보존이 이루어지지 않으면 그 효과는 반 이상을 잃게 되므로 유럽 여러 나라에서는 이를 병행하지 않는 곳이 없다. 나아가 '국립박물관'이 그 사무를 감독해서 각지의 소박물관을 비롯해 사적 유물의 보관을 담당하는 곳이 필요하다.[86]

구로이타는 단순히 잡동사니를 모아 진열하는 것에서 벗어나 '의미 있는' 국립박물관을 만들 것을 주장하였다. 그리고 "고분 발굴이나 그 발굴품의 처리 또한 국립박물관이 관장해야 한다"고 하였다. 여러 유럽국에서는 "사적 보존 또한 국립박물관 임무의 하나"라고 강조하면서 "지방의 작은 박물관들마저도 사적 유물 보관을 담당하고 있는 곳이 있을 정도"라고 역설하였다. "요컨대 박물관 업무와 고적조사사업 및 보존관리가 국립박물관이라는 하나의 기관에서 이루어져야 함"을 언급하여,[87] 고적조사와 박물관의 긴밀한 연관성을 지속적으로 강조하였다.

한편 후지타는 "고적조사 및 보존관리가 박물관에서 이루어짐으로써

---

86 黑板勝美, 1940a, 「博物館について」, 『虛心文集』 4, 吉川弘文館, 481쪽.
87 黑板勝美, 1940b, 「國立博物館について」, 위의 책, 516쪽.

조사 결과를 기반으로 보존 방안이 강구되었고, 발굴조사에서 얻은 확실한 자료를 박물관에 진열하여 이상적인 연구가 이루어진바, 이는 일본 최초의 통일적 문화행정의 경험이었다"고 하였다.[88] 실제로 후지타는 조선총독부박물관은 식민지에 건립되었지만 "조사 방법에서도 가장 좋은 경험을 하였으며, 정밀한 학술적 연구에서도 일본의 조사 연구에 많은 영향을 미쳤다는 것은 누구나가 인정하는 바"라고 자찬하기도 하였다.[89]

조선총독부는 박물관 설립에 앞서 1915년 9월 11일부터 10월 말까지 경복궁에서 시정5주년기념조선물산공진회(施政五周年紀念朝鮮物産共進會)를 개최하였다. 공진회는 한국인들에게는 식민통치로 인한 한국 사회의 발전상을, 일본인들에게는 투자 시장으로서 식민지 한국을 알리기 위해 기획한 식민통치 선전의 장(場)이었다. 즉, '발전된' 한국의 모습을 과거 '무능한 조선왕조'의 궁궐 마당에서 과시함으로써 이를 보는 이들로 하여금 몰락한 왕실에 대한 기억을 탈색시키고 일제 식민통치를 정당화하며, '천황의 시혜(施惠)'임을 느끼게 하기 위해 기획하였던 것이다.[90]

공진회장에는 한국 각처는 물론 일본과 중국에서 온 관람객을 포함하여 116만여 명이 입장하였다. 전시물을 출품한 인원은 총 18,976명이었으며, 전시된 출품물의 총수는 42,026점이었다. 공진회는 총 13부 이외에 심세관, 참고관, 미술관, 동척특별관, 철도관, 기계관, 영림관 등 7개의 특별관을 별도로 마련하여 이른바 '근대적인 문물'을 집중적으로 전시하였다.[91]

---

88 藤田亮策, 1933.4, 「朝鮮考古学略史」, 『ドルメン』, 13쪽.
89 藤田亮策, 1933.4, 위의 글, 14쪽.
90 이순자, 2009a, 앞의 책, 285쪽.
91 조선총독부, 1916, 『施政五周年紀念朝鮮物産共進會報告書』, 1-7쪽.

<그림 4> 시정5년기념조선물산공진회 안내서

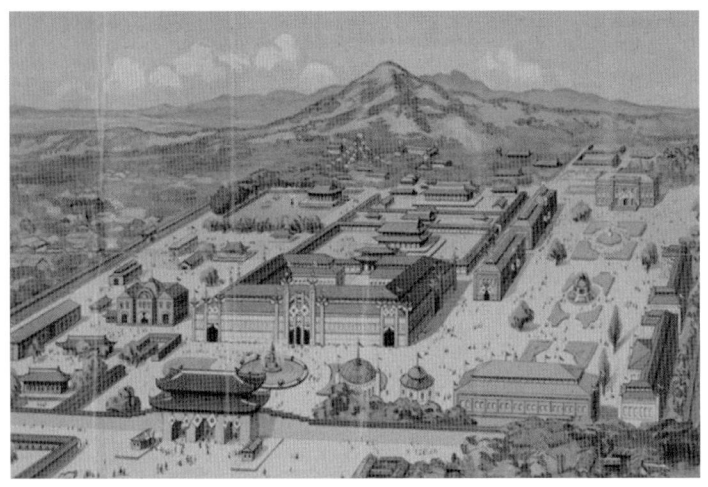

출처: 국립고궁박물관.

이 가운데 미술관은 조선총독부박물관 설립과 깊은 관련이 있다. 미술관은 경복궁의 동궁이 있던 자리에 2층 벽돌건물로 지었는데, 1914년 6월에 착수하여 공진회를 개최하기 직전인 1915년 9월 초순에 완공하였다. 이 건물은 크지는 않았으나 권위주의적 느낌을 주는 전형적인 '르네상스식' 건물로, 이와 유사한 건물은 조선총독부 청사, 경성부 청사, 대만총독부 청사 등으로 일제가 메이지시기부터 다이쇼 연간까지 즐겨 짓던 건물양식이었다.[92]

미술관에 출품 진열한 것은 1,190점이었는데, 출품자는 일본인

---

92 강기선, 1995, 「조선총독부청사와 대만총독부 청사의 양식 비교 연구」, 홍익대 석사학위논문 참고.

175명이 782점, 조선인 135명이 301점, 그 외 64명이 107점이었다.[93] 미술관 본관에는 공진회에 출품한 고미술품과 고고자료를 전시하였고, 미술관 앞에는 원주 법천사지 지광국사 현묘탑이 '역사를 잃은 채' 놓여 있었다. 1층에는 주로 경주 지역에서 가져온 유물들을 전시하였으며, 천장에는 평남 강서군 우현리 고구려 고분벽화에서 따온 주악천녀상을 그려 놓았다. 벽면에는 석굴암의 14구 불상 부조상을 전시하였다.[94] 1층 동쪽 진열실에는 8개의 진열장을 설치하였는데, 입구 좌측에는 벽부형 장에 신라토기, 세 개의 진열장 중 첫 번째 장에는 고와(古瓦), 전(塼), 도판, 신라토기 및 금속 등을 전시하였다. 고와는 모로가 히데오(諸鹿央雄)와 평남교육회 등에서 출품한 것이고, 전은 대방과 낙랑 지역의 것과 경주에서 출토된 것이었다. 그리고 고려자기와 고려도기, 신라 장신구, 문양전, 삼국의 토기 등을 전시하였다. 1층 서쪽 진열실에는 9개의 진열장이 있었는데, 주로 신라와 고려의 금속기와 조선시대 유물들을 전시하였다. 이처럼 미술관 1층 전시는 주로 불교 문화와 관련된 유물이 역사성을 잃어버린 채 단순한 골동품으로 전시되었다. 2층 동쪽 6개의 진열장에는 조선시대 서화류(김명국의 산수도, 김홍도의 신선도, 김정희 글씨 등), 서쪽 9개의 진열장에는 불교 유물과 조선시대 인쇄 유물을 전시하였다.[95]

    이처럼 공진회 미술관 전시품들은 조선총독부의 행정력 없이는 수집이 불가능한 유물들이 역사성을 잃은 채 단순한 골동 미술전시물로 진

---

93 조선총독부, 1916, 앞의 책, 88쪽.
94 조선총독부, 1916, 위의 책, 제3장 제2절 건물의 신축 및 장식, 56쪽.
95 조선총독부, 1916, 위의 책, 기록과 배치도면;『조선휘보』, 1915년 9-11 공진회 특별호;「대공진회(32): 8. 미술관」,『매일신보』, 1915.10.23.

열되었다. 공진회가 끝나자 미술관 본관을 그대로 조선총독부박물관으로 사용하였다. 미술관을 지을 당시부터 "장래 좌우를 확장해서 대박물관을 만드는 계획이 세워져 있었다"[96]고 한 데서도 알 수 있듯이, 처음부터 공진회 미술관 유물들은 박물관 전시를 목적으로 하였던 것이다.

이처럼 조선총독부는 미술관에 고미술품을 전시하여 한국의 역사 유물을 '미술'이라는 새로운 대상으로 자리매김해버렸다. 이 유물들은 본래 있던 자리에서 벗어나 전시됨으로써 역사적 맥락이 단절된 채 한낱 감상용으로 전락해버린 것이다. 이로써 한국인들은 일제의 의도대로 우리 역사 유물을 바라보며, 역사 과정 속에서 주체에서 객체의 자리로 내려앉게 된 것이다.[97]

조선총독부박물관 설립에 결정적인 역할을 한 사람은 조선총독 데라우치 마사타케이다. 그는 원활한 식민통치를 위한 방안으로 문화지배의 중요성을 인식하였고, 그 과정에서 문화재와 박물관에 대해 관심을 가졌다. 데라우치가 이러한 인식을 갖는 데 영향을 준 인물은 미술사학자 오카쿠라 덴신(岡倉天心)과 세키노 다다시, 구로이타 가쓰미 등이었다. 특히 오카쿠라는 데라우치에게 미술의 필요성과 미술사 속의 한일관계, 박물관과 고적조사의 중요성을 역설하며, 공진회를 개최할 때 미술관을 영구 건물로 건립해 박물관으로 사용할 것을 제안하였다.[98] 세키노도 개성에서 왕릉과 청자 도요지의 도굴을 보고는 보존을 건의함에 따라 박물관이 설립되는 계기를 마련하였다.[99] 구로이타의 경우는 이미 언급한

---

96 藤田亮策, 1963, 「朝鮮古蹟調査」, 앞의 책, 73쪽.
97 이순자, 2009a, 앞의 책, 287쪽.
98 淺川伯教, 1945, 「朝鮮の美術工藝に就いて回顧」, 『朝鮮の回顧』, 近澤書店, 262-280쪽.
99 關野克, 1978, 「建築の歴史學者關野貞」, 『上越市立總合博物館』; 伊藤純, 2001, 「李

〈그림 5〉 경복궁 내 조선총독부박물관 전경

출처: 조선총독부박물관 유리건판.

대로 일찍부터 국립박물관 건립의 필요성을 여러 차례 주장하였으며, 박물관 업무와 고적조사 및 보존관리가 국립박물관으로 일원화되어야 함을 강조한 바 있다.

조선총독부는 1915년 10월 31일 조선물산공진회를 마치고 바로 11월 19일 고시(告示) 제296호로 「조선총독부박물관 설치의 건」을 공포하고, 12월 1일 공진회 미술관을 조선총독부박물관으로 변경하여 개관하였다. 신정왕후의 거처였던 자경전을 박물관 사무실로 사용하였고, 경복궁 정전인 근정전 뒤에 있던 사정전, 만춘전, 천추전을 전시장으로, 전랑(殿廊)은 창고로 이용하였으며, 근정전 회랑에는 근대의 무기나 고려 석관, 석조 불상 등을 전시하였다. 수정전에는 일본 승려 오타니 고즈이(大谷光瑞)가 중앙아시아에서 들여온 벽화와 유물들을 전시하였으며, 경

王家博物館開設前後の狀況と初期の活動」, 『考古學史』 9, 96쪽(오영찬, 2015, 앞의 글, 56쪽 재인용).

<그림 6> 중앙아시아 유물을 전시한 경복궁 수정전

출처: 조선총독부박물관 유리건판.

회루에서 광화문에 이르는 야외공간에는 조선 각지에서 반입된 석탑·석등·비석 등을 진열하였다. 이 가운데 일부가 최근까지도 경복궁 마당 한 쪽에 진열되어 있다. 이로써 숭유억불정책을 내세운 조선왕실의 정궁(正宮)인 경복궁은 불교유물을 포함한 '12만 평 남짓한 대형 박물관'이 되어버렸다.[100]

2) 조선총독부박물관 관리·운영

조선총독부박물관은 처음부터 독립적인 행정기관이 아니라, 조선

---

100 이성시, 2015, 앞의 글, 33쪽.

총독부 과(課)에 소속되어 총독부가 직접 관리하는 하부기구로 운영되었다. 따라서 박물관 운영은 관장을 별도로 두지 않고 과장 아래에 위치한 주임급 정도가 맡았다. 설립 한 달 전인 1915년 11월 즈음에 조선총독부박물관 정식 직원은 박물관 주임뿐이었으며, 1916년 7월에 사와(澤俊一)를, 같은 해 9월 야쓰이(고적조사 주임), 오바(고적조사계 판임대우), 오가와(小川敬吉, 고적조사계), 노모리(野守健, 고적조사계) 등을 임용하였다.

설립 당시 박물관에 관한 사항은 총독직속기관인 총독관방 총무국 총무과 업무 가운데 한 분야로 규정하였고, 박물관계, 고적계, 고사사계, 명승천연기념물계, 서무계 등으로 나누어 문화재와 박물관 업무를 총괄하였다. 총무과 소속 직원은 사무관을 비롯해 통역관·속·통역생 등 대략 25명이었다.[101] 조선총독부박물관에서는 설립과 함께 박물관 전시와 소장품 관리 업무를 기본으로 하면서, 당시 내무부 지방국 제1과의 고적조사, 내무부 학무국 편집과의 유사이전 유적(사료조사), 참사관 분실의 활자 보관 및 금석문과 고문서 조사 등의 업무를 담당하였다.

1919년 8월 20일 조선총독부박물관은 총독관방 서무부 문서과 소속으로 바뀌었다가 1921년 10월 1일 조선총독부 훈령 제53호에 의거하여 학무국 산하에 고적조사과가 신설되면서 이곳 소관이 되었다.[102] 즉 학무국 고적조사과에서는 '고적·고사사·명승 및 천연기념물 등 조사 및 보존에 관한 사항'과 함께 '박물관에 관한 사항'을 담당하였다. 고적조사과에는 박물관계를 두어 직접 조선총독부박물관에 관한 총괄 사무(소장품의 진열·보관·수리, 진열품의 구입·기증·기탁·교환, 진열품의 평가·

---

101 島田巖, 1924, 『朝鮮總督府博物館ニ關スル調査』, 1-2쪽.
102 「고적조사과, 1일부터 신설」, 『매일신보』, 1921.10.5.

해설·안내, 박물관 안내기·도감·엽서 등의 출판, 매장물의 처리, 박물관협의원회에 관한 건)를 담당하였다. 고적조사과 초대 과장은 도쿄제대 사학과 출신의 오다 쇼고였다. 고적조사과 시기는 총독부박물관 업무가 단독 과에서 독립적으로 수행된 유일한 기간이었다.[103]

실무를 담당한 조선총독부박물관의 직원은 과장(課長), 감사관(鑑査官), 속(屬), 기수(技手), 촉탁(囑託), 고원(雇員) 등이었으며, 이들은 박물관협의원 및 고적조사위원들과 연계해서 업무를 담당하였다. 감사관은 진열품의 감정평가 및 진열 사무를 감독하였고, 속은 진열품 대장 목록 작성과 정리를, 기수는 진열품 정리·수선을, 촉탁은 진열품 출납과 박물관 서무를 담당하였다. 고원인 순사는 관 내외를 순찰하고, 용인은 잡역을 담당하였다.

그러나 조선총독부의 재정 축소로 1924년 10월 학무국 내 고적조사과를 폐지하였고, 이후 박물관 업무는 학무국 종교과로 이관되었으며, 종교과 분실을 경복궁 내에 두었다. 당시에도 여전히 총독부 소속의 사무관이 주임으로 박물관 업무를 담당하였고, 2~3명의 기수와 5~6명의 촉탁을 두었다.[104]

그 후 박물관 관리는 1932년에는 학무국 사회과로, 1936년에는 사회교육과로, 1942년부터는 학무국 연성과, 1943년부터는 학무국 학무과, 그리고 1944년부터는 학무국 교무과에서 담당하여 소속 직제의 변화를 가져왔으나 큰 틀에서는 주로 학무국 관할하에 업무를 진행하였다.[105]

---

103 오영찬, 2019, 앞의 글, 191쪽.

104 有光敎一, 1985, 「私の朝鮮考古學(2)」, 『季刊 三千里』 41, 157쪽.

105 오영찬, 2019, 앞의 글, 192-193쪽 참고. 조선총독부박물관 업무 담당과의 변천은 다음과 같다.

3) 학무국 고적조사과 신설과 박물관 업무

1920년대 들어 양산 부부총(1920)과 경주 금관총(1921)에서 화려한 유물이 대량 출토되자 일반인들 사이에서도 고적에 대한 관심이 높아졌다. 그 결과 조선총독부에서는 1921년 10월 고적조사만을 전담하는 고적조사과를 신설하였다. 그리고 기존에 서무부 문서과에 속해 있던 박물관 및 고적조사사업과 학무국 종교과 소관이던 '고사사급고건축물보존보조(古社寺及古建築物保存補助)'에 관한 사무를 새롭게 통괄하도록 하였다.[106] 이로써 1924년 12월 고적조사과가 폐지될 때까지는 박물관 업무와 고적 관련 업무가 전형적인 체제를 갖추어 운영되었고, 박물관, 고적, 고사사, 명승천연기념물 등 주제별로 업무가 나뉘어 식민지 한국에서 박물관과 문화재 행정의 틀이 갖추어졌다.[107]

이 무렵(1921년 10월) 한국에 있던 하마다 고사쿠(濱田耕作) 선생이

조직	시기	관련 법령
관방 총무국 총무과	1915.12.1~	조선총독부 훈령 제26호 (1915.5.1)
관방 서무부 문서과	1919.8.20~	조선총독부 훈령 제30호 (1919.8.20)
학무국 고적조사과	1921.10.1~	조선총독부 훈령 제53호 (1921.10.1)
학무국 종교과	1924.12.24~	조선총독부 훈령 제34호 (1924.12.25)
학무국 사회과	1932.2.13~	조선총독부 훈령 제13호 (1932.2.13)
학무국 사회교육과	1936.10.16~	조선총독부 훈령 제31호 (1936.10.16)
학무국 연성과	1942.11.1~	조선총독부 훈령 제54호 (1942.11.1)
학무국 학무과	1943.12.1~	조선총독부 훈령 제88호 (1943.12.1)
학무국 교무과	1944.11.22~1945.8.15	조선총독부 훈령 제96호 (1944.11.22)

106 「고적조사과 신설」, 『동아일보』, 1921.10.1; 조선총독부, 1933, 『朝鮮總覽』, 1031-1032쪽.
107 오영찬, 2019, 앞의 글, 194쪽.

나[小泉顯夫]에게 두툼한 편지를 보내왔다. 놀랍게도 개봉을 해보니 '금회 경주 금관총의 발견을 기회로 고적명승천연기념물보존조사위원회에서 대혁신을 행하기로 하여, 총독부 학무국 내에 새로운 고적조사과를 설치하고 총독부박물관과 고적조사위원회 등을 통합하기로 결정하였다. 이로 인해 고고학 전공자 약간의 직원 4명을 채용할 예정으로, 구로이타 가쓰미의 추천으로 궁내성 서릉부(書陵部)의 후지타 료사쿠 군을 박물관 주임으로 내정하고, 교토대학 측에서 우메하라 스에지(梅原末治) 군과 자네[小泉顯夫]를 추천하였다. 우메하라는 종전처럼 봄·가을 2회 조선에 건너와 조사를 하였고, 자네는 박물관에 있는 후지타를 도와 박물관 경영과 고적조사를 하도록 하라'고 하였다.[108]

즉, 고적조사과를 신설할 때 고고학 전공자로서 후지타, 우메하라, 고이즈미, 구로이타 등이 관여하였던 것이다.

고적조사과 조직은 과장에는 편집과장인 오다 쇼고가 겸직하였으며, 직원은 감사관 1명, 속 2명(1명 겸), 기수 2명, 촉탁 10명, 고원 2명(1명 겸직)을 두고, 별도로 무급 사무촉탁 2명을 두어 박물관 경주분관 설립 준비를 하고 경주에 촉탁 1명, 고원 1명을 두었다.[109]

학무국 고적조사과 과장 오다는 1910년 11월 조선총독부 학무국 편집과장으로 경성에 부임하였고, 1916년부터 조선총독부 고적조사위원회 위원에 임명되어 한국의 고적조사사업에 참여하였다. 촉탁은 크게

---

108 小泉顯夫, 1986, 『朝鮮古代遺蹟の遍歷: 發掘調査三十年の回想』, 六興出版, 4-5쪽.
109 조선총독부, 1933, 앞의 책, 1031-1032쪽.

임시교과용도서 편집, 종교 관련, 고적조사과의 업무를 담당하였다. 총 23명 가운데 고적조사과를 담당한 사무촉탁은 10명으로, 일찍부터 고적조사사업에 참여한 인물들이었다. 특히 〈표 6〉과 같이 고적조사과 사무촉탁 가운데 후지타(연 2,760엔)나 오바(연 2,500엔)의 급료가 다른 촉탁에 비해 월등히 많은 것을 보면 이들의 업무나 대우에 차이가 있었음을 알 수 있다.[110]

또한 전담부서로 학무국 고적조사과를 설치하여 종래 일본 거주 조사위원들을 중심으로 진행하던 고적조사사업을 재한 학자 또는 기술자가 조사 측량을 하고 일본 학자들을 지도자로 참여하게 하는 체제로 전환하였던 것이다. 이것은 한국의 사정을 일찍부터 잘 알고 있는 학자들에게 고적조사를 맡겨 한국인의 반발을 막고, 보다 효율적인 성과를 올리고자 하는 의도가 포함된 것이다.

고적조사과 업무는 〈표 7〉과 같이 박물관계, 고적계, 사사계, 명승천연기념물계, 서무계, 기술계(1923년 추가)로 구분하였고, 이 밖에 사진계와 경주분관이 부가되었다. 대개 한 명의 직원이 두세 계에 중복 소속되어 업무를 수행하였는데, 특히 박물관계 직원은 대부분 고적계 업무를 함께 담당하였다.

1923년 학무국 고적조사과 세부 주요 사업은 박물관, 고적조사, 고사사, 명승천연기념물 관련 4개 부분이었는데, 이 가운데 박물관계와 고적조사계를 중심으로 업무를 진행하였다. 이것은 임원 구성을 봐도 알 수 있는데, 촉탁 23명 중 고적조사과 사무 촉탁은 9명(경주 주재 겸임 촉탁 모로가 히데오 포함)이며, 기수 2명[다나카 주조(田中十藏), 오가와 게이키치(小

---

110 이순자, 2009a, 앞의 책, 291쪽.

<표 6> 학무국 고적조사과 임원

직위	이름	담당	급료	관등
감사관(과장, 겸임)	小田省吾	편집과장		주임 7등
속(겸임)	狩野善三郎	편집과 근무		
기수	田中十藏	고적조사		
	小川敬吉	고적조사		
촉탁	大槻貳也	경성부 소재 관립학교 촉탁	연 4,320	육군1등 군의 정7훈5
	松下三雄	경성부 소재 관립학교 촉탁	연 600	
	荻山秀雄	임시교과용도서 편집학무촉탁	연 2,760	
	河口淸之	임시교과용도서 편집학무촉탁	연 2,600	종6훈6
	福田久也	임시교과용도서 삽화에 관한 사무촉탁	월 220	
	加藤灌覺	조선어에 관한 편수학무촉탁	월 110	
	澤俊一	임시교과용도서 편집사무촉탁	월 85	
	野守健	임시교과용도서 삽화에 관한 조사촉탁	월 30	
	鈴木作次	임시교과용도서 편집사무촉탁	월 25	
	福岡貞平	임시교과용도서 편집사무촉탁	월 25	
	渡邊彰	종교과 및 고적조사과 사무촉탁	연 2,200	정7훈6
	小田安馬	종교에 관한 사무촉탁	연 2,300	
	李周淵	종교에 관한 사무촉탁	연 900	
	吉天文太郎	종교에 관한 사무촉탁	월 130	
	藤田亮策	고적조사과 사무촉탁	연 2,760	
	小場恒吉	고적조사과 사무촉탁	연 2,500	
	野守健	고적조사과 사무촉탁	월 140	
	山內廣衛	고적조사과 사무촉탁	월 140	
	池田直熊	고적조사과 사무촉탁	월 110	정8훈8
	梁世煥	고적조사과 사무촉탁	월 60	
	藤田整助	고적조사과 사무촉탁	월 70	
	小泉顯夫	고적조사과 사무촉탁	월 70	
	諸鹿央雄	경주고적보존 사무촉탁	연 수당 300	

출처: 『朝鮮總督府及所屬官署職員錄』, 1923.

<표 7> 고적조사과 분담 업무와 직원

구분	업무	직원
과장		사무관 小田省吾
박물관계	- 소장품의 진열, 보관, 수리 - 진열품의 구입, 기증, 기탁, 교환 - 진열품의 평가, 해설, 안내 - 박물관 안내기, 도감, 그림엽서 등 출판 - 박물관협의회에 관한 건	감사관 藤田亮策(주임) 기수 小川敬吉 촉탁 藤田整助, 小泉顯夫 고원 神田惣藏
고적계	- 고적의 조사, 발굴, 유물 수집, 실측, 모사 등 - 고적의 보존, 수리, 울타리 설치 - 고적의 등록, 등록 사무 - 고적도보, 고적조사보고의 편찬, 간행 - 기타 고적 유물의 보존사업	감사관 藤田亮策(주임) 기수 田中十藏, 小川敬吉 촉탁 野守健, 藤田整助, 小泉顯夫, 林漢韶, 梁世煥, 梅原末治, 諸鹿央雄, 加藤灌覺 고원 神田惣藏
사사계	- 고사사 및 특별 보호 건조의 조사 보존공사	촉탁 渡邊彰(주임) 기수 小川敬吉
명승천연기념물계	- 명승 조사 보존 - 천연기념물 조사 및 보존 - 명승천연기념물 안내기 편집	촉탁 森爲三
서무계	- 인사 - 예산 경리 - 물품 회계 - 문서, 기록, 도서의 취급 - 비품, 소모품의 관리·보관 - 기타 일반 서무 사항	속 中島喜一郎(주임), 狩野善三郎 촉탁 山內廣衛 고원 神田猪造
기술계		촉탁 小場恒吉(주임) 기수 田中十藏 촉탁 野守健
사진계		촉탁 澤俊一, 田野七之助
경주분관		촉탁 朴光烈(경주군수), 吉羽慶一郎(경주 서무과장) 고원 渡理文哉

출처: 조선총독부박물관, 1925, 『朝鮮ニ於ケル博物館事業ト古蹟調査事業史』.

川敬吉)]도 모두 고적조사를 담당하였다.

고적조사과 신설 이후에도 고적조사는 조선총독부박물관과 고적조사위원회를 중심으로 진행하였다. 1923년 사업계획을 보면[111] 특별조사는 세키노와 도리이 중심의 조사이며, 노모리와 고이즈미 촉탁이 수행을 할 예정으로 기획하였다. 김해패총과 양산패총의 보고서는 하마다와 우메하라가, 낙랑군 유적 특별보고는 세키노, 대방군 유적 특별보고는 야쓰이가 맡아 출판하는 것으로 기획하였다.

그러나 고적조사과가 신설되어 조선에 있는 학자 또는 기술자 중심으로 조사가 시행되었으나, 실제로는 여전히 조선총독부 직원은 유물을 정리하고 사진 촬영과 제도 등 일제 관학자들을 보조할 뿐 독자적으로 연구하는 것은 기본적으로 기대할 수 없었다. 다만 구체적으로 일본 측 조사원이 직접 조사하는 것이 어려워졌기에 한국에 있는 학자 또는 기술자가 조사를 하고 도쿄와 교토의 학자를 지도자로 하는 구조로 바뀌었던 것이다.[112]

그 후 일본 관동대지진 재해 복구에 조선총독부 예산이 집중되면서, 재정긴축으로 인해 고적조사과는 전임 속 1명, 촉탁 2명을 줄였다. 1924년 10월에는 행정정리와 재정긴축에 따라 과를 폐지하고, 과장·감사관과 촉탁 4명이 감원되면서 종교과로 편입되었다. 하지만 고적조사나 박물관사업은 종교 행정 업무와는 근본적으로 성질이 달랐기에 종교과 체제에서 학술적 연구를 진행하는 데는 어려움이 많았다. 고적조사과

---

111 고적조사과의 사업 기획과 실제 업무를 파악할 수 있는 자료는 국립중앙박물관이 소장하고 있는 조선총독부박물관 공문서 중 「大正十二年古蹟調査課事業豫定」 참조.
112 김대환, 2015, 「조선총독부 조선고적조사사업과 후지타 료사쿠」, 75쪽.

폐지 후 학무국에서 박물관과 고적조사 업무를 담당한 부서와 그 구성원은 〈표 8〉과 같다.

〈표 8〉에 따르면, 학무국 내 조선총독부박물관 담당부서가 여러 차례 바뀐 데 반해, 담당자들은 크게 변동이 없었다. 일찍이 고적조사사업에 참여하였던 오가와, 고이즈미, 오바, 아리미쓰(有光教一), 노모리, 사와, 오사카(大坂金太郞), 모로가 등이 박물관사업에도 계속적으로 참여하였다.

고적조사과 폐지 이후 1930년대 중후반까지도 조선총독부박물관은 계속적으로 진열계, 보물고적계, 명승천연기념물계, 기술계로 나뉘어 업무를 진행하였고,[113] 1940년대까지도 큰 변화 없이 유지되었던 것 같다(〈표 9〉 참고).[114]

조선총독부박물관 업무는 오늘날 박물관 업무와 크게 다르지 않았으며, 특히 고적조사를 통해 수집한 물품들을 박물관이 인계받아 '보존' 사업의 일환으로 박물관사업을 진행하였다. 박물관 업무의 구체적인 내용은 박물관이 발행한 문서를 통해 파악해볼 수 있다.

조선총독부박물관은 1912년 3월 조선총독부 훈령 제36호 「조선총독부공문서규정」에 따라 업무와 관련된 공문서를 작성하였다. 당시 박물관은 조선총독부 산하기관이었기에 박물관에서 발행하는 모든 문서

---

113 오영찬, 2019, 앞의 글, 196-197쪽에서 일본 교토대학이 소장하고 있는 『오가와 게이키치 자료(小川敬吉資料)』 내의 「학무국 사회과 내 조선총독부박물관 사무분담표」를 소개하였다. 이 자료는 조선총독부박물관에서 1916~1944년까지 근무한 오가와 게이키치 사후에 교토대학 우메하라 스에지(梅原末治)에게 전달한 것으로 자료의 작성 시기는 아리미쓰가 경성에서 촉탁으로 근무하던 1933년 3월~1936년 10월 사이로 추정하였다.

114 有光教一, 2007, 『朝鮮考古學七十年』, 昭和堂, 34쪽. 박물관 업무를 박물관계(박물관의 경영), 고적계(고적조사를 통해 발견된 매장문화재의 처리), 고사사계(고적 및 고건축의 수리 보존), 명승천연기념물계(「보존령」에 의한 지정)로 파악하였다.

〈표 8〉 학무국 내 조선총독부박물관 업무 담당 부서와 직원

연도	소속	직급			
		과장 (사무관)	촉탁	기수	속
1925	학무국 종교과	兪萬兼	野守健(월 수당 150), 池田直熊(월 수당 120), 小泉顯夫(월 수당 80), 李周淵(연 수당 900), 諸鹿央雄(연 수당 300)	田中十藏, 小川敬吉	岡本義一, 佐々木郷見
1926	학무국 종교과	兪萬兼	小泉顯夫(월 수당 85), 野守健(월 수당 150), 諸鹿央雄(월 수당 100), 池田直熊(월 수당 120), 澤俊一(월 수당 95)	小川敬吉, 田中十藏	出口勇吉, 西田明松
1927	학무국 종교과	兪萬兼	小場恒吉, 小泉顯夫, 野守健, 諸鹿央雄, 池田直熊, 澤俊一	小川敬吉, 田中十藏	
1928	학무국 종교과	洪承均	小場恒吉, 小泉顯夫, 野守健, 諸鹿央雄, 池田直熊, 澤俊一	小川敬吉, 田中十藏	
1929	학무국 종교과	李昌根	小場恒吉(월 수당 200), 小泉顯夫(월 수당 90), 野守健(월 수당 160), 諸鹿央雄(월 수당 100), 池田直熊(월 수당 140), 澤俊一(월 수당 110), 洪錫謨(월 수당 85)	小川敬吉, 田中十藏	出口勇吉, 西田明松, 田中藤次郎
1930	학무국 종교과	李昌根	榧本龜次郎, 小場恒吉, 小泉顯夫, 野守健, 諸鹿央雄, 池田直熊, 澤俊一	小川敬吉, 田中十藏	
1931	학무국 종교과	李昌根	榧本龜次郎(월 수당 90), 小場恒吉(월 수당 189), 小泉顯夫(월 수당 110), 野守健(월 수당 152), 池田直熊(월 수당 150), 諸鹿央雄(월 수당 120), 澤俊一(월 수당 120), 洪錫謨(월 수당 90), 原田喜久(월 수당 100)	小川敬吉	田中藤次郎
1932	학무국 사회과	兪萬兼	榧本龜次郎(월 수당 90), 小場恒吉(월 수당 189), 小泉顯夫(월 수당 120), 野守健(월 수당 172), 諸鹿央雄(월 수당 120), 澤俊一(월 수당 120), 洪錫謨(월 수당 90), 原田喜久(월 수당 100)	小川敬吉	田中藤次郎
1933	학무국 사회과	兪萬兼	榧本龜次郎, 小場恒吉, 小泉顯夫, 野守健, 諸鹿央雄, 佐瀨直衛, 澤俊一	小川敬吉	田中藤次郎

연도	소속	직급			
		과장 (사무관)	촉탁	기수	속
1934	학무국 사회과	嚴昌燮	榧本龜次郎, 小泉顯夫, 野守健, 有光敎一, 佐瀨直衛, 澤俊一, 米田美代治	小川敬吉	
1935	학무국 사회과	嚴昌燮	榧本龜次郎(월 수당 100), 野守健(월 수당 180), 有光敎一(월 수당 130), 佐瀨直衛(월 수당 90), 澤俊一(월 수당 140), 洪錫謨	小川敬吉	田中藤次郎
1936	학무국 사회과	金大羽	榧本龜次郎, 野守健, 有光敎一, 佐瀨直衛, 澤俊一	小川敬吉	
1937	학무국 사회교육과	金大羽	米田美代治(월 수당 80), 榧本龜次郎(월 수당 110), 野守健(월 수당 180), 有光敎一(월 수당 140), 齋藤忠(월 수당 120), 田中十藏(월 수당 120), 佐瀨直衛(월 수당 100), 澤俊一(월 수당 150)	小川敬吉	葛城末治
1938	학무국 사회교육과	金大羽	大坂金太郎(월 수당100), 米田美代治(월 수당85), 榧本龜次郎(월 수당 110), 野守健(월 수당 180), 齋藤忠(월 수당 130), 田中十藏(월 수당 130), 佐瀨直衛(월 수당 100), 澤俊一(월 수당 150)	小川敬吉, 有光敎一	
1939	학무국 사회교육과	李源甫	大坂金太郎, 米田美代治, 榧本龜次郎, 野守健, 齋藤忠, 田中十藏, 佐瀨直衛, 澤俊一	小川敬吉, 有光敎一	
1940	학무국 사회교육과	李家源甫 (이원보)	大坂金太郎(월 수당 105), 米田美代治(월 수당 95), 榧本龜次郎(월 수당 130), 野守健(월 수당 190), 佐瀨直衛(월 수당 110), 澤俊一(월 수당 160)	小川敬吉, 有光敎一	
1941	학무국 사회교육과	桂珖淳	大坂金太郎(월 수당 115), 米田美代治(월 수당 100), 榧本龜次郎(월 수당 130), 野守健(월 수당 200), 佐瀨直衛(월 수당 120), 澤俊一(월 수당 160)	小川敬吉, 有光敎一	有光敎一

출처: 『朝鮮總督府及所屬官署職員錄』 해당 연도.

〈표 9〉 조선총독부박물관 업무와 직원

구분	업무	인원	겸임	무급
		주임 촉탁 藤田亮策	부주임 속(겸) 葛城末治, 속(겸) 田中藤次郎	촉탁 六角注多良 촉탁 梅原末治 촉탁 小場恒吉 촉탁 大坂金太郎 촉탁 加藤灌覺
서무계	인사, 회계, 문서 기록, 물품 회계, 서무일반, 지정 사무, 보존령에 관한 사항, 매장물·진열품 구입	계주임 촉탁 佐瀨直衛(박물관 관계 사무 일반, 서무) 속 崔華石(보물고적천연기념물보존사무보존회) 雇人 崔世賢(보물고적천연기념물사무 물품 보관) 雇人 崔文顯(박물관사무 문서수부발송)		
보물고적계	보물고적조사, 지정 원안 작성, 보고서 작성·출판, 보물고적대장·카드 정리, 사진촬영 및 원판 보존	계주임 촉탁 藤田亮策 속 葛城末治 촉탁 野守健 촉탁 澤俊一	기수 小川敬吉(보물, 고적, 특이 건축물) 촉탁 有光敎一(보물, 고적) 촉탁 榧本龜次郎(보물, 고적)	
기술계	보물고적보존수리 공사, 제도, 실측, 기타 기술 일반	계주임 기수 小川敬吉 촉탁 杉山信三 촉탁 米田美代治	촉탁 野守健	촉탁 渡邊彰(주임) 기수 小川敬吉
명승천연기념물계		계주임 촉탁 森爲三(동물, 식물) 촉탁 植木秀幹(식물) 촉탁 立岩巖(광물) 촉탁 葛城末治(명승)		촉탁 森爲三
진열계	진열품 보관, 정리, 진열 사무, 대장·카드 정리	계주임 촉탁 有光敎一 촉탁 榧本龜次郎	기수 小川敬吉(진열관 건축, 진열장, 탑파, 정원) 촉탁 野守健(도자기) 촉탁 藤田亮策(석기, 와전) 속 葛城末治(금석, 서화, 문서)	촉탁 朴光烈(경주군수) 촉탁 吉羽慶一郎(동 서무과장) 고원 渡理文哉

출처: 『小川敬吉資料』(오영찬, 2019, 앞의 글, 196쪽 재인용).

는 박물관 자체 내에서 별도로 보관하였다.[115] 이 문서는 박물관 운영과 문화재 관리를 위한 광범위한 업무 수행 과정에서 공식 및 비공식적으로 생산된 다양한 주제와 내용의 문서들로 일제 식민통치기 박물관 운영, 문화재 관리 및 정책에 대한 공식 자료이자 1차 자료라는 점에서 중요한 의미를 지닌다. 현재 국립중앙박물관이 소장하고 있는 이 공문서의 분류는 〈표 10〉과 같다.[116]

이 발행 공문서를 근거로 조선총독부박물관의 주요 업무를 살펴보면, 첫 번째는 발견 업무이다. 당시 「보존규칙」 제3조에 따라 유물·유적의 발견 과정은 지방 경찰서장이 유물 발견자나 발견지 소유자의 매장품 신고를 받는 것으로 시작하였다. 신고를 받은 해당 경찰서장은 학술적 가치가 있다고 인정되는 유물에 한해서 출토 사항, 발견 일시, 발견 신고일, 발견자 및 발견 장소의 주소·소유자 등을 상세히 기재하여 '매장물 발견에 관한 건'이라는 제목을 붙인 서류를 경찰총장을 경유하여

---

[115] 이 문서들은 광복 후 국립중앙박물관에 미정리 상태로 소장되었다가 1996년에 『국립중앙박물관 보관 고문서 목록』을, 1997년에 『광복 이전 박물관 자료목록집』을 발간하여 1912~1945년까지 조선총독부에서 생산한 문서 목록을 대략적으로 정리하였다. 다만 학예 업무를 제외한 정책 문서나 인사·서무 관련 주요 문서는 거의 존재하지 않는다. 이후 국립중앙박물관에서는 1997년 목록에 의거하여 기부, 진열, 구입, 발견, 지정, 고적조사, 보존, 국유림, 도면, 지도, 기타 등으로 분류하여 DB화하였으며, 현재 국립중앙박물관 홈페이지에서 볼 수 있다.

[116] 오영찬, 2019, 앞의 글, 183쪽. 이 논문에서는 조선총독부박물관 공문서를 '기능적 출처'의 개념에 따라 서무계(지정, 매장물, 보존령, 기타), 기술계(고사사계: 사찰, 고건축보존, 고적조사, 국유림, 지적도, 도면 및 탁본), 명승천연기념물계(천연기념물, 명승), 고적계(고적조사위원회, 고적조사, 등록, 유리원판사진, 조선고적연구회), 박물관계(구입, 기증 및 기탁, 진열)로 새롭게 분류 체계를 갖출 것을 제안하였다. 하지만 문서를 재분류하는 작업에 앞서 보관 자료 전체에 대한 종합적인 검토와 중복 자료에 대한 정리 및 소분류 항목에 대한 세밀한 검토 등이 충분히 고려되어야 할 것이다.

〈표 10〉 국립중앙박물관 소장 조선총독부박물관 공문서

구분	내용
기부문서	- 기부문서철은 6권으로 기부 관련 문서 및 기부품 목록과 수탁 증서 등이 포함(분량은 극소수). - 개인 기부와 관련된 문건은 24건으로 1915~1938년까지 22명의 기부자가 확인. - 기부원을 제출한 기부품의 평가서와 기부 수납 여부를 결재한 행정문서·포상문서 등을 통해 기부과정을 파악.
진열문서	- 박물관 전시품과 관련된 문서철. - 유물의 종류와 수량을 파악할 수 있는 연도별 물품청구서 대장(채집, 수집, 구입, 인계, 기부, 발견 등이 표시)을 기본으로 각 전시실별 진열품 목록과 이와 관련된 운반에 관한 문서. - 이왕가덕수궁미술관의 팸플릿, 진열품 설명자료, 낙랑고분 발굴품 및 고구려 고분벽화 모사 특별 전람 안내 등 전시와 관련된 각종 자료.
구입문서	- 박물관 전시를 위한 유물 구입 관련 문서철. - 1917~1943년까지 583건의 구입 문건 가운데 개인 소장가로부터 구매한 것이 490여 건인데, 구입을 위한 유물평가서, 행정문서, 청구서, 지출결의서 등 네 종류의 문서가 하나의 문건을 구성하여, 연도별로 정리. - 이왕가박물관이 구입한 물품 관련 문서철(1권)도 포함.
발견문서	- 1912~1945년까지 전국 각 지역에서 발견된 유물·유적 관련 문서철. - 각지에서 발견된 유적·유물의 행정 절차와 관련된 문서 및 발견자와 발견지 소유자에 대한 보상 지급과 관련된 유물평가서와 청구서, 지출결의서 등의 문서. - 발견 매장물을 신고하지 않고 임의로 소유 또는 매매하거나 도굴하는 경우 사법처리되었는데, 이와 관련하여 지역의 검사국에서 박물관으로 인계한 증거품(유물).
지정문서	-「보존령」등에 의해 보물·고적·명승 또는 천연기념물로 지정된 유물·유적에 대한 관련 문서. - 지정을 위한 선행작업으로 각 지역의 고적용지 조사를 실시하였고 각 도에서는 보물·고적·명승·천연기념물로 구분하여 보고. 1934년부터 12회에 걸쳐 지속적으로 이루어진 '보존회' 자문회의에서 지정 대상을 선별하고, 다시 각 도에 통지하였다. 각 도에서는 지정 대상의 명칭, 수량, 소재지, 소유자 및 관리자의 성명 및 주소, 구조 형식 및 크기, 상태, 연혁, 보존상 필요사항, 기타 참고할 사항 등을 다시 작성하여 보고하였으며, 이를 「지정대장」으로 정리. 이러한 과정을 거쳐 최종적으로 『조선총독부관보』에 지정번호·명칭·소재지·소유자의 주소 및 성명이 게시된 목록을 고시. 마지막 고시는 1943년 12월 30일자 제1511호로 보물 제419호, 고적 제145호, 천연기념물 제146호까지 지정.

구분	내용
고적조사문서	- 고적과 관련된 문서철로 고적조사위원회, 복명서, 조사보고, 고적·유물 목록, 사진·도면으로 세분화. - 고적조사위원회 문서철은 1916~1932년까지 열린 고적조사위원회 회의에 관한 것. - 복명서는 고적조사 담당자들이 출장을 마치고 돌아와 제출한 출장 결과보고서. - 조사보고는 고적의 위치, 유래, 상태, 역사적 가치 등을 조사한 문서. - 고적·유물 목록에는 고적과 유물을 조사하여 등록한 「고적 및 유물 대장」과 식산국 산림과에서 제작한 「고적대장」. - 사진·도면은 고적조사 관련 유적·유물의 사진과 실측도 등.
보존문서	- 전국 각 지역의 유물과 유적, 건축물 등의 보존과 관련된 문서철. - 문화재의 현상 유지나 복원을 위한 보존·보수공사 문서와 사전 조사, 보존대상 목록, 법령 및 규칙, 관련 단체 등의 문서. - 문화재의 구조, 형태를 변경하거나 현상을 유지하기 위해 행해지는 보수 기록. - 담장을 만들거나 보호시설을 설치하는 등 유적 주변 정비와 관련된 내용.
국유림문서	- 고적 관련 국유림의 보존·해제 등에 관한 문서철. - 전국 각 지역의 국유림을 소재지, 면적, 명칭, 종별 등의 양식에 따라 기록한 대장과 국유림의 양여, 대부, 보존 지정과 해제 등에 대한 각종 문서. - 보존 예정 국유림을 조사한 문서. - 성지·고분 등 사적 보존을 위해 특정지역을 보존구역으로 지정하거나, 반대로 조림사업이나 철도 건설 부지로 활용하기 위해 보존해제를 신청하는 문서, 그에 대한 처분과 관련된 문서.
도면	- 조선총독부박물관이 소장하고 있는 도면 중 문서에 첨부되지 않은 개별 도면. - 경주역 개축공사 관련 도면, 각 지역별 유적조사 도면과 지적도·지도·실측도·설계도 등 각종 도면. - 경성을 비롯하여, 나주·평양·양주·부여 등의 고적 분포 지적도, 조선총독부박물관 구역도, 수덕사 대웅전, 청평사 극락전 도면.
지도	- 19세기 말부터 20세기 전반까지 일본에 의해 제작되어 조선총독부박물관에서 사용·보관한 지도. 대부분 지형도이며, 각종 주제도와 지도 관련 문서도 포함. 지형도는 3차에 걸쳐 제작된 1:50,000의 수량이 가장 많음.
기타	- 조선총독부박물관의 운영 및 시설, 연구논문, 각종 조사 등과 관련된 문서철. - 조선총독부박물관 신축 내역서와 시설계획서, 개성부립박물관 실측 도면, 기타 박물관 시설 관련 탄원서와 청원서, 조선박람회 배치도면, 고적조사위원인 이마니시 류(今西龍)와 오다 쇼고(小田省吾)의 연구논문, 각종 자료 조사 노트, 도자기 관련 문서, 탁본 명세 등.

출처: 국립중앙박물관 홈페이지(www.museum.go.kr/) 조선총독부박물관 문서 안내 참고.

각 도 기관장을 거쳐 총독부 학무국장에게 보고하였다. 보고를 받은 학무국에서는 이를 심사하고 '학술·기예 또는 고고의 자료'가 된다고 판단하면, 해당 도지사에게 현품을 조선총독부박물관에 보낼 것을 지시하였다. 이후 현품이 박물관에 도착하면 매장물 수령증을 발부하고, 「학술·기예 및 고고의 자료로 제공될 매장물 등의 취급에 관한 것」 제4조에 의해 박물관협의회에서 심의하여 매장물을 평가하고, 필요한 경우에는 적당한 평가인에게 의뢰하여 그 평가액에 기초하여 보상금액을 책정하도록 하였다. 보상금액은 평가액의 반액으로 책정하여 보상금 청구서를 총독부 학무국장을 거쳐 도지사에게 보내도록 하였다. 해당 경찰관서에 이를 통지하며, 이를 받은 경찰서에서는 매장물에 관한 공고 기간이 만료된 날로부터 6개월 이내에 소유자를 알지 못할 때, 이 매장물은 「유실물법」 제13조 2항의 규정에 의해 국고귀속품으로 처리하여, 박물관에 진열 보관하도록 하였다. 만약 매장물을 발견하고 신고하지 않고 무단으로 은닉하거나 혹은 판매하려다 경찰에 검거되었을 경우에도 발견 문서를 작성하는데, 이 경우는 권리가 폐기되거나 상실되며, 발견 습득물을 습득일로부터 7일 내에 해당 경찰서장에게 신고하지 않을 경우에도 이에 대한 보상금이 지급되지 않았다.[117] 현재 남아 있는 박물관 공문서 가운데 발견 문서의 양이 가장 많은 것으로 보아 발견 업무 처리가 박물관 고적계 업무의 주요 부분이었으며, 발견 업무와 관련된 사항은 철저하게 조선총독부와 지방행정기관이 긴밀하게 연결되어 통제하였음을 알 수 있다.

---

117 「學術技藝又ハ考古ノ資料ニ供スヘキ埋藏物等ノ取扱ニ關スル件」, 통첩 제74호, 『朝鮮總督府官報』, 1926.12.22.

두 번째는 고적조사 업무이다. 문서에는 고적조사 수집품 인계 목록이 있는데, 즉 편집과 사료조사 수집품·내무부 사적조사와 매장물 인계품과 조선총독부박물관 인계품 목록 등이 포함되어 있어, 조사위원은 고적조사를 실시한 후 수집품 목록을 작성하여 조선총독부박물관에 인계하였다.

세 번째는 전국 각 지역의 유물과 유적·건축물 등의 보존 관련 업무이다. 큰 비중을 차지하는 문서는 문화재의 구조·형태를 변경하거나 현상을 유지하기 위해 행해지는 보수 기록이다. 보존·보수공사 관련 문서는 공사 진행 순서에 따른 문서로 구분되는데, 이러한 문서를 살펴봄으로써 당시 보존·보수공사가 어떠한 과정으로 이루어졌는지를 파악할 수 있다.

네 번째는 전시를 위한 유물 구입 관련 업무이다. 진열품의 구입을 결의할 경우 조선총독부 박물관협의원이 평가서를 작성하고 총무국장이나 서무부장이 비용을 지불하는 절차를 밟았다.

다섯 번째는 조선총독부박물관의 전시품과 관계된 진열 업무이다. 유물의 종류와 수량을 파악할 수 있는 연도별 물품청구서 대장을 기본으로 각 전시실별 진열품 목록과 이와 관련된 전시품 운반에 관한 문서들이다. 연도별로 정리된 물품청구서 대장에는 채집·수집·구입·인계·기부·발견 등이 표기되어 있어 발견 지역 혹은 기부자를 알 수 있으며, 박물관 소장품의 입수경로를 구체적으로 파악할 수 있다. 이 외에도 기부, 지정, 국유림 관리와 관련된 업무가 이루어졌다.

박물관에서는 출판 업무도 실행하였다. 고적 발굴조사의 결과물을 출간하였는데 발행 도서 목록은 〈표 11〉과 같다.

〈표 11〉 조선총독부(박물관) 고적 관련 발행 도서

총서	권별 제목		간행 연도
『朝鮮古蹟圖譜』 전15책	제1권 樂浪 帶方 高句麗		1916년
	제2권 高句麗		1916년
	제3권 百濟 任那 古新羅		1916년
	제4권 新羅 統一時代		1916년
	제5권 新羅 統一時代		1917년
	제6권 高麗時代 1		1918년
	제7권 高麗時代 2		1920년
	제8권 高麗時代 3(陶瓷)		1928년
	제9권 高麗時代(漆工 金工)		1929년
	제10권 李朝 1(宮殿建築)		1930년
	제11권 李朝 2(城壇祠陵)		1931년
	제12권 李朝 3(佛寺建築)		1932년
	제13권 李朝 4(佛寺建築)		1933년
	제14권 李朝 5(繪畫)		1934년
	제15권 李朝 6(陶瓷器)		1935년
『古蹟調査報告』 전16권	大正五年度 京畿道·平安南北道 調査報告·高麗王陵考		
	大正六年度 京畿·黃海·慶尙南北·全羅南北道調査報告		1920년
	大正七年度 第1冊 慶尙南北道古蹟調査報告		1922년
	大正八年度 第1冊 咸鏡南道 咸興郡に於ける高麗時代 古城址		1923년
	大正九年度 第1冊 金海貝塚發掘調査報告		1923년
	大正十一年度 第1冊 慶尙南北道·忠淸南道古蹟調査報告		1924년
	大正十一年度 第2冊 南朝鮮に於ける漢代遺蹟		1925년
	大正十二年度 第1冊 慶尙北道達成郡達西面古墳調査報告		1931년
	大正十三年度 第1冊 慶州金鈴塚飾履塚發掘調査報告 2冊		1932년
	昭和二年度 第1冊 溪龍山麓陶窯址調査		1929년
	昭和二年度 第2冊 公州松山里古墳調査報告		1935년
	昭和五年度 第1冊 平安南道大同郡大同江面 吾野里古墳調査報告		1935년
	昭和六年度 第1冊 慶州皇南里第82.83號古墳調査報告		1935년
	昭和七年度 第1冊 永和九年在銘塼出土古墳調査報告		1933년
	昭和八年度 第1冊 慶州忠孝里皇吾里古墳調査報告		1937년
	昭和九年度 第1冊 慶州皇南里皇吾里古墳調査報告		1937년
『朝鮮寶物古蹟 圖錄』 전2권	제1책 佛國寺と石窟庵	藤田亮策 편	1938년
	제2책 慶州南山の佛蹟	小場恒吉 편	1940년

총서	권별 제목		간행 연도
『古蹟調査特別報告』 전7권	제1 平壤附近に於ける樂浪時代の墳墓	谷井濟一	1919년
	제2 北滿洲及び東部西伯利亞調査報告	鳥居龍藏	1922년
	제3 慶州金冠塚と其遺寶	濱田耕作	1924년
	제4 樂浪郡時代の遺蹟	關野貞	1927년
	제5 梁山夫婦塚と其遺物	小川敬吉	1927년
	제6 眞興王の戊子順境碑と新羅の東北境	池內宏	1933년
	제7 高句麗時代の遺蹟	關野貞	

출처: 藤田亮策, 1931.12, 「朝鮮に於ける古蹟の調査及び保存の沿革」, 『朝鮮』; 藤田亮策, 1951, 「朝鮮古文化財の保存」; 조선총독부, 1981, 『朝鮮考古資料集成』 1-22, 출관과학종합연구소.

4) 조선총독부박물관 박물관협의회와 인적 구성

이미 살펴본 바와 같이 일제강점기 조선총독부박물관 전담기구는 학무국 체제 속에서도 여러 과로 바뀌었다. 그럼에도 불구하고 박물관 업무가 중단 없이 진행될 수 있었던 원인은 무엇일까? 그것은 바로 큰 틀에서 조선총독부박물관 운영은 박물관협의회와 고적조사위원회 촉탁제도를 통해 이루어졌으며, 조선총독부박물관에서는 이들과 관련하여 행정적이고 실무적인 업무를 주로 담당하였기에 가능한 것이었다. 즉 조선총독부는 박물관협의회를 두어 박물관에 관한 주요 사항을 협의 결정하고, 진열품을 감정 평가하였다. 그리고 1916년에 설립된 고적조사위원회와 함께 박물관과 고적조사 업무가 박물관 주관하에 이루어지도록 조직적인 운영체제를 만들었던 것이다. 남아 있는 자료를 토대로 조선총독부박물관협의회 협의원 명단을 정리해보면 〈표 12〉와 같다.

1916년 설립 당시부터 1939년까지 박물관협의회 협의원들은 대개

〈표 12〉 조선총독부박물관협의회 협의원

연도	이름
1916	黑板勝美·關野貞·鳥居龍藏·今西龍·末松雄彦·鮎貝房之進·兒玉秀雄·荻田悅造·小田幹次郞
1922	關野貞·今西龍·鳥居龍藏·末松熊彦·鮎貝房之進
1923	黑板勝美·關野貞·濱田耕作·鳥居龍藏·今西龍·藤田亮策·末松熊焉·鮎貝房之進·小場恒吉
1925	黑板勝美·關野貞·濱田耕作·鳥居龍藏·今西龍·藤田亮策·末松熊彦·鮎貝房之進·小場恒吉
1926	黑板勝美·關野貞·鳥居龍藏·今西龍·藤田亮策·末松熊彦·鮎貝房之進·小場恒吉
1927	黑板勝美·關野貞·鳥居龍藏·今西龍·藤田亮策·末松熊彦·鮎貝房之進·濱田耕作·小田省吾·高橋健自
1928	黑板勝美·關野貞·鳥居龍藏·今西龍·藤田亮策·末松熊彦·鮎貝房之進·濱田耕作·小田省吾
1929	黑板勝美·關野貞·鳥居龍藏·今西龍·藤田亮策·末松熊彦·鮎貝房之進·濱田耕作·小田省吾·小場恒吉·高橋健自
1930	黑板勝美·關野貞·鳥居龍藏·今西龍·藤田亮策·末松熊彦·鮎貝房之進·濱田耕作·小田省吾·小場恒吉
1931	黑板勝美·關野貞·鳥居龍藏·今西龍·藤田亮策·末松熊彦·鮎貝房之進·濱田耕作·小田省吾·小場恒吉
1932	黑板勝美·關野貞·鳥居龍藏·今西龍·藤田亮策·末松熊彦·鮎貝房之進·濱田耕作·小田省吾
1933	黑板勝美·關野貞·鳥居龍藏·鮎貝房之進·濱田耕作·藤田亮策·小田省吾·末松熊彦
1934	黑板勝美·關野貞·鳥居龍藏·鮎貝房之進·濱田耕作·藤田亮策·小田省吾
1935	黑板勝美·關野貞·鳥居龍藏·鮎貝房之進·濱田耕作·藤田亮策·小田省吾·下郡山誠一·小場恒吉
1936	黑板勝美·濱田耕作·藤田亮策·下郡山誠一·小田省吾·鳥居龍藏·鮎貝房之進·小場恒吉
1937	黑板勝美·濱田耕作·藤田亮策·下郡山誠一·小田省吾·鳥居龍藏·鮎貝房之進·小場恒吉
1938	黑板勝美·藤田亮策·下郡山誠一·小田省吾·鳥居龍藏·鮎貝房之進·小場恒吉
1939	黑板勝美·藤田亮策·下郡山誠一·小田省吾·鳥居龍藏·鮎貝房之進

출처: 『朝鮮總督府及所屬官署職員錄』 해당 연도: 1916년은 「朝鮮ニ於ケル博物館事業ト古蹟調査事業史」, 79-80쪽(김인덕, 2008, 앞의 글, 277쪽에서 재인용).

10명 내외이며, 주로 도쿄제대·교토제대·경성제대 교수들이 주를 이루었다. 참여한 인물로는 구로이타, 오바, 후지타, 하마다, 오다, 도리이, 아유카이, 이마니시(1932년 사망), 세키노(1935년 사망), 스에마쓰(末松熊彦) 등이다. 이들은 대부분 일찍부터 고적조사위원회 위원으로 활동하며 고적조사사업을 주도하였던 인물들로 박물관협의회도 참여하였다.[118] 따라서 고적조사위원회와 박물관협의회를 통해 한국의 고적조사와 박물관 업무는 긴밀한 관계 속에서 유기적으로 운영되었음을 알 수 있다.[119]

박물관협의회 협의원이었던 구로이타는 한국의 문화재를 한국 내에 보존·전시하였다는 점을 들어 일제의 고적조사와 박물관 정책이 한국인에게 영원히 자랑할 만한 문화정책이었다고 하였으나[120] 그 내면에는 또 다른 의도가 포함되어 있었다. 즉 식민지에서 발굴된 유적과 유물을 식민지에 두어 유능한 선조 대 무능한 후손의 이미지를 대조시켰으며, 고고학 유적들을 세속적 식민지 국가의 훈장으로 새롭게 자리매김하였던 것이다. 거기에 기술적으로 우수한 대형 고적도보나 고적조사보고서를 발행하여 그 업적을 무수히 복제하였고, 이를 통해 일제 식민통치의 '문화적' 위세를 나타냄으로써 고고학을 정치적으로 이용하였던 것이다. 그리고 조선총독부박물관을 조선총독부 관할 아래 두어 총독부가 의도하는 '역사 만들기'의 최전선 기관으로 적극 활용하였던 것이다.

---

[118] 이순자, 2009a, 앞의 책, 298-307쪽에서는 박물관협의회와 고적조사위원회에 참여한 인물들의 재직 연도를 정리하여 〈표 5-4〉로 작성.

[119] 조선총독부박물관 박물관협의회의 조직과 역할에 대해서는 추후 연구가 필요한 과제이다.

[120] 藤田亮策, 1963, 앞의 글, 40쪽.

5) 조선총독부박물관 전시유물의 내용과 성격

　박물관의 가장 중요한 목적은 무엇을 어떻게 보여줄 것인가이다. 특히 역사박물관인 경우는 전시 기획 주체의 역사인식과 정치적 이데올로기가 반영되는 경우가 많다. 전시공간에서는 공간을 구성한 기획자와 관람자 사이에 무언(無言)의 대화가 이루어진다. 관람자는 기획자의 기획 의도에 따라 시각적인 경험을 하게 되며, 그를 통해 역사를 인식하게 되기 때문이다.

　일제강점기 조선총독부는 그들이 내세우던 식민사관을 유물이라는 '고고학적 증거'를 통해 대중들에게 선전하는 공간, 고적조사의 정치적 표상(表象) 공간으로서 박물관을 활용하였다. 자기와 타자의 관계에서 타자를 표현할 수 있는 권리를 자신들이 주도하면서 식민통치하에 있던 식민지인들을 장악하고자 하였다. 따라서 조선총독부박물관은 일찍부터 도굴과 고적조사로 인해 세상에 나온 유물들을 수집·구입 및 기증을 받아 전시공간 속에서 자신들이 보여주고자 하는 역사를 재현하였던 것이다.[121]

　조선총독부박물관의 설립과 운영 과정에서 중요한 역할을 한 구로이타는 문화정치에서 박물관의 필요성을 다음과 같이 역설하였다.

　　박물관 설치의 주의(主義)는 일반 국민에게 그 나라의 문화적 역사를 실물을 취하여 주지하게 하고 또 참으로 국민 자각을 촉진하기 위

---

[121] 이순자, 2012, 「일제강점기 조선고적조사의 정치성」, 황종연 엮음, 『고도의 근대』, 동국대출판부, 173쪽.

함이니 이 진의로서 내지(일본)의 현재 박물관은 그 설비가 심히 불완전하므로 금번 조선에 박물관을 설치함에 있어 미리 이런 각 방면을 고려하여 현재 총독이 실행 중인 문화정치를 실제로 철저하게 하고자 하여 정치교육 총 방면에 가장 뜻을 두고 개방하고자 생각한다. … 다수의 고기물 기타 예술품, 참고품을 한곳에 모아 이를 연대 계통적으로 배열하여 조선문화의 흔적을 질서 있게 주지하도록 하고, 동시에 일본 내지 및 중국 본토, 기타 구미의 그것과 비교하여 어떻게 조선문화가 타(他)에 열(劣)한가 혹은 조장(助長)할 바가 있는가를 일목요연하게 하고, … 불가분 과거의 조선 문화를 적실히 보여 내지 및 여러 외국의 그것과 비교하고 또 분발하게 하는 것이 긴요하니, 이런 의미로 현재의 문화정치를 자못 철저하게 하기 위해서는 불가불 완전한 박물관을 설치할 필요가 있다고 생각하는 바이다.[122]

즉, 박물관 전시를 통해 한국인들에게 한국의 과거 역사가 일본·중국·구미와 비교해볼 때 얼마나 열등하며 후진적인지를 스스로 자각하게 함으로써 일제의 식민지배를 정당화시키고자 하였던 것이다. 바로 이와 같은 목적을 전시유물을 통해 그대로 재현하고자 하였다.

공진회 미술관을 박물관으로 개관하였기에 전시는 본관 2층 6실에 진열품을 상설 전시하는 구조를 유지하였다. 박물관의 관람 동선은 먼저 1층 중앙홀을 거쳐 동쪽 전시실과 서쪽 전시실을 보고, 서측의 계단을 통해 2층으로 올라가 서쪽 전시실을 보고 회랑을 지나 마지막으로 동쪽

---

[122] 「文化高低의 標準, 總督府博物館 擴張에 就하여, 文學博士 黑板勝美 氏 談」, 『매일신보』, 1922.3.21.

전시실을 둘러 본 후 동측 계단으로 내려오는 루트였다. 그리고 이후 별관과 야외 전시를 보게 되어 있었다. 전시의 주제와 내용에는 시기별로 다소 변화를 주었다.[123]

먼저 시정5주년기념조선물산공진회가 폐막된 이후 불과 한 달 만인 12월 1일에 박물관 문을 열었으나 개관 당시 전시유물은 공진회 미술관 전시품과는 차이가 있었다. 즉, 공진회 미술관과 조선총독부박물관 전시는 토기·도자기·금속·서화 등 재질별 구분을 기본 구성으로 하면서도 동일 주제 전시실에서 전시품의 내용은 크게 달랐다.[124] 이것은 조선총독부박물관의 상설전시가 공진회 미술관의 전시물을 이어받은 것이 아니라 이미 오래전부터 사전에 기획 및 준비되었다는 것을 알 수 있다.[125]

개관 당시 상설전시품은 주로 박물관 자체가 확보한 소장품으로 전시가 이루어졌다. 개관 직전까지 실시된 고적조사의 성과물들을 역사참고품의 일부로 전시하였고, 공진회 미술관 전시유물 이후 추가로 입수한 와전과 유적 발굴품, 즉 고령 주산 고분(1915), 경주 보문리 고분(1915), 부여 능산리 고분(1915) 등에서 출토된 유물을 중심으로 고구려·백제·신라·가야·고려 등으로 구분하여 전시를 구성하였다.[126]

---

[123] 오영찬, 2018, 「식민지 박물관의 역사만들기」, 『역사와현실』 110 참고. 이 논문에서는 국립중앙도서관 소장 『朝鮮書畵古器物目錄』(1915, 1918)과 『朝鮮總督府博物館槪要』(1921), 島田屬, 『朝鮮總督府博物館ニ關スル調査』(1924), 『博物館報』(1926)를 이용하여 조선총독부박물관 상설전시 품목을 시기별로 파악하였다.

[124] 오영찬, 2018, 위의 글, 228쪽. 국립중앙도서관 소장 『朝鮮書畵古器物目錄』 중 목록 1(247-312쪽), 「제1회 진열품 목록」을 참고로 공진회 미술관과 개관 당시 전시품을 비교하였다.

[125] 오영찬, 2015, 앞의 글, 59쪽.

[126] 오영찬, 2018, 앞의 글, 231쪽. 고고자료는 1915년과 1916년에 발간된 『朝鮮古蹟圖譜』 제1-3책에 수록된 유물이 다수를 차지하였다.

먼저 1층 동쪽 전시실은 통사(通史) 전시 구성에서는 찾아볼 수 없는 악기·제기·도량형·화폐·인신(印信)·호적·양안(量案) 등 역사참고품을 전시하여 재질별 전시실의 분류에서 벗어났는데, 이것은 당시 도쿄제실박물관 역사부 제26실과 제27실의 사례를 참고한 것이었다. 아직 박물관 전시품에 대한 정확한 기준이 마련되지 않은 시기여서 일본의 근대 초기 문화재 분류인 고기구물(古器舊物)이 도쿄제실박물관을 거쳐 조선총독부박물관 전시에까지 그대로 적용되었던 것이다.[127]

1층 서쪽 전시실은 한(漢)·백제·신라·가야의 토기를 시작으로 고려·조선의 도자기 등 동일 기종의 유물을 시대별로 전시하였다. 특히 삼국시대 토기 중에는 가야토기의 비중이 매우 높은 편인데, 이는 가야와 일본의 긴밀한 관련성을 강조하기 위함이었다. 1층 중앙 홀에는 대형 불상을 배치하였고, 2층 행랑에는 석기와 골각기류를 전시하였다. 2층 서쪽 전시실에는 나전칠기, 목제품, 은제품, 동제품을 종류별로 전시하였는데, 특히 데라우치 총독이 기증한 중국·일본·고려의 동경(銅鏡)을 전시하였다. 이를 통해 한중일 문화의 상호 유사성을 증명하고자 하였다. 동쪽은 서화실로 미술관 때와 달리 조선시대 서화류는 대폭 줄이고, 사경(寫經)·금석문·탁본·벽화모사 등의 비중을 높였다. 특히 1913년 용강군에서 발견된 점제현신사비 탁본, 용강고분 벽화모사도 등을 전시하여 총독부의 고적조사 성과를 적극적으로 나타내고자 하였다.

그 후 1918년경 조선총독부 상설전시는 변화를 보였다.[128] 출토지별

---

127 오영찬, 2015, 앞의 글, 59-60쪽.

128 1918년 상설진시 진열품은 『朝鮮書畵古器物目錄』 Vol.2, 「本官陳列品容器寸法調」 중 540-637쪽을 통해 정리함.

로 발굴유물을 진열하고, 지도·실측도·사진 등 보조 자료도 함께 전시하였다. 그리고 본관 이외에 경복궁의 다수 전각들을 전시공간으로 활용하였다.[129] 즉 경복궁의 근정전, 사정전, 만춘전, 천추전을 전시공간으로 개편하였는데, 만춘전과 춘추전은 선사 유물을, 사정전에는 한대 유물을, 근정전에는 나머지 유물을 전시하였다. 근정전의 어좌 주변에는 진열장을 설치하고 각 시대별로 구획하여 발굴품을 주로 전시하였다.[130] 이것은 두 가지 이유 때문이었는데, 하나는 1916년부터 본격적으로 실시한 고적조사사업을 통해 많은 발굴품이 박물관으로 입수되어 전시공간이 부족하였기 때문이며, 다른 하나는 왕의 거처이자 업무를 수행하는 조선의 정궁(正宮)인 경복궁 내에 박물관을 설치하고 궁궐 전각을 전시장으로 훼손·변용시킴으로써 조선왕실의 권위를 떨어뜨리려고 한 점이었다.

이후 1921년경 박물관 상설전시는 1918년까지 유지하던 전시와 다소 차이가 있는 전시물로 구성하였다.[131] 이때는 전시 기준과 방법을 구체적으로 제시하였으며, 전시실별 전시 내용을 상세히 설명하였다. 이는 도쿄제실박물관의 영향을 받아 종래 재질별 전시와는 달리 시대 및 주제별 전시를 시도하였던 것이다. 1층 동쪽 전시실에는 경주·부여·개성·평양 등 발굴품 위주의 고대 유물을 시대별로 전시하였고, 서쪽 전

---

129 「대정7년의 조선 15-박물관」, 『매일신보』, 1919.2.4.

130 근정전은 대체로 1918~1923년까지 전시실로 활용되었는데, 1922년 6월 26일 근정전에서 은제 팔찌 등 12건(경주 보문리 부부총 출토 신라유물, 개성 고분에서 출토된 유물)이 도난당하자 1923년경 근정전 전시실에 대한 일반 공개를 중단하였다(오영찬, 2018, 앞의 글, 233쪽).

131 국립중앙박물관 소장 조선총독부박물관 공문서/진열/대정 10년도 각 관 진열품 명부(D014-002-003-021~026, 004-001~004) 참고.

시실은 풍속·문예와 관련된 고려·조선시대의 도자기, 가집식기(家什食器), 장식품을 전시하였다. 2층 서쪽 전시실은 삼국 및 고려의 불교품, 동쪽 전시실은 고구려 벽화 모사도와 불경, 조선회화를 주로 하는 미술품을 전시하였다. 1층 중앙홀에는 대형 불상을, 2층 행랑에는 한식(漢式) 경(鏡) 등을 진열하였다. 특히 1층 동쪽 전시실의 유적 발굴품은 1916년부터 본격적으로 시작한 고적조사사업을 통해 축적된 유물을 통사적으로 전시한 것으로, 낙랑·대방군에서 출토된 유물을 적극적으로 부각시켰다.

이러한 전시 내용은 1924년에도 그대로 유지되었다. 즉 1924년 진열 전시품은 조선총독부에서 실시한 고적조사 발굴품 또는 수집한 유물 중 출처와 성질이 확실한 것들로, 조선총독부 회계과와 산림과 인계품, 개인 기증품 및 구입품의 일부였다.[132] 이외 나머지는 인력 부족으로 미처 정리하지 못하고 입수 순으로 물품 대장에 번호만 붙여 종류별로 분류하여 창고에 보관하였다. 이러한 과정에서 조선총독부박물관은 그들이 보여주고 싶은 유물들만을 선별하여 전시할 수 있게 되었다.

조선총독부박물관의 상설전시는 1926년에 이르러 드디어 시대별 전시의 완형(完型)을 이루었다. 즉 1926년에 발행한 「조선총독부박물관약안내」에는 위와 같이 조선총독부박물관 본관의 진열실 배치도와 구체적인 전시유물을 수록하였다.[133]

전시 구성의 기본 방침을 "반도 고래(古來)의 제도·종교·미술·공예, 기타 역사의 증징(證徵) 참고가 되는 것을 모으고, 반도의 민족성을 밝히

---

132 島田屬, 1924, 앞의 책, 15-16쪽.
133 조선총독부박물관, 1926.4,「朝鮮總督府博物館略案內」,『博物館報』1-1, 4-15쪽.

〈그림 7〉 조선총독부박물관 본관 진열실 배치도(1926)

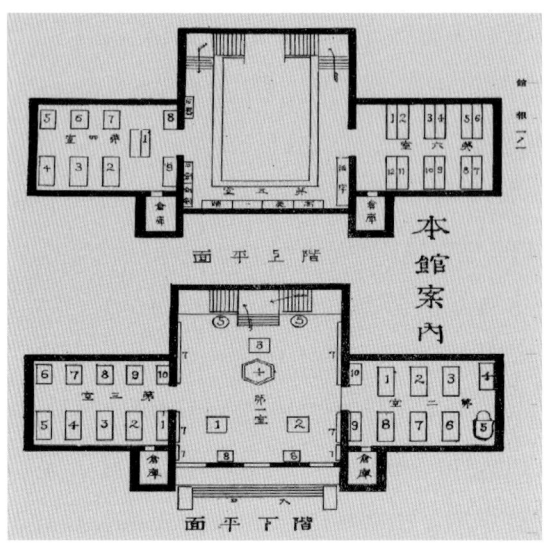

출처: 조선총독부박물관, 1926.4, 『博物館報』 1-1.

고, 특히 이 땅에서 발달해 온 공예미술의 특질을 조사하여 널리 세계에 소개하고, 우수한 예술품을 진열하여 새로운 공예미술의 발흥에 이바지하고자 한다"고 밝혔다.[134] 전시실별 구체적인 진열품은 다음과 같다.

1층 중앙홀(제1실)에는 미술관 이후 지속적으로 대형 불교유물(종교)을 전시하였다. 1층 동쪽 전시실(제2실)은 유적에서 발굴한 삼국 및 통일신라시대 고고유물(제도), 서쪽 전시실(제3실)은 고려·조선의 도자기와 금속공예품(공예), 2층 서쪽 전시실(제4실)은 낙랑대방시대 고고유물(역사의 증징), 회랑(제5실)은 특수 진열품으로 한식(漢式) 동경·석기·골각기, 동쪽 전시실(제6실)은 고구려와 고려 벽화모사도와 조선시대 회화(미

---

[134] 조선총독부박물관, 1926.4, 위의 글, 3쪽.

술)로 구성하였다. 각 시대의 특질을 보여주기 위해 시대별 진열법을 채택하면서, 특징적인 유물을 부각시켰다(〈표 13〉 참고).

각 전시실에서는 전시 내용을 기획자의 의도에 따라 상세히 설명하였는데, 특별히 주목되는 곳은 고고유물을 전시한 제2실과 제4실이다. 두 전시실에서는 고적 발굴조사를 통해 확보한 고고유물을 통해 삼국과 가야·통일신라와 낙랑군과 대방군의 역사를 재구성하여 일제가 주장하는 식민주의 역사관을 구체적으로 드러내고자 하였다. 먼저 제2실 내 진열장을 고구려 1개, 신라 2개, 백제 4개(영산강 유역 출토품 포함), 가야 2개, 통일신라 1개로 배열하였다. 삼국이나 통일신라에 비해 가야와 영산강 유역의 나주 반남고분군 출토품의 비중이 상대적으로 높은데, 이는 임나일본부를 부각시키기 위함이었다. 기타큐슈(北九州) 야요이식 계통의 옹관과 나주 반남면 옹관을 연관시키며, 야마토 조정의 보호하에 있던 가야(임나)에는 곡옥(曲玉)·이식(耳飾)·마구(馬具)·무기 등 일본 내지의 고분에서 보이는 것과 동일한 것이 많다고 설명하였다. 즉 야마토 조정의 통치하에 있던 가야(임나)를 삼국과 더불어 '사국(四國)'이 대립하던 시대로 설정하였다. 아울러 야마토 조정과 백제·신라가 반도에서 각축하였고, 한국과 일본이 밀접한 관계를 맺어왔던 것을, 야마토 시대의 유물과 비교하여 나타내려고 하였다.

고구려의 경우에는 한·육조 등 중국의 분위기가 강하였고, 통일신라는 당 문화의 극성기이면서 육조 이래의 문물을 직수입하고 불교예술의 절정에 달하는 시대라고 하여, 한국 문화를 설명함에 독자성보다는 중국·일본 문화와의 연관성을 통한 역사의 타율성을 강조하였다. 고려시대에 대해서는 "유일한 유적인 고분은 고려소(高麗燒)와 기타 유물을 얻기 위해 전부 도굴 소멸되었고, 이 전시실에 있는 유물도 학술적 조사를

〈표 13〉 조선총독부박물관 진열 유물(1926)

진열실	진열대 번호	진열품	비고
제1실 (1층 중앙 廣間): 불교유물(삼국시대 및 신라 전성기의 불상)	1	상단: 삼국시대 금동불상(정면 관음, 좌우 미륵불) 하단: 통일신라시대 약사여래입상	
	2	통일신라시대 보살상	
	3	중앙 석불, 배후의 금동미륵보살상	중국 남북조 북위 불상·일본의 推古式 불상 형식과 같은 반도 최고의 불상
	4	중앙 약사여래좌상(통일신라시대)	1915년 경주 남산 출토
	5	우: 아미타여래 좌: 미륵보살	경주군 내동면 괘릉리 감산사지 출토, 제작연대(개원 7년, 719)
	7	주위 벽면 석고상 (경주 토함산 석굴암 반육조각상 모형)	
	8	입구 양측: 금동아미타불 2구(고려시대)	
제2실 (1층 동쪽): 삼국·신라통일시대의 고분 출토품 및 유물	1(신라)	상단: 금령총 순금제 寶冠 하단: 금령총 출토 帶飾·首飾·유리장식 腕輪·耳飾·승마인형 坩	1924년 6월 경주읍 노동리 제2호분 출토
	2(신라)	상단: 금동보관 2점 좌측: 금동 鐎斗, 순금제 관모식(경주 금관총 출토) 金細工 耳飾(경주 보문리), 金帽付大 句玉(경주 보문리), 銀線 頸飾(양산), 透彫 鞍金具, 雙劍(대구)	경남 양산군 양산면 북정동 고분, 경북 대구부 달성공원 측 고분 출토
	3(백제)	상단: 청동제 초두 하단: 목관 파편 및 관 금구 단편	광주군 구천면 한강변 토성, 부여 능산리 고분 출토
	4(백제)	목관(완전한 형태, 금동식 금구, 飾鋲)	전북 익산군 팔봉면 석왕리 쌍릉 출토
	5(백제)	나주 반남면 대안리 제9호분의 8개 관 가운데 하나	전남 나주군 반남면 출토 부장품은 백제·임나 시대의 유물, 北九州에 많은 彌生式 계통 옹관과 연결
	6(백제)	금동보관·鞍·太刀·刀子 등 위의 옹관 내 출토품	

진열실	진열대 번호	진열품	비고
제2실 (1층 동쪽): 삼국·신라통일 시대의 고분 출 토품 및 유물	7(임나)	상단: 도기류 하단: 경남 창녕군 창녕교동 69호분 부장 상태 전시	祝部라는 일본 도기와 동일
	8(임나)	상단: 銅器類 하단: 무기·마구·장신구	중국의 영향 강조
	9(고구려)	도기·토기 철제곤로금동봉황금구	漢 육조의 영향 중국의 영향
	10(신라통일)	상단·중앙: 황갈유감 하단: 녹유 사천왕전	경주 사천왕사탑지 발견
제3실 (1층 서쪽): 고려·조선시대	1(고려)	백자(백고려) 순백, 유백의 자기	중국 수입
	2(고려)	청자(瓶皿, 椀, 盞, 白粉盒, 油壺, 상감, 음각 문, 型押, 진사)	
	3(고려)	繪高麗, 天目手	宋窯 영향
	4(고려)	청동제기(조선종 및 은상감 瓶子)	
	5(고려)	장식품 및 문방구	
	6(고려)	동제 및 은제식기류	
	7(조선)	三島手陶器	
	8(조선)	조선 각종 도자기	
	9(조선)	나전세공	
	10(조선)	칠기류	
제4실 (2층 서쪽): 낙랑·대방시대 의 유물	1(낙랑군)	칠기 공예품 封泥: 樂浪太守章, 詁邯長印, 樂浪禮 官의 瓦, 白銅鏡	낙랑군치: 평남 대동군 대동강면 부근
	2, 3(낙랑군)	대동강면 석암리 제9호분 유물(동기· 마구·도검·순금제 금구)	상동
	4(낙랑군)	도기·철기·와전류	상동
	5(낙랑군)	각종 동기품, 綠油豕鷄(白神壽吉 기탁품)	상동
	6(낙랑군)	녹유도기 및 동기·견직물 파편	상동
	7(대방군)	對方太守張撫夷 塼 외	황해도 사리원 부근
	8(중국)	중국 참고품	한대 유물과 비교 연구 를 위한 참고품
	9(중국)	중국 참고품	한대 유물과 비교 연구 를 위한 참고품

진열실	진열대 번호	진열품	비고
제5실 (2층 회랑): 특수 진열품		석기·토기·골각기·석검	반도 석기·금석병용기 시대 유물
		銅劍 銅鉾	중국의 영향, 일본의 畿內 서쪽, 특히 九州, 四國 및 對馬에서 다수 출토
		前漢代 銅器	경북 영천군 금호면 어은동에서 발견
		고려시대 청동경	唐鏡·宋鏡·女眞子鏡 등
		조선 활자	
제6실 (2층 동쪽): 회화·서적류	1(고구려벽화 모사)	평남 용강군 지운면 안성리 쌍영총 전실 사신도	
	2(상동)	쌍영총 현실 천정 및 입구 인물도	
	3(상동)	쌍영총 持送石 측면 화염당초문	
	4, 5(상동)	용강군 신령면 화상리 감신총 전실 연화 및 용, 내외 인물도	
	6(부석사조사 당벽화 모사)	경북 영주군 부석면 부석사 조사당 전벽의 2보살 및 사천왕상	
	7(조선 회화)	陰山大獵圖, 단원 김홍도 및 탄은 이정 그림	傳 공민왕 작
	8(조선 회화)	정선·심사정·윤두서 그림	
	9(조선 회화)	청록산수도	
	10(조선 회화)	화조도	
	11(조선회화)	초상화	
	12(조선회화)	야은 길재 등의 서적	
근정전		동회랑: 조선시대 각종 총포류 진열 서회랑: 고려·조선의 탑비, 석관, 석조 및 철조 불상류 진열	
수정전	중앙아시아 발굴진열품	벽화불상, 土偶, 古碑, 祭器, 미이라(木伊乃) 이하 370여 점 전실: 벽화 중앙실: 도기류 및 청동기 서실: 고창국 고분내 발견 회화, 토우니상 동실: 도기편, 소도상, 관, 모, 화 등 풍속품 및 일용품, 와전, 무기류	久原房之助 기증품 京都 西本願寺 法主 大谷光瑞師가 메이지 35년 이후 3회에 걸쳐 감숙성, 신강성을 여행하며 수집한 물품

출처: 조선총독부, 1926.4, 「朝鮮總督府博物館略案內」, 3-15쪽.

거친 것이 적어 유감이라"하여[135] 고려고분의 심각한 도굴 상태를 언급하였다.

제4실은 낙랑대방실로 구성하였다. 이전에는 삼국시대 유물과 함께 낙랑·대방군 유물을 전시하였던 데 반해, 이때부터는 별도의 전시실을 마련하여 고적조사에서 확보된 유물을 중심으로 전시하였다. 모두 9개의 진열장으로 구성하였는데, 진열장 별로 전시 주제와 내용을 정리하면, ① 낙랑칠기, 동경, '낙랑태수장(樂浪太守章)' 봉니, '감감장인(詌邯長印)' 봉니, '낙랑예관(樂浪禮官)' 와당 ②·③ 석암리 제9호분 출토유물 ④ 토기, 철기 및 와전류 ⑤ 각종 동기품, 녹유 명기, 시라카미 주키치(白神壽吉) 기탁품 ⑥ 녹유도기, 동기, 견직물 파편 ⑦ '대방태수장무이(帶方太守張撫夷)' 명문전 ⑧·⑨ 중국 참고품이었다.

전시실 입구에는 낙랑 문화와 중국 한대 문화의 친연성(親緣性)을 부각시키기 위해 의도적으로 중국 참고품을 배치하였는데, 여기에 전시된 중국 유물은 주로 1918년에 조선총독부박물관이 세키노에게서 구입한 유물들이었다.[136] 특히 봉니·와당·명문전 등 낙랑·대방군 관련 자료를 식민사관의 '객관적이고 실증적인' 증거로 제시하였다.

조선총독부박물관 상설전시를 통한 '식민지 역사 만들기' 작업은 다른 전시실의 유물을 통해서도 그대로 드러났다. 1층 중앙홀에는 미술관 이래로 경주 남산 석불과 감산사 보살입상과 여래입상과 함께, 1926년

---

135 조선총독부박물관, 1926.4, 앞의 글, 9쪽.

136 세키노는 중국 유학 중에 골동상 에토 나미오(江藤濤雄), 유샤오친(兪少欽)을 통해 자신이 발굴한 낙랑고분의 출토유물과 비교자료가 될 만한 중국 유물 286점을 구입하여 박물관에 인계하였다(이태희, 2015, 「총독부박물관의 중국 문화재 수입」, 『미술자료』 87, 163-171쪽).

에는 금동반가사유상을 전시하였다. 그리고 중국 북위 불상 양식을 잇고 있으면서, 일본의 스이코(推古)식 불상에 조응한다는 점을 강조하였다. 제3실의 고려시대 공예품은 중국 송·원나라 문화를 모방하였음을, 제6실 조선시대 회화의 경우는 원·명의 옛 그림에서 나온 야마토에(大和繪)의 오래된 것과 비슷한 분위기가 보이는 청록산수를 부각시켜 전시하였다. 2층 회랑(제5실)에서는 한반도의 석기 및 금석병용기의 유물을 전시하면서 세형동검은 대륙문화가 한반도를 거쳐 쓰시마(對馬), 큐슈(九州), 시고쿠(四國), 주고쿠(中國)로 전해졌음을 설명하였다. 이처럼 조선총독부박물관은 한국 문화를 중국과 일본 문화의 매개로 규정하고, 일본 문화의 원류를 설명하기 위한 부차적 존재로 인식하였던 것이다.

결국 식민지 박물관에서 재현한 한국 문화는 단지 동양 문화를 대표하는 일본 문화의 우수성을 해명하기 위한 원류로 자리매김하였다. 이로써 일찍부터 한국의 역사와 문화는 중국과 일본의 영향을 받아왔다는 역사의 타율성론을 전시유물을 통해 교육시키는 학습장으로 활용하였다. 석기시대와 금속병용시대(청동기시대)에 중국과 일본을 연결하는 중간자로서 한국의 유물을 전시하였고, 평양 부근에서 발견된 '낙랑 유물'은 한국 고대사가 중국 한나라의 영향을 받았음을 증명하는 것으로 이용하였다. 한반도 남쪽의 신라·백제·임나·가야의 유물은 일본 고대문화와 비교함으로써 고대 일본과 한반도 동남부 지역 역사 문화와의 연관성을 증명하고자 하였다. 결국 조선총독부박물관에서 보여주고자 한 것은, 역사 이래로 다른 문화의 영향을 받아 '타율적으로 진행된' 한국의 역사였다. 열등하고 타자화된 한국의 역사에 대해 문명개화된 일제의 식민지배를 정당화하는 '역사 만들기' 공간으로 박물관을 이용하였던 것이다.

이처럼 1926년 조선총독부박물관의 상설전시가 재질별 전시에서 시대별, 주제별 전시로 개편할 수 있었던 것은 고적조사를 통해 수집유물이 증가하였기 때문이다. 특히 고적조사의 결과에 가장 많은 영향을 받은 전시실은 '삼국 및 통일신라실'과 '낙랑대방실'로, 중요한 전시품들은 대부분 1910년대 후반과 1920년대 초반의 고적조사사업을 통해 확보된 유물들이었다. 이로써 고적조사사업은 조선총독부박물관 상설전시를 통해 의도한 목적을 충분히 달성하였다.

　한편 박물관 뜰에는 전국에서 옮겨온 탑비를 진열하여[137] 경복궁 전역을 전시공간으로 활용하였다. 일제는 "궁전·성책·사찰 등의 폐지(廢地)에 있는 탑·비·불상·당간·석등은 국가 소유로 보았는데, 만약 그러한 물건의 소재가 오랜 시간을 거쳐 산야, 논밭, 혹은 택지가 되어 개인 또는 마을의 소유가 된 경우라 할지라도 탑·비, 그 외 금석물은 당연히 국가 소유로 인정되어 그에 대한 선점취득은 불허하고, 또한 그 물건이 토지와 함께 토지 소유자의 소유가 되는 것은 인정하지 않는다"[138]고 하여 전국의 폐사지에 있던 유물 대부분을 조선총독부가 소유하였다.

137　조선총독부박물관 안내도에 실린 석조유물은 1. 淨兜寺三層石塔(칠곡, 고려시대), 2. 月光寺圓朗禪師塔碑(괴산, 신라시대), 3. 智光國師玄妙塔(원주, 고려시대), 4. 大鏡大師玄機塔碑(양평, 고려시대 초기), 5. 眞鏡大師寶月凌空塔 및 碑(창원, 신라시대, 銘文에 그 先祖는 任那의 왕족이었다고 함), 6. 葛項寺三層舍利塔 2기(김천, 신라시대), 7. 弘法國師寶相塔 및 碑(충주, 고려시대), 8. 安興寺三層石塔(이천, 고려시대), 9. 懶翁普濟尊者舍利塔 2기(원주, 고려시대 말기), 10. 開國寺五層石塔(개성, 고려시대 말기), 11. 法泉寺石塔 2기(원주, 고려시대)(조선총독부, 1926.4, 앞의 글, 15쪽. 이들 유물의 이전 설치 경로에 대해서는 이순우, 2003, 『제자리를 떠난 문화재에 관한 조사보고서 2』, 하늘재 참고).

138　「궁성 사찰 등의 폐지에 있는 탑비 등에 관한 구 관습 조사의 건」, 황수영 편, 2014, 앞의 책, 32-33쪽.

종합해보면, 조선총독부박물관 상설전시 진열품 내용은, 1층 중앙홀의 경우는 개관 당시부터 대형 불상들을 진열하였고, 2층 회랑은 석기·동경·동검·활자 등을 진열하였다. 1층 동쪽 전시실은 개관 후 1918년까지는 역사참고품을 전시하였다가 1921년경부터 가야·삼국·통일신라시대, 낙랑고분 발굴품을 주로 전시하였다. 서쪽 전시실은 주로 고려와 조선의 도자기 및 장식품을 전시하였고, 2층 서쪽 전시실은 초반에는 불상·금속제품·목제품을 전시하였다가 1926년경부터는 낙랑·대방실로 구성하여 관련 출토 발굴품을 중심으로 전시하였다. 동쪽 전시실에는 고구려 벽화모사도와 고려와 조선의 서화를 전시하는 등 시기별로 큰 틀에서의 변화는 없었다.[139]

그런데 박물관 상설전시를 통해 일제가 말하고자 하는 이러한 역사의식은 조선사편수회가 1932년 편찬 발간한 『조선사』의 역사인식과도 그 맥을 같이하였다. 즉 『조선사』에서는 한국이 고대부터 중국이나 일본 등 외세의 영향 아래에서 문화를 받아들여 발전하였다는 '타율성론(他律性論)'과 불교 문화를 바탕으로 한 신라·고려시대에는 그 나름대로 문화를 일구어 나갔으나 유교를 도입한 조선시대에는 사색당쟁에 치우쳐 문화를 발전시키지 못하였다는 '정체성론(停滯性論)'을 기조로 역사를 서술하였다. 타율성론에서는 고대로부터 만주와 한국의 역사가 긴밀한 관계가 있었음을 강조하는 '만선사관(滿鮮史觀)', 반도라는 지리적 조건으로 한국 역사가 부수적·주변적으로 진행되었다는 '반도적 성격론(半島的 性格論)', 그리고 한국과 일본의 조상이 같다는 '일선동조론(日鮮同祖論)', 고대 일본의 신공황후가 4~6세기까지 한반도의 동남부 지역을 식민통치

---

139 오영찬, 2018, 앞의 글, 248-249쪽, 〈표 2〉 조선총독부박물관 상설전시의 변천 참고.

하였다는 '임나일본부설(任那日本府說)' 등이 그 구체적인 내용이었다. 이미 19세기 말부터 시작하여 1910년 사이 어느 정도 정립되었던 이와 같은 역사관을 식민지 조선총독부박물관 전시유물을 통해 보여주고자 하였던 것이다.

일반적으로 한 나라의 역사박물관은 그 민족 또는 역사문화공동체의 역사를 실질적으로 입증하는 전시공간이다. 따라서 박물관에 전시하는 물품들은 전시 주체자들의 역사 이해를 구체적으로 대변해주는 나름의 정치적 목적으로 전시되게 마련이다. 그런데 이러한 실질적 작업을 역사적 공통 경험을 가진 집단이 주체적으로 직접 자신들의 역사를 전시하는 경우와는 달리 정치적으로 그 공동체를 지배하려는 권력기관이 주도권을 갖고 작업하는 경우가 많았다. 19세기 말부터 진행된 서구 제국주의의 팽창에 따라 주권을 잃어버린 나라의 역사는 외부로부터 들어온 지배세력에 의해 그 공동체의 과거가 재구성되었다. 즉 식민통치자들은 피지배 국가의 역사를 자신들의 의도에 따라 '역사 만들기' 작업을 진행하였던 것이다. 이런 면에서 '근대적 전시공간'인 역사박물관은 식민통치자들의 지배 이데올로기를 그대로 담아내기에 가장 적절한 문화공간이자, 역사인식의 재현공간이었다. 조선총독부박물관은 전시 진열품과 그에 대한 설명을 통해 이와 같은 목적을 충실히 구체화하였던 것이다.

조선총독부박물관 진열실의 구체적인 진열품은 박물관이 발행한 『박물관진열품도감』을 통해 일부나마 살펴볼 수 있다.[140] 『박물관진열품도감』에 수록된 유물의 도판수는 대략 200여 점인데, 이 가운데 가장 큰 비중을 차지하는 순서를 보면, 삼국시대 82건, 고려시대 52건, 중국 한

---

140 이순자, 2009a, 앞의 책, 331-341쪽, 〈표 5-9〉『博物館陳列品圖鑑』유물.

나라(낙랑·대방시대) 및 당나라 관련 유물 41건, 석기·금속병용기 13건, 조선시대 8건, 기타 5건이다. 가장 많은 것은 삼국시대 유물로, 출토지의 대부분은 고적조사사업 발굴조사 지역이다. 종류별로는 금속공예품·석기류·토기류가 많은 부분을 차지하였는데, 이것은 일제 식민통치하에 있던 대만총독부박물관과도 차이가 있다.

1908년에 설립한 대만총독부박물관의 개관 당시 수집품은 총 12,723점인데, 그 가운데 역사 및 교육 관련 부분은 100여 점에 지나지 않았고, 대부분 지질·광물·식물·동물·인류·농업·임업·수산업·광업·공예·무역 등과 관련된 물품들이었다. 구성도 역사부·식물부·동물부·고사족부·남지남양부(南支南洋部) 등으로 분류하여,[141] 역사박물관 성격보다는 박람회의 성격을 보였다. 반면 조선총독부박물관은 초기부터 역사 관련 유물들을 중심으로 구성하여, 고대사회부터 한국 역사의 타율성과 고대 일본문화와의 동원성(同源性)을 증명함과 함께 한국의 역사 유물을 조선총독부가 '근대적인 전시공간에서 보살펴주고 있다'는 인식을 갖게 하여 식민통치에 '감동'하게 하는 효과를 기대하였던 것이다.[142] 이와 같은 전시 목적은 비교방식을 통한 전시 진열법에서 분명하게 드러나며, 그대로 관람자들에게 전해졌다.

> 임나의 유물이 있는데 이러한 유물들은 신라나 백제의 것보다도 여전히 일본의 유물에 가까운 느낌이 든다. … 임나 유물의 진열로 삼

---

141 대만총독부박물관 편, 『창립30년기념논문집』, 3-7쪽(목수현, 2000a, 앞의 글, 71쪽 재인용).
142 이순자, 2012, 앞의 글, 180쪽.

한지방의 유물은 끝나는데, 다음 진열장에는 이상 각지의 고분에서 출토한 토기들을 진열하고 그것과 나란히 일본에서 출토된 축부토기(祝部土器, 스에기)의 일군을 배치하여 그 형식이나 소성(燒成)의 유사성에서 상대(上代) 일본과 조선 문화의 동일성(同一性)을 설명하고 있는 것은 재미있는 방법이라고 생각한다. … 이곳에는 고구려 고분 출토의 각종 동경(銅鏡)을 시대 순서에 따라 배열하고 있는데, 그 종류가 수백이다. 즉 한나라 양식의 경(鏡)에서 당·송 양식의 것, 혹은 일본식, 또는 일본장래화경 등 소인의 눈으로도 그 변천을 잘 인식할 수 있어 재미있다고 생각한다.[143]

조선총독부박물관의 관람자는 해마다 증가하였다(〈표 14〉 참고). 특히 1937년에 관람자 수가 두드러지게 증가하였는데, 이 시기는 일제가 침략전쟁 속에서 '국민'의 정신적 무장을 위해 박물관 교육을 강조하였던 때이다.

이와 같은 정세하에서 지금 국가가 요구하는 가장 중요한 것은 국가의 기초를 위해 우리 국민 자원의 저력을 향상시키는 것이다. … 교육의 기초가 견고한 국민은 작은 일에는 동요하지 않는다. 계속해서 기회에 임하고 변화에 응하여 적당한 방책을 취해야 한다. 이것은 교육의 깊이에서 오는 것으로 이를 위해서는 교육이 형식적인 학교교육에 그치지 않고 실력 배양에 가장 오랜 생명과 기초가 되는 사회교육의 진흥이 이루어지지 않으면 안 된다. 그런데 이 사회교육 진흥에

---

143 小泉顯夫, 1933.4, 「朝鮮博物館見學旅日記」, 『ドルメン: 滿鮮特輯號』, 33-34쪽.

〈표 14〉 조선총독부박물관 관람자 현황

연도	총관람자 수	조선인	일본인	외국인
1916	21,550			
1917	23,952			
1918	36,100			
1919	37,635			
1920	36,306			
1921	57,337			
1922	64,420			
1923	39,004			
1924	60,509	19,750	38,784	1,775
1925	49,061	27,483	21,182	966
1926	60,125	32,471	25,648	2,006
1927	44,716	15,280	28,129	1,307
1928	50,338	18,859	30,308	1,221
1929	46,639	16,349	28,935	1,355
1930	36,640	9,304	25,787	1,513
1931	36,142	13,980	27,163	1,399
1932	49,742	11,131	37,966	645
1933	41,371	14,577	26,099	695
1934	49,469	19,342	28,523	1,600
1935	57,165	28,004	26,526	1,635
1936	63,111	28,829	32,392	1,890
1937	98,687	61,986	34,772	1,929
1938	85,865	50,875	34,140	850
1939	104,322	62,954	39,014	2,354
1940	145,393	104,148	39,607	1,637

출처: 조선총독부, 『朝鮮總督府施政年報』 해당 연도.

구체적인 설비 중 가장 중대한 역할을 하는 것이 박물관이다.[144]

일제는 시국과 관련하여 박물관의 '사회교화'적 역할을 강조하면서

144　荒木貞夫, 1943.10, 「博物館の重要性」, 『博物館硏究』 16-10, 1-2쪽.

1932년부터 해마다 10월 말에서 11월 초순 사이에 일주일간 박물관주간을 정하여 일반인들에게 '내선관계를 홍보'하였다. 1930년대 후반 조선총독부박물관 관장을 지낸 사세 나오에(佐瀨直衛)는 시국과 관련한 박물관의 역할을 강조하였다.

> 현재 비상시국에 우리들은 반도 2,300만 민중과 함께 점점 그 단결을 견고히 하고 하나가 되어 곧장 이 시국의 해결에 매진하지 않으면 안 되며, 조선총독부박물관에서는 금년의 박물관주간에 특히 고대 내선관계의 각종 자료를 전시하여 널리 일반인의 관람이 이루어지도록 하려 한다.[145]

박물관주간에는 특별전을 개최하였는데, 1938년에는 고대 일본과 한국 관련 자료 100여 점을 선정하여 '고대내선관계자료특별전'[146]을 기획하여 '내선일체'를 강조하였다. 즉 대륙 침략을 본격적으로 진행하던 일본은 식민지 백성을 전쟁에 동원하고자 그 어느 때보다 내선일체를 강조하며 황민화정책을 추진하였던 것이다. 박물관주간의 특별전은 이와 같은 맥락에서 그 어느 것보다 홍보 효과가 컸다.

결국 조선총독부박물관은 고적조사와 '보존'을 담당함으로써 일원적인 문화재 행정을 구체화하였다. 고적조사 과정에서 수집하거나 발굴한 유물은 조선총독부박물관에 입수되어 박물관 진열품이 되었을 뿐만 아

---

145 佐瀨直衛, 1938.12,「博物館週間に於ける特別展觀と內鮮一體の史實に就て」,『朝鮮』, 38쪽.
146 조선총독부, 1938,『古代內鮮關係資料特別展觀案內』;「고대 조선 관계 자료, 백점, 특별진열, 금일부터 박물관에」,『조선일보』, 1938.11.2.

니라, 박물관 진열품을 확보하기 위해 고적조사가 이루어지기도 하였던 것이다. 박물관에 입수된 유물들은 전시공간에서 각 시대의 특질을 나타내면서 무엇보다 식민통치의 정당성을 확보하기 위해 재현되었다. 고적조사와 보존 및 박물관사업이 하나의 맥락, 즉 일제의 '역사 만들기' 과정 속에서 일관되게 진행되었던 것이다. 이렇게 제도의 정비와 본격적인 사업을 통해 조선총독부박물관은 역사 왜곡의 실제적인 교육의 장으로 자리매김하였다.

제3장
조선총독부의 고적조사

1. 고적조사위원회의 고적조사 5개년 사업 (1916~1920)

1) 제1차 연도(1916) 고적조사: 한사군·고구려 유적

조선총독부는 1916년 고적조사에 대한 법령과 기구를 마련한 후 고적조사 5개년 사업을 통해 한국의 고적조사를 본격적으로 추진하였다. 일찍이 1909년 이후 세키노의 조사사업이 일부에 지나지 않음을 언급하며 사업의 필요성을 언급하였다.

(세키노의) 조사는 반도 전체의 유적 및 유물의 일부에 지나지 않아 금후에 조사를 할 만한 것이 극히 많이 있다. 그런데 근년에 토지 이용이 왕성한 반면 각지의 유적은 날로 훼손되어가고 유물의 가치도 점차 세상 사람들에게 알려지므로 종래 그 단속을 엄하게 함에도 불구하고 몰래 이를 도굴하니 대개 이를 도굴하여 파는 자가 오늘날 자취가 끊이지 않고 있다. 이와 같은 상태로 지나쳐버린 귀중한 유적 및 유물은 점차 망실되어가고 다시 이것을 조사 보존하지 못함으로써 이에 신속히 조사를 수행하여 보존 방법을 정할 필요가 있다고 인식하며, 이번에 새로이 근본적인 계획을 세워 대략 이후 여러 해에 걸쳐 조선 전 국토에 걸친 세밀한 조사를 수행하고, 이로써 반도 고래(古來)의 유적 및 유물을 천명하고 동시에 이에 대한 보존 방침을 확립하도록 한다.[1]

---

1 兒玉秀雄, 1916.8, 「古蹟調査事業」, 『朝鮮彙報』, 1쪽.

1916년 8월 12일에 '고적조사 5개년 계획', '다이쇼 5년도 고적조사계획 및 설명', '유적 및 유물 등록', '고적및유물보존' 등의 안건으로 제2회 고적조사위원회를 개최하였다. 고적조사 5개년 계획의 연도별 조사 지역은 〈표 1〉과 같다.

〈표 1〉 고적조사사업 5개년 계획

연도	조사 범위	조사 지역
제1차 연도(1916)	한치군 및 고구려, 유사전(有史前)	황해도, 평안남북도, 경기도, 충청북도
제2차 연도(1917)	전년도 잔여, 삼한, 가야, 백제 유사전	경기도, 충청남북도, 경상남도, 전라남북도
제3차 연도(1918)	전년도 잔여, 신라, 유사전	경상남북도, 전라남북도
제4차 연도(1919)	전년도 잔여, 예맥, 옥저, 발해, 여진, 유사전	강원도, 함경남북도, 평안남북도
제5차 연도(1920)	전년도 잔여, 고려, 유사전	경기도

제1차 연도인 1916년의 사업은 『대정 5년도 고적조사시행안』에 황해도 고분 64기, 평안남도 고분 186기, 평안북도 고분 50기 등 한치군(漢置郡)과 고구려고분을 조사하고, 조사 과정에서 새로이 조사가 필요한 것이 생기면 추가하여 조사하는 것으로 계획하였다. 첫해에 한치군과 고구려 유적·유물에 관심을 보인 이유는, 역사 이래로 한반도가 중국의 지배하에 있었음을 강조함으로써 한민족의 자주성을 부인하고 일제의 침략과 지배를 역사적으로 정당화하며, 그들이 주장하는 식민사관의 근거를 유적과 유물로 증명하고자 하는 고적조사사업의 본래 목적을 분명하게 보여주고자 함이었다. 이 점은 세키노도 언급하였다.

중국으로부터 받은 문화를 일본에 수출하였고, 또한 다소 일본의 감화도 입었다. 이처럼 조선은 예로부터 중국 문화의 은혜를 입었고 역대로 그 침략을 받아서 항상 그에 복속하기에 이르렀다. 또한 때때로 일본의 공격을 받기도 하였다. 어떻든 국가로서도 영토가 협소하고 인민이 적어 중국이나 일본에 대항하여 완전히 독립국을 형성할 실력도 없으므로 자연히 사대주의와 퇴색한 고식주의에 빠져 국민의 원기도 차츰 닳아 없어지기에 이르렀다.[2]

일찍이 한국에 대한 고건축 및 고적조사에 참여한 일본 관학자의 역사인식이 이러하듯 1916년 첫해 고적조사의 방침은 한사군의 통치를 증명하며, 한국 역사의 타율적이며 외인론적(外因論的)인 모습을 규명하고자 하였다.

조사는 일반조사와 특별조사로 구분하였다. 일반조사의 방침은 첫째, 평양 부근 및 황해도 황주·봉산 부근의 고적을 조사하고 점차로 지역을 넓혀갈 것, 둘째, 한사군 시기에 남부에 삼한이 존재하였으나 그에 대한 조사는 신라·백제 등을 조사할 때 탐사할 것, 셋째, 한사군 지역과 가까운 평남 용강·강서 지역의 고구려 유적을 조사할 것, 넷째, 조선 및 선사시대 유적 조사는 이상의 지역을 조사할 때 편의상 실시할 것, 다섯째, 그 외 임시로 시급하거나 박물관 진열품의 수집에 필요성이 있으면 조사 수집할 것 등이었다. 따라서 조사 범위는 한치군, 고구려시대, 유사 이전의 유적으로, 지역은 황해도 17군, 평안남도 1부 14군, 경기도 1부 15군, 충청북도 4군, 평안북도 4군이었다. 조사 기간은 1916년 8월부터 1917년 3월까지였다. 특별조사는 시급하게 연내 발굴조사가 이루어져

---

2 關野貞, 2005, 『朝鮮の建築と藝術』, 岩波書店, 4-5쪽.

〈표 2〉 1916년 고적조사 팀별 조사 지역

조사 위원	조사 지역	조사 기간
이마니시 팀	한강유역 한대 유적: 경기도 고양군·양주군·광주군·이천군·여주군·가평군 특별조사: 개성 및 강화고분, 고려능묘 소재 조사	1916.8.21~
구로이타 팀	대동강 중심의 한민족 분포 상태 조사: 평남 용강군·은율군, 평북 용천군·정주군·안주군, 평양	1916.8.23~9.11
세키노 팀	평양 근처 낙랑군 및 고구려 유적 조사: 대동군·용강군·순천군	1916.9.21~11.28
도리이 팀	평남, 황해도 일대 선사시대 유적 조사	1916.9.28~

출처: 조선총독부, 1917, 『大正五年度朝鮮古蹟調査報告』.

야 할 지역으로, 개성 양릉리 고분 1기, 강화도 내가리 고분 1기, 나주 반남면 고분 약 10기, 금산군 내 고분 약 5기, 경주 사천왕사지 일원으로 하였고, 박물관 진열품 수집을 위해 개성 및 강화 고분 약 200기를 지정하였다.[3]

당시 조사위원(4명)으로 세키노, 구로이타, 이마니시, 도리이와 보조(2명) 촉탁 야쓰이, 구리야마, 제도·사진 등의 작업을 위해 파견한 박물관 직원(4명) 오바, 노모리, 오가와, 사와를 나누어 동행하게 하고, 토목국 영선과 기수 1명, 평남도청 기수 1명을 보조로 배치하였다. 조사는 고적조사위원을 중심으로 팀을 나누어 진행하였다(〈표 2〉 참고).[4]

세키노 일행은 평양 부근의 한(漢)과 고구려 유적을 조사하기 위해

---

3   조선총독부, 1917, 「大正五年度古蹟調査施行案」, 『大正五年度朝鮮古蹟調査報告』, 10-12쪽.
4   조선총독부, 1917, 위의 글, 15-16쪽.

평양 대동강면 낙랑고분 10기의 발굴조사를 시작하였다. 조사 지역인 평남 대동군 대동강면 정백리 5기[1호·2호·3호(小場恒吉)/151호·153호(野守健)], 석암리 5기[6호(栗山俊一·野守健)/9·99·120·253호(小川敬吉)]의 낙랑군 목곽묘와 전실분의 발굴조사가 주목할 만하다. 초고속으로 진행된 이 지역 발굴조사 가운데 특히 석암리 9호분에서 순금제교구(純金製鉸具), 거섭(居攝) 3년명 칠반(漆盤)을 비롯한 많은 유물을 발굴하였다. 이로써 "낙랑고분에는 순금보화가 무더기로 묻혀 있다"는 소문이 나돌면서 고려자기를 도굴하던 도굴꾼들이 대거 평양 일대로 몰려들어 "평양 부내에는 갑자기 낙랑열(樂浪熱)이 전염병처럼 만연하여 낙랑의 명성은 천하에 떨쳐 퍼지게 되어"[5] 낙랑고분의 대난굴시대가 되었다. 이에 세키노는 긴급한 조치를 요청하였다.

도굴로 인하여 평양 방면의 발굴이 곤란하였다. 작년 봄(1916)에 토민들의 도굴이 시작되어 그 출토품을 호사가들이 다투어 구하는 바람에 날로 도굴이 장려되는 결과를 낳게 되었다. 이미 50~60기의 고분이 모두 파괴되었으며, 우리가 작년 10월에 평양에 거할 때 이러한 출토유물의 양이 많음과 진귀한 것을 보고 놀랐다. … 토민들의 도굴로 귀중한 유적이 사라지는 것이 너무나 애석하여 도청·부청 당국자에게 단속을 한층 엄중히 할 것을 당부하였다. 총독부에는 속히 적당한 조사 방침을 취해줄 것을 진언하였다.[6]

---

5   八田蒼明, 1934, 『樂浪と傳說の平壤』, 평양연구소, 8쪽.
6   關野貞, 2005, 앞의 책, 256쪽.

평양의 고분도 개성고분처럼 함부로 도굴될 것을 염려하여 도청이나 부청에서 엄중히 단속해줄 것을 요청하였다. 그럼에도 불구하고 엄중한 단속은 고사하고 도리어 관직에 있는 일부 사람들이 토민(土民)보다 앞질러 출토품을 구하거나, 어떤 경우는 경찰서에 보관 중인 발굴품이 소실되는 경우도 있었다.

한편, 세키노는 평양 외곽인 대동군 시족면 대성산 자락의 안학궁 터 주변의 천 수백 기에 이르는 고구려고분 가운데 동쪽 기슭의 노산리에서 개마총(鎧馬塚)을 발굴하였다.[7] 이 밖에도 시족면 관내에서는 내리의 남 고분군과 서북총, 토포리 대총, 호남리 사신총과 금사총 등을 조사하였다. 이 가운데 평양 호남리 사신총은 일대 고분군 중 가장 규모가 큰 고분이었다. 그리고 용강읍 서북쪽에 있는 황산 일대에서는 삼실총, 이실총, 칠실총 등 여러 방이 있는 무덤들이 다양하게 확인되었다. 이 무덤들은 대성산성이나 안학궁의 연대로 보아 대략 장수왕의 평양 천도 이후 고구려가 멸망할 때까지의 2세기 남짓 동안 이루어진 것으로 추정하였다.[8]

한편 『대정 5년도 조선고적조사보고(大正五年度朝鮮古蹟調査報告)』에 제출한 이마니시의 「고려제능묘조사보고서(高麗諸陵墓調査報告書)」에는 경기 일대 고려고분의 도굴 실태를 언급하였다(〈표 3〉 참고).

능묘는 총 53기인데, 그 가운데 소재가 명확한 것은 30기로 왕실 관계 능으로 전해지며, 능명을 잃은 것도 23기였다. 이 가운데 고려 태조

---

7 關野貞, 1917, 「平安南道大同郡·順川郡·龍岡郡古墳調査報告書」, 『大正五年度古蹟調査報告』.
8 지건길, 2016, 앞의 책, 45-46쪽.

〈표 3〉 경기도 일대 고려 왕릉 피해 실태

왕대	능명	소재지	비고
1	원창왕후 온혜릉(元昌王后 溫鞋陵)	개성군 송도면 만월정 쌍폭동	심히 황폐
	세조 창릉(世祖 昌陵)	개성군 남면 창릉리 영안성내	1917년 전후 이미 도굴당함
	태조 현릉(太祖 顯陵, 神惠王后祔葬)	개성군 중서면 곡령리 태조릉동	근년(1906년 전후) 도굴, 광의 일부 함락(『고종실록』43년 1월 16일)
	신성왕후 정릉(神成王后 貞陵)	개성군 상도면 상도리 봉곡동	1917년 이전 도굴
2	혜종 순릉(惠宗 順陵, 義和王后 林氏祔葬)	개성군 송도면 고려정 자하동	
3	정종 안릉(定宗 安陵, 文恭王后 朴氏祔葬)	개성군 청교면 양릉리 양릉동	심히 황폐
4	광종 헌릉(光宗 憲陵)	개성군 영남면 심천리 적유현	2회 도굴되었다고 전함
5	경종 영릉(景宗 榮陵)	개성군 진봉면 탄동리 진봉산 동측	1917년 이전 도굴
6	재종 태릉(戴宗 泰陵)	개성군 중서면 곡령리 해안동	십수 년 전 도굴되었다고 전함
	성종 강릉(成宗 康陵)	개성군 청교면 배야리 강릉동	능 가운데 가장 황폐, 민묘에 도굴한 석재가 보임. 1911년경 도굴
7	목종 의릉(穆宗 義陵)	개성군 성 동쪽(위치 불명)	
	안종 무릉(安宗 武陵 혹은 乾陵)	개성군 영남면 현화리	
	헌정왕후 원릉(獻貞王后 元陵)	개성군 영남면 현화리 무릉 남쪽	
8	현종 선릉(顯宗 宣陵)	개성군 중서면 곡령리 능현동	
9	덕종 숙릉(德宗 肅陵)	개성군 北郊(위치 불명)	
10	정종 주릉(靖宗 周陵)	개성군 北郊(위치 불명)	
11	문종 경릉(文宗 景陵)	장단군 진서면 경릉리	
12	순종 성릉(順宗 成陵)	개성군 상도면 풍천리 풍릉동	1912년경 도굴
13	선종 인릉(宣宗 仁陵)	개성군 성 동쪽(위치 불명)	
14	헌종 은릉(獻宗 隱陵)	개성군 성 동쪽(위치 불명)	
15	숙종 영릉(肅宗 英陵)	장단군 진서면 판문리 구정동	
16	예종 유릉(睿宗 裕陵)	개성군 청교면 유릉리 총릉동	심히 황폐. 능의 부속지 내의 고려 소묘도 도굴한 흔적이 보임
17	인종 장릉(仁宗 長陵)	개성군 성 서쪽	
18	의종 희릉(毅宗 禧陵)	개성군 성 동쪽(위치 불명)	
19	명종 지릉(明宗 智陵)	장단군 장도면 두매리 지릉동	1916년경 3회 도굴
20	신종 양릉(神宗 陽陵)	개성군 청교면 양릉리 양릉동	심히 황폐. 석재를 도굴당함

왕대	능명	소재지	비고
21	희종 석릉(熙宗 碩陵)	강화군 양도면 길정리	근년 도굴
22	강종 후릉(康宗 厚陵)	개성군 영남면 현화리	
	원덕태후(元德太后, 康宗侯妃, 高宗妣) 곤릉(坤陵)	강화군 양도면 길정리	심히 황폐. 2~3회 도굴
23	고종 홍릉(高宗 洪陵)	강화군 부내면 국화리	심히 황폐. 3~4회 도굴
24	원종 소릉(元宗 韶陵)	개성군 영남면 소릉리 내동	메이지 말년경(1910년대 초) 도굴, 내부에 마편과 같은 유품이 남아있었는데 그 후 다시 도굴하여 가져감. 수리 후 다시 발굴
	순경태후(順敬太后, 元宗妃) 가릉(嘉陵)	강화군 양도면 능내리	1907년경 도굴. 일본인 약 20명이 와서 도굴해감
25	충렬왕 경릉(忠烈王 慶陵)	개성군 부 서쪽(불명)	
	제국공주(齊國公主, 忠烈王妃) 고릉(高陵)	개성군 중서면 여능리 고릉동	귀중품이 부장되었다 하여 일찍부터(충혜왕 2년, 1341) 도굴. 근년엔 1917년 이전 도굴
26	충선왕 덕릉(忠宣王 德陵)	개성군 부 서쪽(위치 불명)	
27	충숙왕 의릉(忠肅王 毅陵)	개성군(불명)	
28	충혜왕 영릉(忠惠王 永陵)	개성군(불명)	이미 도굴
29	충목왕 명릉(忠穆王 明陵)	개성군 중서면 여능리 명릉동	도굴 흔적이 보임. 광벽에 채색화 존재
30	충정왕 총릉(忠定王 聰陵)	개성군 청교면 유릉리 총릉동	근년 도굴 흔적이 보임
31	공민왕 현릉(恭愍王 玄陵)	개성군 중서면 여능리 정릉동	1917년 이전부터 3~4회 발굴되었다고 전함. 1929년 총독부에서 수축
	노국공주 정릉(魯國公主 正陵)	개성군 중서면 여능리 정릉동	1917년 이전부터 3~4회 발굴되었다고 전함. 1929년 총독부에서 수축
32	공양왕릉(恭讓王陵)	고양군 견달산(?)	
失名 陵			
	七陵洞 제1~7릉	개성군 중서면 곡령리 칠릉동	
	宣陵群 제2~3릉	개성군 중서면 곡령리 능현동	
	明陵群 제2~3릉	개성군 중서면 여릉리 명릉동	

왕대	능명	소재지	비고
	西龜陵	개성군 중서면 여릉리 두문동	
	韶陵群 제2~5릉	개성군 영남면 소릉리 내동	
	冷井洞 제1~3릉	개성군 영남면 소릉리 냉정동	
	東龜陵	개성군 영남면 용흥리 팔자동	30년 전에 도굴되었다 함
	花谷陵	개성군 영남면 용흥리 화곡	
	月老洞 제1~2릉	개성군 영남면 용흥리 화곡	22~23년 전에 도굴 및 발굴되었다 함

출처: 今西龍, 1917, 「高麗諸陵墓調査報告書」, 『大正五年度朝鮮古蹟調査報告』; 개성도서관 편, 1927, 『開城郡高麗王陵誌』; 경기도 편, 1937, 『京畿地方의 名勝史蹟』, 조선지방행정학회.

의 현릉(顯陵)은 1902년 세키노가 한국에 왔을 때 비교적 자세하게 조사한 적이 있는데, 당시에는 도굴 흔적이 전혀 없었다.[9] 『고종실록』 43년(1906) 1월 16일 자에 "예식원 장례경(禮式院掌禮卿) 남정철(南廷哲)이 음력 11월 8일 밤에 머리를 깎고 검은 옷을 입은 도적 수십여 명이 고려왕조의 현릉을 파헤친 문제를 아뢰니"라고 하여 도굴을 언급하였다. 그로부터 10년 후인 1916년 이마니시가 조사할 때 이미 다시 도굴당하여 광의 일부가 함몰되어 있었다.[10]

또한 조선시대 왕릉의 표본이 되었던 공민왕의 현릉(玄陵)과 노국공주의 정릉(正陵)은 쌍릉의 형태로, 일찍이 부장품이 풍부할 것으로 알려져 있었다. 이마니시의 기록에 보면 "본 릉은 이미 도굴한 흔적이 명백하다"며,[11] 이미 3~4회 도굴의 화(禍)를 입었다고 하였다. 이후 1922년

---

9 關野貞, 1904, 앞의 책, 96-99쪽 참고.

10 今西龍, 1917, 「高麗諸陵墓調査報告書」, 『大正五年度朝鮮古蹟調査報告』, 308쪽.

11 今西龍, 1917, 위의 책, 408쪽.

에는 큰 비로 봉토의 일부가 함몰되었는데 이는 여러 차례 도굴되었기 때문이었다. 명종의 지릉(智陵)도 이미 세 차례 도굴되었는데, 조사 결과 광(壙) 내부에서 여러 점의 청자·동전·관식 파편 등을 수습하였다. 이것은 인종의 장릉(長陵)의 수습 유물과 함께 『조선고적도보』 제7책에 도판이 실렸다. 아유카이 후사노신에 의하면 이것은 1907~1908년경에 도굴되었고, 출토유물은 모두 일본으로 반출되었다고 하였다.[12] 이처럼 개성 지역에 있던 고려고분의 대부분은 고려청자의 부장지로 도굴의 화를 당하였다. 그리고 이렇게 도굴된 유물들은 정확한 출토지와 수량을 전혀 알 수 없는 상태에서 대부분 여러 경로를 통해 개인 소장가들에게 넘겨져 원소재지에서 유출되었던 것이다.

고적조사 5개년 사업의 첫해인 1916년도 조사는 세키노를 중심으로 한사군 유적 발굴조사를 주요 대상으로 실시하였으며, 이마니시가 고려 능묘에 대한 발굴조사를 통해 조사 결과를 정리하였다. 첫해에 주목하였던 낙랑군은 한(漢)의 군현으로 기원전 108년부터 기원후 313년까지 420년간 존속하였다. 19세기 말 근대 역사학 성립 이후 한사군 연구는 일제 식민사학의 타율성론과 밀접한 관련을 가지고 연구되어온 주제였다. 즉 한사군의 설치로 인해 한국 고대사회는 원시 미개단계에서 본격적인 문명단계로 이행되었음을 주장하고자 하였던 것이다. 일제는 역사를 통해 식민지배의 당위성을 찾고자 하였고, 일제에 의해 진행된 고적조사 또한 이를 뒷받침하기 위한 작업으로 시작하였던 것이다. 1916년의 이와 같은 대규모 학술적 조사는 일본에서는 그 유례를 찾아

---

12 鮎貝房之進, 1914, 「高麗の花(高麗燒, 明治 41)」, 『朝鮮及滿洲之硏究』 1, 조선잡지사, 354-355쪽.

볼 수 없는 것이었다고 하였다.¹³

특별히 1916년에 구로이타는 황해도와 평안도를 조사하였는데, 일반인을 대상으로 그 성과를 서술한 것이 「대동강 부근의 사적」(1916)이다.¹⁴ 구로이타는 이 글에서 '조선 역사의 출발점'에 대해 자체 조사를 통해 문제를 제기하였는데, 결론적으로 한국의 역사는 중국의 문명을 가장 빠르게 수용한 평양에서 찾을 수 있으며, 이 땅에 중국 문명이 전해져서 민족의 이동과 동요가 일어나 일본 민족의 기원에도 영향을 미쳤다고 주장하였다. 그러면서 세키노의 고적조사를 인용하여 고고학적으로 낙랑 유적이 있는 평양이 최초의 중국 문화 수용 지역이었고, 바로 한국 역사의 출발점이라 강조하였다.¹⁵ 또한 세키노는 "조선의 미술은 낙랑군시대에 한(漢)의 양식을 수입하였고 삼국시대, 통일신라시대에 들어와 정점에 달했으며, 고려시대에는 다소 쇠하였다가 조선시대는 일층 쇠퇴 추락했다"고 하였다.¹⁶ 한국 미술의 시작을 낙랑에서 찾음으로써 중국 문화의 영향을 강조함과 동시에 이후 점차 쇠퇴해가는 부정적인 측면을 의도적으로 부각시켜 한국 문화의 타율성을 강조하기 위한 자료 수집에 역점을 두었다.

2) 제2차 연도(1917) 고적조사: 삼한·가야·백제 유적

1917년 제2차 연도 고적조사계획안은 1917년 3월 22일 '제5회 고

13　藤田亮策, 1963, 앞의 글, 78쪽.
14　黒板勝美, 1916.11, 「大同江附近의 史蹟」, 『朝鮮彙報』.
15　이성시, 2015, 앞의 글, 28쪽.
16　關野貞, 1923, 「朝鮮美術史」, 『朝鮮史講座』(정규홍, 2016, 앞의 책 권4, 192쪽 재인용).

적조사위원회'에서 발표하였는데, 전년도의 잔여 부분과 한·고구려와 경기도, 충남북, 전북의 삼한·가야·백제 지역과 경상도를 조사하기로 하였다. 전년도와 마찬가지로 일반조사와 특별조사로 구분하였으며, 특별조사는 박물관 진열품 수집에 필요한 전남 나주군 반남면, 기타 수개소를 예정하였다. 조사 기간은 1917년 5월 7일부터 1918년 1월 14일까지였다. 조사에 참여한 조사 인원은 구로이타·세키노·이마니시·도리이·야쓰이 등 5명 이외에 측량·제도·촬영 등을 위해 박물관 직원 4명(오바, 야수, 오가와, 사와), 토목국 직원 1명, 임시 고용인 1명과 통역으로 중추원 직원 2명이 동행하였다.[17] 고적조사위원을 팀장으로 하는 팀별 조사로, 고적조사위원은 1차 연도와 동일하며, 기술이나 실무 업무를 담당하는 조사원들이 다소 확충되었다(〈표 4〉 참고).

그러나 1917년에는 계획과 달리 전년도 조사에서 빠졌던 지역을 추가함에 따라 야쓰이는 봉산군 장무이묘, 입봉리 제9호분, 유정리 제3호분, 양동리 제3·5호분 등 대방군 관련 유적을 조사하였다. 그리고 부여 능산리고분 내의 사신도와 연화문 벽화를 소개하여 학계는 물론 도굴꾼들의 주목을 받았다. 당시 야쓰이는 "이 지방의 고분들은 일찍이 당나라 병사들이 철저하게 도굴하여 남아 있는 유물이 극히 드물다"[18]고 하여 일본인들의 도굴 만행을 은폐하려 하였다.

가야 및 신라고분이 많은 낙동강 하류와 경주 지역은 일찍부터 일본인들이 일확천금을 꿈꾸며 건너온 곳이었다. 창녕·고령·함안·김해·성주·선산 등지의 수많은 가야고분들은 이른바 '임나일본부설'의 물증을

---

17 조선총독부, 1920, 『大正六年度古蹟調査報告』, 11쪽.
18 谷井濟一, 1920, 「扶餘郡陵山里古蹟調査報告」, 『大正六年度古蹟調査報告』, 628쪽.

〈표 4〉 1917년 고적조사 팀별 조사 지역

조사 위원	조사 지역	조사 기간	비고
구로이타 팀	경상도 가야시대 고분 및 성지: 고령·김해	1917.8.27~	
이마니시 팀	경상도 가야시대 분포조사와 발굴조사: 선산군·함안군·창녕군·달성군·고령군·성주군·김천군	1917.9.23~11.25	
세키노 팀	고구려 관계 유적: 운산군·위원군, 중국 봉천성 집안현, 초산군	1917.6.11~	「평안북도 및 만주 고구려고적조사 약보고」(關野貞)
야쓰이 팀	황해도 봉산군, 대방군 관계 유적: 봉산군·평남 순천군, 평북 운산군	1917.5.7~	「황해도 봉산군, 평안남도 순천군 및 평안북도 운산군 고적조사약보고」(谷井濟一)
	경기도와 충남 백제 관계 유적: 경기도 광주군·고양군, 충남 천안군·공주군·청양군·논산군·부여군, 전북 익산군	1917.9.21~	
도리이 팀	경상도 석기시대 유적 외: 경주군·영주군·안동군·대구부·달성군·거창군·합천군·진주군·사천군·고성군·통영군·동래군·밀양군·김해군	1917.10.24~	

출처: 조선총독부, 1920, 『大正六年度古蹟調査報告』.

찾기 위해 일본인 도굴꾼들에 의해 마구잡이식으로 무참히 파괴되었다. 이마니시는 그 가운데 완전한 고분 2기(말이산 제5·34호분)를 발굴하였는데, 제34호분은 함안 최대의 고분으로 외형적인 규모뿐만 아니라 부장유물의 규모도 상당하였다. 당시 이 지역에서 출토된 많은 양의 유물은 국립중앙박물관과 도쿄국립박물관에 소장되어 있는 일부를 제외하고는 유물의 소재를 알 수가 없다. 다만 도쿄국립박물관이 소장하고 있는 오구라컬렉션의 금동투조관모와 새날개모양 관식, 금동 신발 등이 창녕 출토품으로 전해지고 있을 뿐이다.[19]

선산군 일대 고분은 다른 지역에 비해 도굴의 화를 가장 심하게 입었다는데 이마니시는 이를 다음과 같이 언급하였다.

> 선산군에는 약 1천 기 혹은 그보다 더 많은 수의 고분이 있는데, 2~3년 전부터 고분 유물을 장난감처럼 가지고 노는 나쁜 풍습이 생겨나서 수단과 방법을 가리지 않고 이득을 얻고자 하는 무리가 있어 모두 무뢰한에 의해 도굴되었다. … 군집한 고분이 도굴되어 파괴되고 황폐화된 참상은 차마 눈뜨고 볼 수 없고, 실로 잔인하고 모질기 그지없어 심히 공포스럽다 할 수 있다. 일이 이렇게까지 된 원인에 대해서는 지금 설명하지 않더라도, 현대인의 죄악과 땅에 떨어진 도의를 보고자 한다면, 이곳 고분군을 보아야 할 것이다.[20]

일제가 이마니시와 같은 관학자를 앞세워 가야의 선산군 고분을 집중 조사하게 한 이유는 일본의 식민정부였던 '임나일본부'가 그 지역에 존재하였다는 것을 증명하기 위함이었다. 그러기에 가야 지역은 일찍부터 일본 관학자들의 조사·도굴이 횡행하였으며, 도굴된 많은 유물이 일본으로 반출되었던 것이다.

1917년에 구로이타에 의해 발굴된 고분의 유물들의 일부가 『조선고적도보』 제3권에 실렸는데, 소장처는 모두 도쿄제국대학 문과대학으로 되어 있었다. 도쿄제대 고고학회 월례회 주제 강연에서 구로이타는 한국 남쪽 지역의 고분 발굴 목적이 임나일본부설을 증명하기 위한 것이었다

---

19 황수영 편, 2014, 앞의 책, 124쪽.
20 조선총독부, 1920, 『大正六年度古蹟調査報告』, 30쪽.

고 분명히 밝혔다.

다음 내가 주의한 사항은 산성과 고분의 관계이다. 고령·진주·고성·창녕·함안 지방에 산성이 있는 경우에는 산성을 기점으로 하여 고분이 방사선상으로 되어 있다. 연주식 고분과 산성이 관계가 있다고 생각한 결과, 더욱 나아가 일본부는 어느 곳에 있었는가를 살펴보게 되었다. 『일본서기』에 따르면 일본부는 최초에는 김해·함안에 있었다고 한다. 막상 일본부라고 전하여도 조선풍인 것이 틀림없다. 내가 조사한 결과 함안·김해는 모두 일본부 소재지라고 추정할 만하나 그 자취는 이미 사라져서 다시 이것을 찾을 방법이 없는 것이 유감이다.[21]

그러나 특별히 증명할 만한 유물이 발견되지 않아 아쉬워하며, 그나마 대부분의 발굴 부장품들을 일본으로 반출해갔다.

3) 제3차 연도(1918) 고적조사: 신라 및 선사 유적

1918년 3월 27일 제8회 고적조사위원회에서 제3차 연도 고적조사 계획을 논의하였다. 일반조사는 충청도·전라도·경상도에 있는 신라, 유사 이전, 조선시대의 유적·유물과 전년도 조사 대상지였던 삼한·가야·백제의 유적 가운데 잔여를 조사하는 것이었다. 신라의 유적으로는 경북 경주·고령, 경남 김해·함안 및 전남의 주요한 지점 일부를 조사하고 나

---

21 考古學會, 1925.11, 「考古學會記事」, 『考古學雜誌』 6-3, 173쪽.

<표 5> 1918년 고적조사 팀별 조사 지역

조사 위원	조사 지역	조사 기간
구로이타 팀	중국 봉천성 집안현 광개토대왕비 외, 함남 함흥군 진흥왕순수비 외, 경남 부산·동래·서생포·장기·울산·임랑·귀보, 경주	1918.6.13~7.29
하라다 팀	경주군 내동면 보문리 고분, 경산군 압량면 대동, 조영동 고분군(미발굴), 김천군, 상주군	1918.7.26~8.29
하마다 팀(우메하라)	성주군(성산동 1·2·6호분), 고령군(지산동 1·2·3호분), 창녕군(교동 21·31호분), 부여 유적	1918.9.25~10.27
야쓰이 팀	황해도 봉산 산수면·문정면·토성면, 개성·장단 황해도 황주 경기도 고양군 전남 나주 반남면 순천·여수·고성·함안·창녕	1918.7.3~7.16 1918.9.18~9.20 1918.9.28~10.4 1918.10.16~11.5 1918.11.9~12.24

머지는 다음 연도에 마치도록 하였다.[22] 특별조사는 압록강 연안의 고구려 유적 및 함경남도, 강원도의 신라 유적·유물조사를 계획하였다.

이때부터는 조사원이 대폭 늘어나 구로이타, 야쓰이와 함께 교토대의 하마다와 우메하라, 도쿄제대의 하라다가 본격적으로 고적조사에 참여하였다. 그리고 측량·제도·촬영 등을 위해 하야시(林漢韶)를 비롯한 조선총독부박물관 직원 5명이 나누어 동행하였다. 이 중 하마다와 우메하라는 일반조사를, 이케우치는 특별조사를 실행하였다. 조사 기간은 1918년 4월부터 1919년 3월까지였다. 이렇게 발굴조사팀을 새롭게 구성하고 1918년과 1919년 고적조사에 세키노가 참여하지 않은 것은, 그가 1918년 2월 문부성의 명령으로 유럽 유학을 떠났기 때문이었다.[23]

---

22   「古蹟調査の狀況」,『朝鮮彙報』, 1918.11, 90쪽.
23   高橋潔 외, 2005,「關野貞の朝鮮古蹟調査」,『關野貞アジア踏査』, 東京大學綜合研究博

하마다와 우메하라는 가야 지역 발굴조사에, 하라다는 경주 일대를 중심으로 신라고분을 집중 발굴조사하였다. 특히 야쓰이 팀이 1917년부터 1919년까지 조사한 전남 나주군 반남면 고분군과 1918년 겨울부터 1919년까지 실시한 경남 창녕군 고분의 발굴조사는 도합 100기 이상의 고분을 조사함으로써 규모도 컸으며, 출토품의 양도 많아 이를 정리하고 보고서를 작성하는 일이 지연되었다.[24] 우메하라는 "다수의 창녕 고분군은 야쓰이의 발굴 이후 이어진 지방 인사의 도굴로 인하여 지금은 전부가 내용물을 잃었다고 할 정도였다"고 하였다.[25] 그리고 금은제 장신구, 옥류, 철제 무기, 마구, 토기 등 막대한 양의 출토품은 1921년 야쓰이가 한국을 떠나면서 1928년 도쿄제실박물관으로 반출해갔다.

완전히 미공개분을 발굴하면서도 대개 2~3일 만에 조사를 마치는 등 많은 고분을 짧은 기간에 발굴조사하였기에 고고학적 조사의 기본도 갖추지 않고, 서둘러 부장품 수집에만 치중하고 마무리하였다. 1918년 9월 27일부터 한 달여 만에 이루어진 지산동 제1·2·3호분, 성산 제1·2·6호분, 창녕군 교동 제21(도굴분)·31호분 등이 그 예이다.

지산동 제1호분(도굴분)[26]
- 10월 14일 인부 10명이 발굴 개시, 먼저 봉토 서반부 위쪽을 파헤쳐 석실 위치 확인. 일찍이 도굴을 당한 흔적이 있는 석실에서 약

物館, 245쪽.

24　梅原末治, 1974, 『朝鮮古代の文化』, 國書刊行會, 11쪽.

25　梅原末治, 1972, 『朝鮮古代の墓制』, 國書刊行會, 108-109쪽.

26　濱田耕作·梅原末治, 1921, 「慶尚北道·慶尚南道 古墳調査報告書」, 『大正七年度古蹟調査報告』, 28-30쪽.

간의 유물을 채집하고 석실을 실측, 복구공사는 동일 오후 5시까지 완료.

지산동 제2호분(도굴 미수분)[27]
- 10월 14일 제1호분 발굴에 참여한 인부 8명이 참여. 오전 10시 반에 봉토 중앙부를 열기 시작하여 2시간 만에 석실 천정석에 도달. 우메하라의 독려로 동북방 저부를 조사하여 토기 채집.
- 10월 15일 인부 5명이 발굴을 지속. 창신(槍身), 도자(刀子), 토기 등을 채집하고 오후 5시까지 조사 완료, 오후 5시에 복구 완료.

지산동 제3호분[28]
- 10월 14일 오후 2시경 도로공사 중 구릉 일단을 자르면서 석실을 발견하여 앞의 2호분 발굴조사 중 우메하라가 듣고 직접 현장에 가 공사를 중지시키고, 하마다가 유물 채집 후 바로 도괴시킴.

 지산동 제1·2·3호분 출토유물의 일부는 『조선고적도보』 제3권에 수록하였는데, 고령 수집 주산 부근 고분 발견 도기(도판 788-790)와 주산 동남산복 고분 부장품(도판 784-787)이 모두 도쿄제대 공과대학 소장으로 수록되어 있어 상당수의 발굴유물이 일본으로 반출되었음을 알 수 있다.
 창녕군 대고분은 대부분 파괴되었고 겨우 미공개 석실분 하나를 발

---

27 濱田耕作·梅原末治, 1921, 위의 책, 31-38쪽.
28 濱田耕作·梅原末治, 1921, 위의 책, 39-42쪽.

견하였다. 당시 교동 제31호분의 경우는 나흘 동안 발굴이 이루어졌는데, 20명이 참여하여 발굴조사를 실시할 정도로 대규모였다.

창녕군 교동 제31호분[29]
- 10월 19일 오후 4시 인부 20명을 동원하여 발굴 착수. 봉토 북복(北腹) 중앙부에 구멍을 뚫어감.
- 10월 20일 오전 10시 석실 일부에 도달. 오후 3시에 목적지에 도달하여 내부조사를 개시. 토기 66개와 금제이식, 관옥, 소옥 등 상당 유물 채집.
- 10월 22일 오전 9시 조사를 종료하고 복구공사는 창녕공립보통학교장 하시모토(橋本良藏)에게 위탁함.

다수의 창녕 고분군은 야쓰이의 발굴 후 계속적으로 지방 인사들에 의한 도굴이 성행하여 지금은 거의 내용물을 잃었다고 할 정도이다. 그간 2~3회 정도 총독부 관원에 의해 조사를 행하였으나 부장품은 이미 산일되어 대구의 이치다 지로(市田次郎), 오구라 다케노스케 등의 소장으로 돌아갔다. 그중 귀중한 것은 아국(일본) 국보나 중요미술품으로 지정된 귀중품도 있다.[30]

특별히 창녕 고분의 발굴조사는 야쓰이에 의해 1919년까지 진행되었으나 이에 대한 기록은 필자 불명의 「대정 7년도 고적조사성적」(『조

---

29 濱田耕作・梅原末治, 1921, 위의 책, 45-52쪽.
30 梅原末治, 1972, 앞의 책, 108쪽.

선휘보』 1919년 8월호)이라는 글만 있을 뿐 구체적인 발굴보고서가 남아 있지 않다. 이것은 발굴 담당자인 야쓰이가 1921년 개인적인 사정으로 박물관 위원직을 사퇴하고 귀국하면서 이후 창녕 고분에 대한 어떤 발표도 하지 않았기 때문이다.[31] 야쓰이 일행이 1918년부터 1919년에 창녕 일대에서 발굴한 각종 토기·무기류·장신구류 등 발굴유물품의 규모는 우메하라에 의하면 "마차 20대, 기차 2량"을 채울 만한 양이라고 하였다.[32]

창녕군 교동 제31호분에서 출토된 유물은 조선총독부박물관에 보관되었다가 1938년 양산 부부총의 출토유물 전체와 함께 도쿄박물관으로 반출되었다. 『도쿄국립박물관 수장품 목록』에 '조선총독부 기증'(유물번호 34162-34239)으로 되어 있다가, 1958년 제4차 한일회담 때 반환받았다. 오구라컬렉션 가운데도 창녕 출토로 전해지고 있는 유물이 있는데, 금동투조관모(金銅透彫冠帽), 금동조익형관식(金銅鳥翼形冠飾), 단룡문환두대도(單龍文環頭大刀), 금제태환이식(金製太環耳飾) 등 7건 8점이 대표적이다. 이 유물들은 일본 중요문화재로 현재 도쿄국립박물관에 소장되어 있다.

---

31 정규홍, 2012, 앞의 책, 161쪽.
32 梅原末治, 1972, 앞의 책, 86쪽. 야쓰이가 반출한 상당한 유물은 덴리대학도서관과 궁내청, 도쿄대학 사학실 등에 비장하고 있으면서 공개하지 않고 있다(金世㠂, 1997, 「창녕 교동 고분군 및 桂城 고분군 출토유물과 기타」, 『경남향토사논총』, 158쪽). 이외에도 야쓰이가 반출한 유물은 1986년 문화재연구소에서 발행한 『해외 소재 한국 문화재 목록』에도 수록되어 있다. 그리고 『朝鮮古蹟圖譜』 3권에는 야쓰이 소장 유물 목록도 수록되어 있는데 이들 대부분이 고분 출토 반출 유물로 추정된다.

4) 제4차 연도(1919) 고적조사: 신라와 예맥·옥저·발해·여진 유적 계획 및 함남 일대

고적조사 5개년 사업의 제4차 연도인 1919년은 거족적인 3·1만세운동으로 인해 조사를 원활하게 진행하지 못하였다. 일반조사에서는 전년도에 빠진 신라의 유적을 조사하고, 예맥·옥저·발해·여진 등의 유적지인 함경도와 강원도 지역과, 선사시대와 조선시대의 유적지를 조사하기로 계획하였다. 특별조사는 경남 고성과 김해 지역의 가야 유적을 조사 대상지로 삼았다. 특히 야쓰이에 의한 창녕군 교동 고분 대발굴작업은 지속하였다. 조사 기간은 1919년 4월부터 1920년 3월까지로 하였으며, 조사원은 조사 위원 6명이 각각 측량·제도·사진을 담당하는 한두 명과 함께 팀을 이루어 진행하도록 계획을 세웠으나 실현되지는 못하였다.[33]

다만 이케우치 일행에 의한 함경남도 함흥 일대의 고려시대 고성터와 정평군 관내의 장성(長城) 조사 등 한반도 북쪽에서의 국지적인 지표조사만 이루어졌다. 즉, 이케우치가 1919년 9월 18일부터 측량원 촉탁 다나카 주조 및 사진원 촉탁 사와 슌이치(澤俊一)와 함께 함북 성진, 함남 단천·이원·북청·홍원 등에 남아 있는 고성지(古城址)를 탐사하고, 10월 19일 이후 함흥군과 신흥군을 조사하고 11월 6일 정평군에서 지표조사를 완료하였다.[34]

---

33 「大正七年度古蹟調査計劃」, 『朝鮮彙報』, 1919.8, 129-136쪽.

34 池内宏, 1922, 「咸鏡南道咸興郡に於ける高麗時代の古城址」, 『大正八年度古蹟調査報告』, 3쪽.

5) 제5차 연도(1920) 고적조사: 김해패총·양산 부부총 유적

　1920년은 고적조사 5개년 사업의 마지막 해로 제15회 고적조사위원회를 개최하여 고적조사 계획안을 논의하였다. 기간은 1920년 4월부터 1921년 3월까지로 하고, 특별조사로는 경상도·전라도 및 충남에서 신라·가야·백제 등의 유적을 조사하기로 계획하였다. 그러나 전년에 이어 계획 규모가 대폭 축소되었고, 그것도 가을이 되어 조사를 시작하였다. 10월에 고적조사위원 하마다와 사무촉탁 우메하라가 조선총독부박물관 촉탁 하야시와 함께 경남 김해패총을 조사하였다. 김해패총은 일찍이 이마니시가 1907년 8월에 발견하고, 도리이가 1914년과 1917년에 일부 발굴하였던 유적이었다. 세키노가 1920년 5월에 귀국하여 10월 13일 경성에 와서 조선총독부박물관에서 조사를 한 후 22일에 합류하였고, 야쓰이도 함께 참여하여 임나 유적을 조사하였다. 당시 보고에 의하면 김해패총은 금석병용시대에 해당하는 유적으로, 출토유물 가운데 철제 이기(利器)나 유리제 옥(玉) 등이 문명국인 중국 문화에서 영향을 받은 것이라고 언급하였다.[35]

　1920년에 가장 주목되는 조사는 양산 부부총 발굴조사였다. 경남 양산군 양산읍 북정동 산에 있는 부부총은 신라고분으로 유물이 풍부할 것으로 추정하여, 처음부터 유물 수집을 목적으로 발굴을 시작하였다. 이 산자락에는 큰 고분이 일렬로 조성되어 있었으나 대부분은 자연적으로 붕괴되었거나 도굴로 인해 파괴되어 석곽이 노출된 상태였다. 우마주카 제이치로(馬場是一郞)와 오가와 게이키치(小川敬吉)는 '유물이 풍부한

35　조선총독부, 1923, 「金海貝塚發掘調査報告」, 『大正九年度古蹟調査報告』, 47쪽.

고분', '10일 이내에 마칠 것'을 기준으로 하여 이 고분군 중 중간에 위치한 북정동 제10호분을 발굴하였다.[36] 1920년 11월 13일부터 군서기 경관의 입회하에 발굴을 시작하여 25일에 작업을 종료하였다. 발굴조사를 시작할 무렵 이 고분의 소유자로 자칭하는 사람이 나타나 선대 묘역의 발굴 중지를 요구하였으나 알고 보니 일찍이 일본인에게 이 고분군의 매장유물을 팔겠다고 거래하였다가 가격이 맞지 않아 일을 성사시키지 못하였던 사람이었다.[37] 이처럼 이 고분은 발굴조사가 이루어지기 전 이미 일본인과 도굴부장품 거래가 있을 정도로 도굴이 자행되고 있었던 것이다.

양산 부부총은 석실분으로 현실 석상(石床) 위에 부부로 추정되는 유골이 안장되어 있어 붙여진 이름이며, 금동보관을 비롯하여 장신구류, 토기류 등 340여 점의 출토유물이 나왔다. 이 유물들은 모두 일본으로 반출되어 도쿄국립박물관에 '조선총독부 기증'으로 보관되었다. 부부총은 가야고분 중에서 그나마 가장 보존이 잘 되었던 것으로 풍부한 유물이 출토되어 가야고분 연구에 중요한 유적이었다. 그럼에도 불구하고, 유물 수집만을 목적으로 한 일본인들에 의해 단기간에 발굴조사가 이루어졌고, 대부분의 유물들은 일본으로 반출되었다.

이처럼 일제는 '임나일본부설'에 대한 고고학적 뒷받침을 할 만한 유물을 찾고자 가야 지역 고분 발굴에 주력하였고, 출토된 유물들은 대부분 일본으로 반출해갔다. 이 과정에서 체계적이지 못한 발굴조사로 인한 고분의 파괴와 부장품만을 수집하려는 도굴꾼들의 탐욕에 의해 가야고

---

36   정규홍, 2012, 앞의 책, 188쪽.
37   馬場是一郎·小川敬吉, 1927, 「梁山夫婦塚と其遺物」, 『古蹟調査特別報告』 5, 21쪽.

분은 완전히 훼손되었다. 더욱이 일제가 증명하고자 한 학설에 뒷받침이 될 만한 유물은 발굴되지 않고, 대상 유적만 늘어나자 대부분은 보고서도 제대로 작성하지 않고 방치해버림으로써 고고학적 고분 발굴작업의 피해와 문화재 약탈의 피해를 동시에 입는 경우가 빈번하였다.

이상에서 살펴본 바와 같이 조선총독부 고적조사위원회가 1916년부터 실시한 고적조사 5개년 사업은 일반조사·특별조사 및 임시조사 등으로 구분하여 계획을 미리 세우고, 짧은 기간에 최소한의 인력과 경비를 들여 한국의 고적을 '효율적'으로 조사하고자 하였다. 이를 위해 고적조사위원회 위원을 팀 책임자로 하고 최소한의 실무자를 동행하는 체제로 진행하였다. 조사단은 조사 현장에 현지의 헌병이나 경찰관의 동행을 요청하는 일이 잦았다. 이는 합법을 빙자한 도굴과 유물의 반출 과정에서 한국인의 저항을 막고 조사단의 안전을 위해 경찰력을 동원한 것이었다. 그리고 소수 인원이 제한된 시간 내에 조사를 해야 하였던 만큼, 고분군을 조사할 때에는 주로 크고 완전한 형태의 무덤 몇 기만을 조사하는 방식으로 진행하였다. 조사 대상 지역은 한사군·고구려·신라·임나(가야)·백제 관련 지역이었는데, 이는 일찍이 일제가 주장하는 식민사관을 뒷받침할 만한 실질적인 자료를 찾을 수 있는 곳이라고 판단하였기 때문이다. 따라서 조선총독부가 실시한 고적조사 5개년 사업은 학술적 조사라기보다는 그들이 주장하는 통치 이데올로기를 증명하려는 정치적 목적이 다분히 포함된 발굴조사였던 것이다. 이런 과정 속에서 많은 고분 출토유물들이 원소재지에서 이탈되어 일본으로 반출되는 약탈 피해도 동시에 입었다.

한편 조선총독부는 고적조사 5개년 사업을 실시하면서 해마다 보고서를 발간하였고, 1920년까지 『조선고적도보』를 7권까지 발행하였으

〈그림 1〉『조선고적도보(朝鮮古蹟圖譜)』제1~5책

며, 이후 1935년까지 전15권을 연차적으로 발행하였다.[38] 1915년부터 데라우치 총독의 주관하에 간행한『조선고적도보』(제1~5책)는 일본어와 영어로 내용을 서술하였다.[39] 그리고 이 책을 서구 내방객들이 오면 총독이 직접 서명하여 기증하였다. 이를 통해 역사 이래로 한국 문화가 중국 및 일본으로부터 많은 영향을 받아 이루어졌음을 세계에 알리며, 일제의 '문화적' 식민통치를 자랑하고자 하였던 것이다.

고적조사 5개년 사업에 대해 후지타는 "1915년 말 조선총독부박물관 개설과 동시에 고적도보 및 고적조사보고의 간행으로 인하여 널리 내외에 조선의 고미술과 고문화를 소개하게 되고 또 특별히 동양에서 최고의 시험이라 할 만한 고적의 과학적 발굴 결과가 발표되자 동양

---

38 이 저작물은 일본인들에 의한 문화식민정책의 일환으로 편찬된 것일지라도 우리의 고대 문화에 대한 중요한 기록 유산임은 부인할 수 없다는 견해도 있다(지건길, 2016, 앞의 책, 39쪽).

39 『朝鮮古蹟圖譜』제1집(2책)은 영, 미, 프, 러의 각 황제, 대통령, 황실박물관, 명사, 재외대사, 공사 등에게 기증하였다. 『매일신보』, 1916.6.22. 『朝鮮古蹟圖譜』는 프랑스 학사원으로부터 스타니슬라스 줄리앙 상(Prix Stanislas Julien)을 수상하였다.

연구열이 왕성한 구미의 학자들이 경탄하며, 조선 고미술에 흥미를 돋은 것은 실로 경하할 만한 사실이다"라고 자평하였다.[40] 그러나 학문 외적인 요소를 간파한 단재 신채호는 『조선고적도보』를 "어떤 말은 학자의 견지에서 나왔다기보다는 정치상 타종(他種)의 작용이 적지 않은 듯하다"고 평하여[41] 일제가 이 책을 정치적으로 활용하고 있음을 지적하기도 하였다.

2. '문화통치기' 고적조사(1921~1930)

3·1만세운동으로 주춤하였던 일제의 고적조사사업은 1920년대 들어 식민통치의 기조가 이른바 '문화통치'로 바뀌면서 다시 시작되었다. 조선총독부는 1921년 10월 학무국 내 고적조사과를 두어 담당부서 중심으로 고적조사사업을 실시하였다. 하지만 1923년 관동대지진으로 인한 조선총독부의 재정긴축정책으로 1924년 말 고적조사과는 폐지되었고, 담당 업무는 박물관과 함께 학무국 종교과로 옮겨져 종교과장의 관리하에 수 명의 촉탁과 2명의 기수로 사업을 계속해갔다. 그러나 박물관 및 고적조사사업은 종교 업무와는 성격이 달라 학술적 연구를 진행하기에는 어려움이 있었다. 이에 고적조사 5개년 사업에서 전국적으로 실시

40　藤田亮策, 1929.1, 「歐米博物館과 朝鮮(上)」, 『朝鮮』, 8쪽.
41　단재신채호선생기념사업회, 1977, 『단재 신채호 선생 전집』 중권(개정판), 66쪽(정규홍, 2016, 앞의 책 권4, 163쪽 재인용).

하였던 조사사업을 1920~1930년대에 들어서는 범위를 좁혀 주로 경주와 평양 지역을 중심으로 진행하였다. 1920년대 실시한 고적조사에서 연도별 대표적인 발굴조사를 중심으로 살펴보고자 한다.

1) 경주 금관총 발굴조사(1921)

1921년 고적조사 가운데 가장 대표적인 것은 9월의 금관총(金冠塚) 발굴조사인데, 이것은 신라고분 발굴사에서 가장 획기적인 조사였다. 비록 미리 세워진 계획에 따라 조사된 체계적인 학술 발굴이 아닌 구제성(救濟性) 발굴[42]이었지만 출토된 많은 매장유물은 당시까지 동아시아 고고학계에서 보기 드문 역사적 성과물이었다.

금관총은 9월 하순 경주 노서리에서 주막을 하고 있던 박문환이 집을 증축하기 위해 뒤뜰을 확장하던 중 유물이 일부 노출되어 세상에 알려져 특별조사를 실시하였다. 1921년 9월 24일 경주경찰서 순사 미야케 요산(三宅興三)은 9시경에 순시를 하던 중 서너 명의 아이들이 청색 옥류(玉類) 등을 가지고 놀고 있는 것을 보고 고분 출토유물임을 감지하고 그 출토지를 알아내어 공사를 중지시켰던 것이다.[43]

1921년 9월 27일 아침 수업을 마치고 나오는데 전화벨이 들렸다. 급히 사무실로 들어가 수화기를 들었는데, '선생이십니까 저는 재판소

---

42 지건길, 2016, 앞의 책, 62쪽.
43 조선총독부, 1924, 「慶州金冠塚と其遺物」, 『古蹟調査特別報告』 3, 9쪽; 「신 발굴한 고물 문제로 경주시민의 奮起」, 『동아일보』, 1921.10.22.

의 급사입니다. 제가 지금 오는 길에 봉황대에서 양동이에 초자옥(硝子玉)을 담아 가지고 가는 인부가 순사에게 압수당하여 소동이 벌어지는 것을 보았습니다. 다분히 봉황대 서쪽 묘에서 가져온 것 같은데, 사람이 많이 모여 도굴하고 있으므로 선생이 나와 주면 좋을 것 같습니다'라고 했다. 그래서 나는 바로 현장으로 달려갔다. … 경찰 두 사람이 인부를 지휘하여 토기를 채집하고 있었다. 인부 한 사람은 금이 보이자 소리를 쳤다. 그것을 듣고 주위에서 그것을 보고 있던 사람들이 약간 높은 곳에서 아래로 몰려들었다. 두 사람의 경찰이 막으며 소리를 질러 사람들을 돌려보냈다. 나는 순사에게 '여기는 보통 묘가 아니다. 손을 대지 말고 경찰서장, 군수, 박물관 촉탁에게 알리시오'라고 하자 순사는 유물을 들어내는 것을 멈추게 하고 연락을 하였다. 얼마 지나지 않아 서장 이와미(岩見)와 군수 박광렬(朴光烈), 박물관 촉탁 모로가(諸鹿)와 보존회 와타리(渡理) 등이 왔다.[44]

순사 미야케는 작업을 중단시키고 출토된 일부 유물을 압수한 뒤 경주경찰서에 보고하였다. 보고를 받은 경찰서장 이와미 히사미(岩見久光)는 경주에 와 있던 조선총독부박물관 촉탁 모로가 히데오에게 연락하고 함께 현장에 도착하였다. 그리고 당시 경주보통학교 교장 오사카 긴타로와 고적보존회 촉탁 와타리 후미야(渡理文哉), 경북 촉탁인 하리가이 리헤이(針替理平)[45] 등이 도착하여 회의를 한 결과, 우선 흩어진 출토물을

---

44 大坂六村, 1939, 『趣味の慶州』, 경주고적보존회, 52-53쪽; 조선총독부, 1924, 앞의 책, 9쪽.
45 하리가이는 28일, 29일 수습 작업에만 참여하였다.

정리하고 조선총독부박물관에 전보를 쳐 박물관 관원이 오기를 기다리기로 하였다. 발굴품을 모으는 일은 모로가와 와타리가 하고, 유물에 일일이 기호를 붙이고 분류하여 격납하는 것은 이와미와 오사카가 담당하였다. 그러나 전문가가 아닌 민간인에 의해 행해진 최대의 발굴로, 서둘러 유물을 들어내어 발굴 초기 상태와 유물 관리는 전혀 이루어지지 않았다.

나흘이 지나도 박물관 직원은 도착하지 않았다. 그사이 발굴 현장에는 물건을 보고자 군중들이 경계선을 넘어 들어오는가 하면, 인근 마을에 "일본인들이 신라 왕릉을 팠다"는 소문이 퍼져나가 민심이 동요하기 시작하였다. 그때 인근에서 왔다는 한 노인이 순사의 손을 뿌리치고 발굴 현장으로 들어가 "국왕의 무덤을 파는 것이 무슨 일이냐"며 땅바닥에 주저앉아 절규하는 일도 있었다. 이렇게 되자 정식 조사원이 도착하기를 기다릴 수 없어 경찰이 그날 밤 부근을 둘러싸고 외부인의 출입을 막은 후 인근 가옥을 매수하여 집주인을 다른 곳으로 이전시키고 본격적으로 발굴작업을 시작하였다.[46] 조사는 9월 27일에 시작하여 30일에 마쳤다. 그 유명한 금관총의 발굴 수습이 단 나흘 만에 끝난 것이다. 조사가 단 나흘 만에 끝났다는 것은 바로 목곽의 바닥부가 완전히 드러난 상태에서 유물만 수습하였기에 가능한 일이었다. 나흘간 발굴한 유물의 양은 석유 궤짝으로 10여 개에 이르렀다.

10월 2일 경주에 도착한 조선총독부박물관 촉탁 오가와 게이키치는 경찰서에 보관 중이던 유물을 촬영하고 수량 정도만 조사한 뒤 단기간에 조사하기는 어렵다고 판단하여 경성으로 돌아갔다. 발굴 당시 세키

---

46 大坂六村, 1939, 앞의 책, 46-55쪽.

노, 하마다, 우메하라 등은 경남 양산 가야문화권 패총 시굴조사를 하고 있었기에 그들이 10월 12일 현장에 도착했을 때는 이미 모든 유물이 경찰서로 옮겨진 뒤였다. 그 후 경주고적보존회로 옮겨 유물은 10월 21일까지 조사를 마쳤다.

> 우리들은(우메하라와 하마다) 계속해서 해당 유물의 조사 연구를 위촉받아 1922년 4월부터 6월까지 우메하라는 약 1개월 반, 하마다는 10월에 2주간 교토제대 조수 시마다(島田貞彦) 군과 함께 경성에 도착하였고, 다시 1923년 5월 우메하라는 약 1개월간 경성에 출장하여 박물관 직원들 특히 오가와, 고이즈미, 간다(神田惣藏)의 도움을 받아 그 정리 조사를 계속하고 마침내 대략을 종료하였다.[47]

경주경찰서에 보관되었던 금관총 발굴유물은 중요한 것을 제외한 일부만 일반인에게 하루 동안 공개하였다. 다음은 당시 경주를 여행한 권덕규(權悳奎)의 관람기이다.

> 경찰서에서 근일에 파아나인 고물(古物)을 보앗다. 썩 중요한 것은 무슨 관계로 뵈지 아니하고 약간의 것만 — 그것도 하루밧게는 공개하지 안핫다. 보옥류(寶玉類)와 순금속의 기구와 장식품도 만커니와 그중에 제일 진귀한 것은 유리와 수정이라 한다. 수정 구슬 한 개에 10,000여 원 가치를 가진다 하니 얼마나 고귀한 것임을 짐작하려니와 더욱 유리를 고은 것은 그때에 안저서 희한(稀罕)한 것일뿐더러

---

47 조선총독부, 1924, 앞의 책, 13쪽.

유리라 하야도 그냥 유리만 고은 것이 아니라 속에 사기질(砂器質)을 싸서 고은 것은 참으로 놀라운 것이며, 또 하나 신기한 것은 금대(金帶)의 띄돈에 눌리어 썩지 아니한 옷감을 볼 수 잇슴이라. 이 옷감은 굵은 벼가튼 것이 마사직(麻絲織)의 녀름 양복차 비슷한 것이다. 손목에 두르는 금완환(金腕環), 발목에 두르는 각환(脚環)이 나왓다. 그리하야 이 옷감과 완환 따위를 모아서 밀우어 생각하면 그때 혹시나 지금 양복 비슷한 옷을 닙지 아니하얏는가. 또는 유리, 자기를 고는 공학과 건축조각 등 놀라운 예술을 합하야 보면 지금 서양의 문명이 동양의 신라 가튼 대로부터 들어가앗다가 다시 재연되어 나오는 것이나 아닌가 하는 생각을 가지는 이가 잇다. 그것도 몰라 서랄비아(西剌比亞) 등 서국의 상인들이 신라에 들어가 돌아가기를 이저버렷다는 역사와 고구려와 중앙아세아와의 관계를 밀우어 생각하면 어떠할는지. 서랄비아 사람이 들어가기를 이젓다는 것가티 아무튼지 경주를 보는 이는 참아 돌아가기가 실흘 것이다.[48]

이후 세키노와 하마다가 정리하기 위해 발굴유물을 경성으로 이송하자 경주 토성세력(朴, 昔, 金)과 6성씨(李, 崔, 孫, 鄭, 薛, 裵) 사람들이 "우리들 조상의 유물은 이곳에 두어 자손의 손으로 보존해야 한다. 보존을 위하여 특별 설비를 요하는 바, 우리들 손으로 지어 바치겠다"고 하여 1921년 10월 15일 자로 경주 유지들 이름으로 정식 청원서를 제출하였다.[49] 그리고 1922년 4월부터 6월까지 우메하라를 중심으로 조선총

---

48 권덕규, 1921.12, 「경주행」, 『개벽』, 74-75쪽.
49 「신 발굴한 고물 문제로 경주시민의 奮起」, 『동아일보』, 1921.10.22.

독부 고이즈미 아키오, 사와 슌이치가 금관총 유물 정리 작업을 시작하였고, 10월에는 하마다와 교토제대 조수 시마다가 유물을 조사하였다. 1923년 5월에는 우메하라가 오가와 게이키치, 고이즈미 아키오, 간다 소조와 함께 유물을 조사하였다.

두 해 가까이 유물 정리를 마친 뒤 고고유물은 주민들의 열렬한 반환 요구를 수락하여 경주 현지로 옮겨졌다. 1923년 10월 지방 유지들이 기부금을 모아 조선 건축양식을 곁들인 금관고를 지어 금관 등 주요 유물을 이곳으로 옮겨 금관총 출토유물진열관이라 하였다. 이 진열관은 이후 조선총독부박물관 경주분관의 모체가 되었다.

금관총의 발굴보고서는 하마다의 책임 아래 우메하라와 고이즈미가 1924년 5월에 보고서 본문 상책을 발행하였다.[50] 그러나 졸속으로 이루어진 발굴조사로 고고학 조사에서 가장 중요한 초기 매장 상태에 대한 조사는 주로 발굴자들의 구술 설명에 의존해야만 하였는데, 서로 내용이 일치하지 않아 기록에 많은 어려움이 있었다. 그리고 금관총에서 금관을 비롯한 많은 유물들이 세상에 공개됨으로 경주 일대 거대한 고분들이 도굴꾼들의 표적이 되는 결정적인 계기가 되었다.[51] 이때부터 경주에서는 그 지역에서 발굴한 유물들을 현지에서 보존하기 위해 고물보존회를 조직하려는 계획을 세우기도 하였다.[52]

---

50 보고서 도판 상책은 1924년 9월에, 하책은 1928년 3월에 발행하였다. 1932년 보고서 본문 하책에 해당하는 일부 내용을 하마다가 재단법인 경주고적보존회의 지원으로 『慶州の金冠塚』을 발행하였다.

51 有光敎一, 1970, 『半島と大洋の遺蹟』, 新潮社, 91쪽.

52 「신 발굴한 고물 문제로 경주시민의 奮起」, 『동아일보』, 1921.10.22; 「경주에 고물보존회 조직」, 『동아일보』, 1921.10.25.

반면 금관총의 발굴은 일본 고고학계에도 큰 영향을 주었다. 하마다는 유럽 유학을 통해 식민지 고고학의 성과를 어떻게 활용할 것인가를 분명히 배워왔고 이 경험을 토대로 금관총 금관 등을 복제해 교육자료로 활용하였다. 또, 교토제대 내에서 고적조사 보고서의 편집을 진행하면서 일본의 고고학자를 양성하는 등 유물 중심의 연구를 통해 일본 고고학이 자리를 잡는 데 매우 중요한 역할을 하였다. 즉 금관총의 발굴을 계기로 하마다는 식민지 고고학의 성과를 일본 고고학에 '응용'한 것이다.[53]

2) 경상·충청 지역 고적조사(1922)

1922년에는 주로 경상도와 충청도 지역의 고적을 주 대상으로 조사하였다. 조사에 참여한 사람들은 조선총독부 학무국 고적조사과 촉탁 고이즈미, 고적조사 사무촉탁 우메하라, 조선총독부 고적조사위원회 위원 후지타였다. 5월 19일부터 6월 1일까지 14일간 경상도와 충남의 고적을 조사하고, 경남 김해패총·양산패총의 발굴조사와 경주 부근의 사지(사천왕사지·망덕사지·황룡사지·창림사지) 및 선사유적, 충남 부여 부근의 유적을 간단히 조사하였다. 그리고 경북 경주군 외동면 입실리와 영천군 금호면 어은동에서 한대(漢代) 유적을 상세히 조사하였다.[54]

이 가운데 주목할 것은 경주 입실리 유적으로, 1920년부터 시작된

---

53 김대환, 2014, 「일제강점기 금관총의 조사와 의의」, 『고고학지』 20, 26-27쪽.
54 小泉顯夫·梅原末治·藤田亮策, 1923, 「慶尙南北道·忠淸南北道 古蹟調査報告」, 『大正十一年度古蹟調査報告』 제1책, 6-29쪽.

경주-울산 간 철도공사 중 우연히 청동유물들이 출토되면서 알려지게 되었다. 이후 우메하라가 관심으로 가지고 1922년에 본격적으로 조사를 실시하였는데, 이미 출토유물은 모두 산일되어버린 상태였다. 최초 보고 당시 유물의 수량은 동검 6점, 동모 2점 등 17종 31점에 이르렀는데, 일부는 조사시 여러 편의를 제공해준 대구부 가와이 아사오(河井朝雄)와 오구라 다케노스케가 소장하였다.[55]

또한 양산패총은 1921년 봄 양산 지역 공립보통학교장 하시모토가 발굴하였는데, 당시 약 1평의 좁은 구역을 발굴하고 유물을 채집하여 김해패총과 같은 시대임을 알렸다. 부여에서는 일찍이 야쓰이에 의해 밝혀진 벽화고분을 본격적으로 조사하였는데, 능산리 제2호분 석실 상태를 시찰하고, 평백제탑 주위에 목책을 수리하였다.[56] 특별히 이해에는 이케우치가 함흥 진흥리 황초령에 있는 진흥왕 무자(戊子) 순경비(巡境碑)를 비롯하여 북한산과 창녕읍에 있는 진흥왕 순경비 등 몇몇 석비들을 조사하였다.[57]

3) 경북 달성군 고분 및 공주 지역 조사(1923)

1923년 고적조사 지역 가운데 주목되는 곳은 대구이다. 1923년 7월 대구 달성군에서 공설시장 부지공사 중 부지매립용으로 토사를 채굴하는 과정에서 고분군이 알려졌다. 당시 7기의 고분을 발굴하고 부장품을

---

55 황수영 편, 2014, 앞의 책, 144-145쪽.

56 小泉顯夫·梅原末治·藤田亮策, 1923, 앞의 책, 32-35쪽.

57 池內宏, 1929, 「眞興王の戊子巡境碑と新羅の東北境」, 『昭和四年度古蹟調査特別報告』, 6쪽.

수습하였다. 이에 대구경찰서장은 토사 채취를 중지하고 조선총독부에 신고하였고, 조선총독부에서 기수 오가와와 고이즈미를 파견하였다.

1923년 10월 23일부터 12월 13일까지 총 6기의 고분을 발굴조사하였다. 당시 촉탁 양세환(梁世煥)이 합류하였고, 고이즈미가 병으로 조사를 중단하게 되자 고원(雇員) 간다 소조(神田惣藏)가 업무를 맡았다.[58] 비산동 제37호분, 내당동 제50·51·55·59·62호분 등 고분 6기를 발굴하였는데, 이곳에서는 경주 금관총과 같은 형식의 금동제의 관과 관장식, 관모, 신발, 은제 관장식, 허리띠, 이 밖에 곡옥 달린 유리목걸이 등이 발견되었다. 다만 경주 적석목곽분과는 달리 대부분 석곽무덤들로 축조방식에 따라 수혈식석실과 횡구식석실로 내부구조는 다르지만 양자의 출토유물이 공통적인 것이 많았다.[59] 즉 지방의 무덤으로서는 매우 화려한 부장 상태와 신라고분 유물과의 유사성을 통해 신라고분의 주인공들과 매우 가까운 관계에 있던 이 지역 지배계층의 매장 시설로 알려졌다.[60]

또한 1923년 6월경에는 공주 심상고등소학교 부지 내 지형공사 중에 많은 전(塼)이 우연히 발견되었다. 10월에 세키노는 조선총독부박물관에서 이 전을 보고 "근년 남경에서 출토된 양나라 시대의 전과 일치하는 것으로 그 수법은 양나라에서 수입한 것"이라며, "백제와 양나라와 일본 사이에 예술상 극히 친밀한 사제관계를 이루고 있었다"고 하였다.[61]

58　小泉顯夫·野守健, 1931, 「慶尙北道達城郡達西面古墳調査報告」, 『大正十二年度古蹟調査報告』 제1책, 2쪽.
59　小泉顯夫·野守健, 1931, 위의 책, 128-130쪽.
60　지건길, 2016, 앞의 책, 69쪽.
61　關野貞, 1925, 『朝鮮美術史』, 69-70쪽.

이것을 경성 골동상 아마쓰(天池) 모씨(某氏)에게 구입하였다는 이야기를 듣고, 전을 구하기 위해 경성으로 가 골동상 구라모토 모씨(某氏)를 만났으나, 이미 아마쓰가 나머지 전을 모두 사간 뒤였다. 구라모토에 의하면 "1923년 6월경 공주 심상고등소학교 동북 모퉁이에서 출토되었는데, 대략 100여 매 정도였다고 한다. 그 가운데 완전한 것 십수 개는 아마쓰가 경성으로 운반하여 8개는 조선총독부박물관에 팔고, 나머지는 도미타 기사쿠(富田儀作)가 운영하는 진열관에 팔았다"고 하였다.[62]

당시 학무국 고적조사과의 진열품 구입결의서를 보면, 1923년에 박물관에서 아마쓰 모타로(天池茂太郎)에게서 진열품을 10여 차례 구입하였다. 아마쓰는 골동거간 및 상인으로 당시 메이지정(明治町)에서 큰 골동상점을 하며 전국의 도굴품을 거래한 당대 최대 장물아비로, 아마쓰 모씨란 이 사람을 가리키는 것이었다. 나머지를 사들인 도미타 기사쿠의 진열관은 '조선미술공예품진열관'으로 경성에서 도미타상회(富田商會)를 운영하면서 도자기 및 각종 출토 고미술품을 판매 전시하였다.

4) 경주 금령총·식리총과 낙랑 지역 조사(1924)

1924년은 일본인 학자들이 유물 확보 차원에서 가장 중점을 두었던 신라와 낙랑고분에 대한 본격적인 조사가 이루어진 해였다. 이해의 고적조사 계획에 대해 고적조사과 과장 오다는 "종래와 같이 계속적으로 낙랑군의 고적조사, 학계의 의문이던 지석총에 대한 조사, 경주 부근의 고

---

62 關野貞, 2005, 앞의 책, 480쪽.

적조사"를 실시할 계획임을 밝혔다.63 그 가운데 가장 주목되는 곳은 경주의 금령총(金鈴塚) 이하 3기의 고분 발굴과 평양 부근 대동강면의 낙랑군 유적조사였다. 결과물로 하마다의 「경주 금관총과 그 유물(慶州金冠塚と其遺物)」(『고적조사특별보고』 제3책)과 세키노의 「낙랑군시대의 유물(樂浪郡時代の遺物)」(『고적조사특별보고』 제4책)을 발간하여 '문화사업의 큰 수확'을 거둔 해로 자랑하였다.64

발굴조사한 신라고분 중에는 경주 노동리 제2호분 금령총과 노동리 제3호분 식리총(飾履塚, 金鞋塚), 노동리 제4호분이 대표적이다. 금령총은 경주읍 부근 봉황대와 도로를 끼고 서쪽에 있던 적석총으로, 1921년 9월 토석을 채굴하면서 내부가 일부 드러났으나 당시 재정긴축으로 바로 조사에 착수하지 못하였다. 그 후 금관총 발굴에 참여하였던 모로가 히데오가 1924년 4월 경주를 방문한 사이토 마코토(齋藤實) 총독에게 진정하여 총독의 특별한 원조와 경주고적보존회의 호의로 1924년 5월 8일부터 6월 22일까지 44일간 우메하라, 고이즈미가 발굴조사를 실시하였다.65

또한 7월에는 금령총에서 남쪽으로 1정 반 정도 떨어져 있는 민가 택지에서 고분(식리총)이 발굴되었다는 신고가 들어와 8월 13일부터 27일까지 보름 동안 조사를 실시하였다. 이미 봉토는 다 깎여져 나갔고, 구조는 금관총·금령총과 비슷하며, 적석 이하 목곽부는 지면 아래 깊이

---

63 「본년의 고적조사: 2백 수십매의 대도판과 共히 12년도 보고서를 출판」, 『매일신보』, 1924.4.22.
64 藤田亮策, 1925.7, 「大正十三年古蹟調査事務報告」, 『朝鮮』, 74쪽.
65 梅原末治, 1932, 「慶州金鈴塚飾履塚發掘調査報告」, 『大正十三年度古蹟調査報告』 제1책, 1-3쪽.

<그림 2> 경주 금령총 발굴 모습

출처: 조선총독부박물관 유리건판.

있었으나 유물은 대부분 부패하였다. 다만 순금제 이식(耳飾) 외에 은제 대식(銀製帶飾), 태도(太刀), 철부도기(鐵釜陶器), 마구(馬具) 등을 발견하였다. 금령총이 금관을 시작으로 호화로운 유물이 많았던 것에 비해, 식리총은 매우 열악하였다. 조사에 참여하였던 사람들은 고적조사위원 후지타와 고적조사과 촉탁 고이즈미였다.[66]

1924년 5월 8일부터 6월 22일에 이르러 44일간 순금제 금관, 동 대식(帶飾,) 동 이식(耳飾), 초자제(硝子製) 완(椀), 도제 기마인형, 도제

---

66 藤田亮策, 1925.7, 앞의 글, 75-76쪽.

주형배 등의 금색 찬연하고 진희한 유물을 발견하였던 금령총(노동리 제2호분) 및 도금(鍍金) 조루(彫鏤)의 화(靴), 기타 이식(耳飾), 홍옥(㓋玉), 태도(太刀) 등 다수를 발견하였던 식리총(금혜총, 노동리 제3호분)의 2기를 발굴조사하였다. … 1921년 금관총의 발견과 서로 백중하며, 매장 상태 등이 드러나게 되어, 동아 고대문화 연구사에 일대 공적이라고 말할 만하다. 이에 남선(南鮮)에서는 한민족의 문화와 그 습관을 알고 이것이 당시 야마토 조정과 밀접한 관계가 있는 것으로 밝혀졌으며, 고대 양 민족의 연구에 더욱 큰 광명을 투여하였다고 전하였다.[67]

금령총과 식리총에서 발굴된 유물들은 금관총 유물과 비견되며, 이들 유물은 고대 한일 양국의 긴밀함을 나타내고 있음을 강조하였다. 출토품은 조선총독부박물관으로 옮겨져 1925년 우메하라, 고이즈미, 사와가 함께 정리한 후 일부만 박물관에 진열하였다. 그러나 우메하라가 1925년 구미로 유학을 떠나면서, 고이즈미에게 후속 작업을 맡겼지만 고이즈미가 타 지방 조사에 착수하는 바람에 조사보고서를 1932년에야 비로소 제출하였다.[68]

한편 1923년 가을부터 1924년 여름까지 평양 대동강면 석암리·오야리 주민들이 빈번히 고분을 도굴하여 매장물을 밀매하였다. 대략 주요한 고분 약 500여 기가 이미 도굴되었고, 완전한 것은 아주 드물 정도로 무참히 파괴되어 만약 이 상태로 가다가는 주요한 고분 모두가 황폐하

---

67 藤田亮策, 1925.7, 위의 글, 74-75쪽.
68 梅原末治, 1932, 앞의 책, 4쪽.

게 될 것이라고 하였다.

생각건대 고분의 도굴은 적어도 2~3일이나 4~5일을 작업하지 않으면 곽 바닥에 이르기 어렵고, 또한 그 출토물을 보니 칠기, 소옥경(小玉鏡)의 파편 등 도저히 야간에 구덩이에서 채집할 수 없는 것이 많은 형편이다. 도굴이 활발히 이루어짐은 실로 놀랄 만한 일이므로 시급히 엄중한 단속을 바라며, 더불어 오늘날 연일 매장물을 휴대하여 평양 시중의 골동품 애호가에게 판매하는 자가 많다고 들은바, 이는 유실물법 제13조에 의거하여 방치할 수 없는 일로 생각되오니 무언가 조치가 있기를 바라며 여기에 통보함.[69]

당시 조선총독부 학무국장이 평안남도 도지사에게 보낸 공문을 통해서도 낙랑고분 훼손의 심각성을 알 수 있다.

조사는 도쿄대의 세키노 박사, 경성대 오다 예과부장, 후지타 박물관장 외 2인과 동관의 조사원 등이 할 것이다. 후지타 관장 외 3인은 다음 달부터 평양부의 촉탁으로 평양에 와서 우선 어느 고분부터 착수할 것인가를 탐사하여 의논한 후에 인부 7~8명을 사용하여 발굴조사에 착수할 터인데 조사할 고분은 2개소이며, 세키노와 고이즈미 양씨는 조금 후에 평양에 올 예정이다. 본년도 평양부의 고분조사비는 2천 원으로 전부를 사용할 것이라 하며, 조사에 의해 발굴된 귀중한 유물은 조선총독부박물관에 보존하였다가 평양에 박물관 분관이

---

[69] 「낙랑 고분 보존에 관한 건」, 1925년 4월 1일 공문서(황수영 편, 2014, 앞의 책, 84쪽).

설치되면 바로 동 분관으로 옮겨와 진열 보존할 방침이라.[70]

발굴조사는 1924년 10월 11일부터 12월 2일까지 50여 일 동안 이루어졌는데, 석암리 제20·52·194·200호분 등이 대상이었다.[71] 참여한 사람은 고적조사위원 후지타, 오다, 고적조사과 촉탁 후지타(藤田整助), 고이즈미 등이었다. 이 고분의 주된 부장품은 정교하고 화려한 문양을 지닌 칠기 낙랑경(樂浪鏡)이었다. 경(鏡)은 한 고분에 2점 정도 부장되었는데, 이미 1923년, 1924년 낙랑고분군이 대도굴당한 후로 당시 출토된 경은 500여 점에 달하였으며,[72] 이들 가운데는 학술적 조사를 거친 것이 얼마 되지 않고 대부분 도굴품이었다.『고적조사특별보고』제4책에 실린 낙랑경 종별표에 의하면 낙랑경 126점 가운데 대부분이 개인소장으로 되어 있다.[73] 즉 "1924~1925년경 평양부민은 낙랑 출토품에 1엔이나 2엔을 주고 고경(古鏡) 1점이나 초벌구이 항아리 1점 정도 가지고 있지 않으면 남에게 무시당하였다고 하는 거짓말 같은 이야기도 있었다. 심지어는 관립학교의 선생이 백주대낮에 당당하게도 몇 명의 인부를 거느리고 무덤의 위쪽부터 마구 파헤쳐 쓸 만한 부장품을 꺼냈던 것이다. 이 시대에 많은 일품(逸品)이 자연히 민간 수집가의 손에 들어갔다"[74]고 할 정도로 도굴품의 매매가 성행하였다.

---

70 「낙랑고분조사, 불원간에 착수(평양)」,『동아일보』, 1924.9.30.
71 발굴보고서는 1974년에 일본 도유분코의 지원을 받아『樂浪漢墓』제1책으로 간행되었다.
72 藤田亮策·梅原末治, 1959,『朝鮮古文化綜鑑』3, 養德社, 3쪽.
73 關野貞, 1927,「樂浪郡時代の遺物」,『古蹟調査特別報告』제4책, 303-342쪽, 도판 131-200 참고.
74 八田蒼明, 1934, 앞의 책, 47쪽.

특별히 이들 칠기 경에는 명문과 아울러 공장의 이름이 기록되어 확실한 제작연대를 알 수 있는 것이 많았다. 후지타는 "이들 유물에서 알 수 있는 바는 남선(南鮮) 및 내지(內地)의 민중이 아직 석기시대를 지난 지 얼마 되지 않아 원시 상태에 있을 때 이미 그 문화와 문자를 가지고 있으며, 일찍이 조선반도 및 일본열도의 문화적 각성에 대해 기여한 바 있으며, 또 동양의 고대문화가 우리의 상상 이상으로 진보된 것임을 여실히 증명하고 있다"[75]고 하여 한국 문화에 미친 중국 문화의 영향력을 강조하였다.

1924년 가을, 평양의 도미타 신지(富田晉二)는 지방민이 석암리의 한 고분에서 도굴해온 거섭원년명(居攝元年銘) 경(鏡)을 소장하였다가 교토의 수집가인 변호사 모리야(守屋)에게 6천 원에 팔았다. 이에 대해 조선총독부가 아무런 조치를 취하지 않은 것이 소문나자 곧바로 낙랑고분에 대한 도굴 붐이 일어나 한 고분에 한두 점이 있는 경을 도굴하기 위해 무수한 고분들이 파헤쳐졌다.

우메하라는 「북조선 발견 고경(古鏡)」이라는 글에서 "본 자료를 수집하면서 총독부박물관 후지타(藤田) 감사관, 고이즈미 촉탁을 비롯하여 경성사범학교 주사 시리카미 주키치, 평양주재 세키구치 한(關口半), 모로가 에이지(諸岡榮治) 등의 호의를 크게 입었다"[76]고 감사하였는데, 이를 통해서도 낙랑경의 수집은 학술적 정식 조사를 거쳐 수집된 자료보다는 대부분 개인들의 도굴에 의해 이루어졌음을 알 수 있다.[77]

---

75 藤田亮策, 1925.7, 앞의 글, 78쪽.
76 梅原末治, 1924, 「北朝鮮發見の古鏡」, 『東洋學報』 14-2, 117쪽.
77 이순자, 2009a, 앞의 책, 176쪽.

이 밖에 신라의 고적을 널리 알리기 위해 다양한 사업을 추진하였는데, 경주 사립 계남학교에서는 학교 운영에 재정적인 어려움이 있자 부형회 발기로 경주고적순회영사단을 만들어 경주 지역을 시작으로 전국에서 경주 고적을 홍보하였다. 특히 인천에서는 청년회 단체와 지역 신문지국 후원으로 인천 내리교회에서 영사기를 상영하여 후원금을 모금하기도 하였다.[78] 또한 경주 시내 경주공립보통학교 주최로 신라고적강습회 등을 개최하여 경주 지역의 유적·유물을 일반인에게 알리기도 하였다.[79]

5) 평양 왕우묘와 경주 서봉총 발굴조사(1925·1926)

1916년에 제정한 「보존규칙」에 따르면 한반도의 고적조사는 조선총독부에서만 실시하는 것이 원칙이었으나 예외적인 발굴조사가 있었다. 바로 1925년 도쿄제대에서 조사한 석암리 제205호분, 즉 왕우묘(王盱墓)이다. 1925년 대홍수로 인한 재정긴축으로 낙랑고분 발굴조사가 어려워지자 구로이타는 고분 발굴을 위해 일본 귀족들로부터 자금을 모아 조선총독부에 발굴허가원을 제출하였다.

고분 발굴의 건

도쿄제국대학 庶第534號

---

78 「경주고적영사, 인천내리예배당에서」, 『동아일보』, 1924.8.5; 「고적영사 후보, 계남학교 후원회 주최」, 『동아일보』, 1924.8.10.

79 「신라고적강습」, 『동아일보』, 1924.11.1.

다이쇼 14년(1925) 9월 2일

도쿄제국대학총장 고자이 요시나오(古在由直)

조선총독 귀하

이번에 본 대학 문학부[80]에서 고고학적 연구를 하고자 하는 희망으로, 귀 관하(管下)의 평안남도 대동군 평양 부근의 낙랑고분을 발굴하고자 하니, 다음 조항에 대하여 승인을 얻고자 여기에 조회하는 바입니다.

- 기간은 9월 중순부터 45일간 예정.
- 발굴과 조사에 필요한 비용은 본 대학의 부담으로 할 것.
- 발굴에 관해서는 본 대학 교수 무라카와 겐고(村川堅固), 동 구로이타 가쓰미(黑板勝美) 및 조교수 하라다 요시토(原田淑人)에게 감독을 시킬 것임.[81]

조선총독부는 신청한 제안을 심의하기 위해 1925년 9월 9일 제22회 고적조사위원회를 개최하였다. 이미 구로이타와 협의를 마친 상태에서 총 인원 25명(경성 거주 17명, 일본 거주 8명) 중 20명이 6개조 조건부로 가결하여 조사를 허가하였다. 허가한 이유는 2천여 기에 달하는 낙랑고분을 전부 그리고 영구히 보존하기 어렵고, 이대로라면 어차피 도굴을 당하니 발굴하여 학술적 조사라도 해야 한다는 것과 일본 학술의 중

---

80 도쿄제대 문학부에서 1930년 발간한 정식 보고서인 『樂浪-五官掾王肝の墳墓』 서문에는 낙랑고분 발굴조사를 위하여 史學會를 움직이고 조선총독부와 교섭을 하였으며, 최종적으로 도쿄제대 문학부 사업으로 수행하게 되었다고만 간단하게 언급하였다. 발굴 주체가 사학회에서 문학부로 바뀌게 된 데에는 조선총독부의 뜻에 의한 것이었다(오영찬, 2008, 앞의 글, 462-463쪽).
81 황수영 편, 2014, 「낙랑 王肝墓에 대한 조사」, 앞의 책, 91쪽.

심인 제국대학의 전문적인 연구를 통해 반도의 문화를 소개한다는 것, 이미 일본 내지에서도 이런 종류의 고분 발굴을 대학에 허가한 전례가 있다는 것, 조선총독부의 「보존규칙」과 「고적조사위원회규정」에는 고적조사위원이 참가하면 저촉되지 않는다는 것, 마지막으로는 신라나 백제의 고분과는 달리 대동군에 있는 낙랑고분은 전부 낙랑군의 통치자인 한인(漢人)의 무덤이기에 한국 민중의 감정에 저촉되지 않는다는 것이었다.[82]

발굴 허가 문서는 1925년 9월 24일부로 도쿄제대 총장 고자이 요시나오(古在由直) 앞으로 조건을 제시하여 보냈다.

조건
1. 조사 구역은 평안남도 대동군 대동강면과 원암면 내의 고분 4기 이내로 함.
2. 조사시 관할 도청, 경찰서장과 상의한 후 착수하고, 또한 반드시 조선총독부 고적조사위원을 참가시킬 것.
3. 조사 및 조사자의 피해에 대한 비용은 도쿄제대의 부담으로 함.
4. 발굴 후에는 충분히 복구하고 표지석을 세워 조사 일시를 명기할 것.
5. 조선총독부가 지정한 발굴유물 이외는 모두 도쿄제대에서 완전히 보존하고, 연구자료로 제공하며, 매각 또는 양도하지 말 것(중복 물건을 제외하고는 모두 총독부에서 지정한 것으로 할 것).

---

82 오영찬, 2008, 앞의 글, 465쪽.

6. 상세한 보고서를 조선총독부 고적조사위원회에 제출할 것.[83]

발굴 허가 조건 가운데 주목되는 것은 제5항의 발굴유물 처리 부분이다. 조선총독부가 지정하지 않은 유물만 도쿄제대로 가져갈 수 있으며, 그것들은 중복되는 것들만 가능하다는 것이다. 즉 발굴조사는 허락하였지만 발굴유물의 유출 내지 이관은 엄격하게 제한하였던 것이다. 그러나 이러한 조건들은 여러 면에서 지켜지지 않았다.[84]

낙랑 왕우묘는 도쿄제대의 구로이타, 무라카와 두 교수의 발의에 의해 도쿄제대 문학부 주관으로 진행하였다. 하라다의 주도 아래 다사와 긴고(田澤金吾)와 고이즈미 아키오가 실무를 담당하였으며, 9~10월에는 후지타도 참여하였다. 발굴 경비는 호소카와 모리타쓰(細川護立) 후작이 도쿄제대에 낸 기부금으로 충당하였다. 호소카와는 일본 궁내 관료이자 정치가로서 훗날 교토제대 우메하라의 유학 자금도 지원한 인물이었다.[85]

9월 28일부터 고분의 선정 작업에 들어가 9월 30일 발굴에 착수하여 11월 5일까지 진행하였다. 이 발굴은 일제강점기 전 시기를 통해 조선총독부나 총독부 외곽단체인 조선고적연구회 이외의 외부기관이 발굴한 유일한 사례이다. 발굴 명분은 낙랑 유물 자료가 수없이 땅속에 많으나 학술적 조사를 한 것은 겨우 수십 기에 불과하며, 대부분 우연히 또는 도굴로 세간으로 흘러가 학술적 가치를 상실한 한낱 골동물(骨董物)

---

83 황수영 편, 2014, 앞의 책, 92쪽.
84 오영찬, 2008, 앞의 글, 466쪽.
85 桑田六郎 外, 1982, 「先學を語る: 藤田亮策先生」, 『東方學』 64, 180쪽(김대환, 2015, 앞의 글, 78쪽 재인용).

로 취급되고 있어 학술적 조사가 필요하다는 것이었다.[86] 그러나 실질적인 이유는 1924년 낙랑고분에서 다수의 기년명 칠기가 발견된 것에 자극을 받은 후지타의 의도를 반영한 것이다.[87]

당시 고분 중 북분을 발굴 완료하였고, 다른 하나인 남분은 결빙기로 인해 중단하였다. 발굴 완료된 북분이 바로 석암리 제205호분, 왕우묘였다. 이 무덤은 내부에서 '오관연왕우지인(五官掾王盰之印)'이라 새겨진 목인(木印)이 출토되어 왕우묘로 불렸다. 200여 점의 많은 출토유물 가운데 특히 칠기류와 토기, 동경 등이 주목되었다. 칠기의 경우 기년명 칠기들을 다수 출토하였는데, '건무이십일년(建武二十一年, 서기 45년)', '건무이십팔년(建武二十八年, 서기 52년)', '영평십이년(永平十二年, 서기 69년)'의 기년과 함께 제작 공관과 공인의 명문이 새겨 있는 칠이배(漆耳杯)를 발견하여, 고분 축조 연대를 기원후 1세기 후반경으로 추정할 수 있었다. 일본 대학 주최로 발굴조사가 이루어졌고, 발굴품이 일본으로 반출되어 나가자 당시 한국에서는 통탄의 목소리가 나왔다.

조선인 자신은 알지도 못하는 동안에 동양문화의 최대 보고란 것이 조선 안에 번듯하게 생겨나서 세계의 이목이 이리로 모이게[注集] 되었다. 대동강 남안을 중심으로 한 고조선의 유적·유물의 거룩한 광명과 놀라운 가치가 최대한의 경이로써 세계의 학림(學林)을 진감(震憾)하여 날로 더 그 풍성을 높여가니 작년만 해도 여러 차례 귀중한 새로운 발견이 있던 중 더욱 세계 무쌍 고금 독보의 묘공(妙工)이

86　東京帝國大學 文學部 編, 1930,「序說」,『樂浪』제1장.
87　정규홍, 2012, 앞의 책, 216쪽.

라 하는 다수한 칠기가 자기의 연대에 관한 명문까지를 짊어지고 나와서 한층 더 사람의 경탄과 탄사를 자아내는 중이라. … 그러나 남은 알고 놀라고 야단을 하여 세계를 들어 벅적거려도 아직도 모르기는 임자인 조선인뿐 아닌가. … 어허 우리 조상이 감추어 주신 옷속[衣裏]의 보주(寶珠)도 남의 손에 들추어서 남의 손에 들어가건마는 도둑맞는 줄조차 알지 못하는 멍청이[痴몿丙兒]가 있으니 그 이름이 조선인이라 한다. … 저 개인의 출자와 대학의 노력으로 성립한 일본인의 대동강안 발굴대가 우리의 이마에 또 한 번 붓그럼의 낙인을 칠 양으로 입국하는 것이 일석간에 있다 하리요.[88]

이런 탄식 속에서 도쿄제대 낙랑고분 조사반의 북분(왕우묘) 발굴조사는 10월 3일 착수하여 11월 23일에 종료하였다. 발굴이 한창 진행되어 유물이 속속 출토되자 사이토 총독은 부인을 동반하여 발굴 현장을 방문해서 하라다로부터 유물에 대한 설명을 듣기도 하였다.[89] 이렇게 외부 자금으로 발굴 허가를 얻고 간단히 조사할 수 있었던 것은 총독에게 대권을 위임해 법률사항에 관한 명령을 발령할 수 있는 강대한 권한을 부여했던 일제 식민지배 체제 때문에 가능하였을 것이다. 후일 고이즈미는 "낙랑군치지와 왕우묘의 발굴은 동아고고학사상 영원히 기록할 중요한 발굴"[90]이었다고 자찬하였다.

당시 뒷수습을 위해 평양을 방문한 구로이타는 발굴유물을 도쿄로

---

88 「恥辱의 一烙印 '낙랑' 유적발굴대」, 『동아일보』, 1925.9.16.
89 「樂浪 古都의 齋藤總督 이천년전의 예술품을 찬미」, 『매일신보』, 1925.11.6; 「낙랑유물 공개 27일에」, 『시대일보』, 1925.11.26.
90 小泉顯夫, 1975.3, 「樂浪古墳の發掘と原田先生」, 『考古學雜誌』 60-4.

가져가는 문제에 대해 이렇게 약속하였다.

> 발굴물은 반환한다: 연구조사가 끝나는 대로.
> 도쿄제대 구로이타 박사의 말
> … 우리들은 골동적인 의미로 발굴한 것이 아니고 연구를 위하여 발굴한 것으로 보존이라는 것은 연구를 위해서만 의미가 있는 것이니 보존이라는 것은 깊이 생각하고 있지 않다. 따라서 대학에 가지고 가서 연구만 끝나면 현재와 같이 도쿄제대나 경성이나 그외 민간에 분산되어 있는 것은 좋지 않기 때문에, 평양에 박물관만 생긴다면 언제라도 돌려보낼 생각입니다.[91]

그럼에도 불구하고 세간에서는 비난의 목소리가 멈추질 않았다. 이와 같은 한국 내의 반발과 비난에도 불구하고 출토유물은 "유물의 취출(取出)에 세심한 주의를 요하였기에 조사 시일은 분묘의 크기에 비해 시일이 오래 걸렸으며, 보다 철저한 정리를 위해 발굴 종결 후 유물은 도쿄로 운반하여 문학부 고고학연구실의 손에 의한 정리"를 위해 계획대로 도쿄제대로 가져갔다.[92]

금년에 있는 양대 수확으로 영원히 학계에 기념될 것이다. 그러나 발굴은 아직 진행 중에 있고 또 공학적 천명은 압흐로 꽤 오랜 시일을 요할 것이니까 이것저것을 시방 말할 것 아니어니와 여긔 대하야 벌

---

91 「發掘物はお返しする研究調査すみ次第」, 『경성일보』, 1925.11.25.
92 東京帝國大學 文學部 編, 1930, 앞의 책, 19-20쪽.

서 기괴한 일종 유설(流說)이 잇서 우리로 묵과할 수 업는 것은 그 출토물을 국외로 수거(輸去)한다 함이다. 상당히 지각 있는 학자의 입에서 이 발굴품을 일본으로 가져감(持去)이 좋다는 말을 들음이요 더욱 그것이 학적 필요로 보다 물적 탐욕에 끌림이 더 큼이더라. … 이것이 학적 양심과 문화적 정의감 앞에서는 눈치도 보일 수 없는 일일 것이거든 하물며 입 밖에 내서 희망하며 요구함이랴. … 주인이 똑똑하지 못하다 하여 강도질이 옳은 일이 아니다. 대체 이번의 낙랑 발굴품을 어째서 일본으로 가져가겠다 하는가. 귀 떨어진 돈푼이나 내었으니 돈 값으로 가져가겠다 함인가. 조선에는 두어도 무소용이니까. 소용되는 자기네게로 가져가겠다 함인가. … 설사 이런 말을 할 자가 있고 또 그자가 어떠한 지위와 권위를 지닌 자라도 이런 말을 입 밖에 낸 것부터 광망(狂妄)한 표라 할 것이다.[93]

유출을 막으려 하였음에도 불구하고 이렇게 반출된 유물은 도쿄제대 문학부 고고학연구실에 보관하였다가 도쿄 대진재 후 교실이 협소하여 동양문고의 한 쪽을 얻어 옮겨 보관하였다.[94] 동양문고에 있을 때 천황이 직접 와서 유물을 보았고, 스웨덴 황태자가 방문하기도 하였다.[95]

발굴을 허가할 때 발굴유물은 조선총독부에 보관하는 것을 전제로

---

93 「낙랑의 발굴물, 國外持去는 斷斷不可」, 『동아일보』, 1925.11.25. 『조선일보』, 1926년 8월 4일 자에도 「낙랑 고적 발굴은 절대 불허한다, 가급적 후세에 남길 터, 조선 밖으로 가져가지 말라」는 기사가 실렸다.
94 보고서는 1930년 東京帝國大學 文學部 編, 『樂浪』으로 발행되었다.
95 原田淑人·田澤金吾, 1930, 「樂浪-五官掾王旴の墳墓」, 東京帝國大學 文學部, 3쪽 각주 6(오영찬, 2008, 앞의 글, 472쪽 재인용).

허가하였고 중복되는 유물만 도쿄제대로 양도될 수 있음을 명시하였음에도 불구하고 발굴 직후 모든 유물은 정리를 이유로 도쿄제대로 반출되었으며, 조사가 끝난 유물은 당연히 돌려주어야 함에도 불구하고 이를 위반하였던 것이다. 그 후 상당 기간이 지난 뒤에도 돌려줄 기미를 보이지 않자 1926년 8월 2일에 개최한 제25회 고적조사위원회에서 오가와 위원은 회의 서두에 "도쿄제대에서 조사한 낙랑 유물을 언제 본부에 제출하느냐"고 질문했는데, 이에 대해 실무를 맡은 후지타는 "현재 대학에서 정리 중이니 끝내는 대로 제출할 것이다"[96]라고만 하였다. 연구가 끝나면 유물을 반환하겠다는 후지타의 약속은 1930년 발굴보고서 『낙랑(樂浪)』이 간행된 이후에도 지켜지지 않았고, 현재까지 도쿄제대 문학부에 보관되어 있다.[97]

한편 제25회 고적조사위원회에서는 도쿄미술학교와 오사카 마이니치신문사가 발굴조사 허가를 요청해온 것에 대해, 대부분의 참석 위원들이 발굴 허가를 반대하였다. 고적조사위원장인 정무총감 유아사 구라헤이(湯淺倉平)는 조선총독부 이외에 고분 발굴을 허가하지 않는다는 방침을 다음과 같이 명시하였다.

一. 고적 및 명승천연기념물 등은 국가가 보존의 책임을 갖고 국가에서 연구 발표하는 것을 원칙으로 한다. 이로 인해 발생하는 연구자료는 특별히 지정하여 연구단체 및 학교 등에 제공할 수 있을 것이다.

---

96 국립중앙박물관 소장 조선총독부박물관 공문서/고적조사/고적조사위원회/제25회 고적조사위원회 의안 결의 문건(1926).
97 출토유물 목록은 정규홍, 2012, 앞의 책, 222-225쪽 참고.

一. 고분의 발굴은 매우 신중한 태도를 요한다. 각종 단체에서 서로 돌아가며 조사할 경우, 이유 여하를 막론하고 지역 민심에 미치는 영향이 우려된다. 성씨제도가 엄격한 한반도의 고분은 특히 그러하다고 느껴진다.

一. 낙랑고분 발굴 희망자의 유일한 이유인 매년 도굴에 의한 상실은, 1926년 3월부터 해당 고분군에 주재 분소를 설치하여 고분 단속을 맡겼기에 앞으로 걱정하지 않아도 된다.

一. 낙랑고분은 대동강면, 원암면, 남곤면에 총 수천백여 기로 산정되고, 그중 완전하다고 인정되는 것은 40여 기에 불과하다. 그것을 경쟁적으로 발굴하면 수년이 지나지 않아 모두 상실될 것이다. 마땅히 이에 대한 좌 방침을 세우고 연대, 구조, 형식을 학술적으로 질서 정연하게 조사하여 소수의 완전한 유적을 가장 효과적으로 조사하고, 약 반수는 장래 연구를 위하여 보존의 책임을 질 필요가 있다.

一. 유물을 목적으로 하는 고분 조사는 가장 한심하고, 지방 민심에게 주는 영향도 있을 뿐 아니라 고분의 구조 등 조사에 등한하여 조사도 한결같지 않아 학술적 연구를 결(缺)하고 나빠지게 된다.

一. 다이쇼 15년도(1926)부터 본부 고적조사위원회에서 완전한 분포도를 작성하고, 고분 대장을 작성하여 기굴(既掘), 미굴(未掘), 대소(大小), 내용(內容) 등의 특징을 기술하여 장래 조사 계획을 세우고, 본 위원회에도 이들 고분군 전부의 등록을 제안한다. 일찍이 다이쇼 5년(1916) 이후의 조사 결과는 보고서 및 도판으로 간행하고 … 굳이 다른 조사의 필요를 인정하지 않는다. 다만 경비 관계상, 애초 목표의 십분의 일에도 미치지 못함을 유감으로 생각할 뿐이다.

一. 지난번 후쿠부(服部) 경성제대 총장이 발의한 대지문화사업(對支

文化事業)에서 10개년 계속 15만 엔을 지출하여 평양에 연구소를 설치하고, 낙랑 유적 조사를 전문적으로 할 계획을 세웠다. 경비 지출 등은 대지문화사업위원회(對支文化事業委員會) 및 외무성의 승인을 얻을 것이기 때문에, 공공연히 대지문화사업위원회로부터 신청을 한 다음 적당한 조건으로 조직, 조사법, 기타 방침이 결정되고 적당하다고 인정되는 때는 전문적으로 그것을 조사할 생각이 있기에 감히 개개 발굴조사, 기타는 필요하다고 생각지 않는다.[98]

향후 이러한 신청이 점점 많아질 추세이므로 대학의 연구자료라도 낙랑고분 발굴은 허락하지 않고, 기본적으로 한반도 내 발굴유물의 일본 반출을 금지하고 오로지 조선총독부박물관만이 고적조사를 실시할 수 있다고 결의하였다.

오사카 마이니치신문사의 발굴 허가를 반대하면서 고적조사위원 이마니시는 "작년 도쿄제대가 낙랑고분의 발굴을 출원(出願)하여 여러 가지 조건하에 특별히 허가하였다. 총독부는 총독부의 발굴 사업을 도쿄제대에 의촉(依囑)한 것에 지나지 않았다. 그러나 금일에 이르러 그 조건이 이행된 것을 하나도 보지 못하였다. 특별히 허가한 것이 상례의 허가라고 생각하여 금번 미술학교에서 출원을 한 것 같다"[99]고 하여 조건부로 발굴 허가를 하였음에도 불구하고 도쿄제대가 그 조건을 충실히 이행하지 못함으로써 더 이상 민간에 의한 발굴을 허락하지 않는다고 하

---

98 국립중앙박물관 소장 조선총독부박물관 공문서/고적조사/고적조사위원회/제25회 고적조사위원회 의안 결의 문건(1926).

99 국립중앙박물관 소장 조선총독부박물관 공문서 「今西龍意見書-樂浪古墳ノ發掘美術學校ニ許可スベキ否ヤニ對スル答」(오영찬, 2008, 앞의 글, 473-474쪽 재인용).

였다.[100]

이후에도 왕우묘 출토유물은 1933년에 평양박물관 개관을 앞두고 돌려받으려 애를 썼다. 즉 1933년 8월에 두 차례에 걸쳐 평양박물관 진열품 수집을 위한 낙랑평의원회를 개최하였는데, 이 자리에서 왕우묘 출토품 반환에 대한 논의가 이루어졌다. 그러나 우메하라와 낙랑연구소 책임자 오바로부터 박물관 평의원 도미타 신지에게 보내온 내용은, 왕우묘 출토품 수백 점 중 대표적인 20점만을 선정하여 반송한다는 회신이었다. 그리고 1933년 9월 3일 도쿄제대로부터 왕우묘 출토품 20여 점이 평양박물관에 돌아왔다. 평양에 박물관만 생기면 바로 모두 돌려준다는 구로이타의 말[101]도 허언이었으며, 20점을 제외한 나머지 유물은 고스란히 도쿄제대에 소장되었던 것이다. 이에 대해 평양의 각 방면에서 불만의 소리가 높아졌다.[102]

한편 당시 평양부민들 사이에는 낙랑 출토품 한두 점을 가지고 있지 않으면 남한테 무시당한다는 말이 나돌 정도로 도굴품들이 시중에 나돌고 있었다. 그리고 도굴된 낙랑고분 출토품들은 평양의 수집가들뿐만 아니라 경성이나 교토 방면의 호사가(好事家)들과도 연결되어 도굴품 중 뛰어난 것을 매매하였다.

이처럼 1924년과 1925년은 낙랑고분의 대난굴시대였다. 평양에서 10여 기의 고분이 발굴되어 많은 부장품이 세상에 알려지면서 평양에

---

100 「대학의 연구자료라도 낙랑고분발굴은 불허」, 『매일신보』, 1926.8.4.
101 「發掘物はお返しする: 研究調査すみ次第 東大の黑板博士語る」, 『경성일보』, 1925.11.25.
102 「新博物館陳列品問題3: 王旴墓の出土品は殆んど代表的珍品 – 持ち來られる陳列遺品では見れぬ樂浪の全貌」, 『평양매일신보』, 1933.9.7.

와 있던 일본인들 간에 고분 출토유물 수집열이 고조되었다. 그 가운데 야마다 자이지로(山田財次郞)는 우메하라가 조사차 평양에 들렀을 때 수집품의 수가 천을 넘는다고 자랑하였다.[103]

> 야마다가 고와를 수집하였을 때는 씨의 독점무대로서 평양부 내의 각처에서 수도공사나 하수공사에서 기와가 파내어져 길바닥에 뒹굴게 내버려져 있으며 … 야마다가 '눈깔사탕'을 가지고 현장에 가서 '눈깔사탕'과 기와를 교환한 이야기는 유명한 것이지만 요즘은 공사장에서 일하는 인부가 기와가 돈이 된다는 것을 알고 있어 싼값으로는 수집가의 손에 들어오지 않고 있다.[104]

야마다는 평양 일대의 발굴품을 가장 먼저 그리고 가장 많이 소장하였던 인물로 자택에 낙랑진열소를 만들어 놓고 수집한 물건들을 보관할 정도였는데, 한대 전(塼), 고구려 와(瓦) 등이 가득하였다. 그러나 평양부 고고품 수집 열기가 날로 높아지게 되고, 도굴품들이 난무하게 되어 수집가의 손에 들어가기도 어려웠으며, 한편에서는 가짜 도굴품이 등장하였다.[105] 그리고 일부에서는 발굴조사 현장에 참관을 희망하는 사람을 모집하여 관람하게 하는 이벤트까지 진행하였다.[106] 이에 도굴이 더욱 성행하여 강력하게 단속하였으며, 어기는 자는 엄히 다스리고 출토품을

---

103 梅原末治, 1924, 앞의 글, 67쪽.
104 八田蒼明, 1934, 앞의 책, 250쪽.
105 八田蒼明, 1934, 위의 책, 269쪽.
106 「고적시찰변경 2日 朝 평양역에 집합」, 『동아일보』, 1924.10.31; 「다수 발굴된 낙랑고적, 금후 5일 조사완료」, 『동아일보』, 1924.11.11.

압수하여 조선총독부 조사과에 송치하는 방침을 강구하기도 하였다.

또한 세키노는 평양의 수집가들이 소장하고 있는 출토품을 촬영하여 1925년에 『낙랑군시대의 유물(樂浪郡時代の遺物)』 상·하 두 권을 발행하였다. 이 책에는 소장품 도판을 상당히 수록하였고, 협조해준 사람들 명단을 실었는데[107] 이들은 바로 평양 지역에 있던 유물 수집가들이었다. 즉 세키노는 평양부 내 유물 수집가들의 도움을 받았다며 감사의 인사를 하였는데, 이 가운데 도미타 신지는 1910년 8월경부터 평양에 거주하면서 도미타상회를 열어 평양광업소용 목재납입청부업 및 재목상을 경영하면서 한국 전체에 걸쳐 판로를 개척하였다. 1919년 이후 상업회의소 평의원, 1933년 평양상공회의 부회장에 추대되었고, 재목상조합장, 항정(港町)회장, 소방협회지부평의원, 철도국운수위원 등 평양 지역 공공사업에도 깊이 관여하면서 지역 유지로서 자리를 잡았다. 이후에는 왕광묘 발굴 선정에도 참여하였으며, 1932년 9월에는 남정리 제119호분 발굴에도 참여하고, 평양박물관 평의원으로 활동하면서 많은 도굴품을 수집하였다.[108]

나카니시 요시이치(中西嘉市)는 당시 평양에서 가장 유명한 골동상으로 평양 일대 고분에서 나온 도굴품을 사 모아 일본으로 반출하는 일에 앞장섰는데, 그의 소장품에는 평양 낙랑고분에서 출토된 박산향로 2점 가운데 한 점이 포함되어 있었다. 또 하시즈메 요시키(橋都芳樹)가 소장

---

[107] 關野貞, 1927, 앞의 책, 3-4쪽. "평양중학교, 평양진열소, 평양병기제조소, 평양복심법원, 평양경찰서, 도쿄미술학교의 수집품의 조사 촬영을 허락받았다. … 富田普二, 橋都芳樹, 白神壽吉, 田增關一, 諸岡榮治, 北村忠次, 多田春臣, 稻葉善之助, 中村晋三郎, 八田己之助, 中西嘉市의 제씨는 그 애장한 유물의 촬영과 연구를 흔쾌히 허락하고 또 여러 편의를 해주었다."

[108] 朝鮮公論社, 1917, 『在朝鮮內地人紳士銘鑑』, 98쪽.

한 신선초화문동반(神仙草花文銅盤)은 「보존령」에 의해 1936년에 보물 제229호로 지정될 정도로 가치가 있는 유물이었다.[109] 시라카미 주키치는 당시 평양여학교 교장이었다. 기타무라 다다지(北村忠次)는 1919년 조선총독부 군서기로 평안북도에서 근무하였고, 1922년 평양중학교 서기, 1926년 4월 경성의학전문학교 서기로 근무하였다. 평양에서 근무하는 동안 낙랑고분의 도굴을 뒤에서 조종한 이름난 장물아비의 한 사람으로 평양을 떠난 이후에도 상당한 장물을 취급하였으며, 이들 대부분은 일본으로 반출해간 것으로 추정하고 있다.[110] 모로카 에이지는 봉니(封泥) 5점을 비롯하여 70여 점을 조선총독부박물관에 팔았다.[111] 평양 지역 대수집가 야마다 자이지로는 대동강 근처에서 출토한 한대의 고경, 낙랑태수 봉니 등 한대 낙랑군치지 유적과 관련된 유물을 소장하고 있었으며, 조선총독부박물관에 일부를 매매[112]하거나 직접 기부하였다.[113] 결국 1925~1926년 전후한 대동강 주변 낙랑고분은 대대적인 도굴이 이루어졌으며, 이들 유적에서 출토된 유물은 대부분 제대로 정리하지도 않은 채, 도굴꾼들에 의해 산일 반출되었음을 알 수 있다.

---

109 조선총독부고시 제69호, 『朝鮮總督府官報』, 1936.2.21(제2730호).

110 정규홍, 2005, 앞의 책, 250쪽.

111 국립중앙박물관 조선총독부박물관 구입문서(08)에 보면 1927년 진열품 구입결의에 "諸岡榮治 소장 長岑長印封泥 외 3점 구입에 관한 건", "諸岡榮治 소장 樂浪鏡 외 60건 구입에 관한 건"과 구입문서(09) 1928년 진열품 구입결의 "諸岡榮治 소장 增地長印封泥 외 1점 구입에 관한 건"이 포함되어 있다.

112 국립중앙박물관 조선총독부박물관 구입문서(03) 1922년 진열품 구입결의 문서철에 "山田財次郎 소장 樂浪 太守章封泥 외 150건 구입에 관한 건"이 포함되어 있다.

113 국립중앙박물관 조선총독부박물관 기부문서(05) 1915년~1932년 진열품 기부철에 "山田財次郎 박물관 진열품 기부에 관한 건"에 기부 목록이 들어 있다.

〈그림 3〉 경주 서봉총 발굴 현장(1926)

출처: 조선총독부박물관 유리건판.

　한편 1926년 5월경 경주에서는 경주역의 용지매립용 흙을 모으기 위해 황남리에서 채토작업을 하면서 다량의 토기와 토우를 발견하였다. 토목공사 중 신라무덤이 발견되었다는 급보를 전해 듣고 조선총독부 촉탁 고이즈미를 경주로 급파하였다. 하지만 토취장에서 발견한 유물만 고이즈미 입회하에 수습하였고, 정식 학술조사는 이루어지지 못하였다. 그리고 6월 말경에 경동철도(慶東鐵道) 경주 정차장을 개축해 기관차 차고를 짓는 과정에서 노서동에 있던 서봉총이 발굴되었는데, 조선총독부박물관 고이즈미와 사와가 담당하였다.[114]

114　조유전, 1996, 『발굴 이야기: 왕의 무덤에서 쓰레기장까지, 한국 고고학 발굴의 여정』, 대원사, 252-254쪽.

서봉총 북분은 경주박물관장 모로가가 사이토 총독과 교섭하여 사적 자금 3,000원을 제공받아 발굴하였다.[115] 스웨덴 국왕 구스타프 6세 아돌프(Gustarf Ⅵ Adolf)가 황태자 시절 신혼여행 차 일본에 왔다가 일본 교토제대 고고학과 교수인 하마다의 안내로 발굴현장에 참관하기도 하였다.[116] 이에 스웨덴의 한자명인 서전(瑞典)의 '서(瑞)'자와 이 고분출토 금관의 봉황장식에서 '봉(鳳)'자를 따서 서봉총(瑞鳳塚)이라 하였다.[117]

고이즈미가 양 전하와 아울러 일행을 안내하여 분화구와 같은 혈중(穴中)에 들어갔다. 이때 금관이 있는 부분은 백포로 덮어 두었는데, 백포를 치우자 혈 밑에는 썩은 검은 목재와 흙 위에 황금 왕관, 황금 요패(腰佩), 황금 반지(指輪), 유리 팔찌(釧), 비취 곡옥을 단 가슴장식 등 일군이 찬란히 빛을 발하였다. … 이를 본 전하와 비, 그리고 다른 일행의 입에서는 경탄이 나왔고, 고이즈미는 황태자에게 발굴에 참여하도록 하였으며, 황태자는 일일이 그의 지시를 받아 움직였다. … 황태자는 공손하게 금관을 취출(取出)하여 이것을 높이 양손으로 들었다. 금관은 한층 가을 햇빛을 받아 휘황찬란하게 빛났다. 이때의 광경은 졸(拙)한 내 붓으로 다 표현할 수 없다.[118]

115　최남주, 2007, 「신라의 얼 찾아 한평생」, 『박물관학보』 12·13, 82쪽.

116　小泉顯夫, 1986, 「瑞鳳冢の發掘」, 『朝鮮古代遺物の遍歷』, 六興出版, 42-58쪽.

117　국립중앙박물관에서는 2014년 서봉총 출토품 보고서를 간행하고, 2016~2017년까지 서봉총 재발굴 작업을 하여 최근에 유적보고서를 발간하였다. 이번 재발굴조사에서는 일제가 밝히지 못한 무덤의 규모, 구조와 함께 1500년 전 신라 왕족의 먹거리와 제사 음식들까지 밝히는 성과를 내었다(「1500년 전 신라 왕실이 먹은 초호화 음식 확인됐다」, 『경향신문』, 2020.9.7).

118　大坂六村, 1939, 앞의 책, 72-73쪽.

<그림 4> 「금관 파문, 박물관의 실태?」

출처: 『부산일보』, 1936.6.29.

이 발굴은 학술적인 발굴이라기보다는 일제의 시정(施政) 선전과 학구적인 면을 외국에 선전하기 위해 이용하였다고 볼 수 있다.[119] 더욱이 이 서봉총에서 출토된 유물 가운데 금관은 훗날 평양 기생의 머리에 씌워지는 수난까지 겪었다. 즉, 서봉총 발굴을 맡았던 고이즈미가 평양박물관 관장 시절인 1935년에 제1회 고적애호일 제정 기념으로 서봉총 출토 금관을 비롯하여 주요 출토품 일체를 조선총독부박물관에서 대여하여 전시하였다. 전시를 마치고 유물을 다시 박물관으로 보내기 전날, 관장을 비롯한 박물관 직원들이 진열품을 모두 들고 기생집으로 가서 당

---

119 「서봉총 고문 특별 縱覽 십륙일 오후에」, 『중외일보』, 1926.11.15. 小泉顯夫와 澤俊一 두 사람이 경주 서봉총에서 발굴한 신라시대 유물 중 수십 점을 경성으로 가지고 가서 조선총독부박물관 사무소 안에 진열하여 시내 각 학교의 역사교사를 비롯하여 총독부 중추원 등 사학 관계자들에게 열람하도록 하였다.

시 평양에서 이름 있던 기생 차능파(車綾波) 머리에 금관을 씌우고 허리띠와 목걸이 등을 착용케 하고는 술을 마시며 즐겼다. 그런데 이 사실이 당시 신문의 사회면에 상세하게 실려 그 무례함을 개탄하는 기사가 보도되었던 것이다.[120]

이로써 경주 신라고분의 출토에 대한 관심은 도굴꾼들을 더욱 자극하여 고적조사가 진행되는 틈을 이용하여 도굴이 성행하였다. 백주대낮에 후손들 앞에서 조상의 무덤을 파헤치는 행위가 빈번하여 분노를 자아냈다. 그리고 이렇게 도굴된 부장품들은 호사가들에게 매매되거나 일본으로 반출되어 나가는 수난을 겪었다.

경주지방이 유명한 신라 천년의 구도임은 세상 사람들에게 널리 알려져 있는데, 최근 수년간에 걸친 고분 발굴로 황금 왕관, 패도(佩刀) 등 귀중한 출토품이 발견되어, 고고학상 심대한 참고자료로 기여하고 있다. 그런데 요즘 괘씸하게도 인가도 받지 않은 채 고분을 밀굴(密掘)하는 자가 많다. 한 소식통에 의하면 고분 밀굴 상습자는 조선인만 해도 약 20명에 달한다고 하는데, 주로 일본인 장물아비에게 연줄을 대어 출토품을 팔아 부당한 이익을 얻고 있다고 한다. 최근에 눈에 띄는 출토품으로는 당삼채(唐三彩) 같은 항아리를 도굴하여 수천 원에 밀매한 자가 있는데, 그 항아리 안에는 5개의 합자(合子)가 있어 대단히 귀중한 것이라고 하며, 그 출토품은 일본인 장물아비에

---

120 「금관의 파문, 박물관의 실태?」, 『부산일보』, 1936.6.29; 「王冠의 이 末路! 無嚴悖禮의 此亂擧妓女頭上에 國寶 金冠」, 『조선일보』, 1936.6.23; 「禁制의 秘藏品이 冒瀆되기까지의 經路」, 『조선일보』, 1936.6.23.

의해 대구의 호사가[121]에게 팔렸던 것이다. 이와 같은 부정한 밀굴이 거듭 행해진다면 신라왕조의 문화를 연구할 자료가 흩어져 없어지니 당국에서 엄중한 단속을 해주길 바라는 것이다.[122]

일본인 장물아비들과 연결된 한국인 도굴 상습자가 20명 정도이며, 부정 밀굴된 출토품은 대구의 호사가에 팔린다며 엄중한 단속을 촉구하는 기사가 신문에 실릴 정도로 빈번한 도굴이 이루어졌던 것이다.

6) 계룡산 도요지 및 송산리 고분조사(1927)

1927년 고적조사위원회는 회의(제28회)를 생략하고 7월 23일 자로 1927년도 고적조사계획 건을 회람하고, 주로 남부 지방을 중심으로 발굴조사를 실시하였다. 조선총독부는 1927년 2월 기수 오가와 게이키치를 충남 공주군 반포면 학봉리 계룡산 도요지로 파견하여 조사하게 하였는데, 1926년부터 이 지역의 도요지에서 많은 도기 파편이 도굴되었기 때문이다. 골동상들이 이를 매매하였고, 심한 경우 잔편들이 높은 가격에 팔려 도쿄·오사카·나고야 등으로 유출되었다. 이것이 문제가 되어 마을 이장이 발굴을 금지하자 야간에 도굴하는 사람들까지 생겨났다.

조선총독부는 오가와, 노모리 겐, 간다 소조(神田惣藏) 세 사람을 학봉리로 보냈다. 공주경찰서장과 토지 소유자 박철희(朴喆熙), 대리인 스즈

---

[121] 이 기사에서 언급된 대구의 호사가로서 대표적인 인물은 오구라 다케노스케(小倉武之助)이다. 오구라 다케노스케의 문화재 반출에 대해서는 제5장에서 자세히 언급하였다.
[122] 「新羅王朝の古墳を密堀」, 『경성일보』, 1925.4.15.

키(鈴木松吉)의 입회하에 발굴조사할 도요지 일부를 지정하고 돌아갔다. 이후 다시 노모리와 간다가 발굴조사 명령을 받아 9월 29일부터 10월 11일까지 조사하여 공주군 반포면 학봉리에서 도요지 7개소를 확인하였다. 학봉리는 조선시대 대규모의 분청사기 가마터가 있던 곳이다. 충남도지사가 조선총독에게 공문을 보내 허락을 받고 실시한 조사에서는 대개 파편뿐으로 완전한 형태의 그릇은 찾지 못하였다.[123] 다른 토지 소유자 박용기(朴鏞基)의 승낙하에 10월 6일부터 11일까지 발굴조사를 실시하였다.[124]

또한 공주 부근에서 많은 고분이 산재되어 있었으나 학술적 조사가 이루어진 것은 일부에 지나지 않았고, 대부분 도굴당한 상태로 방치되었다. 그 가운데 공주군 장기면 무릉리 구릉 위에 무릉이라고 불리던 백제 분묘가 있었는데, 1927년 4월 30일 공주군 보승회장이자 공주군수인 다카야마(高山聰郞)로부터 조사를 의뢰받았다. 조선총독부는 반포면 조사를 마친 노모리와 간다를 보내 발굴에 관한 제반 협의를 하게 하였다.

10월 13일부터 23일까지 도굴 흔적이 있던 송산리 5기의 고분 가운데 제1·2·5호분을 발굴조사하였다.[125] 당시 제1호분(현재 4호분으로 명명)은 5기 중 가장 서쪽에 있는 것으로 봉토가 무너져 내려 분형만 겨우

---

123 공문서 忠南保 제1521호, 「매장물 발굴에 관한 건」, 1927.3.28(황수영 편, 2014, 앞의 책, 157쪽).

124 野守健·神田惣藏, 1929, 「鷄龍山麓陶窯址調査報告」, 『昭和二年度古蹟調査報告』 제1책, 1-2쪽.

125 송산리 고분의 발굴보고서는 野守健이 1935년에 「公州松山里古墳調査報告」, 『昭和二年度古蹟調査報告』 제2책으로 발간하였다.

남아 있었고, 제2호분은 제1호분 동쪽에 있는 것으로 봉토 또한 유출되어 겨우 분형을 알 수 있을 정도였다. 이 고분은 정상부에 도굴 구멍이 있어 현실 내부를 볼 수 있었는데, 제1호분과 함께 도굴되었다가 다시 도굴당한 것 같다고 하였다.[126] 제5호분은 이미 현실 천정이 무너져 내부에는 토사가 가득 차 있었으며, 이 고분 역시 옛날에 도굴 파괴되어 귀중한 부장품이 이미 도굴된 상태였는데, 당시 텅빈 현실에서 일제 담뱃갑 하나가 남겨져 있어 도굴꾼들의 여유로운(?) 범행을 짐작할 수 있었다.[127] 발굴조사를 마친 후 고분의 상태에 대해 다음과 같이 보고하였다.

1927년 3월경 동네 주민의 도굴로 제1호분에서 곡옥, 유리옥, 대도, 도끼 등의 파편이 출토되었다고 하는데, 현재 그것은 공주읍내의 모 일본인이 소장하고 있다고 한다. 제2호분에서는 금제 귀걸이 한 쌍이 발견되었다. 이것도 지금 일본에 있는 모씨가 소장하고 있다고 한다. 이는 모두 고신라, 임나의 유물과 같은 종류인 것 같다.[128]

여기서 말하는 모 일본인은 바로 가루베 지온(輕部慈恩)이다. 즉 송산리고분이 노모리 등에 의해 조사되기 전, 3월경에 가루베에 의해 1차 조사가 이루어지고 그 과정에서 부장품은 그의 손에 넘어간 상태였던 것이다. 공주·부여 지역에서 발굴 부장품을 수집하던 가루베는 당시 상황을 이렇게 증언하였다.

---

126 野守健·神田惣藏, 1929, 앞의 책, 15쪽.
127 이구열, 1996, 앞의 책, 196쪽.
128 野守健, 1935, 앞의 책, 26쪽.

나는 공주를 중심으로 이 일대의 산악·구릉 등을 수개 조사한 결과 1927년 3월에 공주읍 서북에 접속한 송산리의 구릉지대에서 제1호분에서 제4호분까지 4기의 무덤을 발견하였고, 계속하여 공주읍을 중심으로 그 주위의 산 언덕에 한하여 다수의 백제 분묘를 발견하였다. … 이미 도굴당하여 곽의 일부만 약간 남아 대부분 파괴된 것이 많았다.[129]

고분을 처음 발견한 후 그 무덤 안에 들어간 자는 근처에 살고 있는 한국 아이 최상희였다. 그는 당시 15~16세 정도였고, 그 아이로부터 현실 안 유물의 배치를 듣고 그림을 그렸다고 하며, 현실 안에는 일본「오사카아사히신문(大阪朝日新聞)」과 양초가 있었다고 하였다.[130] 하지만 15~16세의 아이가 고분 현실 내부에 들어갔어도 어떻게 유물의 배치를 자세히 설명할 수 있으며, 유물의 배치를 생각하며 도굴할 수 있었겠는가. 또 아이들이 호기심으로 흔하지도 않은 일본 신문과 양초를 가지고 무덤 안으로 들어갔다는 것도 이해하기 어렵다. 따라서 당시 송산리 제1·2호분은 일본인들에 의해 도굴되었다고 보는 것이 타당하며, 가루베가 직접 도굴하였거나 알 만한 사람들에게 도굴을 시켰다고 보는 것이 더 합리적이다.[131]

1927년 4월 공주군 보승회장의 요청에 의해 총독부의 정식 조사가 이루어졌는데, 발굴 요청이 있기 전에 이미 가루베에 의해 조사가 끝난

---

129 輕部慈恩, 1935,「公州に於ける百濟遺蹟」,『忠南鄕土誌』, 8쪽.
130 輕部慈恩, 1930,「樂浪の影響を受けた百濟の古墳と塼」,『考古學雜誌』20-5, 48쪽.
131 정규홍, 2016, 앞의 책 권6, 316-318쪽.

<그림 5> 공주고보 향토관에서 학생을 지도하는 가루베 지온

출처: 윤용혁, 2010, 『가루베 지온의 백제 연구』, 서경문화사.

상태였던 것이다. 가루베는 송산리 고분군이 도굴된 것을 알고 있으면서도 「보존규칙」에 따라 당국에 신고를 하지 않고 몰래 수소문하여 유물배치도를 작성하였으며, 그 과정에서 유물을 도굴하였던 것이다.

가루베는 일본 와세다대학 국한과(國漢科)를 졸업한 후 일본 문화의 연원(淵源)을 연구하는 일에 관심을 가지고, 1925년 3월 한국에 건너와 평양 숭실전문대학에서 교편을 잡았다. 숭실전문학교에서 고대사 강좌를 하면서 평양 일대의 낙랑과 고구려 유적을 탐사하고자 하였다. 그러나 그가 평양에서 교직생활을 할 즈음에는 낙랑 유적·유물에 대한 연구열과 연구자가 많았던 시기로 젊은 그로서는 접근하기 어려운 상황이었다. 바로 그때 공주 지역 학교로부터 근무 제안을 받았다. 가루베는 공주도 백제의 구도(舊都)였기에 1927년 공주공립고등보통학교(공주고보)로 옮기면서 1930년대 초반까지 수백여 기의 고분을 본격적으로 조사

하였다.¹³²

공주고보에서 가루베는 일본어와 한문을 가르치면서 시간이 나는 대로 학생들을 데리고 유적을 답사하고 기와편 등을 채집하여 '와선생(瓦先生)'이라는 별명을 얻기도 하였다.¹³³ 특히 1930년 3월에 교내에 향토관을 설치하고, 아마추어 연구자로 조선총독부의 정식 허가도 없이 많은 백제고분을 파헤쳤으며, 그 과정에서 수집한 유물을 개인적으로 소장하였다가 상당수 일본으로 반출한 것으로 알려져 있다.

가루베는 공주고등보통학교에서 10여 년간 근무하면서 학생들에게 생활교육에 기초하여 향토의 전설, 향토의 사료, 토속자료 등 향토조사에 관한 과제를 수시로 내주었는데, 이를 바탕으로 공주 일대의 백제고분에 대해 관심을 갖게 되었다.¹³⁴ 그가 공주에서 발굴한 고분 중에서 대표적인 것은 송산리 제5·6·8호분(도굴)을 들 수 있다. 또한 가루베는 부산의 일본인 골동상과 연락을 취하고 있었으며, 가루베의 부친은 교토에서 골동상을 경영하고 있었다. 후에는 공주에서 강경중학교로 전근 가서 호남 일대의 유적을 조사하고 유물을 수집 혹은 탈취하였다.¹³⁵

---

132 輕部慈恩, 「百濟と私」, 『駿豆地方の古代文化』(정규홍, 2012, 앞의 책, 299쪽 재인용).

133 정규홍, 2018a, 「가루베컬렉션을 통해서 본 충남도내 반출문화재 사례」, 『충남도 2018년 반출문화재 실태조사보고서』, 문화유산회복재단 참고.

134 가루베 지온은 1935년 공주공립고등보통학교에서 간행한 『忠南鄕土誌』에 「公州に於ける百濟遺蹟」을 그대로 수록하였다. 윤용혁은 『가루베 지온의 백제 연구』(서경문화사, 2010) 책머리에서 "私藏과 蒸發이라는 유물의 문제를 논외로 한다면, 가루베 지온은 공주라는 공간을 학문적 토대로 한 최초의 근대학자다"라고 평가하였다.

135 이구열, 1996, 앞의 책, 198-200쪽. 가루베는 광복 후에 강경에서 트럭 1대를 빌려 소장하고 있던 컬렉션을 모두 싣고 대구로 도망쳐 오구라와 함께 귀국하였다고 한다. 광복 후 국립박물관 공주분관장으로 취임하였던 유시종(劉始鍾) 관장이 미군정청을 통해 일본으로 돌아간 가루베에게 과거 컬렉션의 처리 문제를 묻자 공주박

7) 선사시대, 낙랑·대방시대, 고구려시대 고적조사(1928·1929)

　1928년에는 발굴조사보다는 선사시대, 낙랑·대방시대, 고구려시대 유적들의 현지조사와 사지(寺址) 및 석물의 실측조사 등을 진행하였다. 먼저 선사시대 유적으로는 동래패총과 김해·양산패총 및 평남 대동군 미림리 석기시대 유적이었다. 동래패총은 1928년 1월 조선은행 부산지점장 고토(後藤登丸)가 고적조사위원 오다에게 동래읍 부근에서 거대한 패총이 발견되었다고 보고하면서 알려졌다. 이에 후지타 위원과 고이즈미 촉탁이 1928년 3월 12일부터 동래지역 수안동·낙민동의 패총을 조사하였다.

　이 지역 주민들의 문화는 상당히 진보하여 이미 석기시대 말기에 달하고 있으며, 석기는 거의 사용하지 않고, 이른 철기의 사용을 알 수 있는 유물이 나타나 김해군 김해면 회현리의 패총, 양산군 양산읍 동쪽 패총과 성질과 시대가 같음이 증명되었다. … 패총 저부에서 철편이 발견되고 석기는 거의 발견되지 않았으며, 토기에는 이미 회갈색의 신라소(新羅燒)의 선구가 된 것으로 보인다.[136]

　동래패총은 양산이나 김해패총과 동일 성질의 것이나, 두드러진 특징은 석기가 드물며, 철기가 존재하고 골각기가 풍부한 것과 특히 녹각제(鹿角制) 도자병(刀子柄)이 많았다. 하마다(濱田)는 이를 금석병용시대

　　물관에 모두 갖다 놓고 왔다고 회신하였을 뿐이었다고 한다.
136　藤田亮策, 1930.2, 「昭和4年古蹟調査の槪要」, 『朝鮮』, 22-23쪽.

의 것으로 보았으며, 2세기 말까지 이 상태로 있다가 점차 중국 대륙의 금속문화를 받아들여 3세기경에야 삼국 정립의 시대를 준비하였다고 하여 우리 고대사의 발전 단계를 더디게 이해하였다.[137]

또한 1928년 5월에 수리조합공사 시공시 평남 대동군 대동강면 미림리 석기시대 유적을 발견하여, 오다와 모리 다메조(森爲三), 요코야마 쇼자부로(橫山將三郞)가 임시조사를 하였다.[138] 1928년 7월 중순 이마니시가 황해도 신천군 북부면 서호리의 전축분 발굴상태를 보고, 신천공립보통학교의 수집품을 열람하고 부근의 고분 분포 상태를 파악하여 낙랑·대방시대 유적임을 밝혔다.

> 이로 인해 건원(建元) 원년, 대강(大康) 4년 … 소명왕장조(昭明王長造) 등의 연호명이 있는 전을 출토하였고, 신천군에서는 이런 종류의 전묘(塼墓)의 시대를 결정하고, 도리어 소명왕장 등의 특수명이 있는 유물을 출토함으로써 한사군의 연혁에 관한 새로운 자료를 얻었다.[139]

그동안 낙랑고분은 평남 일대에 국한하였으나 1927년 이래 황해도 신천군 방면에서 대방군 관련 연호명이 있는 와전이 출토됨으로써 고분의 도굴 빈도가 높아졌다. 또한 오오하라는 1928년 12월에 신천·은율·용강 등의 고분을 조사하여 황해도 지역 전반에 걸친 낙랑·대방시대의

---

137 이순자, 2009a, 앞의 책, 194쪽.
138 藤田亮策, 1929.8, 「昭和3年古蹟調査事務槪要」, 『朝鮮』, 2쪽.
139 藤田亮策, 1929.8, 위의 글, 2쪽.

유적을 살폈다.

1928년 10월 이마니시와 후지타는 평북 태천군 서읍내면 산성동의 고구려시대 유적인 농오리산성을 조사하였다. 이 산성은 을종요존림(乙種要存林)으로 보존되던 것을 1928년 8월에 태천학교조합에서 학교림으로 양여하였다. 평남 순천군 북창면 초평동의 천왕지신총(天王地神塚)은 특수한 구조와 벽화를 가지고 있는 것으로 알려져 문을 달아 보존하였고,[140] 이해에 벽화 촬영을 위해 세키노가 다시 조사를 하고 『고구려시대의 유적(高句麗時代の遺蹟)』 특별고적조사 자료보고서를 발행하였다.

이 외 '사지 및 석물 조사'도 이루어졌는데 대표적인 것은 익산 미륵사지 조사이다. 1928년 4월과 10월, 두 차례에 걸쳐 기수 오가와가 조사하여 그 배치 구조를 확인하였다. 경주 지역에서는 시내의 왕경 터와 황룡사, 분황사, 사천왕사, 망덕사, 흥륜사, 황복사, 삼랑사, 창림사, 그리고 경주 외곽의 불국사, 감산사, 감은사, 천군리사지 등 주로 사지 중심의 현지조사가 이듬해까지 계속 이루어졌다.[141]

요컨대 1928년의 고적조사사업도 여전히 적은 인원으로 선사시대로부터 전 시대를 아울러 조사를 하였으며, 관심 분야는 고분·사지·성지 등이었다. 그리고 당시 고적 현지조사와 함께 보존공사도 꾸준히 병행하였다.

1929년 9월 말에는 조선사편수회 촉탁 최남선이 함경남도 이원군 동면 마운령에서 진흥왕순수비를 발견하였다.[142] 진흥왕순수비는 경

---

140 藤田亮策, 1929.8, 위의 글, 3-4쪽.
141 지건길, 2016, 앞의 책, 81쪽.
142 藤田亮策, 1930.2, 앞의 글, 31-34쪽.

남 창녕 신라진흥왕척경비(국보 제33호), 북한산 신라진흥왕순수비(국보 제3호), 황초령 신라진흥왕순수비가 있는데, 마운령비가 발견됨으로써 4곳에 세워졌음이 밝혀졌다. 이에 1929년 10월 28일 고적조사위원 오다와 조선사편수회 스에마쓰가 가서 두 차례에 걸쳐 탁본과 촬영을 하였다.[143]

또한 1929년 주목되는 발굴은 경주 노서리 제129호분(서봉총) 남분이다. 이 고분은 퍼시빌 데이비드(Sir Percival David)라는 상하이 홍콩은행장이 낸 외부자금으로 조선총독부가 발굴하였던 고분으로 이른바 '데이비드총'으로 불렸다.

그것은 서봉총(북분) 발굴조사가 끝나고 나서 몇 년 뒤인 아마도 쇼와 3~4년 혹은 4~5년경의 일입니다. 당시 상하이 홍콩은행의 은행장이었던 고 퍼시빌 데이비드 씨가 돌연 경성의 총독부박물관에 저[고이즈미 아키오]를 만나러 왔습니다. 그때 특히 서봉총 출토유물을 보여달라고 해서 정리 중인 금관과 그 외의 유물을 보여주었고, 이 고분이 원분 2기의 합성 쌍원분이었던 것을 말하였는데, 미발굴인 기생분 발굴에 대해 서로 여러 가지 이야기를 한 끝에, 만약 조사비를 기부하려고 하는 사람이 나타날 경우에는 받아들일 것인지에 대해 이야기를 하였습니다. 그리고 그 당시에는 그대로 헤어졌지만, 수일 후 돌연 데이비드 씨로부터 3천 엔의 수표와 함께 편지가 도착하였습니다. 상하이 발신이었다고 생각됩니다. 편지에는 이 돈을 어떠한 방법으로 받아들일지는 묻지 않겠다, 당신의 발굴 비용에 더해 지

---

143 「신라진흥왕순수비 한남 이원에서 발견」, 『동아일보』, 1929.11.15.

하에 잠자고 있는 조선의 고대 문화가 지상으로 나타나는 데 다소나마 도움이 될 수 있다면 나는 이보다 더 기쁜 일은 없을 것이다, 혹시라도 나의 희망을 들어줄 수 있다면 발굴시에 견학하는 것을 허락해주기를 원한다고 덧붙였다.[144]

이와 같은 제안에 대해 고이즈미는 후지타, 우메하라 등과 의논하였다. 우메하라는 반대하였으나 후지타의 중재로 경주고적보존회가 기부금으로 받아 보존회에서 발굴비로 지출하도록 하였다. 우메하라, 고이즈미와 사진 담당인 사와 3명이 조사를 담당하였고, 실측과 기록은 우메하라, 발굴은 고이즈미가 맡아 약 40일 정도 조사하여 종료하였다. 출토유물로는 팔찌 4개, 귀걸이 2개, 가락지 5개, 유리구슬, 그 외 토기류 등이 발견되었을 뿐 예상과 달리 큰 소득을 얻지는 못하였다.[145] 관례로 볼 때 1926년 고이즈미가 발굴한 서봉총이 여인의 무덤이라면 남분인 이 데이비드총은 남성의 무덤으로 추정하였다. 데이비드는 약 30일간 경주 불국사 호텔에 머물면서 발굴을 견학하고 신라 유적을 답사하였다. 다만 서봉총과 함께 이 데이비드총도 발굴보고서가 간행되지 않아 발굴의 상황에 대해서는 당시의 언론 보도 자료 등을 통해 극히 일부분만 알 수 있다.[146]

---

144 穴澤和光, 2007, 「慶州路西洞「デイビィッド」塚の發掘-「梅原考古資料」による硏究」, 『伊藤秋男先生古稀記念考古學論文集』, 15-39쪽(김대환, 2015, 앞의 글, 80-81쪽 재인용).

145 「英人寄附 三千圓으로 慶州瑞鳳冢 發掘」, 『동아일보』, 1929.9.3; 「서봉총발굴에 稀寶는 不得, 腕輪耳飾 等뿐」, 『동아일보』, 1929.9.24.

146 지건길, 2016, 앞의 책, 83쪽.

8) 황해도·경기도 지역 고적조사(1930)

1930년에는 황해도와 경기도 일부 지역에서 조사가 이루어졌다. 특히 황해도에서 한의 대방군 유적과 고구려 유적·성지, 고려고분을 조사하였는데, 황해도 봉산군·평산군·연백군·송화군·금천군·신천군과 경기도 양주군·연천군이 대상 지역이었다.[147] 고적조사위원 오다와 촉탁 노모리는 전년도의 미진한 부분을 보충하고자 1930년 9월 20일 황해도로 출발하여 10월 11일에 돌아왔다.

재정적인 이유로 새로운 특별조사는 진행하지 못하고 전년도의 계속사업으로 함경도 웅기 석기시대 유적조사와 대동군 낙랑고분, 강서군 고구려고분 벽화 및 전남 사찰·탑비를 조사하는 데 그쳤다. 웅기 송평동 석기시대 유적은 1930년 7월 16일부터 8월 17일까지 32일간 고적조사위원 후지타, 사와, 가야모토(榧本龜次郎), 고이즈미가 참여하였다. 특히 이 조사에서는 외국인이 견학하기도 하였으며, 해부학 교수가 참여하여 인골을 채집하기도 하였다.[148]

낙랑고분 조사는 노모리, 가야모토, 간다가 평남 대동군 대동강면 오야리의 고분을 조사하였다. 1930년 11월 23일 오야리 부락의 서북방 언덕 위 한성광업발전소의 인접 지역에서 콘스타치사 사택의 기초공사 중에 우연히 고분(오야리 제18호분)을 발견하였다.[149] 이 고분은 이미 봉토를 잃고 인부들이 곽재 및 관재를 제거하고 밤중에 몰래 부장품을 도굴

---

147 「昭和5年度の古蹟調査」,『朝鮮』, 1931.10, 131-141쪽; 국립중앙박물관 소장 조선총독부박물관 공문서/고적조사/복명서/쇼와 5-7년도 복명서.

148 위의 글, 133쪽.

149 「평양고분 진물 발견, 오야리에서 발견된 낙랑시대 고분」,『조선일보』, 1930.12.22.

해간 상태였다.[150] 12월 27일 전 평양부 도서관 겸 평양박물관장인 하리가에 리헤이가 이 소식을 듣고 바로 평양경찰서와 조선총독부에 신고하여 총독부에서 노모리, 가야모토 두 사람을 조사차 파견하였다. 이들은 29일 평양에 도착하여 도청과 경찰서 및 박물관의 협조하에 곧바로 고분을 상세히 조사하였다. 그리고 그사이 평양경찰서에서는 훔쳐간 부장품의 대부분을 인계받아 보관하였다.[151] 이후 오야리에서는 고분 발견 신고가 잇따랐고 1930년부터 1931년까지 총 3회에 걸쳐 6기의 고분을 조사하였다.[152]

또한 1930년 12월 12일에 2기의 고분(오야리 제19호분, 제20호분)이 발견되어 대동강면 선교리파출소에 신고하였다.[153] 평남도청 학무과장 사이토(齋藤岩藏)가 이 소식을 조선총독부에 보고하였으나 애석하게도 제19호분은 일찍이 도굴당해 파괴되었고, 부장유물은 거의 유실된 상태였다.[154]

그 후 1931년 7월 24일, 같은 곳에서 동일한 성질의 고분 1기가 발견되었다. 평안남도 경찰부장 안영등(安永登)은 이를 조선총독부 경찰국장 이케다(池田淸)에게 보고하였다. 조선총독부에서는 노모리와 간다에게 조사 명령을 내렸고, 두 사람은 25일 평양에 도착하여 곧바로 조사를

---

150 「이천 년 전 고분을 발굴, 평양부외 대동군 대동강면 오야리 콘스타치사 건축현장에서 발견」, 『조선일보』, 1930.12.16.

151 「낙랑고분도굴 무려 6, 7회: 범인 체포되야 취조중」, 『매일신보』, 1933.1.18.

152 野守健・榧本龜次郎・神田惣藏, 1935, 「平安南道大同郡大同江梧野里古墳調査報告」, 『昭和五年度古蹟調査報告』 제1책 참고.

153 「낙랑고분 2개 또 발견」, 『동아일보』, 1930.12.19.

154 野守健・榧本龜次郎・神田惣藏, 1935, 앞의 책, 2쪽; 「발견된 낙랑고분에서 진품 속속 발굴, 일찍 발견 안된 것이 만하」, 『동아일보』, 1930.12.20.

실시하여 29일에 완료하였다. 이 고분은 오야리 제21호분이다.[155]

이 밖에도 1930년에는 강서 고구려 고분벽화 모사 작업이 이루어졌다. 일찍이 고분의 벽화를 모사하였으나 여러 사람이 그려 전체적인 통일성이 없었기에 다시 작업하여 조선총독부박물관에 1본을 보관함과 동시에 만일에 대비하여 영구히 보존을 완비하고자 3개년 계획을 세웠다. 먼저 강서고분의 모사도를 만들고 다시 1년 동안 진지동, 기타 고분의 모사를 보수하고자 하였다.[156] 1930년에는 먼저 강서소묘의 모사에 착수하였는데, 모사의 일인자로 알려진 조선총독부박물관 촉탁이자 도쿄미술학교의 오바 쓰네키치가 강서읍에 머물면서 3개월(5~7월)에 걸쳐 완성하였다.

이상에서 살펴본 대로 1920년대 고적조사는 평안남도·황해도 중심의 한사군 유적과 고구려 유적, 경주를 중심으로 한 신라 유적, 그리고 김해·양산 등지의 선사 유적 및 가야 유적, 공주·부여 중심의 백제 유적과 도요지 유적에서 실시하였다. 조사 범위는 재정긴축으로 고적조사 5개년 사업 실시 지역에서 크게 벗어나지 못하였다. 이것은 조선총독부의 고적보존비와 조사비 규모의 추이를 통해서도 알 수 있다(〈표 6〉 참고).

즉, 조선총독부는 고적조사사업과 관련하여 보조비 및 조사및시험비를 임시비 항목으로 책정하였다. 보조비는 1920년대 들어 지속적으로 증가하였음에도 불구하고, 고적보존비는 동결되거나 감소하였다. 조사및시험비도 1920년대에 조금씩 증가 추세를 보이고 있는데, 고적조사비

155　野守健·榧本龜次郎·神田惣藏, 1935, 앞의 책, 95-96쪽.
156　「昭和5年度の古蹟調査」,『朝鮮』, 1931.10, 136쪽.

<표 6> 조선총독부 고적보존비 및 고적조사비

연도	보조비(엔)			조사및시험비(엔)		
	보조비 총액	고적보존비 보조	비율(%)	조사및시험비 총액	고적조사비	비율(%)
1912	-	-	-	-	5,000	-
1913	2,776,888	10,000	0.36	288,873	5,000	1.73
1914	3,283,626	10,000	0.30	478,804	14,800	3.09
1915	3,704,475	10,000	0.27	523,546	14,800	2.83
1916	3,050,608	10,000	0.33	560,530	12,688	2.26
1917	3,012,226	10,000	0.33	-	12,688	-
1918	4,004,540	15,000	0.37	792,042	33,688	4.25
1919	4,209,726	15,000	0.36	910,903	33,688	3.70
1920	7,098,873	15,000	0.21	1,184,757	42,317	3.57
1921	8,226,139	15,000	0.18	1,325,846	35,897	2.71
1922	10,076,777	12,000	0.12	1,620,318	36,649	2.26
1923	8,965,204	12,000	0.13	1,378,683	29,320	2.13
1924	9,135,431	12,000	0.13	1,335,304	29,215	2.19
1925	12,680,644	12,000	0.09	467,164	23,372	5.00
1926	14,175,087	12,000	0.08	462,530	29,872	6.46
1927	15,500,666	12,000	0.08	535,195	37,872	7.08
1928	15,500,391	12,000	0.08	550,288	37,872	6.88
1929	16,897,469	12,000	0.07	580,849	37,631	6.48
1930	16,902,023	12,000	0.07	921,853	37,631	4.08
1931	17,021,197	11,400	0.07	898,810	35,045	3.90
1932	16,649,290	9,690	0.06	490,633	28,593	5.83
1933	17,336,289	9,690	0.06	540,587	28,593	5.29

출처: 조선총독부, 1911~1940, 『朝鮮總督府統計年報』.

는 1920년에 정점을 이루었다가, 1925년에 급격히 감소되고 이후 조금씩 증가세를 보이다 1930년을 기준으로 다시 급격하게 줄어들었다. 이로써 1920년대 조선총독부가 이른바 '문화정책'을 표방하면서 초반에는 고적보존비 및 고적조사비를 증액하였으나, 그 이후에는 재정이 감소하였으며, 1930년대 들어서는 더욱 감축하였던 것이다. 1934년 이후에는 보조비 및 조사및시험비에 고적보존 및 조사비 항목조차 삭제됨으로써 예산 자체를 편성하지 않았다.

요컨대 조선총독부는 1920년대 들어 '문화통치'를 실시하면서 지속적인 한반도의 고적조사를 단계적으로 실시하였으나, 재정 부족으로 폭넓은 조사보다는 일본의 통치 이데올로기에 필요한 발굴조사만을 한정적으로 실시하였다. 그러므로 조사 대상 지역도 제한적이었으며, 대대적인 발굴조사보다는 유물 수집 차원의 소규모 조사사업을 실시하였다. 또한 발굴 현장마다 이미 도굴 흔적이 드러났고, 발굴조사 과정에서 보고서들이 제대로 작성되지 못하였으며, 수집한 유물의 반출과 산일이 빈번히 이루어짐으로 이중적인 문화재 침탈이 계속적으로 자행되었다.

1920년대 한반도에서 실시된 고적조사사업에 대해 후지타는 "1921년 고적조사과 창설에서 폐지 이후 오늘에 이르기까지 고적조사사업은 일종의 정리시대(整理時代)"라고 평하였지만[157] 이것은 어디까지나 일본인 입장에서 나온 평가였다. 즉 '정리시대'라 하면서도 마구잡이식으로 발굴한 가야고분의 출토유물에 대한 정리작업은 전혀 이루어지지 않았고, 금령총·식리총의 많은 발굴유물이 조선총독부박물관으로 옮겨져 1925년에 우메하라, 고이즈미, 사와 등이 일부 정리하여 박물관에 진열하였으나, 관련 보고서는 1932년에야 겨우 발간하였다. 서봉총의 경우도 직접 발굴을 담당한 고이즈미는 자세한 보고서를 발표하지 않았다.

---

[157] 藤田亮策, 1931.12, 앞의 글, 99쪽.

3. 조선총독부 외곽단체인 조선고적연구회 고적 조사(1931~1945)

1930년대 들어 한국에서는 다양한 민족해방운동이 고조되었고, 세계적인 경제공황으로 인해 일제는 국내외적으로 위기를 맞이하게 되었다. 이를 타개하기 위해 급격히 군사적 파쇼체제로 전환하여 침략전쟁을 연이어 도발하면서 1945년까지 이른바 '15년 전쟁기'에 돌입하였다. 전시체제를 선포하고 식민지 한국을 대륙 침략을 위한 병참기지로 만들어 물적·인적 자원을 강제로 수탈·동원해가기 시작하였다. 중일전쟁이 발발하자 미나미 지로(南次郞) 총독은 1937년 7월 27일 긴급 국장 회의를 소집하고 "준전시체제를 이탈, 전시체제로의 비약"[158]을 촉구하였다. 그리고 사회교화사업으로 정신작흥운동, 심전개발정책 등 일련의 정신주의를 강조하였다. 내무국 산하의 사회과를 학무국에 편입시키고, 1937년 학무국 산하에 사회교육과를 별도로 설치하여 민중교화를 위한 이데올로기 지배체제를 더욱 강화하였다.

1) 조선고적연구회 설립 과정

1930년대 들어서면서 조선총독부의 고적조사와 발굴사업은 부진해졌다. 원인은 재정긴축뿐만 아니라 조사사업의 현실적, 이데올로기적 효

---

158 「준전시체제를 이탈 전시체제로 비약, 27일 남총독 관저에서 긴급 국장 회의 소집」, 『조선일보』, 1937.7.29.

용성의 부족 때문이었다. 즉 식민지배 초창기에는 통치지배체제의 정당성을 역사에서 찾고자 한 측면이 강하였는데, 1930년대 들어 대륙병참기지화에 주목함으로써 이념적 측면이 약화되었고, 조사와 발굴을 통해 얻고자 하였던 결과물이 소기의 목적을 달성하지 못하였기 때문이었다. 더욱이 1930년경부터는 부령이었던 「보존규칙」을 법령화하고, 민간 유지들로부터 자금을 모으는 방침을 세웠으나 그 또한 순조롭지 못하였다. 당시의 상황을 후지타는 다음과 같이 회고하였다.

> 조선총독부박물관이 적은 직원으로 조선 전토의 고적보물명승천연기념물의 지정, 보존, 조사, 보존공사와 아울러 중앙박물관의 사업을 수행하는 것은 대단히 곤란하였다. 거기에 재정긴축과 행정정리로 인해 박물관도 고적조사사업도 해마다 축소되었고, 쇼와 초년 이래 온전히 적극적인 사업은 정지된 상태였다. 한편 지방경제의 발전과 식림, 개간, 경지정리 등에 의해 급속히 고적이 파괴되고, 낙랑고분을 비롯한 고분의 도굴과 석탑·석등의 노략이 두드러지게 증가되어, 몇 년 안 가서 반감될 운명에 있다고 사방에서 비판하였다. 그리고 「보존규칙」이 부령으로 법령이 아니기에 철저한 대책을 세우지 못해 데라우치 초대 총독의 큰 뜻도 헛되고 방관만 할 뿐이다.[159]

결국 1931년 조선총독부의 본격적인 재정긴축과 관심의 변화[160]로

---

159 藤田亮策, 1963, 앞의 글, 81-82쪽.
160 이기성, 2018, 앞의 글, 197쪽. 이 시기 중국, 만주에서의 고고학 조사는 매우 왕성하게 진행되고 그 예산 역시 큰 차이를 보이고 있다는 점을 지적하면서 이것은 단순히 일본 내부의 요인으로 식민지 한국에서 고고학 조사의 예산이 줄어든 것이 아니

인해 박물관 진열, 고적조사, 보존수리, 등록지정 등 모든 사업이 정체 상태에 빠졌다. 이러한 어려움을 타개하기 위해 일찍부터 고적조사사업에 참여하였던 구로이타는 조선고적연구회 설립을 추진하였다. 당시 조선고적연구회 설립에 대한 전체적인 기획과 조정은 구로이타가 맡았고, 조선총독부 내부를 중심으로 한 실무 조정 작업은 후지타가 담당하였다.[161] 구로이타는 조선고적연구회의 창립 당시 상황을 다음과 같이 언급하였다.

> 최근 긴축재정과 행정정리에 의해 박물관 및 고적조사사업은 매년 축소되어, 도저히 반도 전체의 고적 분포를 규명하고 보호할 여유가 없다. 단순히 일시적인 보호책을 취할 수밖에 없기에, 철저한 조사 같은 것은 향후 기다릴 수밖에 없는 상황이다. 한편 지방 경제의 발전과 식림, 벌목, 경지 정리 등으로 급속한 속도로 고분의 파괴가 진행됨과 동시에, 고의로 고분을 도굴해서 석탑·석비를 운반하여 일본 등에 전매하는 것이 날로 심해지고 있다. 예를 들면 다이쇼 13년(1924)부터 15년(1926)까지 평양 부근 낙랑고분 500~600기가 도굴되었고, 쇼와 2년(1927) 여름에는 남조선에서 가장 완전하고 중요시되던 양산의 고분이 하나도 남김없이 도굴되었다. 또한 임나의 유적, 창녕의 고분은 쇼와 5년(1930) 여름철 1~2개월 사이에 모두 파괴되고 말았다. 개성과 강화를 중심으로 하는 고려시대의 능묘는 고

라 일본 제국의 관심이 식민지 조선에서 대륙 진출을 위해 중국, 만주로 옮겨간 것 때문이라 하였다.
161 오영찬, 2011, 「조선고적연구회의 설립과 운영」, 『한국문화』 55, 228쪽.

<그림 6> 구로이타 가쓰미(黑板勝美)

출처: 黑板勝美, 1939, 『日本文化名著選』, 創元社.

려자기 채집 때문에 바닥부터 파괴되어 참봉(參奉) 수호인(守護人)을 두어 보호해왔던 능묘도 공동(空洞)이 되어버리는 상황으로, 그 참혹함이 조선 전체에 이르고 있다. … 고분을 파괴하여 그 유물을 백주에 내다 파는 현상은 세계가 아무리 넓다하더라도 조선이 유일한 예이다.[162]

즉 고적조사사업이 축소됨에 따라 고적의 파괴와 도굴이 빈번해졌고, 이에 '조선문화를 보존하려는' 목적에서 연구회를 설립한다고 취지를 밝혔다.

조선고적연구회 설립 논의가 시작된 것은 1931년 4월 1일부터이다.[163] 최초 발의자는 구로이타와 후지타, 그리고 조선총독부박물관 경주분관 촉탁 모로가였다. 모로가는 민간 유지에게 발굴을 허가하는 방안을 주장하였고, 후지타는 공공연구소를 설립할 것을 주장하였다. 타협

---

162 藤田亮策, 1931.11, 「朝鮮古蹟研究會の創立と其の事業」, 『靑丘學叢』 6, 189쪽(황수영 편, 2014, 앞의 책, 40쪽).

163 오영찬은 「조선고적연구회의 설립과 운영」에서 국립중앙박물관 소장 조선총독부박물관 공문서/고적조사/조선고적연구회/조선고적연구회 관련 건/조선고적연구회 설립 경과(F068-016-011-001~006)를 바탕으로 1931년 4월 1일부터 1931년 9월 1일까지 5개월간 조선고적연구회 설립 과정을 상세히 언급하였는데, 여기서는 이를 참고하였다.

안으로 구로이타는 민간의 자금을 끌어들여 평양과 경주에 연구소를 설립하는 안을 내고 찬조금은 도쿄나 오사카에서 조달하는 것으로 계획하였다. 그러나 자금은 민간에서 조달하지만 당시 「보존규칙」에 따라 조선총독부의 허가 없이는 일체의 발굴조사를 할 수 없었기에 조선총독부의 관변 외곽단체로 설립하는 방안을 타협안으로 제출하였다. 그리고 관변 외곽단체의 틀을 갖춘 민간연구회를 설립하기 위해 총독부와 경주·평양 지역 인사 등과 접촉을 시작하였다.[164]

구로이타의 제안을 받은 조선총독부에서는 연구소 설립을 위한 계획을 수락하고, 다음 사항을 합의하였다. 첫째, 간단한 연구회로서 법인으로 하고, 사업은 조선총독부의 허가를 구할 것, 둘째, 유지의 기부금 1만 원은 곤란하고, 최소 4천 원으로 사업 진행에 차질이 없도록 할 것, 셋째, 연구원은 도쿄에만 제한하지 말고 교토에서도 선정하며, 하마다 박사와 협의할 것, 넷째, 평의원 구성에 미쓰이(三井), 미쓰비시(三菱)의 대표, 양 신문사 사장, 도쿄미술학교장, 1925년 도쿄제대의 평양 석암리 제205호분의 발굴을 재정적으로 후원하였던 호소카와 모리타쓰를 포함시킨다는 것이었다. 이에 구로이타와 후지타는 도쿄와 교토 인사들과도 접촉을 시도하였다.

그러나 1931년 6월에 총독(齋藤實 → 宇垣一成)을 비롯하여 정무총감(兒玉秀雄 → 今井田淸德), 주무국장인 학무국장(武部欽一 → 牛島省三) 등 조선총독부 상층부의 대폭적인 인사이동으로 연구회 설립이 한동안 답보 상태였다. 이런 와중에도 구로이타는 연구회 임원 구성과 관련해서 조선총독부와 의견을 조정해나갔다. 그리고 8월 24일 정무총감의 최종 승낙

---

[164] 오영찬, 2011, 앞의 글, 228-229쪽. 날짜별로 만난 지역 인사들을 정리해두었다.

을 얻어 회칙을 결정하고, 8월 28일 연구회 사업안을 승인받으면서 설립 절차를 마무리하였다.

2) 조선고적연구회 조직과 운영

구로이타는 1931년 미쓰비시합자회사(三菱合資會社) 사장 이와사키(岩崎小彌太) 남작[165]으로부터 보조금을 받아, 낙랑과 신라 문화 연구를 목표로 1931년 8월에 조선고적연구회를 설립하였다. 조선총독부 외곽단체로서 조선고적연구회는 고적조사위원회의 활동 중 고적·보물 조사연구 및 출판 부분을 담당하고, 경주와 평양에 연구소를 두고 연구원과 발굴비면에서 조선총독부의 사업을 돕는다는 계획하에 설립하여 1945년까지 한국의 고적조사를 주도하였다.

조선고적연구회의 조직과 운영은 회칙을 통해 살펴볼 수 있다(〈부록-자료 6〉 참고). 제1조는 본회 명칭, 제2조에는 설립 목적을 명시하였는데, 평양과 경주 지역을 중심으로 고적을 연구하여 조선 문화의 발양을 도모하기 위한 것으로, 일제의 식민지배의 정당성을 확립하려는 고적조사 사업 본래 목적을 이행하기 위한 것이었다.

또한 제10조에 따라 발굴유물은 조선총독부박물관에 인계하여 국

165　朝鮮功勞者銘鑑刊行會 編, 1935, 『朝鮮功勞者銘鑑』, 民衆時論社, 612쪽. 이와사키(岩崎小彌太)는 1899년 도쿄대 법과를 졸업하고 영국 유학 후 1906년 한국에 와서 아버지 岩崎彌太朗(1834~1885)의 유업을 이어 받아 재계에서 활동하였다. 미쓰비시신탁회사, 미쓰비시합자회사, 횡빈정금은행을 시작으로 보험·조선·제철 사업을 운영하여 미쓰비시 총수의 자리까지 올랐다. 한국에서는 겸이포제철사업, 황해도 광산업 등을 시작으로 전역에 걸쳐 사업을 하여 미쓰비시상사로 발전하여 재계에서 왕성한 활동을 하였다. 「일만원 경비로 조선고분 발굴」, 『조선일보』, 1931.9.2.

고에 귀속시키는 것을 기본 원칙으로 하였으나, 국고에 귀속시키지 않고 평의원회의 결정에 따라 처분하는 경우도 있었다. 즉 현재 도쿄국립박물관과 교토제대에 소장되어 있는 정백리 제227호분 출토유물의 경우, 도쿄제실박물관에서 1933년부터 1935년까지 학술장려금 5천 원을 연구회에 지원하는 대신 기증 형식으로 넘겨받은 것이다.[166] 일제의 입장에서는 식민사관에 입각하여 한국의 고대 문화를 일본에 적극적으로 소개하고, 한국의 '문화사업'을 선전할 필요가 있었던 것이다. 그리고 1937년에 준공할 도쿄제실박물관 신축[復興本館] 개관을 앞두고 조선만주실을 신설하여 대륙 진출을 선전할 목적을 가지고 있었기에 관련 유물 확보 차원에서 이와 같은 조치를 취하였던 것이다. 특히 연구회 설립을 주도한 구로이타는 도쿄제실박물관 신축을 위한 익찬회(翼贊會) 부장을 맡으면서 재정뿐 아니라 전시유물 확보를 위해 노력하였으며, 특별위원회 위원으로도 활동하였다.[167]

조직 구성(제7조)은 이사 5명, 감사 2명, 평의원 약간 명, 간사 2명으로 하였고, 이사장은 이사 중에 추대하였다. 이사장은 정무총감이 당연직으로 맡았으며(후에 학무국장이 대신), 고적조사시 조선총독에게 허가를 받고 실시하는 등 조선총독부와 긴밀한 관계를 유지하였다. 설립 당시 이사나 평의원 명단에 대해서는 다소 차이가 있으나[168] 조선총독부박물

---

166 국립중앙박물관 소장 조선총독부박물관 공문서/고적조사/조선고적연구회/제2회 조선고적연구회 평의원회 의안(1933년 4월 5일).

167 東京國立博物館, 1973, 『東京國立博物館百年史』, 460-469쪽.

168 藤田亮策은 「朝鮮古蹟調査」(1963), 82쪽에서 구로이타 가쓰미, 하마다 고사쿠, 오다 쇼고, 아유카이 후사노신, 이케우치 히로시, 우메하라 스에지와 학무국장을 이사로 정리하였고, 坂詰秀一은 『太平洋戰爭と考古學』(1997), 93쪽에서 이들을 평의원으로 지칭하였다.

관 공문서에 따르면 아래와 같다.

이사장: 今井田淸德(정무총감)
이사: 牛島省三(학무국장), 黑板勝美(도쿄제대), 濱田耕作(교토제대), 小田省吾(경성제대)
감사: 菊山嘉男(회계과장), 末松熊彦(이왕직 사무관)
평의원: 關野貞(도쿄제대), 原田淑人(도쿄제대), 池內宏(도쿄제대), 內藤虎次郞(교토제대), 今西龍(경성제대), 鮎貝房之進, 末松熊彦(이왕직 사무관), 大原利武(중추원 촉탁), 菊山嘉男(회계과장), 萩原彦三(문서과장), 園田寬(평남지사), 林茂樹(경북지사), 大島義脩(도쿄제실박물관 총장), 正木直彦(도쿄미술학교장), 中村誠(殖銀技師), 住井辰男(三井物産 경성지점장), 篠田治策(이왕직 차관), 大島良士(평양부윤)
간사: 藤田亮策(박물관 주임), 李昌根(종교과장)[169]

이사장인 이마이다 기요노리(今井田淸德)는 1931년 6월 조선총독부 정무총감에 부임하여 조선고적연구회 이사장을 겸임하였고, 1933년에 설립한 조선총독부보물고적명승천연기념물보존회 회장도 1936년까지 맡아, 당시 고적조사사업 관련 분야를 총괄하고 있었다. 특히 자신의 재량으로 정백리 제127호분(왕광묘)과 평양 제227호분의 발굴유물을 모

---

[169] 국립중앙박물관 소장 조선총독부박물관 공문서/고적조사/조선고적연구회/「役員囑託等ノ件」(1931년 8월 26일). 9월 3일에 이왕직 차관 篠田治策, 평양부윤 大島良士 추가 선임[국립중앙박물관 소장 조선총독부박물관 공문서/고적조사/조선고적연구회/「評議員囑託ノ件」(1931년 9월 3일)].

두 도쿄제실박물관에 헌상하였다. 『도쿄국립박물관도판목록(토기·녹유도기)』(2004)에 수록한 평남 대동군 정백리 제227호분 출토유물들은 대부분 이마이다가 기증한 것으로, 기증의 대가로 도쿄제실박물관에서 1933년에서 1935년까지 3년간 5,000엔의 학술장려금을 지원받았다.[170] 발굴 과정에 일본 도쿄제실박물관 직원인 야지마(矢島恭介)와 하마모토(濱本助千代)가 참여한 것도 이러한 거래와 관련된 것이었다.[171]

이사와 평의원들 가운데는 조선총독부 관료들이 포함되었다. 즉 조선총독부 직속기관이 아님에도 불구하고 학무국장, 회계과장, 문서과장, 종교과장, 이왕직 사무관, 이왕직 차관 등 총독부 관료들이 참여하였다. 또한 연구회에서 추진하는 발굴조사 내용을 학문적으로 뒷받침하기 위해 제국대학 교수들도 대거 참여하였다. 이들은 도쿄제대, 교토제대, 경성제대 소속의 고고학·역사학 전공 학자들이었는데, 일찍이 한반도에서 고적조사를 주도하였던 인물들이다. 이외에도 연구회의 주된 조사 지역인 평양, 경주가 위치한 평남, 경북 도지사 등이 포함되었고, 유명한 골동품 수집가였던 미쓰이물산(三井物産) 경성지점장도 평의원에 참여하였다. 한편 간사는 소관 업무 담당자인 종교과장 이창근과 박물관 주임 후지타가 맡았는데, 이들은 고적조사과가 폐지된 후 종교과에서 고적조사 및 박물관 관련 업무를 맡고 있었다.[172]

평의원 가운데 도쿄제대 교수 하라다와 이케우치, 교토제대 교수 하

---

170 국립중앙박물관 소장 조선총독부박물관 공문서/고적조사/조선고적연구회/제2회 조선고적연구회 평의원회의안(1933년 4월 5일).

171 국외소재문화재재단 편, 2013, 『2013년도 국외문화재 출처조사 연구용역보고서』, 10쪽.

172 오영찬, 2011, 앞의 글, 231-232쪽.

마다와 우메하라는 대표적인 일제 관학자들이며, 특히 이케우치는 조선사편수회를 주도하였던 이나바(稻葉岩吉)와 함께 만선사관을 주장한 핵심적인 인물이다. 간사인 후지타는 일찍부터 고적조사위원회 위원 및 조선사편수회 수사관 등을 역임하여, 고적조사와 역사편찬사업에 깊이 관여하였던 인물이다. 즉 일찍이 고적조사사업과 역사편찬사업에 참여하였던 일본 관학자들이 조선고적연구회에도 그대로 참여함으로써 그 연계성을 갖고 있었던 것이다. 더욱이 이들 대부분은 고적조사위원회 위원, 보물고적명승천연기념물보존회 위원으로도 활동하고 있어, 조선총독부 관련 단체에서 고적조사사업과 연관된 일들을 지속적으로 해왔던 인물들이다.

평의원 가운데 아유카이는 1894년 한국에 건너와 동양협회 식민전문학교 분교 강사로 초등학교 9개를 경성에 창설하였고, 1896년부터는 경성에서 주로 평양산 무연탄 판매와 경부철도부설 청부 사업을 하였다. 그리고 사업을 통해 얻은 부를 토대로 고미술품이나 전적(典籍)을 수집하였고, 그 일부는 박물관에 양도하기도 하였다. 특히 오랜 세월 수집한 고려청자를 조선총독부박물관에 양도하였다가 후일 개성박물관에 이관하였는데, 개성박물관의 주요 도자기 진열품들이 그의 수장품이었다.[173]

조선고적연구회의 사무소는 조선총독부박물관에 두고, 평양부립박물관 내에 평양연구소(연구소 주임: 小泉顯夫, 小場恒吉), 경주박물관 분관 내에 경주연구소(有光敎一, 齊藤忠, 大坂金太郞)를 각각 현지에 설치하여 조사·정리를 직접할 수 있도록 하였다. 연구소 설치, 연구원 배치, 조사 자금의 조달 등 일체의 업무는 이사회의 결정에 따랐지만, 실제로는 긴급

---

173 中吉功, 1985, 『朝鮮回顧錄』, 國書刊行會, 60쪽.

을 요하여, 구로이타의 제안에 따라 후지타가 단독으로 추진하는 경우도 많았다.[174]

후지타는 1931년부터 조선고적연구회 간사로 여러 가지 실무적인 역할을 담당하였는데, 우선 그는 조선총독부 내부에서 지방 연구소 및 지방 박물관사업을 적극적으로 지원했다. 예를 들면, 1941년 5월 평양 전(傳) 동명왕릉 부근 진파리 고분군에서 도굴분(진파리 제4호분)이 확인되어 보존을 위한 발굴조사가 시급하게 필요하였을 때, 평양부립박물관장 고이즈미가 후지타에게 협력을 구하자 현지에서 경비만 조달할 수 있다면 경성에 있는 조사원을 파견시켜 주겠다고 하였다. 그리고 경비가 조달되자 조선총독부박물관 촉탁 요네다 미요지(米田美代治)를 비롯해 여러 명의 조사원을 파견한 적이 있었다.[175]

1932년 7월에 종교과를 사회과에 합병시켜, 학무국에서 관할하게끔 사무분장규정을 개정하였다. 따라서 학무국 사회과에서 사회사업에 관한 사항은 물론 종교·사회교육(도서관·박물관)·보물고적명승천연기념물의 조사 보존에 관한 사항까지 취급하였다. 이로 인해 조선총독부 차원의 고적조사는 더욱 축소되었고, 이후에 진행된 고적조사사업은 조선고적연구회가 전적으로 담당하였다.

3) 조선고적연구회 재정

조선고적연구회 조사사업은 내용이나 참여 인력면에서는 조선총

174　藤田亮策, 1963, 앞의 글, 82-83쪽.
175　小泉顯夫, 1986, 앞의 책, 353-355쪽.

독부의 사업과 크게 차이가 없었지만, 재정면에서는 분명한 차이를 보였다. 초기부터 재정 확보를 위해 적극적으로 활약한 인물이 바로 구로이타였다. 조선고적연구회의 재정은 회칙 제4조에 따라 외부의 기부금으로 운영하였는데, 처음에는 일회적 성격의 개인 찬조금으로 사업을 진행하는 등 불안정한 재정 구조였다. 즉 설립 초기 재정은 미쓰비시합자회자 사장 이와사키 남작의 기부금 6,000원[176]으로 출발하였다. 1932년 제1회 조선고적연구회 평의원회 회의안에는, 1931년 9월 1일부터 1932년 3월 말까지 설립 첫해 찬조금 6천 원에 대한 예산과 결산 내역이 정리되어 있다(〈표 7〉 참고).

1931년 찬조금 6,000원에 대한 결산 내역을 보면, 발굴조사에 필요한 여비·인부임·비품소모비·잡비 등에 많은 비용을 사용하였다. 가장 큰 비중을 차지한 항목을 보면, 경주연구소는 연구원 급여, 평양연구소는 여비 항목이다. 당시 경주연구소 사무소는 조선총독부박물관 경주분관에 있었으며, 조선총독부 고적조사위원회 위원이자 조선고적연구회 이사인 교토제대 하마다의 추천으로 아리미쓰가 연구원(월 급여 120원)으로 근무하였다. 촉탁으로 경주분관 촉탁 모로가와 경주고적보존회 촉탁 오사카를 임명하여 9월 26일부터 업무를 개시하였다. 그리고 아리미쓰의 통역과 아울러 조사를 돕기 위하여 이우성을 조수(월 급여 18원)로

---

[176] 그동안 조선고적연구회의 설립 재정은 藤田亮策(1963), 坂詰秀一(1997)의 연구에 따라 岩崎小彌太 남작의 기부금 7천 원이라고 하였으나, 조선총독부박물관 공문서의 공개로 6천 원임이 새롭게 밝혀졌다(오영찬, 2011, 앞의 글, 235쪽). 조선고적연구회의 1931~1932년 재정 구조는 국립중앙박물관 소장 조선총독부박물관 공문서/고적조사/조선고적연구회/「제1회 조선고적연구회 평의원회 의안」(1932년 4월 4일), 「조선고적연구회이사 협의」(1932년 8월), 「제2회 조선고적연구회평의원회의안」(1933년 4월 5일)을 참조하여 정리하였다.

<표 7> 조선고적연구회 경비(1931)

구분	항목	예산액(단위: 엔)	결산액(단위: 엔)
사무비	필묵비	50.00	174.77
	통신운반비	50.00	16.05
	잡비	310.00	10.00
	소계	310.00	200.82
경주연구소	연구조수원급여	1,140.00	1,031.00
	여비	400.00	371.18
	인부임	300.00	439.10
	비품소모비	750.00	130.31
	잡비(發掘地損料, 祭奠料, 사진비)		64.94
	소계	2,590.00	2,036.53
평양연구소	여비	800.00	1,157.46
	인부임	220.00	858.30
	비품소모품	230.00	93.98
	잡비(發掘地損料, 기타)		46.05
	소계	1,350.00	2,155.79
예비비	소계	1,750.00	1,606.86
연구비 찬조금 총액		6,000.00	6,000.00

출처: 조선총독부박물관 공문서/고적조사/조선고적연구회/「第1回 朝鮮古蹟研究會 平議員會, 朝鮮古蹟研究會 昭和六年度 經費調」(F068-017-002-001~002).

채용하였다.[177] 아리미쓰는 이후 1938년 조선총독부박물관으로 자리를

---

[177] 아리미쓰는 최근 글에서 조선고적연구회로부터 사령을 교부받은 적도 없을 뿐더러 연구원으로서 대우를 받은 적이 없다고 언급하고 있다(有光敎一, 2000, 「序說 朝鮮古蹟研究會의 創立」, 『朝鮮古蹟研究會遺稿』 I, 3쪽). 그러나 조선총독부 공문서에는 9월 1일 자로 작성된 有光의 자필 이력서가 첨부되어 있으며, 그해 12월 17일 자 공문서에는 경주연구소 연구원 有光과 조수 李雨盛이 직무에 충실하고, 경주분관 雇員 崔順鳳은 황남리 고분 발굴 중에 회계 사무를 잘 처리한 공로가 있어서, 有光 50원, 이우성 10원, 최순봉 20원을 지급할 것을 의결하였다[국립중앙박물관 소장 조선총독부박물관 공문서/고적조사/조선고적연구회/경주 및 평양연구사무소의 사무 관련 건/「年末手當給與ノ件」(1931년 12월 17일), 「경주연구소 조수 채용 건」, 「전임연구원 촉탁

옮길 때까지 경주에서 발굴조사를 전담하였다.

평양연구소는 대동군 대동강면 오야리에 임시사무소를 두고, 별도의 연구원 없이 촉탁으로 평양부 도서관장 하리카와, 평양중학교 교장 도리카이(鳥飼生駒)에게 업무를 맡겼다. 이에 실제 발굴조사에 필요한 경비만 지불하고, 수시로 조선총독부박물관이나 제실박물관의 관원 혹은 도쿄제대, 교토제대, 경성제대의 교수를 촉탁하여 재정을 절약하였다. 따라서 평양연구소의 경우 여비에 해당하는 출장비 지출 비중이 컸던 것이다.

1932년 재정도 기존 연구[178]와 달리 총독부박물관 공문서에 의하면 전년도 잉여 이월금 1,600원에, 새롭게 도쿄제실박물관에서 5,000원, 이왕직에서 2,000원을 기부받아 재원을 마련하였는데, 그 과정도 순조롭지 못하였다.[179] 왜냐하면 1932년도 회계 연도가 시작되는 4월까지도 기부금을 확보하지 못하여 1932년 전반기는 전년도 잉여금의 범위 내에서 경주연구소가 우선 사업을 수행하고, 8월경에 새로 사업비를 기부받아 평양연구소는 9월부터 10월 말 사이에 새로운 고분 1기 조사와 도굴되지 않은 고분 1~2기를 정리하기로 하였다. 따라서 전년도 잉여금으로 운영하는 1932년 4~8월까지 예산안(1,634.36원)과 새로운 기부금이 들어온 이후 1932년 9월~1933년 3월까지 예산안(7,000원)을 나누어 작성해 두었다.[180] 그러나 1932년 4월경에 8월에 들어올 기부금을 7천 원

건」, 「이력서」 등 각종 자료에 有光을 '연구원'으로 지칭하고 있다(오영찬, 2011, 앞의 글, 237쪽 참고)].

178 藤田亮策과 坂詰秀一의 연구에서는 細川護立 侯爵의 기부금을 6,000원으로 언급하였다.
179 국립중앙박물관 소장 조선총독부박물관 공문서/고적조사/조선고적연구회/제1회 조선고적연구회 평의원회(1932년 4월 4일)(이하 오영찬, 2011, 앞의 글, 238-241쪽 참고).
180 국립중앙박물관 소장 조선총독부박물관 공문서/고적조사/고적조사연구회/제1회 조

으로 정하고 예산을 세운 것으로 보아 기부금에 대한 협의가 어느 정도 추진된 것으로 예상되며, 1932년 하반기 예산안 항목에 1933년 4월부터 8월까지의 경비를 예비비로 책정한 것으로 보아 1933년도에도 비슷한 재정 구조를 예상하고 있었던 것으로 보인다.[181]

그러나 1933년부터 이후 3년간 조선고적연구회의 재정은 일본학술진흥회의 보조금, 궁내성 및 이왕가의 하사금으로 매년 비교적 안정적인 재정으로 사업을 진행하였다. 1933년 이후 조선고적연구회의 지원금 내역은 〈표 8〉과 같다.

〈표 8〉 일본학술진흥회 지원금 내역(1933~1938)

연도	출자자 및 단체명	보조 및 기부금(단위: 엔)
1933	일본학술진흥회	보조금 15,000
	궁내성	하사금 5,000
1934	일본학술진흥회	보조금 12,000
	궁내성	하사금 5,000
	이왕가	하사금 5,000
1935	일본학술진흥회	보조금 8,000
	궁내성	하사금 5,000
	이왕가	하사금 5,000
1936~1938	일본학술진흥회	각 연도 조성금 8,000
	궁내성	하사금 5,000

출처: 藤田亮策, 1963, 앞의 글, 84쪽; 坂詰秀一, 1997, 『太平洋戰爭と考古學』, 吉川弘文館, 93쪽; 速水滉, 1939.3, 「日本學術振興會朝鮮委員會の設置に就て」, 『朝鮮』 참조.

　　선고적연구회 평의원회 의안/조선고적연구회 쇼와 7년도 사업계획(F068-017-004-001~008).

181　국립중앙박물관 소장 조선총독부박물관 공문서/고적조사/조선고적연구회/제2회 조선고적연구회 평의원회/쇼와 8년도 조선고적연구회 예산경리안(F068-015-004-008).

일본학술진흥회 보조금은 다키(瀧精一), 하네다(羽田亨), 하마다 등 개인 후원이 바탕이 되었다.[182] 자금의 주요 출처인 일본학술진흥회는 1932년 12월 "학술 연구와 그 운용에 의해 문화의 진전, 산업의 개발 및 국방의 충실을 기하여 국운의 흥융 및 인류의 복지에 공헌한다"는 목적으로 설립한 단체였다.[183] 이후 진흥회는 일제가 내세우는 내선일체를 완전히 이루기 위해서는 조선의 문화 수준이 내지(일본)와 동일하게 높아질 필요가 있다고 하며 이를 위해 1938년 12월에 조선위원회를 설립하였다. 진흥회는 창립 이후 1937년까지 1,050건의 사업을 지원하였는데, 이 가운데 고분 조사 발굴 부분이 포함되어 있었다. 특히 조선위원회는, "조선에서 학술 연구에 가치가 있다고 생각되는 것에 경비 원조를 진흥회에 추천한다"고 하여[184] 한국에서의 학술 연구와 일본학술진흥회와의 연계를 설립 목적으로 하였다. 또한 조선고적연구회 지원금 가운데 이왕가 하사금을 포함시켜 한국 내 고적조사 실시에 대한 상징적인 명분을 얻고자 하였다.[185]

결국 조선고적연구회는 비록 조선총독부 외곽단체였으나 참여 인물, 자금출처 등에서 조선총독부와 긴밀한 연관성을 유지하였으며, 사업 내용도 조선총독부 고적조사위원회 주도로 이루어진 사업의 연장선상에 있었다. 그리고 발굴 성과는 여전히 식민통치 이데올로기에 적극 활용하거나 학술적 연구라는 명분하에 발굴유물을 반출하였다. 특히 설립 당시부터 불안한 재정 구조를 극복하기 위해 사업을 '선별적'으로 진행

182　藤田亮策, 1963, 앞의 글, 84쪽.
183　速水滉, 1939.3, 「日本學術振興會朝鮮委員會の設置に就て」, 『朝鮮』, 5쪽.
184　速水滉, 1939.3, 위의 글, 9쪽.
185　이순자, 2009a, 앞의 책, 215쪽.

하였다. 연구회에 깊이 관여하였던 우메하라는 "자금 관계 때문에 그것에 상응하는 성과를 요구하는 입장이었다. 따라서 조건에 따라서 낙랑과 경주의 고분군이 조사 대상으로 선정된 것은 당연한 일이라고 말할 수 있다"고 하였다.[186] 즉 민간의 재정을 지원받기 위해서는 많은 유물이 출토되는 고분 조사에 치중할 수밖에 없었던 것이다. 따라서 회칙에서 발굴 대상을 평양과 경주를 중심으로 한 고분으로 명시하는 등 순수한 학술조사의 의미를 넘어 선별적으로 사업을 추진하였던 것이다.

4) 조선고적연구회 사업 내용

조선고적연구회는 1931년 8월 25일 곧바로 고분의 발굴 허가를 신청하였다. 발굴 신청 서류는 조선고적연구회 이사장 이마이다 명의로 조선총독에게 보내졌다.[187] 조사 대상은 경주연구소의 경주읍 황남리 고분·서악리 고분, 평양연구소의 평남 대동군 석암리 제201호분·정백리 고분이었으며, 발굴 기간은 1931년 9월부터 11월까지, 발굴 담당자는 후지타였다. 8월 28일에 열린 제35회 고적조사위원회는 이를 가결하였고, 9월 5일 다음과 같은 조건을 제시하여 발굴을 허가하였다.

- 발굴 전과 발굴 중 필요한 부분은 촬영을 하고, 그 구조와 매장물 배치에 관한 정밀한 실측도를 작성한다.

---

186 梅原末治, 1973, 『考古學六十年』, 平凡社, 159쪽.
187 국립중앙박물관 소장 조선총독부 박물관 공문서/고적조사/조선고적연구회/고분 발굴 건(F068-007-001-001).

- 발굴유물 중 조선총독이 지정하는 것은 총독부박물관에 제출한다.
- 조사를 마치면 봉토와 기타를 원상으로 돌린다.
- 조사를 마친 후 2년 이내에 정밀한 보고서를 제작하여 조선총독에게 제출한다.
- 보고서는 조선총독부에서 간행한다.[188]

(1) 경주연구소 조사활동

경주연구소가 가장 먼저 조사한 고분은 경주 황남리 고분 2기와 서악리 도굴 고분이었다. 1931년 9월 27일부터 11월까지 경주 황남리 제82·83호분을 긴급 조사하였는데, 두 고분 모두 부장 유물을 도굴당한 흔적이 있었다. 그러나 도굴꾼들이 중심부까지는 이르지 못하여 상당한 유물을 발견하였다. 특히 황남리 제82호분은 1개의 분구 아래 2개의 분묘가 있는 특이한 형태로, 장신구·용기류·무기류·마구·잡기 등 여러 유물이 출토되었다. 이 발굴은 조선고적연구회 간사 후지타와 우메하라가 담당하였으며, 발굴 사무는 후지타를 비롯하여 조선총독부박물관 경주분관의 모로가와 최순봉(崔順鳳) 등이 담당하였다.[189]

황남리 제83호분은 제82호분 서북쪽에 인접해 있던 대형고분으로 9월 27일에 발굴을 시작하여 10월 14일에 곽저(槨底)에 이르렀고, 그 후 5일 만에 완료하였으며, 환두태도(環頭太刀)·유리옥·목걸이 등의 부장품을 출토하였다. 이 조사의 총책임은 후지타가 맡았으나, 개인적인 사

---

188 국립중앙박물관 소장 조선총독부박물관 공문서/고적조사/조선고적연구회/고분 발굴 건/「宗 제107호」(F068-007-002-001~002).

189 有光敎一, 1935, 「慶州皇南里第82號墳, 第83號墳調査報告」, 『昭和六年度古蹟調査報告』 제1책, 2쪽.

정으로 실무는 아리미쓰가, 출토품 정리는 아리미쓰와 이우성(李雨盛)이 담당하였다. 아리미쓰는 1931년 교토제대 사학과를 졸업하고 조선고적 연구회의 경주고적 담당자로 한국에 건너와 발굴에 참여하였으며, 이우성은 보통학교를 졸업하고 일본어가 가능하여 발굴 현장에서 통역을 담당하는 조수로 고용되었다.[190] 특히 이곳은 발굴조사가 완료된 후에 일반인들에 관람을 허락하기도 하였다.[191]

1932년에는 경주 충효리 석실고분을 조사하였다. 이곳은 경주읍 상수도 공사시 긴급 발굴하였는데, 봄부터 여름에 걸쳐 아리미쓰의 전담하에 경주연구소 간사 후지타의 지도와 경주분관 주임 모로가, 직원 최순봉이 함께 진행하였다. 그러나 일이 쉽지 않아 경주읍 나가이(長井上茂), 수고기사 이치나리(市成) 및 경주공예학교 우에하라(上原一夫) 등에게 도움을 요청하여 일을 진행하였다. 이 외에도 다나카(田中龜熊), 다노(田野七之助), 이마세키(今關光夫) 등이 참여하여 사진 촬영을 하였다.[192] 이곳에는 수십 기의 고분이 모여 있었는데, 시급한 것부터 10기의 고분을 긴급 발굴하였다.[193]

충효리 고분은 두 차례에 걸쳐 조사하였는데, 첫 번째는 1932년 5월 27일부터 6월 10일까지 제1호분에서 제6호분까지 조사하였고, 두 번째는 7월 4일부터 시작하여 8월 5일까지 제7호분에서 제10호분을 조사하

---

190 有光敎一, 1997, 「私の朝鮮考古學」, 『朝鮮學社始め』, 靑丘文化社, 55쪽.
191 「고적의 경주에서 진기품 또 발견, 황남리서 제2회의 발굴, 15일 일반에 관람」, 『동아일보』, 1931.11.21.
192 有光敎一, 1937, 「慶州忠孝里石室古墳調査報告」, 『昭和七年度古蹟調査報告』 제2책, 1쪽.
193 有光敎一, 1937, 위의 책, 52-53쪽.

였다. 또한 1932년 10월 1일부터 12월 20일까지 황오리 제16호분을 아리미쓰가 발굴하였는데, 이에 대한 발굴보고서는 바로 출판하지 못하고 2000년에 한일 공동작업을 통해 간행되었다.[194]

1933년 4월에는 경주읍 노서리 215번지 택지 동편 토담 아래에서 금제품·은제품·주옥류 등이 출토되었다는 경주경찰서의 신고를 받고 조사를 실시하였다.[195] 당시 조선총독부 학무국의 고적조사 사무촉탁으로 조선총독부박물관에 근무하던 아리미쓰가 경주로 급파되어 4월 12일부터 19일까지 발굴조사를 실시하였다. 피장자의 상반신이 파손되어 많은 유물이 출토되지는 못하였으나, 그나마 출토된 유물 40여 점 가운데 장신구류의 대부분은 이듬해인 1934년 9월에 일본으로 반출되어 일괄유물을 정무총감 이마이다 이름으로 일본 제실박물관에 헌상하였다.[196] 다행히 1965년 '한일협정'에 의해 경주 노서리 215번지 고분 출토유물 가운데 일부가 돌아왔지만,[197] 일제의 무분별하였던 문화재 정책이 남긴 상처를 안은 채 불구의 운명으로 남게 되었던 것이다.[198]

---

194 有光敎一·藤井和夫 편, 2000, 「慶州皇吾里16號墳, 慶州路西里215番地古墳發掘調査報告」,『朝鮮古蹟研究會遺稿』Ⅰ, 동양문고.

195 「삼한시대의 순금제 유물 발굴」,『중앙일보』, 1933.4.9;「천오백년전 장신구 발굴 경주 농가의 담밑에서 파내 고고학상의 귀중품」,『동아일보』, 1933.4.10;「삼한시대의 유물인 순금장신구 발굴: 農園에서 흙파다가 발견해, 고고학상 귀중재료」,『매일신보』, 1933.4.9.

196 有光敎一·藤井和夫 편, 2000, 앞의 책, 125-128쪽. 경주 노서리 215번지 고분 출토 유물로는 금제팔찌 1쌍, 은제팔찌 1쌍, 금제반지 2개, 금제목걸이 1연, 금제태환귀걸이 1쌍, 옥제목걸이 1연 등으로 현재도 도쿄국립박물관에 경주 노서동 출토유물로 기록되어 있는 금관 2점(유물번호 29037, 29038)이 소장되어 있다.

197 반환받은 금목걸이는 보물 제456호, 금제팔찌는 보물 제454호로 지정되었다.

198 지건길, 2016, 앞의 책, 103쪽. 이 무덤에 대한 조사보고서도 1932년에 이어 1933년 가을 두 차례에 걸쳐 이루어진 황오리 제16호분과 함께 최근에서야 뒤늦게 발간되

가을에는 경주 황오리 제54호분과 제16호분을 발굴하였다. 특히 이 고분에서 출토된 각종 이식(耳飾)은 보고서 대신 간단한 글만 남기고 모두 일본 제실박물관에 헌상하였는데,[199] 그가 바로 조선고적연구회 이사장인 이마이다였다. 즉 한국의 유적·유물을 발굴 보호한다는 명분하에 만들어진 기관의 수장이 경주박물관에 보관되어 있던 발굴유물을 일본으로 반출해간 것이다.

한편 1932년부터 경주 황오리와 노서리에서 발굴되었던 고분들이 이미 도굴당한 상태였기에 도굴품에 대한 수색작업을 동시에 진행하였다. 그 결과 1933년 4월 13일 경주읍 인왕리에 살고 있던 김홍대와 황오리의 서영수를 신라고분 도굴 혐의자로 구금 취조하였고, 그 과정에서 이들 외에도 경주박물관 주임 모로가의 관련 여부를 밝혀내어 조사를 실시하였다.[200]

> 모로가 히데오는 경상북도 평의원, 경주읍회 의원, 조선총독부 촉탁, 경주박물분관장으로 있으면서 사법대서업을 경영하고 경주의 유일한 권력가로서, 경주를 좌우하는 책사로서 경주를 찾는 귀한 손님들에게 자주 강연을 하던 사람이다. 씨는 경주에 온 지 20여 일에 고적에 대하여 특별한 취미를 갖고 연구에 몰두하여 경주 부근의 유물 진품을 수없이 모아 처음에는 고적보존회에 진열까지 하였든바 최근에는 이것을 일본 어느 골동품상과 연락을 하여 한 번에 2천 원어치의

있다(有光教一·藤井和夫 편, 2000, 앞의 책).
199 최순우, 1992, 『최순우 전집』 2, 학고재, 291쪽.
200 「고적도굴사건 혐의? 박물관 주임 구속 27일 경주서에」, 『조선중앙일보』, 1933.5.3; 「경주박물관장 諸鹿 씨 검거: 골동품상과 거래가 탄로」, 『동아일보』, 1933.5.4.

흥옥을 팔아버렸다는 풍설도 떠돌고 있다.[201]

이 사건으로 모로가는 구속되어 대구감옥에 송치되었고 징역 1년 벌금 200원을, 서영수는 징역 6개월, 김홍대는 징역 6개월 벌금 20원을 각각 구형받았다.[202] 이 사건에 대해 우메하라는 후에 모로가가 금관총 도난사건과도 관련이 있었다고 증언하였다.[203] 특히 모로가는 경주 지역 고분의 도굴품 및 발굴품의 상당수를 개인 소장하고 있었다. 특히 『조선고적도보』 3~5권에는 그의 소장품이 다수 실렸다.[204]

1934년에는 경주 남산의 불교 관련 유적을 시작으로 신라 문화 자료를 조사 연구하였으며, 봄에는 사이토(齊藤忠)가 황남리 제109호분을 발굴하였고, 가을에는 황오리 제14호분을 발굴조사하였다.[205] 황오리 제14호분의 유물도 일부만 경주박물관에 소장되어 있을 뿐 대부분은 소

---

201 「신라 때 진품을 盜賣, 玉虫帳도 不知去處, 경주박물관장 장물압수 사건, 속칭 경주왕의 말로」, 『동아일보』, 1933.5.3.

202 「보물 팔아먹은 일로 박물관 주임 送局, 경주박물관의 諸鹿 등 삼인」, 『조선중앙일보』, 1933.5.10; 「경주박물관장(諸鹿央雄)은 필경에 送局」, 『동아일보』, 1933.5.12; 「제록앙웅 분관장 대구감옥에 수용」, 『동아일보』, 1933.5.15; 「경주박물관장 사건 예심종결과 보석」, 『동아일보』, 1933.7.1; 「원 경주박물관장 징역 1년 언도」, 『조선일보』, 1933.10.2.

203 梅原末治, 1969, 「日韓併合の期間に行なわれた半島の古蹟調査と保存事業にたずさわったー考古學徒の回想錄」, 『朝鮮學報』 51, 120쪽.

204 이순자, 2009a, 앞의 책, 549-551쪽, 〈표 5-10〉 참고. 『朝鮮古蹟圖譜』에 수록된 유물 가운데 경주 지역 고분의 부장품을 개인적으로 소장하고 있던 인물로는 모로가 이외에 谷井濟一, 柴田團九郎, 小平亮三, 稻本新臣, 福永德次郎, 伊藤藤太郎, 淺見倫太郎, 三宅長策, 小宮三保松, 鮎貝房之進, 小倉武之助 등이 있다.

205 조선고적연구회, 1935, 「慶州皇南里第109號墳, 皇吾里第14號墳調査報告」, 『昭和九年度古蹟調査報告』, 1쪽.

재가 확인되지 않고 있다. 특히 보고서의 유물 출토 상태를 보면 수백 점의 토기를 출토하였지만 복원된 사진이 없는 것으로 보아 모두 수습되었는지조차도 알 수 없다.[206]

1936년에는 2기의 고분을 발굴조사하였는데, 하나는 경주읍 충효리 고분이다. 도굴당하였다는 보고를 받고 1936년 3월 1일 경찰서 관리와 함께 현장에 가서 조사를 실시하였다. 다른 하나는 경주읍 황오리 적석총 고분으로 경주-울산 간 광궤철도 개량공사시 우연히 발견되어 남아 있는 분구를 주의깊게 조사해보니 황오리 제14호분과 같은 구조였다.[207] 또한 경주 고분의 발굴조사 기술과 그 성과가 어느 정도 축적되자, 이해부터 고분 이외에 불교 관련 유적 조사를 실시하였는데, 8월부터 오바를 중심으로 경주 남산의 석불 조사를 1937년에 완료 예정으로 시작하였다.[208]

1938년 11월 중순경부터는 대구의 도시계획에 의해, 사이토가 대구부 부근 신라 고분군 2개소를 발굴하였는데, 신지동 고분군(북구릉 제2·7·8호분, 남구릉 제1·2호, 소서목장내 고총)과 달성군 해안면 고분군(제1·2호분)이었다.[209] 사이토는 대구 부근이 『일본서기』에 나타난 임나일본부와 관련이 있다고 추정하고, 신라는 6세기 초 무렵부터 도읍인 경

---

206 이한상, 2008, 「식민지시기 신라고분 조사 현황」, 『신라의 발견』, 동국대출판부, 309-310쪽.
207 齋藤忠, 1937, 「慶州に於ける古墳の調査」, 『昭和十一年度古蹟調査報告』, 34-44쪽.
208 小場恒吉, 1938, 「慶州東南山の石佛の調査」, 『昭和十二年度古蹟調査報告』, 47쪽.
209 齋藤忠, 1940, 「大邱府附近に於ける古墳の調査」, 『昭和十三年度古蹟調査報告』, 47-61쪽.

주에서 가장 가까운 이곳을 연합하였다고 하였다.²¹⁰

1939년에는 그동안 연구회가 체계적이고 연차적으로 수행해오던 발굴사업이 축소 중단되었고, 발굴보고서 발간사업도 그 전해까지 이루어진 조사사업으로 마무리하였다.

(2) 평양연구소 조사활동

평양연구소 초대 소장은 오바였으며, 구성원은 고이즈미, 하라다, 우메하라, 후지타, 다쿠보(田窪眞吾) 등이었다.²¹¹ 오바는 1912년 도쿄미술학교 조교수로 재직하던 중 세키노에게 발탁되어 고구려 고분벽화 모사를 위해 한국에 건너와 고적조사에 참여하였다. 이후 1916년에는 조선총독부박물관 촉탁이 되어 평안남도 고분을 중심으로 답사하고, 최초로 낙랑시대 고분의 발굴조사에 참여한 바 있었다. 평양연구소 소장으로 임명되어 조사에 참여함으로써 낙랑고분 벽화의 모사·실측, 칠기류의 복원 등의 업무를 담당하였다.²¹²

평양연구소의 고적조사는 두 시기로 나뉘는데, 1931년부터 1935년에 걸친 낙랑고분의 집중조사와 1936년부터 1938년까지 평양 부근 고구려 유적에 대한 조사이다. 그 내용은 〈표 9〉와 같다.

평양연구소의 1931년 조사사업은 처음 계획과는 달리 남정리 제116호분(彩篋塚), 석암리 제201호분, 석암리 제260호분 발굴조사였다. 석암리 제201호분은 1925년 가을 도쿄제대 문학부가 발굴을 착

---

210 齋藤忠, 1943, 「大邱の古墳」, 『大邱府史』 3 참고.
211 八田蒼明, 1934, 앞의 책, 29쪽.
212 高橋潔, 2003, 「朝鮮古蹟調査における小場恒吉」, 『考古學史研究』 10, 37-51쪽.

<표 9> 조선고적연구회 평양연구소 고적조사

연도	조사 지역	조사 참여자
1931	오야리 제21호분, 남정리 제116호분(彩篋塚), 석암리 제201·260호분	野守健, 神田惣藏, 小泉顯夫, 澤俊一
1932	정백리 제127호분(王光墓), 남정리 제119·120호분, 석암리 제266호분	小場恒吉, 梅原末治, 矢島恭介, 澤俊一, 榧本龜次郎
1933	정백리 제8·13·17·59·122·219·221·227호분, 대동군 상리	小場恒吉, 梅原末治, 澤俊一, 矢島恭介, 榧本龜次郎, 田窪眞吾, 濱本助千代, 松本榮一
1934	장진리 제30·45호분, 정백리 제19호분, 석암리 제212호분	小場恒吉, 小泉顯夫, 高橋勇, 澤俊一, 田窪眞吾
1935	석암리 제255·257호분, 정백리 제4호, 남정리 제53호, 도제리 제50호, 낙랑토성지	小場恒吉, 梅原末治, 野守健, 澤俊一, 駒井和愛, 田窪眞吾, 榧本龜次郎, 原田淑人
1936	대동군 시족면 불당리 고분 5기, 토포리 제1·2·3·6호분, 남경리 제1호, 호남리 제1·2호분, 내리 제2호분, 상오리 제1·2·3호분, 고산리 제1·2·3호분	小場恒吉, 原田淑人, 澤俊一, 有光敎一
1937	오야리 제25호분, 고산리 제3·4·5·6·7·8·9호분, 안정리 제2·3호분, 서기리 제4·5·7호분, 만달산 고구려고분 14기, 낙랑토성지, 원오리 폐사지, 만수대 및 그 부근	小泉顯夫, 小場恒吉, 梅原末治, 原田淑人, 田窪眞吾, 高橋勇, 駒井和愛, 小野忠明, 本口正夫, 澤俊一, 榧本龜次郎, 野守健
1938	조왕리 제68·69호분, 평양 청암리 폐사지	小泉顯夫, 米田美代治, 榧本龜次郎

출처: 조선고적연구회, 1934, 「樂浪彩篋塚」, 『古蹟調査報告』 1; 1935, 「樂浪王光墓」, 『古蹟調査報告』 2; 『古蹟調査概報』 참고; 有光敎一, 2003, 『朝鮮古蹟硏究會遺稿』 Ⅲ, 재단법인 동양문고; 梅原末治, 1946, 『朝鮮古代の文化』, 高桐書店(1972, 國書刊行會 재발행); 오영찬, 2006, 『낙랑군 연구』, 사계절출판사 참고.

수하였다가 작업을 중단하였던 것으로 1931년 9월 중순경 고이즈미와 사와가 다시 발굴을 시작하였다. 고분의 목곽까지는 보존상태가 양호하였으나 내부는 무참히 파괴 도굴되고 유물은 약탈당한 상태였다.[213] 실내에 부장되어 있던 원시4년협저칠이배(元始四年夾紵漆耳杯)와 거섭3년은도구협저칠반(居攝三年銀釦夾紵漆盤)은 1932년 연구회가 도쿄제실박물

---

213 小泉顯夫, 1932.6, 「古墳發掘漫談」, 『朝鮮』, 90쪽.

관에 기증하였다.

또한 석암리 제260호분은 내부가 도굴·파괴되었으며, 남정리 제116호분은 원래 1923~1924년에 도굴꾼들이 도굴하던 중 지하수가 심하게 나와서 유물을 꺼내지 못하고 중지한 고분이었다. 전실의 서남 북 3면의 목벽에 5색을 사용한 아름다운 벽화가 있었으나 땅속에 물이 차 옛 모습을 구체적으로 알 수 없었다고 한다.[214] 미도굴된 완전한 형태 의 곽실을 지닌 남정리 제116호분에서는 대나무를 가늘게 쪼개어 채색 한 채화칠협(彩畵漆篋)을 비롯한 180여 점의 각종 풍부한 유물을 획득하 여 일명 '채협총'이라 불렀으며,[215] 출토한 유물의 상당수는 반출되어 도 쿄국립박물관에 소장되었다.[216]

이 외에 1931년 7월 17일부터 31일까지 석기시대 유적인 경흥군 웅 기면 송평동유적 제3차 조사를 실시하였다. 일찍이 1929년과 1930년에 조사를 하였던 곳으로 조사를 마무리하였다. 이 유적지는 주거지의 수 혈, 화로, 패총 등 한반도에서는 드문 석기시대 유적으로 세 차례에 걸쳐 장기간 조사를 하였다. 이 조사에는 고적조사위원 후지타와 고적조사 사 무촉탁 가야모토(榧本) 외에 이마세키(경성제대 법문학부 촉탁), 시케요시

---

214 八田蒼明, 1934, 앞의 책, 172쪽.

215 조선고적연구회, 1934, 「樂浪彩篋塚」, 『古蹟調査報告』 1, 2쪽.

216 채협총 발굴유물의 일부는 도쿄국립박물관 소장 목록에 유물번호 28905, 28920~ 28925로 기록하고 있다(정규홍, 2012, 앞의 책, 272-273쪽). 채협은 평양 조선중앙 력사박물관에 소장되어 있다. 석암리 제201호와 남정리 제116호분에서 출토된 유 물은 조선고적연구회 이사회의 토의를 거쳐 총독부의 허가를 받아 기증을 하였다. 이것은 도쿄제실박물관에서 1931년도 조선고적연구회 사업에 5천 원을 기부하였기 에 이에 대한 감사의 표시였다. 그러나 『제실박물관연보(1932년 1~12월)』(제실박물 관, 1933) 및 『東京博物館圖板目錄』, 『東京博物館所藏品目錄』 등에는 '구입'으로 기 록하고 있다(정규홍, 2012, 앞의 책, 563-566쪽).

(重吉, 경성제대 사학과 학생)가 참여하였다.[217]

    1932년 4월에는 평양역 구내 철도 선로 공사시 1기의 전곽분을 발견하였다. 출토한 부장품 중 '영화9년3월10일(永和九年三月十日) 요동한현토태수령동리조(遼東漢玄兎太守領佟利造)'라고 새겨진 전(塼)이 주목을 받았다.[218] 일시 공사를 중단하고 본부에 보고하여 조선총독부에서는 노모리와 가야모토를 파견하여 5월 7일부터 14일까지 조사하였다. 현실을 축조한 벽돌에 새겨진 기년명 영화 9년은 동진의 목제(穆帝) 때인 서기 353년으로, 그 전후에 동진의 동리(佟利)가 현토태수령의 관직을 받고 평양에 와서 낙랑 계통의 묘를 축조하였다고 보았다. 이 고분은 낙랑·대방의 멸망과 고구려 세력 확장기 사이의 역사 연구에 중요한 자료로 이용되었다.[219]

    또한 1932년에 시작하여 1933년까지 대동군 대동면 정백리 고분 10여 기를 발굴조사하였는데, 그 가운데 정백리 제127호분[王光墓]이 주목되었다.[220] 이 고분은 미발굴분으로 오바와 가야모토가 1932년 9월 14일부터 11월 5일까지 발굴하였다. 도기·칠기·금속제품·마구·무기·목인(木印)·장검 등 180여 점의 유물이 출토되었는데,[221] 서관(西棺)에서 출토된 목인 2개 중 하나의 한 면에 '낙랑태수연왕광지인(樂浪太守

---

217 藤田亮策, 1931.11, 「雄基松平洞遺蹟の調査」, 『靑丘學叢』 제6호, 191-192쪽.
218 「평양역 구내서 2천 년 전 고분, 고와 인골 수치 등」, 『조선일보』, 1932.4.30; 「평양역 구내의 고분발굴 착수, 소장품은 과연 무엇」, 『동아일보』, 1932.5.10.
219 榧本龜次郞·野守健, 1933, 「永和九年在銘塼出土古墳調査報告」, 『昭和七年度古蹟調査報告』 제1책, 19쪽.
220 조선고적연구회, 1935, 「樂浪王光墓」, 『古蹟調査報告』 2, 2쪽.
221 小場恒吉 外, 1935, 「貞栢里·南井里二古墳發掘調査報告」, 『昭和七年度古蹟調査報告』.

掾王光之印'이라고 새겨져 있고, 다른 한 면에서는 '신광(臣光)'이라는 인문(印文)이 있어 왕광묘(王光墓)라고 불렀다. 다른 하나의 목인에는 '왕광사인(王光私印)'이라는 인문이 있었다. 이로써 피장자는 왕광(王光)으로 관직은 군태수의 직하 하급관리로 추정하였다.[222] 특히 발굴된 완전한 인골은 이마무라(今村) 박사가 평양의학강습소 해부실에서 정리하여 경성으로 가져갔고,[223] 발굴유물 가운데 중요한 것은 일본으로 반출하여 이마이다의 이름으로 도쿄제실박물관에 기증하였다.[224]

또한 남정리 제119호분은 9월 22일에 시작하여 9월 29일에 대략 종료하였는데, 유물은 대부분 도굴을 당하고, 발견한 도기편·칠기편 외에 인골 치아는 도쿄제국대학 의학부로 가져갔다.[225] 이 외에도 정백리 제8·13·59·122호분과 이미 도굴된 4기의 고분(정백리 제17·219·221·227호분)을 조사하였다. 정백리 제17호분은 1924년경에 일본인과 서로 모의하여 내부에 침투하여 도굴하였고, 정백리 제219호분은 1923~1924년경에 도굴로 인해 천정이 파괴되었다. 정백리 제221호분은 1932년 봄에 이미 도굴당하여 중앙 전실 일부가 노출되어 있는 상태였으며, 정백리 제227호분은 도굴로 인해 봉토 중앙이 내려앉아 있는 상태였다.[226] 특히 정백리 제227호분 발굴에는 도쿄제실박물관 미술

---

222 小場恒吉, 1935, 『王光墓』, 조선고적연구회(정규홍, 2016, 앞의 책 권7, 360쪽, 각주 358 재인용).
223 「이천 년 전의 인골을 발굴, 미인상을 연구한데 호재료, 평양부외 정백리서(평양)」, 『동아일보』, 1932.10.28.
224 출토유물은 도쿄국립박물관 유물번호 29537-29539로 지정 소장하고 있다(東京國立博物館, 2005, 『東京國立博物館所藏品目錄』 참조).
225 小場恒吉 外, 1935, 앞의 책.
226 朝鮮古蹟硏究會, 1934, 『昭和8年度樂浪古墳調査槪報-樂浪古墳』, 22-39쪽.

공예과 하마모토 스케치요(濱本助千代)가 참여하여 출토유물의 대부분을 도쿄제실박물관에 기증하였고,[227] 이를 제외한 나머지 일부는 교토제대 고고학교실로 들어갔다.

당시 평양을 중심으로 한 낙랑고분의 피해는 심각하였다. 한창 도굴이 성행하던 1922년부터 1925년 사이에 평양경찰서에서는 낙랑고분군 중앙인 석암리에 출장소를 설치하여 감시를 하였음에도 불구하고 교묘한 방법으로 도굴하여 불과 8년 사이에 100여 기에 가까운 고분이 파헤쳐졌다.[228] 특히 1931~1932년경 평양 부근 낙랑고분 지대에서 출토하여 일본으로 건너간 유물은 야마나카상회(山中商會)를 거쳐 한때 도쿄 고(故) 네즈 가이치로(根津嘉一郎)가 보관하다가, 1934년 가을 야마나카상회의 중개로 미국으로 보내져 상회 회장 사다 지로(定次郎) 이름으로 보스턴미술관에 기증하여 그곳에 소장되어 있다고 한다.[229]

1932년 평양연구소 사업에서 주목되는 점이 있다. 이해의 조사사업에는 도쿄제실박물관 직원이 참여하게 되었는데, 이것은 1931년 예산에 도쿄제실박물관 찬조금 5천 원이 들어온 것과, 1932년 8월 초에 열린 조선고적연구회의 이사협의(理事協議) 모임에서 찬조금을 지원한 도쿄제실박물관과 이왕직박물관 측에 낙랑고분 발굴유물 중 일부를 기증하는 문제를 논의된 것과 연관성이 있다. 일찍이 구로이타는 재정 확보를 위한 방안으로 재정의 일부를 지원받는 대신 유물을 기증하는 문제를 연구회 설립 추진 과정에서부터 구상하였다. 즉 연구회 회칙에 평의원이

---

227 정규홍, 2012, 앞의 책, 541쪽.
228 八田蒼明, 1934, 앞의 책, 23쪽.
229 황수영 편, 2014, 앞의 책, 414쪽.

결의하면 발굴유물을 임의 처분할 수 있는 조항을 삽입해 놓고, 발굴품 중 조선총독부박물관에서 진열품으로 활용하지 않는 유물 중 일부는 후원기관에 기증하는 방법을 모색하였던 것이다. 설립 과정인 1931년 6월 11일 구로이타와 후지타는 도쿄제실박물관 총장 및 제실박물관 사무관과 협의하고 충분한 찬동을 얻었다고 하였는데, 이 당시 어떤 합의가 있었던 듯하다.[230] 현재 도쿄국립박물관에 소장되어 있는 정백리 제127호분 출토유물 등 다수의 연구회 발굴품은 정무총감이자 연구회 이사장이었던 이마이다의 기증품으로, 이러한 과정을 통해 반출되었던 것이다.

조선고적연구회는 불안정한 재정하에서도 2년 동안 큰 성과를 이룸으로써 1933년부터는 여러 분야의 후원금에 힘입어 안정적이고 장기적인 조사를 계속할 수 있었다. 특히 1933년부터 일본학술진흥회로부터 낙랑고분 조사를 위해 보조금(1만 5천 엔)을 받아 사업을 계속적으로 진행하였다.[231] 특히 1933년부터 3개년에 걸쳐 낙랑 문화 연구에 큰 성과를 이루었다.[232] 오바, 후지타, 하마다, 우메하라 등 4명의 연구원과 마쓰모토 에이이치(松本榮一, 동방문화학원 동방연구소 연구원), 야시마 교스케(矢島恭介, 도쿄제실박물관 감사관보), 하마모토 스케치요(濱本助千代, 도쿄제실박물관 미술공예과), 사와 슌이치(澤俊一), 가야모토 가메지로(榧本龜次郎), 다쿠보 신고(田窪眞吾, 조선고적연구회 연구원) 등 6명의 조수가 두 팀으로 나누어 8기의 고분(4기는 미도굴분)을 발굴조사하였다. 오바 팀은 대동강면 정백리 제8·12·17·59·122호분을, 우메하라 팀은 대동강 정백리

---

230 오영찬, 2011, 앞의 글, 242쪽.
231 金聖道, 1928, 『樂浪古墳案內』, 私立三惠學校, 41쪽.
232 有光敎一, 1997, 「序言」, 『有光敎一著作集』 3, 青丘文化社.

제219·221·227호분을 조사하였다.²³³ 특히 정백리 제227호분의 유물은 현재 도쿄국립박물관에 소장하고 있는데, 기증자는 이마이다로 되어 있다.

1934년에는 전년도 조사 구역과 동일하게 평안남도 대동군 대동강면 내에 있는 고분 4기를 두 팀으로 나누어 발굴조사하였다. 제1팀은 오바와 제실박물관 감사관보 다카하시(高橋勇)가 장진리 제45호분(전곽고분)을, 오바와 조선총독부 고적조사 사무촉탁 사와가 정백리 제19호분(목곽고분)을 발굴하였다. 제2팀은 평양부립박물관 촉탁 고이즈미와 조선고적연구회 촉탁 다쿠보가 장진리 제30호분(목곽고분)과 석암리 제212호분(목곽고분)을 조사하였다.²³⁴

1935년에 일만문화협회(日滿文化協會)에서 이케우치, 하마다, 우메하라, 고이즈미, 미카미(三上次男) 등을 지안에 파견하여 고구려 유적(광개토대왕비, 장군총, 대왕릉, 천추총, 산성자산성)과 관련된 지역조사를 실시한 후 1936년부터는 고구려 유적 발굴조사를 실시하였다. 그리고 개별 유적의 정밀한 발굴과 함께 그 분포 배치 등을 조사하는 방침도 세웠다.²³⁵

또한 낙랑 유적 조사는 후지타의 계획하에 두 팀이 5기의 고분을 발굴조사하였는데, 먼저 오바 팀은 후반에 가야모토의 협력으로 석암리 제255호분(전곽고분), 제257호분(목곽고분, 미도굴)을 조사하였고, 다쿠보의 일부 조력을 받아 정백리 제4호분(목곽고분, 미도굴)을 발굴하였다. 다음 우메하라 팀은 남정리 제53호분(전곽고분), 도제리 제50호분(전곽고

---

233 조선고적연구회, 1934, 『昭和八年度古蹟調査槪報-樂浪古墳』, 2-3쪽.
234 조선고적연구회, 1935, 『昭和九年度古蹟調査槪報-樂浪古墳』, 1-4쪽.
235 조선고적연구회, 1937, 『昭和十一年度古蹟調査報告』, 1쪽.

분)을 선정하여 사와와 다쿠보의 협력하에 2개월에 거쳐 발굴조사를 실시하였다. 이들 조사 계획은 6월부터 시작하였는데, 조선곡산회사 사택을 숙소로 제공받아 조사원들이 순차적으로 같은 숙소에 모여 9월 1일부터 본격적으로 조사를 시작하여 11월 상순에 마쳤다. 출토유물은 금속제품 13점, 칠기류 약 10점, 도기류 13점, 그 외 박산향로 등 26점을 출토하였다.[236] 특히 남정리 제53호분 출토 박산향로 등은 '교토대학 문학부 보관'[237]으로 되어 있어 당시 발굴한 유물 전체 내지 일부를 가져간 것으로 보인다.

그리고 이해는 고분뿐만 아니라 하라다에 의해 대동강면 토성리에 있는 토성지의 발굴을 착수하였다. 두 차례에 걸쳐 조사를 실시하였는데, 토성지 출토유물 가운데 가장 주목되는 것은 낙랑 봉니이다. 봉니란 옛날 중국에서 간책(簡冊)으로 된 문서를 끈으로 묶고 봉할 때 쓰던 아교질의 진흙덩어리인데, 낙랑 봉니의 출토지는 평양 대동강면 토성 부근으로 처음에는 야마다 자이지로(山田財次郎)와 세키구치 한(關口半)의 수집품이 학계에서 주목을 받았다. 그 가운데 세키구치가 소장한 '조선우위(朝鮮右尉)' 봉니에 대해 세키노는 "이 귀중한 유물을 무식한 토민들의 손에서부터 모아 그 산일을 방지한 세키구치 씨의 공적에 대해 충분히 감사의 뜻을 표하는 바이다"라고 하며 도굴을 변호하였다.[238] 이후 봉니의 입수가 해마다 증가하여 1934년 무렵에는 무려 188점에 이르렀다. 이처럼 출토품 가운데 봉니의 수가 많은 이유는 다른 출토품에 비해 비교

---

236 조선고적연구회, 1936, 『昭和十年度古蹟調査槪報-樂浪古墳』.
237 梅原末治·藤田亮策, 1948, 『朝鮮古文化綜鑑』 2, 42쪽(정규홍, 2012, 앞의 책, 274쪽 재인용).
238 關野貞, 2005, 앞의 책, 234쪽.

적 고가로 거래되었기 때문이다. 이에 나중에는 도굴품은 물론 위조품까지 시중에 나돌 정도가 되어,[239] 조선총독부 학무국에서는 한동안 봉니의 발굴을 금지하기도 하였다.

> (평양) 지금부터 2천 년 전의 문화가 숨겨져 있는 낙랑군치의 발굴에 대하여, 이 조치가 매우 소홀하였다는 비난의 소리를 들었는데 최근 또 다시 이를 입증하는 사례가 발견되어 이 발굴이 극히 불성실한 것이었음을 폭로하여 비난을 받고 있다. 최근 부내 욱정 모 고물상에게 '帶方슈印', '□鄲汗尉'라고 새겨진 2개의 봉니를 1개 100엔에 팔아버린 자가 있는데, 이 사람은 당시 고용된 인부인 것 같아 경찰당국이 조사를 진행하고 있다. 봉니는 낙랑사 연구상 참고가 되는 매우 좋은 자료인데 지금까지 발굴에서 약 10개 정도밖에 출토되지 않았으며, 평양박물관에는 겨우 2~3개를 진열하고 있을 뿐으로, 이와 같이 귀중한 것이 일반인들 사이에서 왕성하게 매매된다는 것은 발굴 시 엄중한 단속과 신중한 주의가 필요하다는 것을 의미한다. 또한 다시 얻을 수 없는 낙랑군치지와 같은 것은, 당초 계획대로 본부가 전면적을 사들이고 권위자에게 발굴하도록 하고, 발굴은 현지에 보존시설이 준비된 후에나 행해야 한다고 하여 내년부터의 발굴은 중지되는 모양이다.[240]

---

239 藤田亮策, 1934, 「朝鮮封泥攷」, 『朝鮮考古學研究』, 351쪽.
240 「낙랑군치지 발굴에 뜻하지 않은 비난의 소리, 불성실하고 소홀한 조치에 대해 지적」, 『朝鮮新聞』, 1936.11.15(황수영 편, 2014, 앞의 책, 100-101쪽 재인용).

학무국장이 평안남도 도지사에게 위반 행위이므로 엄중히 조사한 후 시급히 보고하라고 하였음에도 불구하고 이에 대한 관심은 줄지 않아 낙랑고분의 파괴 상황은 심각하였다. 당시 낙랑유적 도굴을 개탄하며 조선총독부박물관 관장 앞으로 투서를 보내기도 하였다.[241]

1936년에는 일본학술진흥회에서 조선고적조사에 다시 3년간 매년 8천 원의 보조금을 후원하고 궁내성에서도 보조금을 내어 사업계획을 새롭게 정비하였다. 일본학술진흥회의 방침에 따라 후지타, 하라다, 우메하라, 오바 등이 중심이 되어 조사계획을 수립하였다. 조사 계획은 세 가지 면에 역점을 두었는데, 첫째, 고구려 유적의 발굴조사(오바), 둘째, 고구려 유적의 지리적 조사(후지타), 셋째, 백제 고분의 발굴조사(우메하라)였다. 이 계획에 따라 평양연구소는 1936년 9월 10일부터 11월 1일까지 평안북도 대동군 임원면·시족면의 고구려 벽화고분을 오바, 아리미쓰, 사와 등이 발굴조사하였고, 후지타는 황해도 일부의 고구려 유적의 분포 및 지리적 조사를 실시하였다. 그리고 하라다는 낙랑토성지 발굴조사를 계속 진행하였다.[242] 특히 평양 토성리 발굴조사는 일찍이 1913년 9월에 세키노 일행이 이곳에서 와당을 채집하면서 처음 주목을 받게 되었는데, 그 후 일본학술진흥회의 후원금을 받아 1935년에 4월, 9월, 10월에 발굴조사가 이루어졌던 것이다. 당시 출토품은 동촉(銅鏃), 철촉(鐵鏃), 방추차, 봉니, 오수전 등 150여 점이었고, 상당수의 출토품을 반출하여 1936년 1월 22일 도쿄제국대학 문학부 고고학연구실에서 '토

---

241 「쇼와 12년(1937) 5월 낙랑 유적 도굴을 개탄하여 박물관에 보낸 투서」(황수영 편, 2014, 앞의 책, 102쪽).

242 조선고적연구회, 1937, 앞의 책.

성리출토품전관'을 개최하였다.

1937년의 고적조사는 전년도에 이어 후지타의 총괄하에 하라다, 우메하라, 오바가 실제 작업을 하였고, 외부 연구원 총 12명이 참여하였다.[243] 오바, 사와, 다쿠보는 예정대로 9월부터 10월에 걸쳐 평안남도 대동군 임원면 고산리에 있는 7기의 고분과 대동군 대보면 안정리와 서기리의 5기의 고구려고분을 발굴조사하였다.[244] 노모리, 사와, 가야모토는 강동면 승호리 고구려고분 총 14기를 조사하였는데, 고구려고분에서는 최초로 확실한 장신구라 할 만한 금제이식(金製耳飾)과 동제완륜(銅製腕輪) 등이 출토되었다.[245]

한편 오바가 평양고물상 앞에서 니불(泥佛) 2점의 잔해를 구입하여 조선총독부박물관에 가지고 간 것을 계기로, 평양부립박물관장 고이즈미는 이것이 출토된 원오리 폐사지의 발굴조사를 실시하였다.[246] 그리고 4월 12일에는 이미 발굴조사한 평안남도 대동군 대동강면 토성리 토성지의 남은 부분[247]과 평양부립박물관 앞 오야리 채토장에서 전묘(塼墓)

---

[243] 조선고적연구회, 1938, 『昭和十二年度古蹟調査報告』, 4쪽. 평양부립박물관 관장인 고이즈미를 비롯하여 조선총독부박물관 촉탁 노모리, 사와, 사이토, 가야모토, 평양부립박물관 직원 오노(小野忠明), 기쿠치(木口正夫), 이마세키(今關光夫, 경성제대 법문학부 조사), 다쿠보(田窪眞吾 조선고분연구회 촉탁), 가가미야마(鏡山猛九州, 제국대학법문학부 강사), 고마이(駒井和愛, 도쿄제대 문학부 교수), 다카하시(高橋勇, 도쿄제실박물관 감사관보) 등이었다.

[244] 小場恒吉, 1938, 「高句麗古墳の調査」, 『昭和十二年度古蹟調査報告』, 5-6쪽.

[245] 野守健·榧本龜次郎, 1938, 「晩達山麓高句麗古墳の調査」, 『昭和十二年度古蹟調査報告』, 35쪽.

[246] 小泉顯夫, 1938, 「泥佛出土地元五里廢寺址の調査」, 『昭和十二年度古蹟調査報告』, 63쪽.

[247] 1937년 발굴조사에서도 얼마나 많은 유물이 출토되었는지, 그리고 그 출토유물들이 얼마나 일본으로 반출되었는지는 분명하게 밝혀지지 않았다. 다만 정인성의 조사에

1기(오야리 제25호분)를 발굴하였다.[248]

1938년은 조선고적연구회의 제2차 3개년 사업의 마지막 해로 조사 대상지는 종전과 마찬가지로 고구려·신라·백제의 유적을 주 대상지로 하고 특히 남부의 선사유적과 불사지(佛寺址)를 함께 조사하였다.[249] 1938년 조사 사무는 후지타가 총괄하였고, 우메하라가 일부 도왔으며, 실제로는 오바, 이시다, 스에마쓰와 10여 명의 연구 조수들이 참여하였다.[250] 고구려 유적은 만주국 문교부 촉탁으로 오바가 2개월 동안 지안현의 고구려고분을 조사하여 고분벽화를 모사하였다. 그리고 철도공사로 파괴 위험이 있던 고분군을 후지타의 주관하에 노모리와 사이토가 조사하여 고분군의 실측과 지역 유적 분포도를 제작하여 지안현 고분의 특징을 밝혔다. 불교 유적은 평양부 외곽 청암리 폐사지를 발굴조사하였는데, 이는 고구려 불사지에 대한 최초의 실례였다. 즉 1938년 봄에 고이즈미가 유적지를 방문하였을 때, 우연히 발견하고 10월 25일부터 본격적인 조사를 시작하였다.[251] 폐사지 발굴 결과 "당우(堂宇)의 배치 상태는 종래에 알려진 대로 백제의 사원지 및 일본의 아스카시대 가람 배치

의하면 낙랑토성에서 발굴되어 도쿄대학으로 반출된 전(塼)만도 223점을 넘으며, 와편은 무려 500여 점이 된다고 하였다(정인성, 2008, 「도쿄대학 문학부 고고학연구실 소장 자료」, 앞의 책.).

248 高橋勇·田窪眞吾·駒井和愛, 1938, 「樂浪梧野里第25號墳の調査」, 『昭和十二年度古蹟調査報告』, 103쪽.

249 梅原末治, 1940, 「昭和13年度古蹟調査の槪要」, 『昭和十三年度古蹟調査報告』, 1쪽.

250 梅原末治, 1940, 위의 글, 4쪽. 평양부립박물관장 고이즈미와 조선총독부박물관 촉탁 노모리 겐, 사와 슌이치, 가야모토 가메지로, 아리미쓰 교이치, 사이토 다다시, 요네다 미요지와 평양부립박물관 직원 오노, 조선총독부박물관 경주분관원 최남주(崔南柱), 제실박물관 감사보 후지타(藤田藏) 등이었다.

251 小泉顯夫, 1940, 「平壤淸岩里廢寺址の調査」, 『昭和十三年度古蹟調査報告』, 5-6쪽.

와 관련이 있다"고 하여²⁵² 백제와 일본 아스카(飛鳥) 문화와의 관련성을 언급하였다.

1939년에는 고이즈미가 오야리의 낙랑고분을,²⁵³ 가야모토가 황해도 신계군 및 평안남도 순천군의 고구려고분 2기를 발굴하였다. 또 고이즈미는 황해도 황주면에서 청동기시대 주거지를 발굴하였고, 사이토와 함께 상오리 건축지도 발굴조사하였다.²⁵⁴

1940년에 오바는 지안의 통구 사신총, 통구 제12호분 벽화를 모사하였다. 그리고 대동강면 정백리 제200호분(小泉顯夫, 小野忠明, 米田美代治), 정백리 제138호분(小泉顯夫, 鏡山猛), 대동군 남곶면 남정리 제117호분(小泉顯夫, 小野忠明, 米田美代治) 등 낙랑고분을 조사하였다. 구체적인 보고서가 남아 있지 않아 출토유물의 규모를 알 수 없으나 『조선고문화종감』 제2권 도판 제10으로 소개되어 있는 평양 대동군 정백리 제200호분 출토 동완(銅盌)을 '제실박물관 소장'으로 소개하고 있어 1940년 7월부터 9월까지 발굴조사한 유물의 일부가 일본으로 반출되었을 것으로 추정한다.²⁵⁵

(3) 백제 유적 조사

조선고적연구회는 경주와 평양 지역 이외에 백제 유적 조사도 실시하였다. 1933년 7월부터 송산리 제6호분을 조사하였는데, 이 고분은 무

---

252 小泉顯夫, 1940, 위의 책, 18쪽.
253 「평양서 木槨墳 발견 낙랑고고학에 重寶」, 『동아일보』, 1939.3.8; 「낙랑고분 속에서 유품 다수 발견」, 『매일신보』, 1939.3.15.
254 小泉顯夫, 1986, 앞의 책, 344-345쪽.
255 정규홍, 2012, 앞의 책, 279쪽.

령왕릉과 붙어 있어 백제왕릉으로 추정된 벽화 전축분(塼築墳)이었다. 백제시대에 묘실 벽화고분은 드문 예였고, 전축분은 백제와 중국 남조와의 교류 관계를 보여주는 대표적인 유적이었다. 즉, 1932년 10월 송산리 고분 구역 내를 통과하는 유람도로 건설공사를 하던 중 가루베 지온이 발견하여 모든 부장품을 은닉하는 만행을 저질렀다.[256] 법률상 유적이나 유물을 발견하면 3일 이내에 지역 경찰서장에게 신고해야 함에도 불구하고 가루베는 아무런 신고나 보고도 하지 않았다. 그리고 이듬해인 1933년 7월 29일부터 8월 2일까지 단독으로 곽내에 들어가 조사를 한 후에 신고하였다.

동년 가을 조선총독부 고이즈미 씨가 와서 나와 함께 조선인 농부들에 의해 도굴된 몇 장소를 계속 발굴하려고 하였지만 도중에 호우를 만나 중지할 수밖에 없었다. 이곳의 지세가 백제의 묘상(墓相)으로 가장 적합한 장소라고 더욱 더 확신을 얻어 1933년 7월 29일에는 공주보승회의 의뢰를 받아 송산리 제6호분 시굴을 시작하였다.
8월 1일 오후에 이르러 약 21미터를 북쪽으로 파 올라가 연도 전벽 상부의 끝이 되는 곳에 이르게 되었다. 여기에서 연도 전벽 내면, 즉 연도 최남단 천정에 닿는 부분을 아래로 파 내려가 지름 30센티미터 내외의 할석과 섞이어 다수의 문양이 들어간 전을 출토하였다. 더 파

---

256 가루베는 자신의 글(輕部慈恩, 1934.11, 「公州に於ける百濟遺蹟」, 『朝鮮』)에서 후지타와 함께 고분 조사를 하였다고 하였으나, 아리미쓰는 후지타, 고이즈미, 사와 3인이 실시하였으며, 공적인 조사에 가루베가 조사 담당자로 참가한다는 것은 있을 수 없는 일이라고 밝혔다(有光敎一, 2002, 『朝鮮古蹟硏究會遺稿』Ⅱ, 9-14쪽). 이하 송산리 제6호분과 가루베 지온과의 관련성에 대해서는 정규홍, 2018a, 앞의 글을 참고.

내려가 약 1미터 정도에 이르자 전과 섞이어 조선 말기의 백색유의 주발형 도기 파편이 나왔기에 이전에 이미 도굴된 것이 명백하여 잠시 실망을 하였다. … 8월 2일 오후 4시경에 이르러 겨우 곽내로 들어갈 수가 있었다. 예상외로 내부는 완전히 보존되고 벽화도 있고 불감(佛龕), 관대(棺臺)도 있고 유물도 도굴된 것에 비해 비교적 많이 남아 있어 기쁨 중에 경성에 있는 조선총독부박물관에 타전하여 고이즈미의 출장을 의뢰하여 공동으로 조사를 시작한 것이다. … 중요한 유물은 대부분 도난을 당하였고 호박 구옥, 진주 환자옥 80여 개, 순금제 이식, 대금구, 대도, 도자 파편 그 외 금동제 장신구를 출토하였다.[257]

즉 1933년 8월 상순에 공주고적보존회장이 고이즈미에게 벽화고분을 발견하였다는 보고를 하고 총독부 학무국장에게 조사요원의 급파를 요청하였다. 연락을 받은 조선총독부박물관에서는 고적조사원 후지타를 주사로 하여 사와와 조선총독부박물관 촉탁 고이즈미 등 3명을 파견하였다. 고이즈미는 당시 상황을 이렇게 전하였다.

우리가 도착한 실내는 깜깜하였다. 도굴분이라고 하기에는 너무나 내부가 깨끗하였으며 유물 토기의 조각 잔재도 남아 있지 않았으며, 건조된 것 같은 흙 위에 얇은 진흙의 무수히 많은 발자국들이 있었다. … 도굴자가 유물을 찾아다니기보다는 오히려 관대나 현실의 구조를 조사하려 한 것으로 강하게 추정되었다. 후지타 위원뿐만 아

---

257 輕部慈恩, 1935, 「公州に於ける百濟遺蹟」, 앞의 책, 10-11쪽.

니라 지금까지 많은 도굴분을 조사해왔던 우리들도 그것을 짐작할 수 있었다. 최초로 현실 내로 들어간 가루베 지온에게 '유물은 어떻게 된 것인가'라고 질문을 해보았는데 '당초부터 이 상태였으며, 아무것도 남아 있지 않았다'는 회답을 들었다.[258]

조선총독부에서 내려온 조사원들이 현장에 도착하여 살펴본 결과 엄청난 도굴이 이미 치밀하게 이루어진 후 신고한 것으로 보고서조차 만들 수 없는 상태였다. 이것은 가루베가 이미 1932년 10월 송산리 제6호분의 존재를 확인한 후 도굴을 하고 그것이 마치 옛날에 도굴된 것처럼 꾸미기 위해 다시 원상 복구를 한 것이거나, 1933년 7월에 시작한 발굴에서 유물을 빼돌리고 도굴분인 것처럼 꾸몄을 가능성이 있었다.[259] 고이즈미는 당시의 긴장된 상황을 진술하였다.

그처럼 온후한 후지타 위원님이 얼굴 빛을 바꾸며 격노에 찬 언사를 퍼부시는 것을 그 전에도 그 후에도 본 적이 없었다. 그러나 후지타 위원님의 질책은 재지(在地)의 관계 유력자들에 대한 것이 아니라 그들 중에 아무런 내색도 않고 설명진에 참가하고 있던 특정 인물에 대한 것이라는 것을 우리들은 알 수 있었다.[260]

여기서 특정 인물이란 바로 가루베를 지목한 것이었다. 도굴자로 가

---

258 小泉顯夫, 1986, 「百濟の舊都扶餘と公州」, 앞의 책, 206쪽.
259 조유전, 1996, 앞의 책, 298-303쪽; 이구열, 1996, 앞의 책, 194-200쪽 참고.
260 小泉顯夫, 1986, 앞의 글, 201쪽.

루베를 지목하는 데에는 다음과 같은 심증이 있었기 때문이다. 첫째, 도굴분이라고 하기에는 너무나 내부가 깨끗하며, 둘째, 진흙이 건조된 것 같은 흙 위에는 무수히 많은 발자국이 남아 있었으며, 도굴자가 유물을 찾아다니기보다는 오히려 관대나 현실상(玄室床)의 구조를 조사하려 한 것으로 추정되며, 셋째, 가루베의 기록에 바닥 노출 사진을 공개하지 않고 있다는 것이었다.[261]

현재로서는 송산리 제6호분의 출토유물의 규모나 그 내용을 자세히 알 수 없다. 다만 가루베는 고분에 대한 상세한 조사보고서를 작성하기 위해 사진과 실측도 자료에 일일이 번호를 붙여 두었고, 이 자료의 일부는 일제 때 공주고보 제자, 즉 전 문화공보부 문화국장을 지낸 이성철에게 1969년 2월 우편으로 전달되었다. 가루베가 죽기 1년 전이었다.

가루베 지온이 처음부터 송산리 제6호분에 대한 상세한 학술보고서를 쓸 작정으로 사진과 실측도, 사진 자료에 일일이 번호를 붙여서 준비했던 것으로 보이고, 일련번호가 No.1-26까지인데 No.10의 사진이 빠져 있다. … 이 10번의 사진은 사진 순서로 보면 제6호분의 바닥, 즉 관대와 현실의 유물 노출 상태를 찍은 것 같은데 그 사진만 유독 빠져 있다. … 분명히 송산리 제6호분은 도굴된 후에 발견된 것이 사실이다. 한 점의 유물도 없이 쓸어간 도굴 고분은 없기 때문이다. 토기 한쪽이라도 남아 있는 것이 상례이다. … 이를 미루어 보면 제6호분 내에도 분명히 잔존 유물이 남아 있었을 것임을 추정할 수 있다. 그러면 가루베가 충분히 학술보고서를 쓸 수 있는 사람이었

---

261 정규홍, 2018a, 앞의 글 참고.

음에도 당시 촬영한 모든 사진을 다 공개하지 않고 10번 사진을 은 폐시키고 있는 이유는 무엇일까. 그리고 사진이 있는데도 『백제 유적 연구』에서 현실 바닥과 관대 일부를 찍은 사진을 수록하지 않은 이유 는 모두 출토유물과 관계되는 것 같다.[262]

정황적으로 볼 때 가루베는 먼저 도굴을 하고 복원한 뒤 신고하는 등 철저한 사전 작업을 통해 자신의 불법 행위를 은폐하고자 한 것이다. 일 찍이 공주고보 교사로 재직하던 가루베가 1927년부터 5년간 공주 일대 에서 직접 본 고분 수는 1천여 기가 넘었고, 그중 완전한 고분을 포함한 115기에 대해 실측 촬영하고 『고고학잡지』에 1933년부터 1936년까지 8회에 걸쳐 「공주 백제 고분」을 연재한 바 있다.[263] 이런 과정에서 상당 수 유물이 일본으로 반출된 것으로 추정된다. 이후 일본으로 건너가 소 장 유물의 일부를 도쿄국립박물관에 기증하였다.

최근 후지이 가즈오(藤井和夫)의 논문에서 인용한 아이즈 야이치(會津 八一)의 수필(1939)에는 1935년 7월에 도쿄 가루베의 집에서 있었던 일 을 적고 있는데, "충남 공주에서 중학교 선생 노릇을 하고 있는 다른 친 구(友人)가, 자신이 거기서 발견한 백제 국왕의 묘에서 파낸 여러 가지 물품을 가지고 7월 휴가 때에 돌아왔다. 그걸 보기 위해 야마시구 야마 토정의 집으로 향하였다. … 이윽고 발굴자의 설명을 들어가면서 동석한

---

[262] 정재훈, 1987, 「공주 송산리 제6호분에 대하여」, 『문화재』 20(조유전, 1996, 앞의 책, 302-303쪽 재인용).

[263] 輕部慈恩, 「公州百濟古墳」, 『考古學雜誌』 23-7, 23-9, 24-3, 24-5, 24-6, 24-9, 26-3, 26-4. 이 가운데 23-9(1933.9)와 24-3(1934.3)에서는 가루베 지온이 실측 하고 발견한 고분 출토유물을 기록하였다(정규홍, 2012, 앞의 책, 306-307쪽, 〈표〉 참고).

4~5명은 아주 조용히 수많은 물건들을 보았다. 이 묘는 이미 예전에 한 번 도굴을 당하였던 것 같은데 유물은 대부분 작은 금구(金具)의 파편이나 남경옥(南京玉)뿐이었으나, 그래도 그 파편의 도금한 색은 휘황찬란하게 우리들의 눈에 비쳐졌다. 방안 가득히 늘어놓은 파편으로부터 먼 옛날 그 나라 왕궁의 생활을 조용히, 세밀히, 중간중간 넋을 잃고 마음속에 그려봤다"고[264] 하는 내용을 통해 이 유물들이 바로 발굴조사 이전에 송산리 제6호분에서 빼내어 반출해간 것으로 추정하였다.

일본이 패망하자 가루베는 그동안 미처 반출하지 못한 유물을 한 트럭 싣고 일본으로 돌아갔다.[265] 후지이는 가루베의 유물 반출에 대해 아리미쓰로부터 전해 들었다면서, 패망 후 일본인들이 귀환할 때 대부분 배낭 하나만 가지고 귀환선으로 귀국한 것과 달리 가루베는 경제적으로 여유가 있어 어선을 전세 내어 귀환했는데 그때 많은 자료를 가지고 돌아왔다고 하였다.[266]

또한 조선고적연구회는 1933년 11월 15일부터 송산리 제29호분을 발굴조사하였다. 약 열흘에 걸친 조사는 후지타와 우메하라의 지도 아래

---

264 藤井和夫, 2011, 「早稻田大學 會津八一博士記 念博物館所藏 高句麗瓦塼에 關하여」, 동북아역사재단 편, 『일본 소재 고구려 유물』 IV, 동북아역사재단(정규홍, 2012, 앞의 책, 303-304쪽 재인용).

265 최순우, 1992, 「어처구니없는 일」, 『최순우 전집』 5, 371-372쪽.

266 藤井和夫, 2011, 앞의 글(정규홍, 2012, 앞의 책, 314-315쪽 재인용). 가루베 지온은 자신이 발굴한 백제 고분 출토품을 토대로 1946년 『백제미술』, 1971년 『백제유적의 연구』라는 책을 발간하였고, 반출해간 유물의 일부는 아이즈 야이치기념박물관(가루베 소장품: 백제와전 10점, 백제토기 4점)에서 구입하여 소장하였고, 일부는 도쿄국립박물관(마제석촉 3건, 소옥, 마제석기를 기증, 홍옥 외 18건을 일괄 구입)이 구입하거나 기증받았다. 한일회담 때 반출문화재 반환을 위해 여러 방면으로 애를 썼으나 성과를 얻지 못하였다. 그의 사후 아들이 유물을 물려받았으나 아직 공개하지 않아 그 규모를 알 수 없다(정규홍, 2012, 앞의 책, 316쪽).

아리미쓰가 조수로 참여하였다.[267] 이 고분도 가루베가 최초로 발견하여 조선총독부박물관에 통보한 후 일주일 이상 경과된 후에 조사원들이 현장에 도착하였다. 북쪽에 소재한 '왕릉'의 묘지기였던 조중헌(趙重憲)과 이칠찬(李七燦)의 증언에 따르면, 당시 상황은 이미 가루베 등의 개인 도굴에 의해 상부의 토사는 모조리 깎여 나갔고, 천정석은 이미 반출되고, 남반부는 현실 바닥이 노출될 지경까지 제거된 상태였다고 한다.[268]

1936년에는 일본학술진흥회로부터 3년간 지원을 받게 되어 부여 유적에 대한 조사 범위를 확대하였는데, 1936년 가을에는 계획에 따라 이시다(石田茂作), 사이토, 세키네(關根龍雄)가 부여 군수리 폐사지 유적을 발굴조사하여 아스카시대(飛鳥時代) 사원 배치와 밀접한 관계가 있다고 주장하였다.[269] 또한 전년도에 이어 연말에 문양전이 출토된 부여 규암면 유적을 우메하라, 아리미쓰, 요네다가 발굴조사하여 벽돌과 유적이 백제 말기의 것이라고 추정하였다.[270]

1937년 4월부터는 우메하라와 가카미야마, 사와가 부여 능산리 동측 고분군 제1호분에서 제5호분까지를 발굴조사하였는데, 이 고분은 왕릉 묘실과 동일한 구조로 유력한 권력자 무덤임을 알 수 있었고, 석실 내에 남아 있던 목관의 재료를 교토대학 나카오(中尾) 조교수에게 조사를

267　이에 대한 보고서는 2002년 동양문고에서 『조선고적연구회유고』 II로 발간하였다. 여기에는 1939년 6월 하순부터 1939년 7월까지 발굴조사한 고령 주산 제39호분에 대한 조사보고도 함께 수록하였다.

268　有光教一, 2002, 앞의 책, 29-30쪽.

269　石田茂作, 1937, 「扶餘軍守里廢寺址發掘調査」, 『昭和十一年度古蹟調査報告』, 45-46쪽.

270　有光教一, 1937, 「扶餘窺岩面に於ける文樣塼出土の遺蹟と其の遺物」, 『昭和十一年度古蹟調査報告』, 65-66쪽.

의뢰하기 위해 조선총독부박물관으로 가져갔다.[271]

1938년 부여에서는 관폐대사 부여신궁 건립을 위한 광대한 신도(神都) 경영 계획하에 동남리 일대 폐사지 유적조사를 실시하였다. 봄에 이시다와 사이토 연구원이 부여 동남리와 중견청년수련소(中堅靑年修練所) 부지로 선정된 가탑리 지역 불교 폐사지를 조사하였다.[272] 1939년에는 부여신궁의 건립을 계기로 조선총독부박물관 부여분관을 설립하여 조선고적연구회도 분관 내에 백제연구소를 만들고, 후지사와 가즈오(藤澤一夫)를 연구원으로 두고 이후에 부소산성의 발굴을 진행하였다.

이처럼 조선고적연구회는 경주와 평양에 연구소를 두고 꾸준히 고적조사를 실시한 후, 연도별로 정리하여 보고서를 발행하였다. 특히 후지타는 고적조사사업에서 도록이나 보고서 출판사업을 매우 중요하게 생각하였다. 그 이유는 유럽 유학 당시 프랑스 학자가 조선총독부가 펴낸 고적보고서를 이용하여 중국고고학을 강의하고, 러시아 고고학자들이 조선의 낙랑 칠기를 근거로 몽골 발굴품을 연구한다는 소식을 들었기 때문이었다. 뿐만 아니라 금관총과 서봉총의 발굴 성과가 일제 식민통치를 세계에 알리는 중요한 계기가 되었음을 확인하였기 때문이다.[273]

1936년까지는 주로 평양 대동강면 중심의 낙랑고분의 발굴 성과를 정리하였으며, 특별보고서 형식으로 채협총과 왕광묘의 발굴보고서를 간행하였다. 그 후 1940년까지는 낙랑 지역 이외 고구려·백제·신라 유

---

271 梅原末治, 1938,「扶餘陵山里東古墳群の調査」,『昭和十二年度古蹟調査報告』, 142-143쪽.

272 石田茂作·齋藤忠, 1940,「扶餘に於ける百濟寺址の調査」,『昭和十三年度古蹟調査報告』, 37-38쪽.

273 藤田亮策, 1929.7,「歐美の博物館と朝鮮」(下),『朝鮮』23쪽.

적 발굴조사의 성과물이었는데, 조사 대상도 고분뿐만 아니라 사지(寺地)·성지(城地)·불교유적 및 지석묘까지 확대하였다.[274]

요컨대 1916년 이후 조선총독부 직속기관인 고적조사위원회를 중심으로 진행하던 고적조사사업을 1931년 이후에는 조선고적연구회가 실시하였다. 조선고적연구회는 고적조사위원회처럼 총독부 직속기관은 아니었으나 인적 구성 및 사업 내용에서 민간연구기관이기보다는 조선총독부 외곽단체로서 조선총독부박물관의 고적조사사업과도 긴밀한 연관성을 지녔다. 사업 규모는 앞선 시기에 비해 축소되어 주로 평양 낙랑·고구려 유적과 경주 신라 유적에 집중하였다. 발굴조사 경비는 개인·일본학술진흥회·이왕가 등 조선총독부 재정과는 별도로 조달하였다. 경주와 평양 현지에 연구소를 두고 조사를 실시하였는데, 경주연구소에만 전임연구원을 두고, 필요한 경우 조선총독부박물관 직원, 일제 관학자 등을 촉탁하였다.

1920년대 초부터 문화재 정책과 박물관사업의 최일선에서 활약한 후지타는 한국의 고적조사 보존사업은 '반도에 남긴 일본인의 가장 자랑할 만한 기념비 중 하나'[275]라고 자찬하였다. 일제하의 문화재 조사와 연구 및 보존 성과가 근대 학문으로서 한국의 고고학이나 건축사 분야에 연구 기반을 마련하였다는 것인데, 이는 근본적인 한계점을 가졌다. 즉, 일제의 발굴조사는 체계적인 학술적 조사라기보다는 유물 수집을 위한 '수단'적 측면이 강하였다는 점이다. 당시 고적조사사업을 주도한 일제 관학자들 중에는 유럽 유학을 통해 19세기 이후의 식민지 고고학을

---

274 이순자, 2009a, 앞의 책, 224-225쪽 참고.
275 藤田亮策, 1963, 앞의 글, 67-68쪽.

습득하고 그것을 한국에서 실현시켰던 것이다. 그러나 그들은 유물 수집을 위한 발굴조사에 주력함으로써 역사 문화재 발굴의 가장 기본인 현장 보존의 중요성을 상실하고 말았다. 이로써 '고고학적' 조사라는 미명하에 행해진 일제의 발굴조사는 학술적 발굴이라기보다는 유물 채집을 위한 남굴(濫掘) 수준이었던 것이다.[276] 부장 유물이 많은 미발굴분을 조사함에도 불과 하루 이틀 만에 끝내기 일쑤였고, 그것도 모자라 조사보고서도 제대로 내지 않고 끝내버린 유적도 많았다. 따라서 많은 유물들은 원적지(原籍地)인 역사 현장을 벗어나 개인 혹은 기관의 소장품으로 들어가게 되었고, 이렇게 역사적 맥락을 잃어버린 유물들은 한낱 골동품으로 전락하거나, 역사 왜곡의 도구로 이용되었던 것이다.

---

[276] 지건길, 2016, 앞의 책, 162쪽.

제4장
지역고적보존회 활동과 박물관 설립

1. 지역고적보존회와 조선총독부박물관 분관 설립 및 활동

일제강점기 조선총독부가 실시한 고적조사사업에는 지역고적보존회[1]와 지역 활동가들의 역할이 수반되었다. 조선총독부 고적조사위원회나 조선고적연구회를 통한 조사사업은 대개 짧은 기간에 이루어졌기에 대부분 인적 규모나 재정 혹은 기타 안전을 비롯한 제반시설 협조면에서 현지의 도움이 반드시 필요하였다. 일찍부터 각 지역에서는 현지의 필요에 따라 고적보존회를 설립하였는데, 명칭은 보존회·보승회 등 다양하게 불렸다.

지역고적보존회의 설립 목적은 각 지역의 고적을 관리·보존하는 것으로 조선총독부의 고적 '보존' 정책과도 맥을 같이 하는 것이었다.[2] 특별히 조선총독부 고적조사사업에서 주목하였던 경주·평양·개성·부여 등지에서는 일찍부터 고적보존회를 설립하였고, 이 가운데 경주고적보존회와 부여고적보존회는 재단법인으로 발전하였으며, 조선총독부박물관 분관으로까지 규모를 확대하였다. 또한 평양명승구적보존회와 개성보승회는 부립박물관으로 발전하였다.

---

1 필자의 앞선 연구에서는 지역에서 고적보존을 위해 활동한 단체를 지방고적보존회로 명명하였으나, 지방이라는 용어는 중앙 중심적인 의미를 담고 있다고 보아 여기서는 지역고적보존회로 지칭한다.

2 조선총독부박물관 공문서에서 현재까지 파악된 지역고적보존회는 지역별로 경기도 8개, 충청도 11개, 전라남도 4개, 경상도 13개, 강원도 6개, 황해도 3개, 평안도 3개, 함경북도 1개로 총 49개에 이르지만 실제로는 이보다 더 많았을 것으로 추정된다 (이순자, 2009a, 앞의 책, 378쪽).

1) 경주고적보존회와 조선총독부박물관 경주분관

(1) 경주고적보존회 설립과 재단법인으로 확장

경주고적보존회는 "1910년에 결성된 경주시민의 모임인 경주신라회가 모체가 되어 신라의 문화유적을 보존하기 위해"[3] 1913년 5월에 발회식을 갖고 설립하였다.[4] 처음에는 단지 몇 명이 모여 폐허를 방문해 유물을 찾고, 그것을 표시하고 연구하는 정도에 머물렀으며, 보존하는 것은 생각지도 못하였는데, 한번은 관찰사에게서 명령이 떨어졌다. 즉 불국사의 주존불과 석불굴 전부를 경성으로 수송하라고 하며 즉각 운송계산서를 보내라는 것이었다. 관찰사의 명령에도 불구하고 신라회 회원이자 경주군 주임서기였던 기무라 시즈오(木村靜雄)는 "원래 이러한 유적·유물은 그 토지(현지)에 정착해 있어야만 역사적 증빙이 되고, 또한 공경하는 마음이 생기는데, 이를 다른 곳에 옮기는 것은 너무나 무모한 일이며, 관리로서 사리를 모르는 것이다. 이에 맹종해서는 안 된다"며 회답하지 않았다.[5] 이에 석굴암 반출 건이 무산되었는데, 물론 단지 기무라 개인의 반대에 의한 것만은 아니고, 일본 본국 정부와 총독부의 입장 차이, 정치적 문제, 과다한 비용이 드는 경제적 문제 등을 고려한 결정이었다.

이후 경주고적보존회는 경북도장관 이진호(李軫鎬)를 회장으로 경주시 동부동의 옛 객사 건물에 전시관을 마련하여 신라 유물을 전시·보존

---

3 이영훈, 1993, 「경주박물관의 지난 이야기」, 『다시 보는 경주와 박물관』, 경주국립박물관, 96쪽.

4 谷井濟一, 1913, 「彙報-慶州通信」, 『考古學雜誌』 3-11, 63쪽; 「경주고적보존회」, 『매일신보』, 1913.9.12; 奧田悌, 1920, 『新羅舊都慶州誌』, 玉村書店, 87쪽.

5 木村靜雄, 1924.9, 『朝鮮に老朽して』, 49쪽(황수영 편, 2014, 앞의 책, 213쪽 재인용).

<그림 1> 경주고적보존회 금관고(金冠庫)

출처: 국립경주박물관, 1993, 『다시 보는 경주와 박물관』.

하려 하였다. 발기인으로 경주 및 그 부근의 한국인 외에 일본인들도 참여하였다. 특히 추진금 모금에 조선총독 및 한국의 귀족층도 참여하여 1917년에는 연간 7천여 원의 기부금을 모았다.[6] 1917년 당시 경주고적보존회 진열품대장에 수록한 물품은 총 573항목으로, 진열품에 대한 자세한 내용은 없이 품명, 진열 연월일, 개수, 유래, 발견 및 수집 방법 등만을 기록하였다.[7]

그 후 경주 금관총의 발굴을 계기로 경주고적보존회는 1921년 12월 진열관 건립을 위한 위원회를 열고 약 1만 원의 건축공사비를 책정하였다.[8] 금관총에서 우리나라 최초로 금관이 발굴되어 유물 처리를 위해

---

6 千田剛道, 1997, 「植民地朝鮮の博物館-慶州古蹟保存會陳列館を中心に」, 『朝鮮史研究會論文集』 35, 24쪽.
7 『慶州古蹟保存會陳列品臺帳(大正6年 起)』.
8 「경주유물진열관」, 『동아일보』, 1921.12.5.

이를 경성으로 옮겨 보관하려 하자 지방 유지들이 진정서를 제출하였다. 그리고 1923년 10월 기부금을 모아 경주면 동부동 고적보존회 부지 안에 금관고 건물을 마련하여 출토품을 전시 보관하려 하였다.[9]

그런 중에 경주고적보존회는 1922년 2월 8일 회장 후지카와(藤川利三郞)[10]의 이름으로 재단법인 설립취지서를 조선총독부에 제출하였다. 내용은 다음과 같다.

> 경상북도 경주는 신라 천년의 도성으로 반도 문화의 정수를 만날 만한 일대 사적(史蹟)이며, 시조왕 혁거세가 나라를 세우면서 3성 56대 그 성씨를 맞이하여 경중(京中)에는 실제 18만 민호를 가지고 있으며, 북위 및 수·당의 찬란한 중국 문명의 정수를 집중하며, 우리 아스카(飛鳥)·덴표(天平)의 미술과 교섭하며 거듭 이를 융합하여 윤색하고 후에 고려 문화의 선종(先蹤)을 위해 이미 사적이 증명된 바이다. 지금 이 유적·유물을 보니 성지·능묘·사찰·전당·원지의 유허(遺墟) 등 당대 규모 형성을 볼 수 있는 탑비·불상·범종 등 여러 신라 예술의 특색을 발휘하며, … 이와 같이 경주에서 신라의 유적·유물은 실로 동양문화의 진보를 세계에 과시하기에 족함과 동시에 과거 조선 민족의 발달을 입증하며 아울러 내선결합의 진체(眞諦)를 설명하기에 귀중한 자료가 된다. … 이에 작년에 유지 몇몇이 경주고

---

9 「고토에 도라가게 될 신라 보관 금관 옥적, 경주고적보존회의 주선으로」, 『조선일보』, 1924.10.7; 大坂六村, 1939, 앞의 책, 56쪽.

10 1903년 도쿄제대 법과를 졸업하고 1905년 8월 대한제국 재정고문소에 초빙되어 한국으로 왔다. 조선총독부 서기관, 평안북도 도지사, 경상북도 도지사 등을 역임하였고 후에는 경남철도 중역을 맡았다(朝鮮新聞社, 1935, 『朝鮮人事興信錄』, 400쪽).

적보존회를 조직하여 이를 보존의 길로 강구하고 조선총독부에서 점차 응급시설을 위해 거액의 자본을 투자하여 분황사탑 및 석굴암 석불, 불국사 당탑 등을 중수하였다. … 일반인의 관람을 편하게 하는 방법을 계획하며 널리 이를 소개하기 위해 종래의 고적보존회의 규모를 확장하여 재단법인으로 하며, 갹출한 자산은 내선 유지들 사이에서 모아 기금을 축적함으로써 이 사업을 영원히 유지하기로 계획을 세웠다.[11]

즉, 내선일체의 실체를 설명하고, 경주에서 신라 이래 유적·유물을 영구 보존하며, 보존회의 규모를 확장하여 이를 사회에 널리 알리기 위해 재단법인을 설립하고자 하였던 것이다. 이에 조선총독부는 1922년 4월 15일 재단법인 경주고적보존회의 설립을 허가하였다. 사무소는 경북도청 구내(경북 대구부 上町 24번지)에 두었으며, 사업은 지역 고적을 보존하고 유물에 대해 조사 연구하며, 관람자 편의시설 마련 및 유적·유물 보존에 필요한 사항 및 홍보였다.

재단법인 경주고적보존회 설립 당시 기본 재산은 대지 161평, 건물 18평, 유물 556점이었다. 임원은 이사 5명(회장 1명, 부회장 2명, 이사 2명), 명예고문·고문·평의원 약간 명을 두었다. 회장은 경상북도 도지사를 추대하였고, 부회장과 기타 이사는 회장이 촉탁하였다. 명예고문·고문·평의원 등은 학식이 있고 명망이 있는 사람들 가운데 회장이 촉탁하였다. 당시 재단법인 경주고적보존회 임원 명단은 〈표 1〉과 같다.

---

11 국립중앙박물관 소장 조선총독부박물관 공문서/보존/재단법인 고적보존회/재단법인 경주고적보존회/재단법인 경주고적보존회 설립취의서(A062-003-003-001~003).

〈표 1〉 재단법인 경주고적보존회 임원

직위		이름 및 소속
이사	회장	藤川利三郞(경상북도 지사)
	부회장	秦秀作(경북 내무부장), 朴光烈(경주군수)
	이사	崔浚(경주), 吉武甲子男(대구부협의회원)
명예고문		齋藤實(조선총독부 해군대장 남작), 水野鍊太郞(내무대신 법학박사), 有吉忠一(조선총독부 정무총감)
고문		小田省吾(조선총독부 고적조사과장), 黑板勝美(도쿄제대, 교수), 關野貞(도쿄제대 조교수), 尹甲炳(경북 참여관), 原靜雄(조선총독부 토목부장), 時實秋穗(조선총독부 감찰관), 李軫鎬(전 경북 장관), 大塚常三郞(조선총독부 내무국장), 小田幹治郞(조선총독부 중추원 서기관장), 林敬次郞(이왕직 차관), 長野幹(조선총독부 학무국장), 丸山鶴吉(조선총독부 경영국장), 德川賴倫(귀족원의원 후작), 李完用(조선총독부 중추원 부의장 후작), 朴永孝(조선총독부 중추원 고문 후작), 宋秉畯(조선총독부 중추원 고문 백작), 李載克(이왕직 장관 자작), 澁澤榮一(도쿄 자작), 赤池濃(척식국 장관), 川村竹治(남만주철도주식회사 총재), 美濃部俊吉(조선은행 총재), 石塚英藏(동양척식주식회사 총재), 有賀光豊(조선식산은행 은행장), 守屋榮夫(조선총독부 비서관)
평의원		小倉武之助(경북 평의회원), 藤田亮策(조선총독부 촉탁), 伊藤吉三郞(경북 평의회원), 岩井長三郞(조선총독부 건축과장), 岩見久光(경주경찰서장), 富永一二(경북 경찰부장), 李韶久(경주), 李福兩(경주), 河井朝雄(경북 평의회원, 조선민보 사장), 韓翼東(경북 평의회원), 吉林鎭雄(경북 평의회원), 孫秉奎(경북 평의회원), 中村寬猛(경북 재무부장), 永井幸太郞(대구상업회의소 부회장), 松井信助(대구부윤), 文明琦(경북 평의회원), 鄭在學(대구), 寺田善作(대구상업회의소 평의원), 优藤潤象(중앙철도주식회사 전무취체역), 金在煥(달성군수), 金翰殷(전 경주군수), 金憲洙(경주), 徐丙朝(경북 평의회원)

출처: 국립중앙박물관 소장 조선총독부박물관 공문서/보존/재단법인 고적보존회/재단법인 경주고적보존회/재단법인 경주고적보존회 임원 명부(A062-003-012-001~007).

임원의 대부분은 일본인이며, 한국인이 일부 참여하였다. 이들은 전문가라기보다는 조선총독부 관련 인사이거나 재계 인사들로서 식민통치 세력과 긴밀한 관계를 가진 인물 혹은 지역 유지들이었다. 특히 일찍부터 조선총독부 고적조사사업에 참여하였던 오다, 구로이타, 세키노, 후지타와 문화재 수집가였던 오구라 다케노스케 등이 보존회의 고문 및 평의원에 참여하였다. 이를 통해 경주고적보존회와 조선총독부 경주 지역 고적조사사업과의 연관성을 충분히 엿볼 수 있다.

재단법인 경주고적보존회의 사업 가운데 특히 주목되는 것은 관광시설 마련이었다. 당시 경주에는 내외국인 관광객이 증가함에도 불구하고 이들을 수용할 만한 숙소가 없었다. 재단법인 경주고적보존회는 설립하자마자 남만주철도주식회사 및 중앙철도주식회사로부터 지정기부금을 받아 불국사 경내에 있는 개인 소유 별장인 물외암(物外菴)을 구입하여 중앙철도주식회사에 기탁하고, 8월부터 관람자들을 위한 숙소(불국사철도호텔)로 제공하였다.[12]

재단법인 경주고적보존회가 관광사업에 주목하였음은 1922년부터 1924년까지 재정 규모를 통해서도 알 수 있다.[13] 주요 수입은 기부금이었으며, 법인의 목적인 고적·유물 '보존'을 주요 사업 내용으로 하고 있었음에도 불구하고 실제 재정 지출은 대부분 관광시설 마련에 충당하였다. 그리고 관광객을 대상으로 문화유적 안내, 주요 사적지 안내문, 유적에 울타리 설치, 유적지 주변 환경 정비에 주력하였다. 이 외에도 경주의 풍광을 담은 사진과 고지도 및 관광지도, 고적안내 책자[14]를 만들어 관광객들에게 제공하였다.

---

12 국립중앙박물관 소장 조선총독부박물관 공문서/보존/재단법인 고적보존회/재단법인 경주고적보존회/다이쇼 11년도 사업보고(A062-003-009-001~010).

13 이순자, 2009a, 앞의 책, 403-408쪽 참조. 국립중앙박물관 소장 조선총독부박물관 공문서/보존/재단법인 고적보존회/재단법인 경주고적보존회 관련 자료 가운데 1922년-1924년의 사업 및 세입 세출 결산 자료 참고.

14 『신라구도 경주고적 안내』(1936)에는 경주 읍내에 있는 상점들을 업종별로 구분하였는데, 골동품가게와 사진관, 과자가게 등 토산물가게 6곳을 소개하였다. 그리고 여관 7곳과 일본인이 운영하는 잡화점, 철물점, 요리집, 양복점, 고도유람자동차회사 등이 표시되어 있었다.

또한 재단법인 경주고적보존회는 조선총독부박물관에 진열품을 기증하는 형식으로 진열관을 조선총독부박물관 분관으로 소속시키고자 하였으며,[15] 일반 시민들은 시민대회를 개최하여 총독부에 박물관 지부 청원서를 제출하였다. 1924년 3월 13일에는 경주유물진열관 건축기성회 회장 김상권(金尙權)이 분관 설치를 촉구할 목적으로 기부서류를 경주고적보존회 사와다(澤田豊丈) 회장에게 보냈다.[16] 따라서 조선총독부는 "고대의 내선관계에 몰두"하기 위해 1926년 6월 20일에 경주고적보존회 진열관을 흡수하고 "고대 신라의 유물 및 고적 보존을 도모하기 위해" 바로 그 자리에 조선총독부박물관 경주분관을 설립하기로 하였다.[17]

(2) 조선총독부박물관 경주분관 설립

조선총독부박물관 경주분관은 1926년 7월 1일 개관하였다. 개관식에는 경주군수의 경과보고에 이어 정무총감의 보고, 경북지사의 축사가 있었다.[18] 경주분관의 개관 당시 모습이다.

총독부박물관 경주분관이라는 간판이 걸려 있다. 옛날 부윤 관사 건축을 모두 이용하여 기쁘다. 아울러 이 박물관을 만듦에 경주 및 그 부근의 내선인이 발기하여 수만금의 갹출금으로 고적보존회를 발기

---

15 「경주박물관 분관 不遠에 실현될 듯」, 『동아일보』, 1924.6.7.
16 당시 기부목적물은 경주군 경주면 동부리 본회 196평 대지에 건설된 平家 연와조 건물 1동(건평 20평, 가격 8천 원), 건물 내 진열대 5개(가격 2,500원), 총합 10,500원이었다.
17 「경주에 박물관, 고적 만흔 경주에 분관을 설치」, 『동아일보』, 1926.6.16.
18 「조선총독부박물관 경주분관」, 『博物館硏究』 8-4, 1935.4, 8쪽.

하고, 이 관을 설치하여 금관 출현 이래 총독부 직할로 변화한다 하니 일종의 승격이다. 그 문을 들어서면 300평 정도의 중정(中庭)에는 수십 개의 고신라(삼국시대)와 통일신라시대의 석조물이 늘어서 있다. 그것은 모두 화강암으로 일제히 두드러진 흰색으로 우리들의 마음은 일종의 긴장미가 일어난다. 이들 물건은 거의 불교예술품으로 우리 나라조(奈良朝) 시대의 유품과 비슷하다고 생각한다. 각각 진열품에는 설명을 위한 명패가 있다.[19]

부지 총 1,509평의 진열관은 순 한식 목조건물로, 본관인 온고각(溫古閣)과 금관총에서 발굴한 보관과 각 고분에서 출토한 금옥제 유물을 진열한 금관고(金冠庫), 석불을 진열하는 집고관(集古館)과 사무실, 귀빈실, 그 외 창고와 경비실과 매표소 등의 시설물을 갖추었다. 종각에는 유명한 봉덕사종을, 정원에는 폐사지에서 가져온 신라시대의 석조물 수십 점을 배치하였는데, 이 석조물의 선택 기준도 한국과 일본 문화의 '유사성'을 볼 수 있는 것들로 배치하였다.[20]

관람시간은 계절에 따라 변경하였으며, 종래에는 귀빈이나 특별히 소개받은 사람이 오면 관람시간 외에도 관람을 허용하였으나 사무 처리상의 불편을 이유로 1939년 10월 3일부터는 개관일에만 관람을 허용

19　田中萬宗, 1930, 「慶州博物館の一瞥」, 『朝鮮古蹟行脚』, 秦東書院, 65쪽.
20　高橋健自·石田茂作, 1927, 『滿鮮考古行脚』, 雄山閣, 20쪽. 1927년 당시 이들 석상과 석탑에 대한 감상을 다음과 같이 적고 있다. "불상의 형상은 기묘하며 오른손을 들어 시무외인과 같은 手印을 만들고 왼손은 무릎 위에 올려놓고 통견에 걸친 옷의 한 깃을 잡고 있다. 자세를 보아서는 순간적으로 觀心寺의 銅像 석가모니를 생각하게 한다. … 우리들이 이러한 석상을 보고 있을 때 그것이 우리(일본) 推古佛과 닮았구나 하고 우선 느꼈다."

<표 2> 조선총독부박물관과 경주분관 관람자 현황

연도	조선총독부박물관				조선총독부박물관 경주분관			
	총관람자	조선인	일본인	외국인	총관람자	조선인	일본인	외국인
1927	44,716	15,280	28,129	1,307	14,147	8,749	5,287	111
1928	50,338	18,859	30,308	1,221	12,954	6,387	6,480	89
1929	46,639	16,349	28,935	1,355	15,202	9,263	5,837	102
1930	36,640	9,304	25,787	1,513	18,750	11,807	6,821	122
1931	36,142	13,980	27,163	1,399	24,772	16,082	8,068	82
1932	49,742	11,131	37,966	645	21,937	14,795	7,061	81
1933	41,371	14,577	26,099	695	25,307	17,867	7,326	114
1934	49,469	19,342	28,523	1,600	32,446	25,265	7,077	104
1935	57,165	28,004	26,526	1,635	34,669	25,970	8,586	113
1936	63,111	28,829	32,392	1,890	36,265	28,479	7,677	109
1937	98,687	61,986	34,772	1,929	33,887	27,038	6,783	66
1938	85,865	50,875	34,140	850	44,352	28,815	15,505	32
1939	104,322	62,954	39,014	2,354	45,322	32,917	12,352	58
1940	145,393	104,148	39,607	1,637	47,873	37,256	10,533	48

출처: 조선총독부, 『朝鮮總督府施政年報』; 조선총독부 사회교육과, 1941, 『朝鮮社會教育要覽』.

한다는 방침을 세웠다. 단 휴관일의 경우는 특별한 지장이 없는 한, 관람을 허용할 수도 있다는 단서를 달았다.[21] 경주분관 관람자 수는 해마다 증가하였다(<표 2> 참고).

경주분관의 관람 인원을 조선총독부박물관과 비교하면, 조선총독부박물관이 한국인보다 일본인이 많은 데 비해, 경주분관은 한국인 관람자가 많아 지역 향토박물관으로서의 성격을 나타내었다.

---

21 「경주박물관분관 시간 외 관람 폐지」, 『동아일보』, 1939.10.17.

경주분관 초대 관장은 모로가 히데오였다. 모로가 1908년 5월 한국으로 건너와 도선무역통관사무(渡鮮貿易通關事務)를 하면서, 일찍부터 고적에 관심을 가지고 다수의 유물을 수집하였으며, 수집품의 일부를 경주고적보존회 진열관에 내놓기도 하였다. 그런데 모로가 관장 재직 당시 경주분관에서는 큰 도난사건이 있었다. 1927년 11월 10일 밤중에 금관을 제외한 진열실의 순금제 유물들을 모두 도난당하였는데, 상황은 다음날 아침에서야 발각되었다.[22] 다행히 금관은 화를 면하였다.

중앙 선반에 유리문을 상하에서 차입 폐쇄식으로 하여 유리를 깨지 않으면 열리지 않는다. 그래서 금관과 구옥(句玉)은 도난에서 무사할 수 있었던 것 같다. 다른 선반은 조금만 생각하면 바로 열 수 있어, 거기에 있던 순금제품은 전부 도둑맞았다. 물건 점수로 말하면 수십 점이 되나 보통 보자기 한 장으로 쌀 수 있는 분량이었다.[23]

도난 소식이 전해지자 경주 사람들은 모두 침통해하였고, 도난품의 발견을 기원하며 눈물을 흘리기도 하였다.[24] 오래된 금은 녹여도 새로운 금과 달라 구분이 된다든가, 묘지의 물건을 집에 들이면 집안에 좋지 않은 일이 생긴다는 속설에 근거하여 병자가 있는 집이나 초상집 등을 경찰서에서 수사하고 있다는 유언비어까지 나돌았다. 결국 도굴품을 찾기 위해 관장의 집까지 수색을 하고,[25] 현상금을 내걸기도 하였으나 사건은

---

22 「경주박물분관 신라고적 도난, 경찰은 비밀에 부처 대활동중」, 『동아일보』, 1927.12.13.
23 大坂金太郎, 1967, 「在鮮回顧十題」, 『朝鮮學報』 45, 15쪽.
24 大坂六村, 1939, 앞의 책, 57쪽.
25 「경주박물관 도난에 관장의 가택 수색」, 『매일신보』, 1927.12.26.

점점 미궁으로 빠져들었다. 그러다 1928년 5월 20일 새벽, 변소를 치는 노인이 경찰서장 관사 앞에서 도굴품이 들어 있는 보따리 하나를 발견하였다.[26] 반지 1개와 그 밖의 순금 장식 몇 점을 제외하고 나머지는 고스란히 문밖에 갖다놓고 사라진 것이다. 끝내 범인은 잡지 못한 채 이 사건은 마무리되었다.

이후 1932년 이래 경주분관에서는 고분을 발굴할 때마다 도굴을 당하자 경찰당국에서 의심을 가지고 내사하였다. 그런데 1933년 4월 12일 경주읍 황오리에 사는 서영수(徐泳洙)와 인왕리의 김홍대(金洪大)를 검거하여 취조하던 중 모로가 히데오가 연루되어 있음이 밝혀져 그를 검거하였다. 이후 모로가는 5월 13일 대구로 호송되었다가 6월 29일 보석 출옥하여[27] 경주로 돌아왔지만 관장직을 사임하였다. 이후 도난 방지를 위해 경찰이 보물고 앞에 순찰대를 갖추고 주야로 경계함과 동시에 일반 관람자에게도 관람시간을 2시간 이내로 제한하였다.

이처럼 경주분관의 초대 관장이었던 모로가는 박물관장 자리에서 '장물방매(臟物放賣)'를 하는 등 우리 문화재 보존에 역행하는 몰염치한 행동까지 서슴치 않았다. 1934년경 제2대 관장에는 고적조사사업에도 참여하였던 사이토(齊藤忠)가 부임하였고, 제3대 관장에는 경주공립보통학교 교장이며, 백제관 관장을 지낸 오사카가 1938년경에 부임하여 광복 직전까지 재임하였다.

---

26 「서장집 문전에서 盜失 보물 발견」, 『동아일보』, 1928.5.26.
27 「경주박물관장 사건 예심 종결과 보석」, 『동아일보』, 1933.7.1; 「전 박물관장 제록 앙웅 공소」, 『조선일보』, 1933.7.22; 「원 경주 박물관장 징역 1년 언도」, 『조선일보』, 1933.10.2; 「전 경주 박물관장 諸鹿은 유죄, 상고는 기각돼」, 『조선일보』, 1933.12.19.

(3) 조선총독부박물관 경주분관 전시유물

경주분관 전시유물은 대부분 경주에서 출토된 원삼국시대와 통일신라시대 관련 유물이 대부분을 차지하여 일명 '신라박물관'이라 하였으며, 전형적인 향토 역사박물관으로서의 성격을 지녔다.[28] 진열실은 온고각 총 4실과 금관고·집고관으로, 전시된 유물을 시대별로 나누어, 석기시대 116점, 금석병용기·철기시대 99점, 원삼국시대 186점, 통일신라시대 354점, 고려시대 67점, 조선시대 19점을 진열하였다. 이외에 창고에 다수의 유물이 있었으나 진열 장소가 협소하여 모두 진열하지 못하였다. 전시유물을 설명할 때는 조선총독부박물관과 마찬가지로 중국·일본 문화와 비교함으로써 한반도의 문화가 일찍부터 주변 문화의 영향을 많이 받아왔음을 강조하였다. 당시 전시유물을 관람한 아리미쓰의 소감이다.

먼저 본관인 온고각 제1실은 석기시대·금석병용시대실로 타제석기는 돌화살이 전부이며, 다수의 돌도끼·돌화살·석착(石鑿)의 마제석기가 있다. 특별히 이곳에서는 입실리 한대(漢代) 유적과 같은 것이 영천군내에서도 발견됨으로써 한반도 남쪽에서도 일찍부터 중국과의 문화교류가 있었음을 알 수 있으며, 반출 토기에서는 야요이식(彌生式) 토기 계통이 있지만 조사의 불충분으로 수점의 진열에 그치고 있다. 제2실에는 경주 남쪽 근교 (평양에 분포하고 있는) 수혈식 적석총의 출토품을 진열하였다. 이는 대략 5세기경에 성행된 묘제로 이른바 중국 육조 예술문화의 혜택을 다분히 받은 것이다. 토기는 유색

---

28 有光廣穧, 1933.4, 「慶州の博物館」, 『ドルメン』, 45쪽.

도질의 신라소(新羅燒)로 일본 내지의 축부토기(祝部土器)와 비슷한데, 그 토제품으로는 토우, 토기 부식(附飾)의 인형, 동물 등으로 다분히 독창성이 돋보인다. … 제3실에는 신라통일시대의 유물, 즉 여러 종류의 와전, 골호와 골호 토기, 그리고 특별히 진열된 금은제품, 주옥 등이 있다. 이것은 횡혈식 석실분에서 출토한 것으로 석침(石枕)·홍옥 등과 함께 반출되었다. 이외에 신라금동 소불상은 동실에 있는 백률사약사여래의 청동입상과 함께 국보급이다. 제4실에는 신라 말기의 모습을 보여주기 위해 유물이 좁은 공간에 여유 없이 진열되었다. 한 구석에는 통일신라시대의 횡혈식 석실분에서 출토하였다고 전해진 석곽·석침·골호의 석함을 전시하였다. 신라의 멸망으로 고고학적인 문화 발전은 그치고 말아 고려소와 조선 예술은 전혀 보이지도 않는다.[29]

경주분관의 전시를 감상하면서, 석기시대 유물을 통해서는 한국과 일본의 고대문화를 연결시켰고, 고신라시대는 중국 한나라와 밀접한 관련이 있다고 인식하였다. 이러한 경주분관 전시를 통해 전시 주체가 말하고 싶은 역사의식이 관람자에게 그대로 전달되었던 것이었다.

이 밖에 금관고에는 금관총에서 발굴된 유물이, 집고관에는 석불류를 진열하였다. 특히 미륵보살반가상은 그 수법이 일본의 아스카시대의 것과 동일하며, 여래입상은 인도불과, 석가여래좌상은 중국 남북조시대의 것과 같다고 하여, 외래 문화의 영향을 받은 신라 문화의 모방성을 거듭 강조하였다.

---

29   有光廣穰, 1933.4, 앞의 글, 44-48쪽.

2) 부여고적보존회와 조선총독부박물관 부여분관

(1) 부여고적보존회를 재단법인으로 확대

백제의 마지막 수도인 부여는 일찍부터 일본인들이 주목하던 곳으로 조선총독부박물관은 이곳에 또 하나의 분관을 설립하였다. 부여분관 또한 경주와 비슷한 과정을 밟아 설립하였는데, 1915년에 백제의 고적과 유물을 보존하고 소개할 목적으로 부여고적보존회를 설립하고, 이를 1929년에 재단법인으로 확대하였다. 1928년 11월 3일 부여고적보존회는 충남 부여군수 홍한표(洪漢杓)를 대표자로 하여 조선총독에게 재단법인 부여고적회 설립 허가 신청서를 제출하였다.

> 백제의 고적 및 유물의 보존과 소개를 목적으로 부여고적보존회를 설립하고 금일에 본회의 기초를 공고히 하며 그 목적 달성에 노력하기 위해 별지 기부행위에 관한 규정과 함께 이를 재단법인으로 설립 허가를 받고자 민법 제34조에 의해 신청한다. 본 건은 백제 고적 및 유물의 보존과 함께 이를 소개함을 목적으로 부여고적보존회가 그 재산을 모아 새롭게 설립하는 재단법인 부여고적보존회에 귀속하는 것으로 하고, … 그 목적은 백제의 고적 및 유물을 영구히 보존하고 널리 이를 세상에 알리며, 관람자의 편의를 도모하기 위해 인쇄물을 무료 또는 실비로 배포함과 아울러 본회의 기초를 공고히 하고자 한다. 그리고 본 재단의 경비는 재산 수입, 보조금 및 기부금 등으로 유지한다. 이에 대한 필요한 서류를 갖추었으니 허가하여 주기 바란다.[30]

---

30 국립중앙박물관 소장 조선총독부박물관 공문서/보존/재단법인 고적보존회/재단법

부여고적보존회는 백제의 고적과 유물을 조사하여 영구히 보존하고 이를 세상에 널리 소개하며, 관람자의 편의를 도모함을 주요 목적으로 1929년 3월 12일 정식으로 재단법인 설립 허가를 받았다. 본회의 사무소는 부여군청 내에 두었으며, 사업내용은 고적·유물 보존과 수집, 고적·유물에 관한 조사연구와 발표, 관람자의 편의를 도모하는 제반 시설 계획 및 설립, 고적·유물 소개에 필요한 일로 정하였다. 본회는 토지·건물·현금·선박 등을 기본재산으로, 소장 유물을 보통재산으로 구분하였다.[31]

조직은 명예직으로 이사 3명(회장 1명, 부회장 1명, 전무이사 1명), 감사 2명, 평의원 10명, 고문 및 명예고문 약간 명을 두었다. 회장은 충남지사(申錫麟), 부회장은 충남 내무부장(安藤), 전무이사는 부여군수(洪漢杓)가 맡았으며, 감사는 평의원회의 결의에 따라 회장이 촉탁하며, 평의원·고문 및 명예고문은 학식 또는 명망이 있는 자로 회장이 촉탁하였다. 이전의 부여고적보존회에 비해 관변 인물들이 대거 참여하여 조직의 확대와 함께 보다 권력기구화된 양상을 나타내어,[32] 식민통치의 명분을 현실적으로 실현하고자 하였다. 이러한 점은 설립취지서에도 잘 드러난다.

충남 부여는 백제 번창시의 도성 유적으로 반도문화의 연혁을 거론함에 언급하지 않을 수 없는 사적이다. 백제가 일찍이 이곳에서 영화

인부여고적보존회/재단법인 고적보존회 설립허가 신청(A062-004-005-001).
31 국립중앙박물관 소장 조선총독부박물관 공문서/보존/재단법인 고적보존회/재단법인부여고적보존회/재단법인 고적보존회 기부행위(A062-004-006-001).
32 최석영, 2004, 「일제 식민지 상황과 부여고적보존회의 활동」, 『한국 박물관의 '근대적' 유산』, 195쪽.

를 누린 때는 1200여 년 전, 상고대 우리나라[我朝, 일본]와 밀접한 관계, 특히 긴메이조(欽明朝, 539~571)부터 덴지조(天智朝, 668~672)에 이르기까지 백수십 년간에 걸쳐 순치보거적(脣齒輔車的) 관계는 세상에 널리 알려진 사실이다. 백제는 고구려·신라가 우리 조정에 반복(叛服)하였을 때 도리어 우리에게 귀복(歸服)하여 그 관계가 가장 친밀하며, 우리 조정 또한 이를 우대하여 원조하고 군사력으로 저들 나라의 내우외환을 진무하고 격앙하게 한 것이 한번이 아니었음은 역사가 증명하는 바이다. 당시 백제는 중국 문화의 영향을 받아 문화·종교·미술 특히 예술을 다양하게 모방하고 있어 이 문화는 우리나라[일본]에 수입되어 제반 문교의 근저가 되었으며, 특히 미술공예에서는 고대 미술의 정수인 이른바 아스카시대를 만들고 유독 우리나라[일본]를 통해 세계 미술사를 장식하기에 이른 것 또한 의심의 여지가 없는 바이다. … 이에 부여에서 백제의 유적·유물은 일찍이 상대 동양문화의 대표가 되며 세계에 과시하기에 족하며, 상고 조선민족의 발달을 입증하며 나아가 일본·조선 양 민족의 서로 제휴 융합의 진수를 전하는 귀중한 자료가 됨에도 불구하고 해가 갈수록 관리를 못하여 아이들의 놀이감으로 훼손되고 유약해졌다. … 이에 종래 고적보존회 규모를 확대하여 재단법인으로 하고, 자금은 내선(內鮮) 유지들에게서 기금을 모아 그 사업을 영원히 유지할 계획을 세웠다. 바라건대 각계 여러 분들은 본회 설립의 취지를 도와 분연히 원조하도록 한다.

쇼와 2년(1927) 월 일
부여고적보존회[33]

백제와 일본의 관계를 '순치보거'의 관계로 설명하면서, 일본 문화와 긴밀한 관계가 있는 백제 사비시대의 유적·유물을 보존하고 일반인들에게 널리 알림으로써 두 나라의 연관성을 선전하고자 각계 각층의 후원금을 모아 재단법인 부여고적보존회를 설립한 것이다.

　　조선총독부박물관 공문서에는 재단법인 부여고적보존회 1928년 예산(3,510엔)·세출안과 1929년 재정 현황(6,172엔) 관련 문서가 남아 있는데, 이를 보면, 재단법인 부여고적보존회의 전체적인 재정 규모는 재단법인 경주고적보존회에 비해 적었음을 알 수 있다. 수입 예산은 국고 보조금 및 지방비 의존도가 높고 기부금 비율은 비교적 낮았다. 사업비에는 고고품 구입비가 포함되었으며, 홍보를 위한 도서 출판, 안내판 설치 등에 비용을 지출하였다. 즉 재단법인 부여고적보존회의 재정 규모는 법인화 이전 비해 2배가량 증가하였으며, 사업도 기본적으로는 부여고적보존회 사업 일체를 이어받는 것을 원칙으로 하되 보다 다양한 사업들을 진행하였다.[34]

(2) 재단법인 부여고적보존회 사업 내용

　　재단법인 부여고적보존회 사업은 부여고적보존회의 사업 일체를 그대로 계승하면서도 보다 구체적이고 실제적인 사업을 추진하였다.[35] 그

33　국립중앙박물관 소장 조선총독부박물관 공문서/보존/재단법인 고적보존회/재단법인부여고적보존회/재단법인 고적보존회 설립취지서(A062-004-009-006~010).

34　국립중앙박물관 소장 조선총독부박물관 공문서/보존/재단법인 고적보존회/재단법인부여고적보존회/재단법인 고적보존회 세입세출예산(A062-004-009-006~010). 이순자, 2009a, 앞의 책, 424-427쪽 참고.

35　국립중앙박물관 소장 조선총독부박물관 공문서/보존/재단법인 고적보존회/재단법인부여고적보존회/재단법인 고적보존회 사업계획 개요 문서철; 재단법인 부여고적

가운데 설립취지에서 밝힌 바대로 백제 역사와 관련된 고적을 선택하여 보존·수리·정비하는 등 고적 보존을 최우선으로 하였다. 먼저 영월대(迎月臺), 천정대(天政臺), 가림성지(嘉林城址) 유적을 보존하고 표식을 세워 일반 관람자들에게 편의를 제공하였다. 둘째는 유물 보존과 수집 사업으로, 부여 평제탑(정림사지 5층석탑)과 함께 석불의 대석을 보수하였으며, 부여군 초림면에 있는 5층석탑을 고고학 연구를 위해 진열관 정원으로 옮겨와 설비 보존하고자 하였다. 나당연합전에서 순국한 백제의 3충신(성충, 계백, 오수)를 모신 삼충사(三忠祠) 주위에 울타리를 세워 구역을 정리하고, 논산 미륵사의 불체와 별석의 보관(寶冠)을 보존하였다. 진열관의 진열품 마련을 위해 개인 사유 고고품을 매수하고 발굴 수집과 이미 발굴한 유명한 석물 중 방치되어 있는 것을 운반하여 보존하기 위해 예산을 편성하였다. 셋째는 고적 유물 조사연구 및 발표 사업이다. 고적 유물에 대한 조사를 위해 세키노와 구로이타가 이 지역을 둘러보고 고적 유물에 대한 조사 연구를 실시하였고, 왕릉·유인원비 등에 관해 소개하며 역사연구 자료로 제공하였다.

    이 외에 관람자의 편의를 위한 제반 설비를 마련하여 문화관광지 조성사업을 본격적으로 진행하였다. 유람선을 구입하여 백마강 연안의 관람 편의를 마련하고, 부소산 명소 관람을 위해 안내 자동차를 설치하고자 하였다. 그리고 부소산 도로를 대대적으로 개수하며, 백제호텔을 설립하려 하였으며, 진열관으로 사용하고 있는 관부 건물과 소학교 건물을 확장하고 그 일대를 개수하여 진열관으로 사용하려 하였다. 관람자들을 위해 그림엽서·안내도·안내기를 판매하며, 기념으로 명소 토산품을 제

보존회, 1934, 『百濟舊道扶餘古蹟名勝案內記』, 79-80쪽.

작·판매하고자 계획하였고, 강경·논산·대전 등 인근 지역에서 부여까지의 교통편 안내, 기타 명소 안내판을 설치하였다.36

이처럼 부여고적보존회는 재단법인 승인 신청을 하면서 전국적인 관광명소 시설을 갖추기 위해 고적 보존뿐만 아니라 문화관광지로서의 토대를 구축하고자 교통·숙박 등의 여러 편의시설 설치에 깊은 관심을 가졌다. 부여고적보존회가 재단법인화하면서 부여의 관광명소가 널리 알려지기 시작한 데는 언론의 역할도 컸다. 예를 들면 1928년 7월 동아일보사 대전지국에서는 '부여 팔경'을 탐방하는 관광코스를 마련하여 '부여탐승단'을 모집하였고,37 탐승단 모집뿐만 아니라 '부여 팔경'을 소개함으로써 일반인들에게 명승고적지로 부여의 이미지를 널리 알렸다.38

(3) 조선총독부박물관 부여분관 설립과 전시유물

재단법인 부여고적보존회는 유물의 보존뿐만 아니라 관광사업을 확장하여 진열관의 관람자 수가 해마다 증가하였는데, 1929년에 3,500명이던 것이 1932년에는 7,156명으로 두 배 가량 늘어났다.39 이것은 일본이 강조하던 '내선일체의 성지'로서의 부여의 이미지를 부각시키기 위한

---

36 이순자, 2009a, 앞의 책, 428-432쪽.

37 「부여탐승단 대전지국서 모집」, 『동아일보』, 1928.7.17; 「부여팔경 탐승단, 대전지국 주최」, 『조선일보』, 1929.6.8.

38 일간지에 소개한 글로는 「부여팔경」, 『동아일보』, 1926.5.16~23; 「부여기행」, 『동아일보』, 1928.10.23~25; 「팔도풍광, 부여팔경」, 『동아일보』, 1934.1.2, 1935.8.16~24 등이다.

39 조선총독부, 『朝鮮總督府施政年報』 해당 연도: 조선총독부 사회교육과, 1941, 『朝鮮社會敎育要覽』 참조. 1929년 3~12월 말(3,500명), 1930년(5,680명), 1931년(6,207명), 1932년(7,156명), 1933년 1~5월 말(3,069명)

노력의 결과였다. 이러한 분위기 속에서 박물관 설립을 위한 움직임이 일어났다.[40]

> 조선 호남선 부여에 있는 백제 고적은 현재 부여고적보존회에서 보관하고 있지만 그 회는 지방의 소규모 단체로 십분 보존의 실재를 거론하지 못하였다. 근래 일반에게 기부금을 모아 재단법인으로 하고 백제 고기물을 수집 진열하는 박물관을 건설하여 십분 보존의 목적을 달성하자는 이야기가 지역 유지들 사이에서 일어나, 근래 기부금 모집 및 기타 운동을 착수하였다.[41]

일찍이 재단법인 부여고적보존회는 발족과 함께 부소산성 입구에 있는 구 객사에 진열관을 마련하였다. 부지는 약 1천 평이며, 건물은 약 50평으로 부여를 중심으로 수집한 선사시대부터 백제·통일신라·고려·조선시대의 유물을 진열하였다.[42] 하지만 백제 유적지에서 출토되는 유물이 해마다 증가하고 보다 구체적인 관광사업 활성화를 위해 박물관 설립이 필요하였던 것이다.

> 금번에 보조금을 교부하야 동 보존회를 재단법인으로 하는 동시에 귀지(貴地) 무량사 경내에 박물관을 건립하게 되었는데 만일 이 박물관이 건립되는 시에는 신라의 영광을 자랑하는 경주박물관과 상치하

---

40 「백제의 고도 부여박물관 설치 요망, 보존회 진열로는 불충분, 일반의 여론 頗高」, 『매일신보』, 1933.6.17.
41 「百濟文化保存の博物館建設」, 『博物館研究』 1-6, 1928.11, 11-12쪽.
42 「扶餘古蹟保存會 陳列館」, 『扶餘古蹟名勝案內』, 1937, 75-81쪽.

<그림 2> 부여고적보존회 고고품진열관

출처: 한국박물관100년사 편찬위원회 편, 2009, 『한국박물관100년사』.

야 병마에 짓밟힌 백제의 문화를 자랑할 유명한 부여박물관이 되리라더라.[43]

1933년 6월 재단법인 부여고적보존회장이 조선총독에게 제출한 부여박물관 설립 청원서에는 "백제의 구도 부여를 중심으로 서남선의 사적 유물은 근래 내외의 학자의 주목을 받은 바이며, 특히 일본 불교의 남상(濫觴)을 통해 부여의 불교예술을 탐방하는 사람들이 해마다 증가하며, 또 고대 내선관계의 연구에 몰두함이 적지 않은 상태로 부여에 박물관 분관 설치를 신청"한다고 설립 목적을 밝혔다.[44] 그러나 당시에는 재정적인 이유로 바로 실현되지 못하였다. 1933년 7월 11일에 충남지사

---

43 「백제문화를 자랑할 부여박물관, 짓밟힌 고적을 보존코자」, 『동아일보』, 1928.9.4.
44 국립중앙박물관 소장 조선총독부박물관 공문서/기타문서/쇼와8년-18년 탄원서와 청원서류/조선총독부박물관 부여분관 설치 건/청원서-박물관 부여분관을 충청남도 부여군 부여읍 구아리에 설치하기 희망(L014-002-001).

가 거듭 박물관 설립에 관한 청원서를 제출하면서,[45] 재단법인 부여고적 보존회의 토지·건물 및 유물(447개)을 부여분관에 그대로 이관하고, 지방민의 소유 물품 가운데 기탁·기부를 통해 분관에 진열할 만한 유물(7,787개) 및 국유 유물(15개)들을 정리하여 청원서에 함께 첨부하였다.[46]

이후 1935년 3월 8일, 부여분관 설립 청원서를 조선총독부 학무국 학무관장 오노(大野謙一) 앞으로 다시 제출하였다. 당시 청원자 명단에는 부여군민 대표 부여면장 윤정대(尹正大)와 부여군 각 공직자 단체대표로 부여번영회장 및 부여고적보존회 평의원 다나카(田中遠吉), 부여면 도읍진흥회장 다카바타케(高畠仰一), 부여고적보존회 감사 도이(土井禮作), 부여고적보존회 평의원 사이하라(采原良器), 혼다(本多勇盛), 우지하라(氏原繁麿), 민영주(閔泳冑), 민재식(閔宰植) 등이 참여하였다.[47]

이와 같이 여러 차례의 청원 끝에 1939년에 조선총독부는 드디어 신규사업의 하나로 부여에 조선총독부박물관 분관 설립을 결정하였다. 20만 원을 공사비로 확정하였고,[48] 철도당국에서는 부여 관광루트 차원에서 경상비로 연 4,600원을 예산하였다.[49] 그러나 그동안 거듭되는 청

---

[45] 국립중앙박물관 소장 조선총독부박물관 공문서/기타문서/쇼와 8년-18년 탄원서와 청원서류/조선총독부박물관 부여분관 설치 건/조선총독부박물관 부여 분관 설치 건 (L014-002-007-001).

[46] 국립중앙박물관 소장 조선총독부박물관 공문서/기타문서/쇼와 8년-18년 탄원서와 청원서류/조선총독부박물관 부여분관 설치 건/조선총독부박물관 부여 분관 설치 건 (L014-002-007-001~010) 자세한 정리는 이순자, 2009a, 앞의 책, 436-440쪽 참고.

[47] 국립중앙박물관 소장 조선총독부박물관 공문서/기타문서/쇼와 8년-18년 탄원서와 청원서류/조선총독부박물관 부여분관 설치 건/조선총독부박물관 부여 분관 설치 건 (L014-002-001-001~005).

[48] 「부여박물관을 신축, 20만 원 공비로 명년 착공」, 『동아일보』, 1939.5.24.

[49] 「朝鮮總督府博物館扶餘分館創設」, 『博物館研究』 12-4, 1939.4, 6쪽.

원에도 불구하고 실현되지 못하던 사업을 1939년에 허가한 이유는, 일제가 내선일체의 의식을 강화시키고자 추진한 부여신궁 건설사업의 일환이었던 것이다.[50]

조선총독부박물관 부여분관은 부여군 부여면 관북리에 소재하였으며, 건물은 부여고적보존회 소유 기와 단층건물(구 객사)이었다. 진열품은 재단법인 부여고적보존회와 개인 기탁품으로 하였는데, 대부분 부여를 비롯한 서남선(西南鮮)에 있는 각 시대의 유물을 수집 진열하되, 백제 사비시대의 불교예술품과 내선관계 관련 유물을 중심으로 전시하도록 하였다. 조직은 촉탁 3명(분관 사무주임 부여군수, 분관 물품취급계 부여군 서무주임, 분관 진열계 신입)으로 하고, 고원(雇員) 1명과 용인(傭人) 1명을 채용하도록 하였다.[51]

조선총독부박물관 부여분관은 재단법인 부여고적보존회의 기본재산과 전시유물을 바탕으로 1940년 가을 개관을 예정으로 공사를 착수하였는데, 예정보다 빠르게 진행되어 1939년 4월 1일에 개관식을 거행하였다.[52] 이로써 부여는 백제 문화와 아스카 문화의 유사성을 강조하는 '내선일체의 성지'가 되었고 견학 오는 사람들도 날로 증가하였다.

부여분관의 진열 구역은 본관과 정원으로 이루어졌으며, 본관은 2개의 진열실로 구성하였다. 한 실은 공실로 쓰노다(角田幸太郎)가 대당평제

---

50 최석영, 2002, 「일제 강점 상황과 부여의 '관광명소'화의 맥락」, 『인문과학논문집』 35, 대전대 인문과학연구소, 135쪽.

51 국립중앙박물관 소장 조선총독부박물관 공문서/기타문서/쇼와 8년-18년 탄원서와 청원서류/조선총독부박물관 부여분관 설치 건/조선총독부박물관 부여 분관 설치 건/조선총독부박물관 부여분관 설치 건(L014-002-010-001~005).

52 「4대 聖典 8월 1일 부여에서」, 『조선일보』, 1939.7.31; 「백제고도의 부여에 3대 의식」, 『동아일보』, 1939.8.2.

탑비문 전면을 탁본하여 한쪽 벽면에 걸어두었다. 다른 한 실에는 백제 사비시대, 즉 성왕(聖王)에서 의자왕(義慈王) 대까지의 유물을 주로 전시하고, 그 외 대부분 부여 부근에서 출토한 유물을 시대순으로 진열하여 지역 향토박물관으로서의 성격을 나타내었다. 전시유물을 시대별로 보면 다음과 같다.

- 석기시대·금석병용시대: 마제석촉, 석부, 石庖丁, 토기, 석검, 동검 등 부여 부근 출토유물.
- 백제시대: 불상류(금동일광삼존불: 일본 아스카시대 양식, 중국 육조풍), 규암면 폐사지 출토 문양전(부여 남방 군수리 폐사지 발굴 문양전과 동일), 석불, 금동불, 문양전, 와, 옥류, 금동광배 등 / 능산리고분 출토품(금동환, 金銅鋲, 金絲, 소홍옥, 파편, 기타 철제품, 石樋).
- 신라통일시대: 부산 청룡사 발견 금동여래상, 기타 와, 도기.
- 고려시대: 부여 부근 출토의 도기, 矢張, 寺塔의 발견품, 장단리3층석탑, 무량사 금리탑, 임천 가선산 금리탑의 발견품으로 銀盒子, 水晶小壺, 木製小塔, 옥류, 금동팔각소감 등.
- 조선시대: 부여 부근 출토 三島手, 백자.[53]

이 밖에 부여분관 정원 내에는 부여 곳곳에서 옮겨다 놓은 석제유물을 진열하였다.

부여분관 관람자 수는 개관 후 2년 사이인 1941년에 3배가량 증가하였는데, 같은 시기 경주분관의 관람자 수는 크게 변동이 없었고, 조선

---

53 藏田藏, 1939.10, 「朝鮮總督府博物館扶餘分館」, 『博物館硏究』 12-10, 3-4쪽.

〈표 3〉 조선총독부박물관과 분관 관람자 현황

연도	부여분관			경주분관			조선총독부박물관		
1939	6,951(7,034)			45,322			104,322		
	일본인	조선인	외국인	일본인	조선인	외국인	일본인	조선인	외국인
	2,723 (2,776)	4,224 (4,254)	4	12,352	32,912	58	39,014	62,954	2,354
1940	9,878			47,873			145,393		
	일본인	조선인	외국인	일본인	조선인	외국인	일본인	조선인	외국인
	2,993	6,885	0	10,533	37,256	48	104,148	39,607	1,637
1941	20,025			46,329			85,366		

출처: 『朝鮮總督府施政年報』 22~24권, 괄호 안은 『朝鮮社會教育要覽』(1941).

총독부박물관은 감소한 것과 비교가 된다(〈표 3〉 참고). 이것은 당시 일제가 황도(皇都) 2600년을 기념하는 사업의 일환으로 부여를 신도화(神都化)하고 부여신궁을 조영하면서 대대적인 홍보를 하며, 정책적으로 학생 수학여행단 및 일반 관람객 유치를 적극적으로 실시한 결과였다. 이로써 부여분관은 내선일체를 강조하려는 일제의 식민정책 의도가 적극적으로 반영된 '정치적' 전시공간이 되었던 것이다.

이처럼 일제강점기 조선총독부박물관 분관으로 설립한 경주분관과 부여분관은 지역고적보존회의 재정과 사업을 기반으로 재단법인으로 확장한 후 분관으로 발전하였다. 두 박물관 모두 지역 출토유물을 중심으로 전시하여 향토박물관으로서의 성격, 유물 전시를 통한 내선관계를 강조, 지역 관광사업 활성화에 기여라는 공통적인 특징을 가지고 있었다.

2. 지역고적보존회와 부립박물관 설립 및 활동

1) 평양명승구적보존회와 평양부립박물관

(1) 평양명승구적보존회 설립과 활동

평양명승구적보존회(平壤名勝舊蹟保存會)는 1912년 7월 13일 평양의 고적조사·보존과 평양공원 설치를 목적으로 평양 관민이 조직한 민간단체였다. 본회는 기본 재산과 기타 회원들의 기부금으로 운영하였으며, 조직은 회장 1명, 부회장 2명, 이사 2명, 간사 2명, 평의원 약간 명으로 구성하였다. 평양부윤을 회장으로 추대하였으며, 그 외 임원은 회장이 촉탁하도록 하였는데, 현재 남아 있는 자료에 따르면 당시 임원은 〈표 4〉와 같다.[54]

회장 이하 대부분의 임원은 경주고적보존회와 마찬가지로 행정당국 및 재류 일본인 단체 간부, 재계인사 등 대부분 일본인이었으며, 한국인이 일부 포함되었다. 특히 일본인 재력가 가운데 미야카와(宮川五郎三郎)는 평양에서 간장제조업을 시작으로 평양전기주식회사 사장을 지낸 인물로, 러일전쟁 당시에는 군의 운송을 맡았다.[55] 사이토(齋藤久太郎)는 진남포·평양·경성에서 미곡상으로 활동하며, 평양 일본인상공회의소 의원, 곡물상조합연합회 간사장, 사단법인 선미협회(鮮米協會) 고문 이외에

---

54 국립중앙박물관 소장 조선총독부박물관 공문서/보존/각도고적보존회/평양명승구적보존회(A066-023-002-001~003): 회칙 부분이 빠져 있음(이순자, 2009a, 앞의 책, 446-447쪽 참고).

55 朝鮮新聞社 編, 1922, 『朝鮮人事興信錄』, 109쪽.

<표 4> 평양명승구적보존회 임원

직책	이름 및 소속
회장	松永武吉(高矯敏)(평안남도 장관)
부회장	熊谷直亮(평양민단장), 黃 면장(면장)
이사	木村守(평안남도 내무부 서기)
실업위원	篠田治策(평안남도 내부부장), 杉村勇次郎(평안남도 경무부장), 本田常吉(평양부윤), 松本鶴熊(평양경찰서장), 宮川五郞三郎(평양전기주식회사 사장, 평양민단의원), 大庭貫一(평양민회의장, 평양민단의원), 板倉益太郎(무역상), 內田錄熊(평양민단의원), 張憲植(평안남도 警參與官), 水口隆三(평안남도 재무부장), 齊藤久太郎(무역상), 洪倫叙
실시위원	실업위원과 동일, 단 杉村勇次郎 대신 小澤壽

출처: 평양명승구적보존회, 1914, 『平壤の古蹟』, 33쪽; 太谷直亮, 1914, 『平壤發展史』, 평양민단역소, 106쪽; 『朝鮮紳士錄』, 1931.

    도 각종 실업회사의 사장을 지냈으며, 평양명승구적보존회 설립시 거액을 기부하였다.[56]

    평양명승구적보존회의 주요 사업은[57] 첫째, 고적유지·보존이었다. 설립 당시 기금을 모아 평양의 유명한 명승고적(모란대·을밀대·부벽루·영명사·현무문·보통문·연광정·대동문·기자릉·칠성문·만수대·숭인전·숭영전·관제묘·기자정·선교리)의 고건축물을 유지 보존하였다. 둘째, 모란대 일대 공원을 설립하여 관광객들을 유치하고자 하였다. 독일 건축기사 게오르크 데 라란데(George de Lalande, 1872~1914)에게 설계를 위촉하고 실지답사를 마친 후 계획을 완료하였다.[58] 공원 설비에 필요한 경비는 약 1백만 원으로 계획하였는데, 1913년 말까지 데라우치 총독과 사이토가 각

---

56   『조선공로자명감』, 1935, 77쪽.

57   太谷直亮, 1914, 『平壤發展史』, 평양민단역소, 106-107쪽.

58   평양명승구적보존회, 1914, 『平壤の古蹟』, 27쪽.

각 천 원을 기부하였으며, 이왕직 또는 한국 귀족들에게까지 찬조를 요청하였다. 공원 설립 총 소요 금액 가운데 가장 큰 비중을 차지한 것은 여관건설비(219,000원)였다. 이는 평양이 만선철도의 큰 역으로 점차 평양을 방문하는 관광객이 증가함에 따라 숙박시설의 확보가 시급하였기 때문이다. 1913년 8월 평양명승구적보존회 회장 마쓰나가(松永武吉)와 도장관 구마카이(熊谷直亮), 민단장, 실업협회 등에서는 조선총독부에 철도호텔 건설 청원서를 제출하였다.[59] 철도호텔은 3층 건물로 부속 건물로는 휴게소·관망대·주차장 등을 갖추고, 강가에는 선착장을 두어 정거장과 연결하도록 계획하였다. 셋째, 고적조사와 함께 평양의 역사와 전설에 대한 책을 출판하였다. 『평양의 고적(平壤の古蹟)』(1914), 『평양의 현재와 미래(平壤之現在及將來)』(1915), 『낙랑채협총』(1936), 『전설의 평양(傳說の平壤)』(1937), 『모란대의 전황(牧丹臺の戰況)』, 『평양부립박물관 진열품회엽서』[60] 등이었다. 이 외에 청일전쟁의 전적 표식 및 위령비 설치, 최승대(最勝臺) 건설 등을 새로이 추진하였는데,[61] 이는 보존회의 구성원들이 주로 일본인이었기에 자국의 전승 기념물 설치를 추진하였던 것이다.

대부분의 고적 보존 재정은 국고와 지방비로 충당하였는데, 1919년부터 1923년 동안 연도별로 12,000원(국고보조금 10,000원, 부비보조금

---

59 太谷直亮, 1914, 앞의 책, 108-110쪽.
60 전시유물과 관련된 엽서는 제1, 2집 각각 8매로, 제1집은 주로 낙랑군시대에 해당하는 왕우묘와 채협총 출토유물 사진으로 구성하였다.
61 『국립중앙박물관 보관 고문서 목록』 문서번호 158 보존비 관계 서류, 1996; 문서번호 162 보존비 관계; 163 고적보존공사; 164 보존비 관계 서류.

1,500원, 기부금 500원)을 책정하였다.⁶² 조선총독부의 예산에는 지방청 전릉(殿陵) 및 고적수선비가 있었는데, 각 지방청에서 고적보존 예산을 신청하면 고적조사위원회는 현지를 방문하여 실지 심사를 해서 예산을 집행하였다. 지역고적보존회는 조선총독부가 추진하는 고적조사 및 보존사업을 지역에서 집행하던 현지 시행부서로, 고적조사 및 보존사업이 실질적으로 지역민들의 도움이 없이는 실행될 수 없었기에 지역민들의 자발적인 협조를 유도하기 위한 조직이 필요하고 이를 위한 재정을 지원하였던 것이다.⁶³ 이처럼 평양명승구적보존회는 중앙의 고적조사사업을 보조하면서 평양의 고적 유지·보존·현창사업을 진행하였다. 그러나 구성원의 대부분이 지역 행정 당국자 및 재계 인사들이었기에 한편에서는 경제적인 이익을 추구하는 관광사업을 적극적으로 추진하고자 하였다.

(2) 평양부립박물관 설립과 전시유물

고적조사사업의 중심지인 평양에서도 평양명승구적보존회 활동이 활발해지자 박물관 설립을 추진하였다. 일찍이 평양중학교 역사표본실을 개방하여 한(漢) 영광 3년명(永光3年銘, 기원전 41년) 효문묘(孝文廟) 동종(銅鐘),⁶⁴ 진시황 25년명 동과(銅戈) 및 민간 수집가의 소장품을 진열

---

62 『국립중앙박물관 보관 고문서 목록』 문서번호 105-5 고적 및 유물 보수공사의 건 문서철, 1996.
63 국성하, 2004, 앞의 글, 119쪽.
64 이것은 1920년 9월 평양 선교리 유적에서 철로공사 중에 다른 청동유물과 함께 발견되었으나 별다른 주목을 받지 못하다가, 1923년 가을에 세키노가 평양중학교 역사전시실에서 우연히 목격하여 세상에 알려지면서 그 중요성이 인식되었다.

해 관람을 제공하였다.⁶⁵ 1925년에 독립적인 박물관 건립을 제안하였고, 1927년에는 공사비로 3만여 원을 책정하였다. 장소는 당시 대동동지회 사무소를 헐고, 그 자리에 철근 콘크리트로 박물관을 건립한다는 방안을 검토하였다.⁶⁶

그러다가 1928년 8월에 평양부 욱정(旭町)의 도서관 3층을 빌려 진열실로 사용하면서 박물관의 기초를 마련하였다. 진열품은 평양중학교 및 상품진열소에 있던 낙랑·고구려시대의 유물이었는데, 낙랑고분 출토유물이 주를 이루어 이른바 '낙랑박물관'이라고 불렀다.⁶⁷ 그러나 얼마 후 도서관 열람자가 증가하여 3층까지 열람실로 사용하게 되자 박물관 건물을 별도로 마련해야 하는 상황이 되었다.

1931년 4월 구로이타, 후지타(조선총독부박물관 관장), 후지와라(藤原) 도지사(당시 내무부장), 오오시마(大島) 부윤과 기타 유지들의 발의로 다시 조선총독부박물관 분관 설치를 본격적으로 논의하였으나 재정 문제로 어려움을 겪었다. 이후 후지와라 도지사와 구로이타가 지방 유지들을 권유하여 관민 합동으로 조선총독부박물관 분관설치기성회를 조직하였고, 평양명승구적보존회도 이에 협력하였다. 이후 박물관 건설사업은 보존회에 일임하였고, 건물이 완공된 후에는 부립박물관으로 개관하였다가 점차 조선총독부 분관으로 이관하기로 하였다.⁶⁸

---

65 小泉顯夫, 1986, 앞의 책, 370-371쪽.

66 「낙랑박물관 3만 원으로 건설, 평양부에서 양관 3층 건물에 도서관 겸용으로」,『조선일보』, 1927.2.18.

67 「명년 신설할 평양도서관, 계상은 박물관으로 겸용」,『조선일보』, 1927.3.27;「낙랑박물관건설」,『조선일보』, 1927.2.17.

68 「공사 중의 박물관, 준공 후 부에 기부」,『매일신보』, 1933.8.31;「樂浪文化の殿堂平壤府立博物館」,『朝鮮』, 1933.12, 115-116쪽.

⟨그림 3⟩ 평양부립박물관 전경

출처: 한국박물관100년사 편찬위원회 편, 2009, 『한국박물관100년사』.

　박물관 건설은 보존회의 재산과 도부(道府)의 보조금, 일본인과 한국인들의 기부금으로 시작하였고, 건축은 평안남도 기사 아즈마(東三郞)가 설계를 맡았다. 그는 서양건축에 일본풍을 가미한 절충양식으로 설계하였는데, 당시 이런 건축물은 도쿄의 제국호텔과 나라호텔, 나라역 등이 대표적이었다. 총 공사비는 7만 원으로 예산보다 비용이 증가하여 어려움을 겪기도 하였다.[69]

　1932년 7월 18일 을밀대 남쪽에서 기공을 하고, 1933년 9월 18일 드디어 준공하였다. 1933년 10월 7일 우가키(宇垣) 총독이 참석하여 개관식을 거행하고 당일부터 일반인들에게 공개하였다.[70] 당시 축사를 맡

69　「평양박물관 공사 의외로 경비 증가, 부 당국은 두통 중」, 『매일신보』, 1932.12.20.
70　「樂浪博物館を飾る平壤博物館」, 『朝鮮』, 1933.11, 122-123쪽; 「10월 7일 평양박물

은 우가키 총독은 평양부립박물관의 설립 목적을 평양의 낙랑 유물을 전시하기 위함이라고 언급하였다.

> 평양 지역은 기자조선, 한의 낙랑군치 및 고구려 등의 옛 지역이며 반도문화 연구상 자못 중요한 지점이며, 특히 최근 낙랑군치의 조사를 수차례 하여 유익한 유물이 속속 발견되어 학계의 주목을 받기에 이르렀다. 새로이 이곳에 정비된 박물관을 설치함은 이를 위해서도 실로 의의가 깊다 하겠다. 당국과 아울러 부민 여러분은 특히 본관 설치의 취지를 살펴 이후 한층 해당 지역에 남아 있는 사료 수집에 노력하며, 내용의 충실, 진열의 개선을 도모함으로써 반도문화의 선양에 공헌하여 줄 것을 축사한다.[71]

초대 관장은 고이즈미 아키오로 1934년에 취임하여 광복 이전까지 근무하다 1946년 8월에 한국을 떠났다. 고이즈미는 취임 초부터 박물관의 역할을 단순히 고물(古物) 진열소가 아닌 사회교육기관으로서의 기능을 강조하였다.

> 이 신설 박물관의 경영을 맡게 된 내가 오로지 염두에 두었던 것은 어떻게 해야 대중의 마음에 밀착하여 이해가 쉽도록 진열 내용을 만들까 하는 것이었다. 1922년 하마다 선생의 추천으로 조선총독부박

관 개관식」, 『조선일보』, 1933.10.4; 「낙랑박물관 7일 개관 총독도 臨場」, 『조선일보』, 1933.10.10.
71 「樂浪博物館を飾る平壤博物館」, 1933.11, 123쪽.

물관에 취임하였을 때 함께 기뻐해주었던 사람은 외삼촌이었다. 외삼촌은 나라현에서 가장 일찍 영국에 유학을 다녀온 사람으로 '대영박물관의 일본관 진열을 보니 갑옷의 비늘 색채에 의해 붉은색은 유소년, 연두빛과 청색은 청년, 감색은 장년, 흑색은 노년, 큰 갑옷은 무장, 동환(胴丸)은 잡병으로 그 색채와 형식에 의해 계급과 연령이 구별되는 것을 처음으로 알았다. 이것이 진짜로 박물관이다. 자네도 박물관에 들어온 이상 사회교육기관으로서의 임무를 잊지 말라. 박물관은 단순히 고물의 진열소가 아니다'라고 말해주셨다. 외삼촌의 이 말이 머리에 남아 있어 경성시대에도 열심히 진열에 뜻을 기울였지만, 금번에는 처음으로 스스로 정한 기획에 의해 평양박물관에 어울리는 진열에 각별히 더욱 노력할 것이다.[72]

　이로써 평양의 고적조사와 '보존'을 위해 시행부서로 설립한 평양명승구적보존회와 이를 발전시킨 평양부립박물관은 일찍부터 조선총독부의 역사인식을 실질적으로 구현해내는 실무 사회교육기관으로서의 역할을 담당하였다.

　평양부 경상리 15-1번지에 위치한 신축 평양부립박물관의 총면적은 약 5천 평으로 광범위한 규모였으며, 본관은 기와철근 콘크리트의 'ㅁ'자형 화한양(和漢洋) 절충식 건물이었다. 진열실은 빗장을 쳐서 좌우 두 개의 전시실로 구분하고, 하나의 익실로 연결하여 대략 7개의 전시공간으로 구분하였다. 박물관 오른쪽에는 낙랑고분의 2대 특징인 목곽분과 전실묘를 별관에 마련하였는데, 1931년에 발굴한 채협총 목곽관과

72　小泉顯夫, 1986, 앞의 책, 372-373쪽.

1935년에 발굴한 도제리 제50호분 전실묘를 옮겨다 세웠다.[73]

전시는 석기시대부터 대륙문화의 영향을 받은 금속문화 단계, 한대 낙랑군의 문화발전 단계, 고구려 흥왕기, 대동강변을 중심 무대로 한 신라·고려·조선 문화의 진전과 민족흥망의 역사를 시대순으로 진열하였다. 전시유물은 〈표 5〉와 같다. 석기시대(금석병용기) 257점, 낙랑군시대 380점, 고구려시대 51점, 신라·고려시대 15점, 기타 2점으로 총 705점의 진열품을 전시하였는데, 여전히 낙랑군시대 유물이 다수를 차지하였다.

진열품 가운데는 1920년 선교리 출토 '영광 3년' 명문이 있는 효문묘(孝文廟)의 동종을 비롯하여 1925년 도쿄대 문학부에서 발굴한 석암리 왕우묘 출토 칠기의 화장함 기타 십수 점과 평양부내 수집가 도미타 신지, 하시즈메 요시키, 모로오카 에이지 등의 기증품, 평양공립고등보통학교와 평양공립중학교에서 기탁한 유물 및 미림 방면에서 출토된 석기시대 유물이 대표적이었다.

동관에는 조선고적연구회 평양연구소를 두어 채협총을 비롯하여 향후 3개년간 다수의 고분 발굴을 위한 센터로 사용하였다. 이 외에 박물관에서는 사회교육사업으로 활동사진, 환등시설 등 기타 설비를 갖추어 부내 각 학교와 연결하여 역사 특강을 개설하고, 기타 관광객들에게 한국 문화를 강연하는 것 외에 매주 일요일에 정기강연이나 강습회를 개최하였다. 특히 1937년 11월 1일부터 7일까지 박물관주간을 맞이하여 '고구려고분벽화전', '청일전쟁자료전'[74]을 열어 평양이 낙랑시대뿐만 아

---

73 小泉顯夫, 1986, 위의 책, 374쪽.
74 「평양부립박물관」,『博物館研究』 10-11, 1937.11, 7쪽.

<표 5> 평양부립박물관 전시유물

진열실		전시물
제1실		현관, 홀[廣間], 휴게실, 평양시가 고지도 진열
제2실	서벽	역사 이전: 석기, 토기, 석검 낙랑군 전기: 명도전(明刀錢), 포천(布泉), 세형동검(細形銅劍), 동모(銅鉾), 동용범(銅鎔范), 세선거치문경(細線鋸齒文鏡), 동용범(銅鎔范), 동탁(銅鐸), 동용범(同鎔范), 거여금구(車輿金具) 등
	북벽	낙랑군시대: 낙랑군치지·토성 출토 각종 유물, 동(同) 사진, 토기, 동철족(銅鐵鏃), 점선비모조(粘禪碑模造) 등
	동측 중앙	낙랑군시대: 다이쇼 3년 발굴 병분(丙墳) 출토 각종 기년명 칠기, 각종 청동기, 기년명 동과(銅戈), 동검, 각종 철기, 각종 제경(各種祭鏡) 등
제3실		낙랑군시대: 채협총 출토 각종 귀중한 칠기, 왕우묘 모형 및 출토 칠기
제4실		낙랑군시대: 각종 토기, 유명(有銘)와전, 명기(明器), 장진리 제30호분 출토 목관, 채협총 출토유물
제5실	동벽 중앙	낙랑군시대: 노(弩), 동검, 각종 철기, 구장두(鳩杖頭), 웅각(熊脚), 각종 금동 장식품, 각종 장신구, 옥류, 경, 견면(絹綿), 면포(絹布) 및 확대사진, 석암리 제212호분 출토 목관 내부
	남벽	고구려시대: 호태왕비 탁본, 지안현 출토 와전, 한성성벽 석각문
	서벽	고구려시대: 평양 부근 출토 와당, 불상, 각종 철기, 토기 등 신라·고려·조선시대: 와당, 불상, 도기 기타
제6실	고구려실	고구려시대: 강서고분 모형, 동 고분벽화 모사
제7실	일청전역 기념실	광도대본영어사진(廣島大本營御寫眞), 현무문현액(玄武門懸額), 청일전쟁 평양 부근 전투 각종 사진, 금회(錦繪), 당시 신문, 포탄, 소총탄 등
고분관(별관)		채협총목곽분(남정리 제116호, 1931년 발굴), 장진리 제40호분 대소 3실연속 전곽(塼槨)을 목곽분(木槨墳)으로 접속(1934년 발굴)

출처: 「朝鮮の博物館と陳列館(1)」, 『朝鮮』, 1938.6, 100-101쪽.

니라 고구려시대 그리고 청일전쟁시 일본이 승전을 거둔 역사적 격전지임을 알렸다. 평양부립박물관의 관람자 수는 해마다 꾸준히 증가하였으며,[75] 특히 관광철인 4~5월에는 일본·만주에서 몰려오는 관광객들의 편

---

75 『조선총독부시정연보』(1938-1940)에 의하면 1938년 31,728명, 1939년 50,963명,

의를 위해 무휴관으로 운영하였다.

2) 개성보승회와 개성부립박물관

(1) 개성보승회 설립과 활동

개성보승회[대표자 이기방(李基枋)]는 개성부와 개풍군 내에 있는 명승고적지를 정리·보존하고, 이를 널리 알리기 위해 개성군수 박우현(朴宇鉉)의 발기로 1912년 3월에 개성군청 내에 설립하였다. 고려의 수도였던 개성은 고려자기가 매장되어 있는 고려고분으로 인해 일찍부터 일본인들이 주목하였던 곳이었다. 개성보승회의 주요 사업은 명승고적지의 건축물 보호·수리, 유물의 보존 및 수집, 명승고적지에 관한 조사 연구 및 발표, 관람자의 편의시설 설비(명승사적지 수목 재배, 연결도로 수축, 역사적 고서화 출판, 개성풍속전람회 개설, 개성풍속화집 및 개성명승지 편찬), 기타 본 회의 목적을 달성하기 위해 필요한 일들이었다. 특히 개성보승회에서는 고려자기의 수집을 주요사업으로 정하였다.[76]

회원은 기부금에 따라 명예회원·특별회원·일반회원으로 구분하였고, 조직은 회장 1명, 부회장 2명, 총무 1명, 간사 6명, 지방위원 약간 명, 회계 1명을 두었으며, 평의원회에서 임원을 선출하였다. 운영비는 회비·기부금·보조금으로 충당하였는데, 남아 있는 1917년과 1935년 자

1940년 55,356명으로 증가하였다.

[76] 국립중앙박물관 소장 조선총독부박물관 공문서/보존/각도고적보존회/다이쇼 5년 9월 개성보승회 규칙(A066-007-001-002). 이하 개성보승회 관련해서는 이순자, 2009b, 「일제강점기 지방 고적보존회의 활동에 대한 일고찰: 개성보승회를 중심으로」, 『한국민족운동사연구』 58, 309-328쪽 참고.

료에 의하면, 개성보승회의 예산 규모는 1917년 770원이었던 데 비해, 1935년에는 7,322원으로 무려 10배 정도가 증가하였다.[77] 즉 민간단체로서 초기에는 순수한 기부금으로 운영하였는데, 1935년 무렵에는 국고보조비(3,000원)와 도 보조비(3,640원) 등 중앙과 밀접한 관계를 유지하며 규모를 확대하였다.[78]

(2) 개성부립박물관 설립과 전시유물

1930년 1월 17일 송도면협의회에서 개성박물관 설립에 대한 논의를 시작하였다.[79] 이에 앞서 일부 사람들의 발기로 고려 유물을 수집하여 만월대 앞에 진열소를 마련하기도 하였으나 얼마 가지 않아 재정적인 어려움으로 문을 닫고 말았다.[80] 이후 김병태(金秉泰)가 개성부윤으로 부임하고, 1931년 개성군이 개성부로 승격하면서 개성부제 실시 기념사업의 일환으로 박물관 건설을 본격적으로 추진하였다.[81] 즉 미쓰이물산과 한성은행·식산은행을 비롯하여 개성 유지들이 기부금을 모아 박물

---

77 국립중앙박물관 소장 조선총독부박물관 공문서/보존/각도고적보존회/개성보승회/다이쇼 6년도 수지예산표[개성보승회 재정내역(1935년)](A066-004-002-00). 이순자, 2009a, 앞의 책, 465쪽 참고.
78 국립중앙박물관 소장 조선총독부박물관 공문서/보존/각도고적보존회/개성보승회 [개성보승회 재정내역서(1935년)]. 이순자, 2009a, 앞의 책, 466쪽 참고.
79 「朝鮮開城博物館」, 『博物館硏究』 3-3, 1930.3, 13쪽.
80 진홍섭, 1970, 「개성박물관의 회고」, 우만형 편, 『개성』, 예술춘추사, 167쪽.
81 「開城の博物館計劃」, 『博物館硏究』 4-5, 1931.5, 5쪽.

관 설립을 건의하여,[82] 1931년 봄부터 박물관 건립 공사를 시작하였다.[83]

사업 내용에서 한 가지 주목되는 점은 다른 지역과는 달리 관광을 목적으로 한 일련의 사업들이 특별히 시행되지 않았다는 것이다. 즉, 1935년 예산에서 볼 때 전체 세출이 7,322원인데 그중 고기물(古器物) 구입비가 6천 원을 차지하였다.[84] 이것은 경주·평양·부여 지역의 관심은 주로 역사적 유적·유물의 발굴하여 일제가 주장하는 식민사관을 홍보하며, 이를 관광사업으로 확장시키는 데 목적이 있었던 것에 반해, 개성 지역에서의 유물 수집은 재화적(財貨的) 가치 획득에 더 큰 관심이 있었기에 지역고적보존회 사업에 대한 재정 지원 및 박물관 설립에도 다소 소극적인 태도를 나타낸 것으로 보인다.[85]

또한 다른 지역과 달리 1933년에 개성부립박물관 관장으로 한국인이 부임하였던 것도 그 원인의 하나였을 것이다. 즉 제3대 관장 고유섭(高裕燮)은 부임 후 "보승회란 것이 자칫 관광회와 혼동되어 마땅히 보유해야만 할 품위가 속되고 고약하여[俗惡] 선전과 유치로 오도되어 뜻있

---

82 개성부립박물관, 1936, 『開城府立博物館案內』, 51-52쪽. 「박물관건설의연방명열록」에 나타난 명단은 다음과 같다. 三井物産, (株)殖産銀行, (株)漢城銀行, 金元培, 金正浩, 孫鳳祥, 韓明錫, 孔聖學, 兪漢模, 安承億, 李熙英, 林漢瑄, 林漢祖, 崔善益, 朴尙愚, 李祖一, 朴東珪, 秦柄建, 馬玄圭, 崔益模, 高漢承, 朴尙裕.

83 「2만 원 예산으로 개성에 박물관, 송도의 고적유물을 보존, 신춘부터 공사 착수」, 『조선일보』, 1931.1.4; 「개성에 박물관 건축, 2만 원이 모집되어 동양식으로」, 『조선일보』, 1931.3.13; 「천년 고도 개성에 박물관을 신건축, 유지의 기부금 답지」, 『매일신보』, 1931.3.8; 「개성박물관 건설기금 滿額, 총 2만 8천 원을 부대 독지가 기부」, 『매일신보』, 1931.5.7.

84 국립중앙박물관 소장 조선총독부박물관 공문서/보존/각도고적보존회/개성보승회/개성보승회[개성보승회 재정내역(1935년)](A066-004-002-00) 참고. 이순자, 2009a, 앞의 책, 466쪽 참고.

85 이순자, 2009b, 앞의 글, 317쪽.

<그림 4> 개성부립박물관 전경

출처: 한국박물관100년사 편찬위원회 편, 2009, 앞의 책.

는 인사의 반감을 사는 예가 있으며, 고적지라는 곳을 찾을 때 보통 볼 수 있는 악덕 안내인, 여관업자, 강매 등이 귀찮게 따라다니는 것이나 무책임한 설명안내판, 인쇄물 등은 삼가해주기 바란다"[86]고 하여 보승회가 본래의 목적을 잃고 수입을 얻기 위해 무리한 사업을 하지 말 것과 역사문화도시로서의 면모를 지켜나갈 것을 거듭 강조하였다.

개성부립박물관은 대화정 개성부청 부근에 설립하였다. 설계는 순한 국풍 양식을 한 콘크리트 건물로 건평 87평에 전면 9칸, 측면 4칸으로 이루어졌다. 전면 중앙 3칸에 출입구가 있으며, 높은 기둥 위에만 채광창을 내고 외벽은 분홍색 인조석을 갈아서 지었다.[87]

원래는 1931년 10월 1일 부제(府制) 실시 1주년 기념일에 개성부립박물관을 개관할 예정이었으나, 한국인과 중국인의 충돌과 진열품의

---

86 고유섭, 2007, 「고려 구도 개성의 고적: 개성보승회 부활에 즈음하여」, 『松都의 古蹟』(우현 고유섭 전집7), 열화당, 348-349쪽.

87 진홍섭, 1970, 앞의 글, 167쪽.

준비가 순조롭게 진행되지 않아 1931년 11월 1일에 개관식을 거행하였다.[88] 초대 박물관장은 1931년 봄에 교토제대 문학과를 나온 이영순(李英淳)이었으며, 1933년 3월에 고유섭이 제3대 박물관장으로 취임하여 1944년 6월까지 재직하였다. 이처럼 개성부립박물관은 다른 박물관과는 달리 처음부터 한국인이 관장을 하였다는 점이 주목할 만하다.

이후 개성부립박물관은 운영상에 어려움이 생기자 조선총독부박물관 분관으로 하겠다는 약속을 조속히 지켜줄 것을 1939년 3월 22일 개성부회 회의에서 촉구하였다.

> 해당 부(개성부) 부립박물관은 1931년 10월 부내 유지의 기부금 3만 원으로 설치되었다. 그 동기가 된 것은 미쓰이물산(三井物産)에서 고가의 고기물 다수를 기증하겠다는 뜻을 부에 전하였기 때문이다. 그러나 그 후 미쓰이물산은 위의 고기물을 총독부에 기증함으로써 당관은 겨우 민간 기탁품 56점 및 총독부박물관에서 빌린 것 244점, 기타 당관이 소장한 것 47점, 합계 347점뿐이다. 그 수가 적을 뿐만 아니라 고기물로서 직접 가치가 있는 일품(逸品)은 거의 없기 때문에 견학을 온 외래객의 기대에 어긋난 것이 관내 적요(寂寥)의 감을 품게 하였다. … 이로써 당관(當館)으로 하여금 진실로 박물관의 사명을 담당하기 위해서는 많은 귀중한 고기물을 비치하는 것이 절실하였다. 그러나 그것을 수행하기 위해서는 막대한 경비가 필요하며

---

88 「개성박물관 낙성식은 연기, 진열품 준비 관계로」, 『매일신보』, 1931.10.9; 「성황리 거행한 개성박물관 개관식, 관민 다수가 참석, 폐식 후에 축하연」, 『매일신보』, 1931.11.3; 「고려 미술의 전당 개성박물관 준공 성대한 개관식 거행」, 『조선일보』, 1931.11.5.

도저히 해당 부 재정이 허락하는 바가 아닐 뿐 아니라, 해당 부는 전년도에 부로 승격한 이래 많은 긴요한 도시적 시설을 하였다. 따라서 본관의 유지비(액수 2천 원 내지 3천 원)조차 매년 지출이 힘든 상태였다. 그래서 그것을 총독부박물관 분관으로 하면 그 내용을 충실하게 할 수 있을 것이며, 그와 동시에 양자의 진열품을 시기적절하게 서로 교환하여 진열함으로써 본관 설치의 목적을 달성할 수 있기에 당관을 총독부박물관 분관으로 경영하여 주기를 바란다. 물론 경상적 경비는 해당 부에서 부담할 것이니 위와 같은 실정을 고려하여 하루라도 빨리 실현시켜주고, 특별한 배려가 있기를 바라며 신청한다. 그리고 (조선총독부박물관) 분관으로서 경영할 경우 이 건물은 무상으로 기부할 예정이니 양지하기 바란다.[89]

재정상의 이유로 개성부립박물관을 조선총독부 분관으로 변경 요청하였으나 일제강점기에는 조선총독부박물관의 고려청자 진열품을 대여 전시하는 형태로 운영되다가 1946년 4월 국립박물관 개성분관으로 개편 개관하였다. 새 분관장으로는 진홍섭(秦弘燮)이 취임하였다.

개성부립박물관은 본관과 사무실 및 휴게실(1936년 신축), 관장실 및 객사(임시사무실), 불각 등으로 구분하였다. 사무소에서 입장권을 사면 사무원이 진열관 문을 열어주었는데, 이것은 관람객이 적어 평상시에는 잠궈 두었기 때문이다.[90] 박물관의 전시유물은 개성 지역 출토 고려도자기

---

89 국립중앙박물관, 1996, 『국립중앙박물관 보관 고문서 목록』, 문서번호 295-16 개성 보승회 사업비 보조 신청 문서철. 이순자, 2009a, 앞의 책, 471쪽 참고.
90 小泉顯夫, 1933.4, 앞의 글, 40쪽.

가 주를 이루었다.⁹¹ 1936년에 발간한 『개성부립박물관안내』에는 박물관의 진열품을 소개하였다.

> 주로 조선총독부박물관 소장품과 경성의 아유카이 후사노신의 수집품이었던 것을 미쓰이 집안에서 구입하여 다시 조선총독부박물관에 기증한 것의 대부분을 받아 출품하였고, 게다가 부내 고한홍(高漢鴻)의 기부금으로, 부내 나카다 이치고로의 수집품을 개성부의 고적보승회가 구입하여 출품하였다. 한편 민간 유지의 기증 기탁품 및 개성 부근에서 출토 발견된 유물을 해당 박물관에서 수집 진열하였다. 이하 그 주요한 것에는 약간의 해설을 붙였다. 주요한 진열품은 그림엽서 및 기타 간행물로 일반 관람자에게 편의를 제공할 예정이다.⁹²

특히 이 가운데 나카다 이치고로의 수집품은 그가 10여 년 동안 수집하였던 고려자기 백여 점 가운데 30여 점을, 1933년 11월에 개성박물관이 2만 원에 구입하여 진열한 것으로 그 가운데 백자화병이 가장 유명하였다고 한다.⁹³ 전시유물은 불상류, 금속기류, 도자기류, 석화류, 와전류, 경감류, 석관, 석탑 등으로 구분하였다(〈표 6〉 참고).

진열품의 대부분은 도자기류이며, 불상과 정원의 석탑은 주로 폐

---

91 「朝鮮の博物館と陳列館(1)」, 『朝鮮』, 1938.6, 99쪽.
92 개성부립박물관, 1936, 앞의 책, 9-10쪽; 「開城府立博物館」, 『博物館研究』 8-4, 1935.4, 9쪽 참고.
93 「7, 8백년 전의 고려자기 나열, 총수 30여 점에 2만 원어치, 개성박물관 내용 충실」, 『동아일보』, 1933.11.13.

⟨표 6⟩ 개성부립박물관 진열품

구분	종류	원 위치	진열 위치
불상류 (인도 서역풍과 라마양식도 있으나 본관에 수집된 것은 주로 초기의 신라양식 불상)	석조미륵입상	심상소학교 서북반	정원 앞
	철제석가여래좌상	경기도 개풍군 영남면 반정리 평촌동 폐 적조사지	진열대 제1호
	청동도금아미타여래좌상	부내 대화정 118번지 출토 (1926년 6월)	진열대 제2호
	청동아미타여래좌상	충남 진천군 초평면 용정리 사적에서 발견	진열대 제24호
금속기류	청동제은상감 포류수금문 정병		진열대 제2호
	동제 소종		진열대 제2호
	청동제 소탑	출처 불명	진열대 제2호
	鐵製兜(투구)	만월대 경작지 지하 발굴, 久保田壽雄 기증(1933년)	진열대 제3호
도자류	素燒(와기)		진열대 제4호
	청자, 상감청자		진열대 제5~13호
	회고려(철화청자)		진열대 제14호
	백자		진열대 제16~18호
	天目(흑유자기)		진열대 제19~20호
	三島手(분청사기)		진열대 제21호
	染付(청화백자)		진열대 제22호
서화류	정몽주 초상, 길재·성삼문 필적		진열대 제23호
와전벽(瓦塼甓)		개성 왕궁지 만월대, 각 건축 능묘지 출토	진열대 제25호
경감류(鏡鑑類)	한·당·송·금·원·일본식 경감	분묘 출토	진열대 제26호
석관			진열대 제27호
석탑(흥국사 석탑)		개성부 만월정 310번지 일대	정원 앞

출처: 개성부립박물관, 1936, 앞의 책, 10-45쪽.

사지에서 가져온 것이었다.[94] 석관과 철제 불상은 고려시대 유물 가운데 국보급으로, 석관은 장단군 대남면 위천리 주재소에 있던 것이며, 불상은 개풍군 영남면 평촌리의 적조사터에 있던 것으로, 공진회 때 경복궁 근정전에 진열하고 데라우치 총독이 일반에게 관람시켜 찬사를 받았던 유물로 옮겨와서 1935년 10월 1일에 불상공양식을 거행하기도 하였다.[95]

박물관 진열 유물의 자세한 배치는 관람기에 따르면, 대략 정원 앞에는 흥국사 석탑과 미륵입상이 있었으며, 입구의 좌측부터 순서대로 처음에 고려의 충신 정몽주의 초상과 그 필적을 진열하였다. 이어 각 진열대에는 고려시대 청자·백자·회고려·천목 등 도자기를 주로 진열하고 이어 불상·불구부터 일용 잡구 등도 일부 진열하였다. 1층 중앙 진열장에는 개성 부근의 왕궁지에서 출토된 와전류를 아울러 전시하였는데, 이러한 유물들은 경성의 조선총독부박물관을 본 사람이라면 관심을 끌 만한 것은 못 되었다.[96] 개관 이후 박물관 관람자 수는 1932년 12월 말까지 총 15,000명(무료관람자 10,629명, 유료관람자 4,371명)이었으며, 그 가운데는 구미 각국의 유명한 고고학자도 17명이 포함되어 있었다.[97]

이처럼 1931년에 개관한 개성부립박물관은 그 지방에 있던 일본기업과 지방 유지들의 기부금을 바탕으로 일본인들이 수집한 유물과 개성지역 고려고분 매장 출토유물인 도자기를 주로 감상용으로 전시함으로

---

94 「천년 묵은 석등, 찬란한 고려조의 유물, 개성서 발굴 박물관에 보관」, 『동아일보』, 1936.4.14.
95 「천년 전의 불상과 석관, 고향 찾아 다시 송도에」, 『동아일보』, 1935.9.17.
96 小泉顯夫, 1933.4, 앞의 글, 40쪽.
97 「개성박물관, 작년 관람자 수」, 『동아일보』, 1933.1.18.

써 타 지역 박물관과는 차별성을 가지고 나름의 '문화사업'으로서의 성과를 보여주고자 하였다.

3. 기타 지역고적보존회 활동

조선총독부는 1916년 고적조사사업 5개년 사업을 통해 한반도의 고적을 본격적으로 조사하면서 각 도장관에게 공문을 발송하여 전국에 설립된 지역고적보존회의 현황을 파악하였다. 실질적으로 고적조사사업은 지방민의 협조 없이는 그 사업을 효과적으로 진행할 수 없었기에 전국적인 조사가 필요하였던 것이다.

다이쇼 6년(1917) 11월 26일

총무국장

도 장관 전

명승고적의 보존에 관한 건

참고하기 위해 필요한 귀 도 관내에 있는 명승고적으로 이미 보승회 또는 보존회 등에서 명승으로 이를 소개 또는 유지 보존을 도모하고 있는 것이면, 좌기의 점에 보고를 하고 설립 계획 중의 것도 같은 형태의 의미를 가지므로 이를 참조하도록 함.

記

1. 보존회의 명칭 구역과 보존의 주지(主旨)
2. 보존회의 설립 시기

3. 보존회의 회계

4. 보존회의 시설

5. 보존회 규칙 류

6. 발간물이 있는 경우 발간물[98]

이 조사를 통해 모아진 지역고적보존회 자료를 정리해보면,[99] 지역별로 경상도 13개, 충청도 11개, 경기도 8개, 강원도 6개, 전라남도 4개, 황해도 3개, 평안도 3개, 함경북도 1개로 총 49개이다. 즉 일찍부터 고적조사사업의 주요 대상 지역이었던 경상·충청 지역에 가장 많이 설립하였던 데 반해 전라북도와 함경남도에는 보이지 않는다. 그러나 전라북도의 경우 1916년 「보존규칙」에 의해 전북 익산 지역의 유적·유물을 69호에서 72호로, 남원 지역의 유적과 유물을 73호에서 79호로 지정하였다. 그리고 1933년 「보존령」에 의해 13개소의 유적 및 명승고적지를 보존한다[100]고 하였으며, 고도(古都) 전주를 수호하기 위해 부 당국에서 고적보존회 설립 계획을 수립한다[101]는 기사를 통해 이 지역에도 지역고적보존회가 설립되었을 것으로 추측한다. 이는 함경남도도 마찬가지였다. 즉 함남에 있는 황초령 진흥왕순수비, 북청여진자석각은 「보존규칙」에 의해 등록된 유물이며, 함남 영흥의 선원전에는 대대로 태조 이

98　국립중앙박물관 소장 조선총독부박물관 공문서/보존/각도고적보존회/경기도 명승고적 보존 건(A066-033-001-004).

99　이순자, 2009a, 앞의 책, 377-395쪽, 〈표 6-1〉 지방고적보존회 일람표.

100　「전북 도내의 고적보존소 13개소」, 『조선일보』, 1933.12.30.

101　「고적보존회를 조직, 고도 전주를 수호, 부 당국에서 계획 수립」, 『동아일보』, 1937.11.17.

성계의 호적을 보관하다가 1934년 경성의 이왕가도서관 봉모당으로 이전 보관하였던 것으로 보아 이곳에도 지역고적보존회가 설립되었을 것이다. 따라서 이들 지역들을 포함하면 실제로 전국의 지역고적보존회는 현재 남아 있는 자료로 파악되는 것보다 더 많은 수가 있었을 것으로 추정한다.[102]

일제 고적조사사업의 주된 관심 지역이었던 경주·평양·부여 그리고 개성의 지역고적보존회는 조선총독부박물관 분관 및 부립박물관의 설립으로 발전하였으나 박물관 설립을 추진하다 끝내 달성하지 못한 고적보존회도 있다. 대표적인 곳이 김해고적보존회이다. 김해 지역은 임나일본부가 위치하였다는 주장으로 인해 일찍부터 관심이 모아졌던 곳으로, 이마니시는 1918년 2월 11일부터 2월 19일까지 7회에 걸쳐 『매일신보』에 조선고적조사라는 제목으로 임나 지역 고적조사와 관련하여 글을 연재하기도 하였다.[103] 이에 가락왕릉을 비롯하여 김해패총 등 여러 유적을 연결하여 김해고적공원을 만들고, 그 안에 간이 박물관과 호텔을 설립하고자 계획하였으나 실현되지 못하였다.[104]

대부분의 지역고적보존회의 설립 목적은 해당 지역의 고적조사·보존·수리나 특정 유적지의 보존관리를 위한 경우가 가장 일반적이었다. 이 외에 임진왜란과 관련된 유적지 보존, 특히 이순신 관련 유적지 보존

---

102 이순자, 2009a, 앞의 책, 391쪽.

103 「임라에 대하여」, 『매일신보』, 1918.2.11; 「임나-가라-가야」, 『매일신보』, 1918.2.13; 「임나-가라-가야」, 『매일신보』, 1918.2.14; 「임나에 대한 일본의 세력」, 『매일신보』, 1918.2.15; 「만주인의 조선 이주」, 『매일신보』, 1918.2.16; 「임나와 일본과의 요충」, 『매일신보』, 1918.2.17; 「일본부의 組織 權能」, 『매일신보』, 1918.2.19.

104 「任那舊道 김해에 古蹟周遊公園 造園學 權威들이 설계, 박물관도 설립」, 『동아일보』, 1928.6.19.

을 위해 설립한 단체도 12개 정도 있었는데, 이들 보존회는 주로 한국인들을 중심으로 하여 유적지의 보존과 함께 향사(享祀)를 거행하였다. 설립 시기는, 고적조사사업이 본격적으로 시작된 1910년대에 많은 단체들이 만들어졌으며, 1935년까지 꾸준히 설립하였다.[105] 보존회의 대표는 대개 지역단체장(군수·도지사)이 담당하였으며, 경비는 기부금에 의한 기본 재산, 국고·지방비의 보조금, 독지가들의 기부금 및 회원 회비로 충당하였다. 회원은 설립 취지에 뜻을 같이하는 지역민들을 중심으로 하였으며, 회비 액수에 따라 회원 등급을 나누었다. 각 단체는 1년 단위로 평의원회를 조직하여 단체의 운영과 회칙 개정, 예산 심의를 결정하였으며, 관련 서류를 대장형식으로 구비하여 보관하였다. 몇몇 고적보존회에서는 지역 고적에 대한 홍보를 위해 그림엽서나 고적안내기 등을 발간하였고, 이용자들의 편의를 위해 도로를 개수하고, 교통시설이나 숙박시설을 마련하여, 고적의 보존 차원을 넘어 관광자원으로 활성화하기 위한 나름의 노력을 기울였다.

이 가운데 이순신이나 임진왜란 관련 유적지를 보호하기 위한 지역 보존회는 이후 일제의 본격적인 파괴 및 방해 작업으로 큰 피해를 입기도 하였다. 학술적으로 보존가치가 있는 유적임에도 불구하고 '사상 및 치안상'의 이유로 과거 일본과의 전쟁에서 승리를 기념하는 상징물이나 유적들을 철거 이전하였다. 그리고 1940년대 들어서는 반시국적 고적의 철거는 물론, 한국인의 민족의식을 고양시킬 여지가 있는 고적에 대한 보수공사나 정비작업이 거의 이루어지지 않았다. 한 예로 1943년 11월 24일 학무국장이 전북 경찰부장의 의견을 빌려 경무국장에게 「유림의

---

105 이순자, 2009a, 앞의 책, 377-395쪽, 〈표 6-1〉 지방고적보존회 일람표 참고.

숙정 및 반시국적 고적의 철거에 관한 건」을 아뢰었다.

쇼와 18년(1943) 11월 24일 기안
유림의 숙정 및 반시국적 고적의 철거에 관한 건
학무국장
경무국장 귀하

수제(首題) 철거 물건 중 '황산대첩비'는 학술상의 사료로 보존할 필요가 있는 것이지만, 그 존치에 관해서는 관할 도 경찰부장의 의견과 같이 현재와 같은 시국에서는 국민의 사상통일에 지장이 있다며 이것의 철거 또한 어쩔 수 없는 일로 사료되오니 다른 것과 함께 적당한 조치가 있기를 바람.[106]

---

[106] 황수영 편, 2014, 「황산대첩비의 폭파」, 앞의 책, 370쪽. 「유림의 숙정 및 반시국적 고분의 철거에 관한 건」에 의해 관련 지역 유물을 철거하였는데 그 대상 목록은 다음과 같다.

명칭	소재지	비고
高陽 幸州戰勝碑	경기 고양군 지도면 행주외리	
淸州 趙憲 戰場 紀蹟碑	충북 청주군 청주면 상생리	
公州 明藍芳咸種德碑	충남 공주군 주외면 금성리	
公州 明委官林濟碑	충남 공주군 주외면 금성리	1942년 7월 공주사적현창회로 운반
公州 望日思○碑	충남 공주군 주외면 금성리	同上
牙山 李舜臣神道碑	충남 아산군 음봉면 삼거리	
雲峰 荒山大捷碑	전북 남원 운봉면 화수리	금방 철거하려고 하는 것
麗水 墮淚碑	전남 여수군 여수면	
麗水 李舜臣 左水營 大捷碑	전남 여수군 여수면	1942년 3월 철거(박물관에)
海南 李舜臣 鳴梁大捷碑	전남 해남군 문내면 동외리	同上
南海 明張良相東征詩碑	경남 남해군 남해면	
陜川 海印寺 泗溟大師石藏碑	경남 합천군 가야면	破
晋州 金時敏 全城卻敵碑	경남 진주부 내성동	

즉 황산대첩비는 이성계가 왜구를 격파한 일을 기록한 기념물로, 당시 일본의 해외 진출의 증거도 될 것이고, 비의 형식도 미술사적으로 현지에서 보존할 필요가 있었으나, 치안상 철거가 필요하다는 관할 경찰부장의 의견이 있으므로 현 시국에서 폭파가 불가피하다고 판단하였다. 당시는 일제가 대동아공영권을 주장하며 제2차 세계대전에 박차를 가하던 때였고, 이에 대해 한국인들의 반발이 커져감으로 '국민의 사상통일에 지장이 있다면 어쩔 수 없이 철거할 수밖에 없다'고 입장을 밝혔다. 경성으로 운송하기도 번거로우므로, 경찰당국에 맡겨 현지에서 폭파하였던 것이다.[107] 반면 반시국적 유물을 이전한 예도 있었다.

전남 고비(高秘) 제449호
이순신대첩비 이전에 관한 건
쇼와 17년(1942) 3월 4일
전라남도지사
학무국장 귀하

명칭	소재지	비고
慶南 南海 李舜臣 忠烈廟碑	경남 남해	
釜山 鄭撥戰亡遺址碑	부산시 좌천정	
高城 乾鳳寺 泗溟大師紀蹟碑	고성군 거진면	破
延安 延城大捷碑	황해 연백군 연안면	
慶興 鹿堡破胡碑	함북 경흥군 방서면	
會寧 顯忠祠碑	함북 회령군 회령면	
晋州 矗石旌忠壇碑	진주부 내성동	

107 폭파된 비석은 현지에 묻혔다가 1957년부터 재건사업을 시작하여 새 비석을 세웠으며, 깨진 조각은 1977년 건립한 '파비각'에 보관되어 있다(황수영 편, 2014, 「황산대첩비의 폭파」, 앞의 책, 372쪽).

… 지금으로부터 360년 전 임진란에서 이른바 우수영 해전의 총지휘관이었던 이순신의 공훈을 기리기 위해 유생들이 건립한 것인데, 그 비문이 별지와 같이 현재 민심의 지도상으로 보아 그대로 방치해 두는 것은 적당하지 않으며 …

이순신대첩비 이전에 관한 건(여수읍내 및 해남군 문내면 소재, 비석 2기)
쇼와 17년(1942) 3월 8일 결재, 발송
학무국장
전라남도지사 앞

제목의 비석은 고적보존의 입장에서는 현재 위치에 적당한 시설을 마련하여 보존하는 것이 타당하다고 사료되나, 일반 민심의 지도에 지장이 있는 것이라면 이전이 불가피한 것으로 인정되므로, 비신·대석을 전부 포장하여 본부 박물관 앞으로 송부 바람.[108]

1942년 전라남도지사와 학무국장이 주고받은 공문으로, 언급한 이순신대첩비는 해남 명량대첩비(현재 보물 제503호)와 여수 통제이공 수군대첩비(현재 보물 571호)이다. 전자는 정유재란 당시 울돌목에서의 승전을 기념하기 위해 1688년 3월 전라우도 수군절도사인 박신주(朴新冑)가 세웠던 것이고, 후자는 1615년에 이항복(李恒福)이 비문을 짓고 김현성(金玄成)이 글을 썼다. 두 비석은 모두 일제가 조선총독부박물관 뒤편 근정전 뒤뜰로 옮겨두었다.

반면 임진왜란 관련 유적지 가운데 일본의 전승지인 왜성은 '보존'하

---

108 황수영 편, 2014, 「이순신대첩비 이전에 관한 건」, 앞의 책, 373-374쪽.

여 승리를 기념하였다. 1933년 「보존령」 제정 후 왜성을 고적으로 지정하기 시작하였는데[109] 이러한 정책은 일제의 고적 '보존'의 기준이 무엇인가를 극명하게 보여주는 단적인 사례였다.

이 밖에도 부산에서는 1931년 9월 12일에 아마추어 일본인 고고학자들을 중심으로 "부산을 중심으로 고고학에 관련된 연구 및 그 취지의 보급"을 목적으로 부산고고회를 설립하였다.[110] 이들은 수시로 모여 연구 발표 및 답사를 하고, 연구자료를 수집 공개하며 보존 방법을 모색하고 강연회 및 전시회를 개최하는 등 다양한 활동을 하였으며, 그 과정에서 한국의 유물을 반출해갔다. 이 모임에 참여한 오마가리(大曲美太郎), 오이카와(及川民次郎), 미야가와(宮川肇) 등은 한국에 건너와 부산 주변의 패총에서 발굴된 유물들을 수집하였다. 특히 부산의 지역적인 특성을 활용하고 관광자원으로 박물관 건설 운동까지 모색하면서 장래 김해의 '임나박물관'까지 구성하였다. 이 과정에서 일찍이 고적조사사업에 적극적으로 참여한 구로이타와 부산의 거부이자 골동품 수집가였던 가시이 겐타로(香椎源太郎)[111]의 활동이 두드러졌다.

요컨대 일제강점기에 지역의 고적조사·보존·수리, 특정 유적지 보존을 위해 설립된 지역고적보존회는 조선총독부의 고적조사사업을 보조·지원하는 현지 시행부서로서의 역할을 수행하였다. 대부분 민간 주

---

109 太田秀春, 2002, 「일본의 '식민지' 조선에서의 고적조사와 성곽정책」, 서울대 석사학위논문, 51쪽.

110 부산고고회에 대해서는 이순자, 2008, 앞의 글 참고.

111 가시이 겐타로는 러일전쟁 당시 부산에 들어와 조선총독부의 비호 아래 자본 축적에 성공한 일본인 자본가로, 하자마 후사타로(迫間房太郎)와 오이케 쥬스케(大池忠助)와 함께 부산의 3대 거부로 불렸다. 수산업계에서 성공하였기에 조선의 수산왕으로 불렸다(부산역사문화대전, 가시이 겐타로 항목).

도의 성격을 지니고 시작하였으나 지역의 도장관이나 고위 행정관료가 회장을 맡았다는 점, 일본인 지역 유지들의 기부금으로 운영하였다는 점 등 참여 인원이나 재정면에서는 중앙 및 지역 정·재계와 긴밀한 연관성을 가지고 있었기에 조선총독부의 고적조사시 협조가 가능하였을 것이다. 일제의 고적조사사업은 적은 인원이 단기간에 사업을 진행하였기에 여러모로 지역 경찰이나 기관 및 지역민들의 도움이 없이는 사업 수행이 불가능한 구조였기에 현지에서 지역고적보존회의 역할이 필요하였던 것이다. 이에 대해서는 앞으로 조선총독부박물관 공문서 및 지역자료 발굴을 통해 개별 사례에 대한 구체적인 연구가 필요하다.

제5장
개인 소장가의 문화재 반출:
오구라 다케노스케를 중심으로

일제강점기 공적(公的) 영역에서 조선총독부는 고적조사사업을 통해 한반도 전역에 있는 우리의 유적·유물을 발굴조사하고, 그 과정에서 학술 목적이라는 명분하에 많은 유물들을 '합법적으로' 반출해갔다. 반면 사적(私的) 영역에서도 일본 관리·경찰·관학자들은 물론 개인 소장가 및 골동상들에 의해 발굴유물들이 산일 혹은 반출되었다. 이 가운데 개인에 의한 한국 문화재 침탈 및 해외 반출을 거론할 때마다 반드시 언급되는 대표적인 인물이 오구라 다케노스케(小倉武之助)이다.

현재 일본 도쿄국립박물관은 오구라컬렉션보존회가 기증한 한국 문화재 1,030건을 소장하고 있다. 그러나 오구라가 광복 후 한국을 떠나기 전 남겼두었던 문화재와 일본에서 되팔았던 문화재까지를 모두 아우르면 소장품(일명 오구라컬렉션)의 전체 수량은 지금의 두세 배에 이를 것으로 추정하고 있다. 유물의 종류도 토기·금속공예·도자·목공예·전적·회화·복식 등 다양하다. 이들 가운데 '금동투조관모' 등 8건은 일본 중요문화재로 지정하였고, 경북에서 출토되었다고 전해지는 '견갑형동기'를 비롯한 31건은 일본중요미술품으로 지정할 만큼 가치가 뛰어난 유물들이 다수 포함되어 있다.

이 장에서는 오구라가 한국에 건너온 계기와 많은 재산을 축적하게 된 과정 및 문화재 수집 및 반출 사례에 대해 정리하여, 사적 영역에서의 문화재 반출 사례를 살펴보고자 한다.

1. 사업가 오구라 다케노스케: 재산 축적 과정

오구라 다케노스케(1870~1964)[1]는 1870년 8월 12일 오구라 요시노리(小倉良則, 1848~1920)의 장남으로 태어났다. 부친은 현재의 지바현(千葉縣) 나리타시(成田市)에 속하는 쓰치무로(土室) 출신으로 전통적인 무가(武家) 교육과 도장을 운영하며, 아들에게도 검술과 한학을 가르쳤다. 오구라는 12살에 오무로(大室)소학교 고등과를 졸업한 후 호쿠소에이칸의숙(北總英漢義塾)에 입학하여 한학과 영어를 동시

〈그림 1〉 오구라 다케노스케(小倉武之祖)

출처: 大興電氣株式會社·椿猪之助 編, 1934, 『大興電氣株式會社發達史』.

에 배웠다. 도쿄로 유학을 떠나 1893년 7월 도쿄고등중학교를 졸업한 후 도쿄제대 영법과에 진학하였다. 1896년 법학사를 취득한 후 일본우선주식회사(日本郵船株式會社)에 취직하여 해상법 관련 업무를 담당하였고, 이듬해 일본철도회사와 반탄철도주식회사(播但鐵道柱式會社)의 중역을 지낸 히다 쇼사쿠(肥田昭作, 1842~1921)의 장녀와 결혼하였다.

그러나 순탄하기만 하였던 오구라의 삶은 1901년 부친이 사장직을 맡고 있던 도쿄위생회사의 뇌물 수뢰사건에 연루되어 금고 1개월 형을 선고받으면서 어려움에 처하였다. 형무소 수감생활이 길진 않았지만 그

---

[1] 오구라의 생애에 대해서는 小倉高, 1963, 「米坂回顧」, 『小倉家傳』, 千葉: 東京總合印刷柱式會社를 바탕으로 정리한 국외소재문화재재단 편, 2014, 『오구라 컬렉션: 일본에 있는 우리 문화재』 제1부를 참고.

이력으로는 국내에서 관직에 나갈 수 없겠다고 생각한 오구라는 새로운 길을 찾아 한국으로 건너왔다.

> 이러한 때 외지에서 새로운 분야를 개척하는 것에는 대찬성이네. … 조선은 자재도 부족한데 지력은 물론 자력과 노력에서도 일본인이 절대적으로 우월하네. 거기라면 자네가 생각한 대로 수완을 발휘할 수 있을 걸세. … 조선의 부산과 경성을 연결하는 경부철도가 지금 한창 건설 중인데, 경부철도의 직원이 되어 조선으로 건너가 현지를 잘 관찰해 보는 건 어떻겠나.[2]

학교 선배인 오구라 구메마(大倉粂馬)의 권유와 부친과 친분이 있던 경부철도주식회사 사장 시부사와 에이이치(澁澤榮一)의 배려로 1904년 1월 한국으로 건너온 오구라는 경부철도에 입사하였다. 당시 경부철도 공사는 1898년 부설권을 가지고 부산 초량에서 남부행 철도기공식을 가졌는데, 러일전쟁의 기운이 감돌자 사업을 서둘렀고, 1903년 12월 경부철도 속성 공사가 알려지자 1천여 명의 일본인들이 대거 대구로 몰려들기 시작하였다.

경부철도에서 대구 회계주임을 맡은 오구라는 출장비를 아껴 생활비로 충당하며 봉급을 모아, 한국인들을 대상으로 고리대금업과 토지 매입을 하면서 자산을 축적해갔다. 특히, 고리대금업으로 토지를 늑탈하였는데, 당시 신문에 "대구 재류 법학자 오구라가 1905년 11월 대구의 정학서(鄭學西)의 집 1천 2백 환 가치를 2백 환에 저당 잡아 기한 안에 갚지

---

2 국외소재문화재재단 편, 2014, 앞의 책, 48쪽.

못하자 이 가옥을 늑탈(勒奪)"³하였다는 기사가 나기도 하였다.

1903년 가을부터 대구에서 일본인의 토지 매수가 시작되었는데, 1905년 일본계 상업은행인 제일은행 출장소가 대구에 들어서면서 땅값이 폭등하였다. 1906년 대구 군수 박중양이 대구읍성을 허물자 동문과 북문 외곽의 땅을 사 모았던 오구라는 막대한 부동산 차익을 얻게 되어 신흥도시의 신진사업가로서 기반을 다져나갔다. 특히 당시 성벽을 철거하고 도로를 만들 때 4대문에 각 3명의 위원을 위촉하여 대구도로위원회를 조직하였는데, 이때 오구라는 동문 위원으로 활동하였다.[4] 러일전쟁이 발발하자 그해 겨울, 경부철도를 서둘러 개통하였고 경부철도 대구출장소는 해산하였다. 따라서 오구라는 본사로 발령을 받아 도쿄로 돌아갔으나 반년도 채 지나지 않아 사직서를 제출하고 다시 한국으로 건너왔다.

1905년 2월 한국인의 토지와 가옥이 일본인들에게 넘어가는 것을 막기 위해 새로 부임한 경북관찰사 이용익이 토지매매금지령을 내렸다. 그러자 이에 대한 불만을 가진 일본인들이 대구일본인회를 중심으로 이용익 관찰사 배척성토대회를 열고 일본수비대장을 앞세워 관찰부에 들어가 난동을 부리는 사건이 일어났는데, 오구라는 그 주동자 역할을 하였다.[5]

다시 한국에 온 이후 오구라는 농장과 과수원·목축에도 손을 댔으나 경험 부족으로 실패하였고, 이후 주류상·과자점 등 다양한 사업을 하였

---

3 「일인 부정행위 금지」, 『황성신문』, 1906.5.14.
4 정규홍, 2013, 『경북지역의 문화재 수난과 국외반출사』, 경북도청, 500-501쪽.
5 정규홍 편저, 2018b, 『구한말·일제강점기 경상도지역의 문화재 수난일지』, 경상북도·한국국외문화재연구원 참고.

으나 여전히 성과를 내지 못하였다. 이후 왕골로 화문석과 슬리퍼를 만드는 사업을 하였는데, 다행히 과거에 다니던 일본우선주식회사 사장의 투자를 받아 1908년 11월에 한국제연합자회사(韓國製筵合資會社)를 설립하였다. 한국의 왕골로 다다미 같은 것을 만드는 사업으로 1913년에는 '경북공진회'에 상품을 출품하여 수상을 하기도 하였으나[6] 기대하였던 만큼의 사업 성과를 얻지는 못하였다.

1908년 1월 오구라는 대구에서 초기 민회의원 보궐선거로 당선되어 의장직을 맡게 되어 대구의 유력인사로 자리하게 되었다. 1909년에 3세(家屋稅, 酒稅, 草稅)를 신설하였는데, 대구의 일본인들은 이를 배일법(排日法)이라고 반대하며 일본거류민은 면제해달라고 주장하였는데, 이 일에도 오구라가 앞장섰다.

그 후 오구라는 전기사업을 시작하였다. 1908년 서울에 일한와사전기(日韓瓦斯電氣)주식회사를 발족하자 이를 계기로 각지의 거류민들 사이에서 전기사업 붐이 일어났다. 당시 일본인이 많이 거주하던 부산과 인천에 전기회사를 설립하며, 일본인들은 공동출자 방식으로 한국의 전기사업에 뛰어들었다. 서양인이 경영하던 한성전기주식회사도 1909년 결국 일본으로 소유권이 넘어갔다. 당시 대구에는 경부철도 건설과 1906년 통감부 이사청의 설치로 일본인 유입이 증가하였고, 이로 인해 가옥 신축과 시가 팽창으로 전기의 보급이 시급해졌다. 따라서 1909년 7월에 오구라를 비롯한 일본인 16명과 서상돈·정규전·이석진·이병학·정재학·이장두 등의 한국인이 발기하여 1911년 1월에 대구전등주식회사 설립 허가를 받았다.

---

6 「경북공진회보」, 『매일신보』, 1913.11.18.

당초 나의 회사가 대구전기로 허가를 신청한 것은 1911년 1월이었다. 그때는 10만 원의 자그마한 회사였다. 나는 법과 출신으로 전기에 대해선 전혀 문외한이었다. 도쿄에 가서 동창 노구치 준(野口遵)에게 여러 가지를 문의하였다. 실은 볼트, 와트가 무슨 뜻인지도 모르는 고로 이에 대한 설명부터 듣는 형편이었다. 당초는 모두 노구치의 지도를 받아서 일을 시작하였던 것이다.[7]

당시 오구라는 전기에 대한 지식이 전혀 없었기에 전기회사의 기획이나 건설, 가동과 경영 등은 동창인 도쿄제대 출신들에게 의지하였다. 오구라의 전기사업은 대구를 중심으로 한 경북에 기반을 두고 시작하였으나 이내 전국으로 그 범위를 확대해갔다. 그 결과 1916년 함흥전기주식회사를 설립하고, 같은 해 광주전기회사를 세웠다. 이 회사들의 실질적인 경영권은 오구라가 가지고 있었으며, 1918년에는 대구전기주식회사와 함흥전기주식회사를 합병하여 대흥전기주식회사를 설립하였다. 이후 남선 전역의 전기회사를 흡수 통합하여 1937년 3월에 남선합동전기주식회사로 개칭하면서 최고 주주로서 대표직을 유지하며, 일생을 전기사업에 바치겠다고 천명하였다. 그리하여 이른바 '전기왕'으로 불리게 되었다.

한편 오구라는 전기사업뿐만 아니라 1912년 9월에 대구 최초의 민간 은행인 선남상업은행(鮮南商業銀行)을 설립하였다. 이 은행은 부산의 일본인 재산가 이토(伊藤甚之郎), 대구의 요시무라(吉村鎭雄) 등과 자본금 30만 원으로 설립하였는데, 금융계로까지 사업을 확장하여 이후 오구라

---

[7] 임호연, 「재계산맥 근세 100년 산업과 인물, 전기사업(9)」, 『매일경제』, 1983.4.28.

는 전기회사를 매수하거나 지사를 새롭게 세우는 데 필요한 자금 운용을 원활하게 할 수 있었다. 전기사업에 이어 금융사업까지 장악함으로써 막강한 자금을 확보할 수 있었으며, 이는 오구라가 많은 문화재를 수집하는 데 재정적 기반이 되었던 것이다.

전기와 금융 분야 사업가로서 승승장구하던 오구라와 남선합동전기회사는 1945년 일본 천황의 무조건 항복으로 해산의 위기에 처하게 되었다. 그해 10월 3일 경성을 출발하여 대구에 도착한 오구라는 결국 남선합동전기를 중역인 조선인 장시상(張偲相)에게 양도하고, 10월 15일 한국을 떠났다. 당시 현금 휴대가 불가능하다는 유언비어가 나돌아 오구라는 회삿돈 7만 엔을 부산에 있는 중역에게 맡기고 개인적으로는 1만 엔만 가지고 승선하여 10월 20일 도쿄에 도착하였다.

일본으로 돌아간 오구라는 1956년 오구라컬렉션보존회를 발족하여 수집한 한국 문화재를 재단법인의 자산으로 전환하였다. 이후 오구라컬렉션보존회의 이사장으로서 활동하다 1964년(95세)에 사망하였다.

2. 유물 수집가 오구라 다케노스케: 문화재 수집과 반출

전기와 금융사업으로 재산을 축적한 사업가 오구라가 어떠한 계기로 유물을 수집하게 되었는지를 밝힐 만한 정확한 자료가 현재로서는 없다. 다만 성장 배경에서 몇 가지 단서를 찾을 수 있는데, 먼저 집안 환경적 요인이다. 불심이 깊었던 증조모는 먼 시코쿠(四國)의 금비라신(金比羅神)

에게 참배하러 다니며, 집 안에서 곡식신을 섬길 만큼 종교심이 깊었다. 이를 어려서부터 봐왔던 오구라는 그 영향으로 백제불 등 불상을 많이 수집하였다. 그리고 부친 오구라 요시노리는 부유한 환경에서 정치인으로 살면서 집 안에 화려한 가구를 꾸미는 것을 좋아했는데, 오구라도 그 영향으로 어려서부터 고기물(古器物)에 관심을 갖게 되었다. 이후 경제적으로 생활이 넉넉해지자 고기물을 사 모으기 시작한 것 같다. 이렇게 시작한 취미가 소문이 나자 전국 각처에서 다양한 물건을 가지고 그를 찾아오는 발길이 끊이지 않았던 것이다. 둘째는 재정적·사업적 요인이다. 즉 고리대금업, 부동산업, 전기사업, 금융사업 등으로 재력을 형성한 오구라는 특히 전기회사를 운영하며 각 지역에 지점과 출장소를 가지고 있었고, 이러한 지역적 네트워크를 바탕으로 전국적인 범위에서 명품 컬렉션을 수집할 수 있었다. 처음에는 특별한 계통이나 계획도 없이 손에 잡히는 대로 모았는데, 그의 수집품 가운데는 일본 것은 물론 한국·중국 등의 다양한 컬렉션들이 섞여 있었다.

이처럼 오구라에게는 성장 배경, 자산의 형성 등으로 문화재를 수집할 만한 여건들이 마련되어 있었지만, 결정적인 계기는 그 자신의 증언을 통해 짐작해볼 수 있다.

> 조선으로 넘어왔을 당시(1904년 1월)는 말 그대로 무하유지향(無何有之鄕), 일상 다반의 필요품 이외에는 무엇 하나 없었다. 그 사이에 사업도 순조롭게 발전하고 경제상의 여유도 충분하게 되어 다이쇼 10년(1921)경부터 조금씩 마음을 미술골동품에 쏟아 손을 대게 되었다. **그 동기라고 하면 과장된 것이겠지만 조선의 고미술품이나 출토품 등을 보고 있으면 일본의 고대사와 관계가 있을 법한 것이**

눈에 많이 띄었다. 저는 초심자여서 학문적인 것은 전혀 모르지만 이러한 것은 가능한 한 모아서 채워놓으면 결국 **유력한 고고학상, 고대사상의 참고품이 될 듯하다는 생각이 들었다.** 그러한 기분으로 모으기 시작한 것이 골동취미 같은 것으로 커졌고, 결국에는 진지해졌으며 일이 커지게 되어 그 수량도 조선물 수집가로서 손에 꼽히게 되었던 것이다.[8] (강조 인용자)

즉 오구라는 전기사업을 시작으로 막대한 경제적 부를 얻은 후 취미에 따라 수집활동을 시작하였고, 시간이 흐르고 경험이 축적되면서 어느 시점부터 일본과 한국의 민족적·문화적 관계를 규명하는 일에 나름의 목적을 갖고 수집하였던 것이다. 이러한 부분은 오구라컬렉션 목록의 서문격인 「고대의 일선관계」와 1956년 6월 작성된 「오구라컬렉션보존회 설립취의서」에도 분명하게 언급하였다.

나는 소위 실업가여서 고고학이나 (역)사학과는 무관함에도 불구하고 진귀한 조선의 것이 수중에 있는 것은, 이른 시기에 조선으로 건너가 종전까지 42년간 조선에서 널리 일을 하고 있었기 때문이다. 처음에는 학문적인 것은 알지 못하였으나 출토품 등을 보고, 일본과 조선과의 문화적·민족적 관계는 의외로 오래되고 또 깊은 느낌을 가졌으며 그 뒷받침이 될 만한 것을 이른바 일시적으로 모으기 시작한 것이 발단이다. ··· 다이쇼 10년(1921) 경주에 대발굴이 있었

---

8 小倉武之助 編, 1957, 『米坂回顧』, 발행처 불명, 67-68쪽(국외소재문화재재단 편, 2014, 앞의 책, 59-60쪽에서 재인용).

으며 황금 왕관 이외 대량의 고미술품이 출토되었는데, 그 왕관은 51개의 곡옥으로 장식되어 있었다. 그 후 경주뿐 아니라 조선 각지에서 곡옥이 출토되었는데, 오늘날에는 곡옥이 일본과 조선 어디가 본가(本家)인지 의문을 품을 지경에 이르렀다. 그 외 거울·토기·복식에 이르기까지 한일 문화 교류의 증거는 두드러진 면이 있다.[9] (강조 인용자)

이 설립취의서의 1921년 경주 대발굴은 금관총 발굴을 언급한 것으로, 이곳에서 다량의 곡옥이 출토되자 이를 계기로 오구라 또한 금관총에 관심을 가지고 금관총 출토 과정에서 흩어진 유물들을 수집하였다. 사업 기반이 안정된 상황에서 금관총 발굴과 전대미문의 출토품들에 대한 소식을 보고 들은 경험은 오구라에게 골동품 수집을 본격적으로 하게 하는 결정적 계기가 되었던 것이다.[10]

오구라가 고미술품 수집을 마음먹었을 때는 이미 시중에 널리 알려진 유물을 수집하기보다는 주로 은밀히 거래되는 도굴품을 수집하는 것이 훨씬 쉬웠을 것이다. 그는 재물 축적과 함께 고대 한일 관계사에 자료가 될 만한 것을 수집하여 나름대로 체계적인 정리를 하고 싶었던 것으로 보인다.

그의 수집품 중에서 학술적 가치가 높은 것은 대부분 매장 고고유물이었다. 이는 그가 유물에 대해 미술적 가치뿐만 아니라 출토지 등을 명

---

9 小倉コレクション保存會 編, 1980, 「財團法人 小倉小倉コレクション設立趣意書」, 『小倉コレクション保存會關係資料』, 지바현립도서관 소장(이하 오구라컬렉션보존회 관련은 이 자료에서 인용함).
10 국외소재문화재재단 편, 2014, 앞의 책, 63-64쪽.

기하여 '학술적 가치'에 상당히 신중을 기한 것으로 볼 수 있다.[11] 그의 아들 오구라 야스유키(小倉安之)가 쓴 『오구라컬렉션사진집』 서문에도 오구라컬렉션은 미술품보다는 고고유물을 중심으로 수집하였다고 하였다.[12]

또한 오구라가 살던 대구는 지리적으로도 문화재를 수집하기에 적절한 지역이었다. 당시 경주를 중심으로 발굴된 신라의 유물들이 산일되는 경우 경주의 관문인 대구를 거쳐 나가는 경우가 많았는데, 대구의 유지이며 골동품 수집가인 오구라의 손에 이 유물들이 쉽게 들어올 수 있었던 것이다. 다른 수집가들보다 출발은 늦었지만 누구보다도 막강한 재력과 수집망 및 조직력을 가지고 있었기에 오구라는 훨씬 쉽게 문화재를 수집할 수 있었다. 특히 일제강점기 대구는 서울·평양과 함께 3대 고미술시장으로 알려졌는데, 이는 대구에 일본인이 다수 거주하였던 것과 함께 영남 지역의 신라 고분 부장품이 암암리에 거래되었다는 점도 영향을 미쳤을 것이다.

특히 오구라는 1922년경 경북평의회 의원으로 대구 간이공업학교 설립에 막대한 경비를 부담하였고,[13] 평화박람회 개최를 위해 보조비를 내기도 하였으며[14] 대구시가계획조사위원회의 고문 및 위원간사로도 활동하였다.[15] 그리고 1922년에는 경주고적보존회 평의원으로 참여하

---

11 정규홍 편저, 2018b, 앞의 책 참고.
12 財團法人小倉コレクション保存會, 1981, 『小倉コレクション寫眞集』 서문 참고.
13 「경북 도평의회 제2일」, 『매일신보』, 1922.3.17.
14 「경북 도평의회 제6일」, 『매일신보』, 1922.3.21.
15 「대구 도시계획」, 『매일신보』, 1922.5.1.

였다.[16] 이처럼 오구라는 경북·대구 지역에서 영향력 있는 인사로 활동하면서 한국 문화재에 관심을 갖고 경주고적보존회 활동을 통해 고적조사사업을 후원하면서 고적발굴조사에도 관여하였던 것이다.

1930년대 조선총독부가 한국의 전기 공급과 통제정책을 진행할 때 오구라가 경영하였던 대흥전기는 합병 전기사 중 가장 많은 금액을 투자하였고, 그즈음 자신의 소장품들을 중요미술품으로 신청하여 20여 건이 지정을 받았다. 대구 자택에 있던 석조부도는 조선총독부의 「보존령」에 의해 1936년(보물 제222호)과 1942년(보물 제397호, 광복 후 제285호로 지정) 두 차례에 걸쳐 보존물로 지정되었다.[17]

1916년 「보존규칙」 시행 이후 우수한 석조유물들은 고적대장에 등재하여 외지 반출에 대해 단속과 추적이 가능하였다. 또한 1933년 「보존령」에 의해서는 '고적대장'에 기재된 유물에 대해서는 외지 반출이 어려웠다. 그럼에도 불구하고 이 같은 우수한 석조부도가 조사를 거쳐 고적대장에 기재되기도 전에 은밀하게 거래 반출되었는데, 이를 옮기기 위한 막대한 자금은 물론 이를 비호할 수 있는 배경이 있지 않고는 힘든 일이었을 것이다. 1939년경 오구라는 조선총독부 직속기관인 시국대책조사회 위원을 역임하기도[18] 하는 등 조선총독부와 긴밀한 관계를 유지하였다.

오구라는 직접 골동상에 들르거나 경성미술구락부 주최 경매에서 그림과 도자기를 수집하기도 하였으며, 당시 도굴꾼들 사이에서는 그에게

---

16 이순자, 2009a, 앞의 책, 400쪽.

17 조선총독부고시 제69호, 『朝鮮總督府官報』, 1936.2.21(제2730호); 조선총독부고시 제893호, 『朝鮮總督府官報』, 1942.6.12(제4612호).

18 조선총독부, 1939, 『朝鮮總督府及所屬官署職員錄』.

가지고 가면 후하게 값을 쳐준다는 소문이 있어 직접 그를 찾아오기도 하였다. 한 일화로, 경산군에 사는 한 농부가 천 원 정도 예상하고 고려자기 '죽작문주전자(竹雀紋酒煎子)'를 가지고 왔는데, 오구라가 그 물건이 무척 마음에 들었던지 5천 원을 주었다고 한다. 이 사람은 갑자기 거금이 생기자 음식점에서 돈 자랑을 하며 떠들다가 수상하게 여긴 경찰에게 잡히고 말았다. 경찰이 자금 출처를 추궁하니 오구라에게 받았다 함으로 오구라에게 문의하였다. 오구라는 분명히 자기가 준 돈이라고 하고 자동차를 보내어 집까지 데려다 주었다고 한다. 이리하여 한 번 거래한 골동상이나 도굴꾼들은 일급품이 나오는 대로 오구라에게 가져왔다.[19]

또 개성경찰서에서 평양경찰서장으로 전근 간 나가타(永田) 경시가 소장품 '목단국문상감대화분' 2점, '청자사자투각향로' 1점, '운학상감매병' 외 1점 등에 대한 소문을 듣고 찾아온 평양 제일 수장가 시바타 레이조(柴田鈴三)의 제안을 거절하였다는 소식을 들은 오구라는 요구하는 값을 다 주고 소장품을 구입하였다고 한다.[20] 고령 가야고분 300여 기를 도굴한 김영조는 유물 전부를 오구라에게 가져다 팔았는데, 개당 2원씩 받고 넘겼다는 곡옥만도 족히 두 되 이상은 되었다고 하였다.[21]

당시 신라고분 도굴 사건에 대한 당국의 엄중한 처벌을 요구하는 기사도 나왔다.

근래 들어 밀굴자가 많아지는데, 상습자는 조선인으로 보이는 약

---

19 정규홍 편저, 2018b, 앞의 책 참고.
20 송원(이영섭), 1973, 「내가 걸어온 고미술계 30년」, 『월간 문화재』 참고.
21 국외소재문화재재단 편, 2014, 앞의 책, 38쪽.

20명에 달한다고 전해지며 그 출토품은 주로 내지인 고매자(故買者)에 의해 대체로 수집되며 부당한 이익을 보고 있다. … 출토품은 내지인 고매자에 의해 대구의 호사가에게 판매되는 일도 있으며, 부정하게 밀굴이 금후 거듭 행해지고 있어 신라왕조의 문화를 연구할 자료가 산일되니 당국에서는 신중하게 취체하기를 바란다.[22]

여기서 '대구의 호사가'라고 불린 사람은 오구라를 비롯하여 대구여자고등보통학교장 시라카미 주키치, 병원장 이치다 지로, 가와이 아사오 정도이다.[23] 이치다 지로는 당시 오구라와 함께 대구 이남 지역에서 한국 문화재를 가장 많이 수집한 인물로, 자택에 신라·가야고분 출토품을 전시한 진열실을 두었을 정도였으며, 고려자기만 해도 400점 이상을 수집하였다고 한다.[24] 대구에 근거지를 두고 문화재를 수집한다는 행위 자체뿐 아니라 주요 수집 분야까지 겹치면서 두 사람은 경쟁 관계에 있었을 것이다. 대구부에서는 1929년 9월 15일부터 11월 3일까지 대구역전 상품진열소에서 '신라예술품전람회'를 개최하였는데, 전람회에서 민간이 출품한 진열품들은 대부분 도굴품들로, 당시 시라카미 주키치, 이치다 지로와 함께 오구라의 수집품이 주를 이루었다.[25]

오구라는 고분 출토품을 비롯하여 불교유물·도자기·목칠공예품·금속공예품·회화·전적·서예·복식에 이르기까지 다방면의 한국 문화

---

22 「新羅王朝の古墳を密堀」,『경성일보』, 1925.4.15.
23 국외소재문화재재단 편, 2014, 앞의 책, 38쪽.
24 정규홍, 2013,『경북 지역의 문화재 수난과 국외반출사』, 우리문화재찾기운동본부, 525-530쪽.
25 정규홍, 2005, 앞의 책, 369쪽.

재를 수집하였다. 전국 각지에 수집망을 펼쳐놓고 다양한 유물을 모았는데, 오구라의 수집에 대해 남영창은 다음과 같이 비난하였다.

자신이 적극적으로 수집하였다면서 수집 방법을 비난하는 사람에게 '현지 한국 사람이 팔러 왔기에 사주었을 뿐이라고' 변명하고 있다. 오구라가 수집의 포획망을 넓히기 위해 전기회사의 지점, 출장소를 수집 창고로 삼고 있다는 사실만으로도 그 변명 그대로 받아들일 수 없는 일이다. 설령 일부 한국인들이 들고 팔러 왔다고 해도, 입수 경위에 부정의혹(도굴품)이 있는 역사적 유물을 돈으로 구입하는 행위 그 자체가 불법행위이기 때문이다. 그 이전에 한국 민족의 둘도 없는 민족문화유산을 금전거래의 대상으로 삼고 취미로 소장한다는 것은 다름 아닌 한국 민족과 문화에 대한 모욕인 것이다. … 한국 현지인의 증언에 의하면 '백주에 당당하게 인부를 이끌고 와서 도굴하였다'고 하였다.[26]

오구라의 매장물 취득에 대해 과연 일제 당국은 어떤 입장이었을까? 오구라는 도굴품 수집의 비리 행위를 관리들로부터 비호를 받기 위해 조선총독부박물관에 상당수의 미술품을 기부하였다. 즉 1943년 8월 30일 조선총독 고이소 구니아키(小磯國昭) 앞으로 "염부완(染付盌) 23점, 청자상감 천(天) 명문 잔 1점, 금동관 잔편(일괄), 동인(銅印) 4점, 녹유호(綠釉壺) 2점 등, 총 52점 1,151엔"을 기부한다는 내용의 기부원(寄附願)

---

26 館野晳 編著, 오정환 옮김, 2006, 『그때 그 일본인들』, 한길사(정규홍, 2013, 앞의 책, 504-505쪽 재인용).

을 제출하였다. 이에 대해 학무국장이 조선총독 고이소에게 기부자 포상을 건의하기도 하였다. 그러나 무슨 이유에서인지 1943년 10월 8일에 조선총독관방 인사과장이 "검토하였지만, 관계 서류를 일단 반려함"이라고 공문서를 보냈다.[27] 또한 오구라는 일제 말기에는 상당한 재산을 국방헌금으로 내놓는 '애국행위'도 하였다.

> 총후의 적성의 노도
> 오구라(小倉) 씨 6만 원 헌금
> 대동아전쟁 서전에 있어서 우리 해군의 혁혁한 무훈에 감동한 남선합동전기회사 사장 오구라 다케노스케 씨는 18일 국민총력조선연맹 사무국 가와키시(川岸) 총장을 방문하고 동씨 개인의 자격으로 육해군에 각 3만 원 도합 6만 원을 국방비로써 헌금을 기탁하였다. 가와키시 총장은 씨의 독행에 크게 감격하여 헌납 수속을 취하였다.[28]

이와 같은 기부행위를 통해 오구라는 총독부 권력의 보호를 받으며, 재력과 전국적인 관계망을 통해 한국의 유물을 수집하였던 것이다.

수집한 유물은 우선 대구의 오구라 자택과 서울 장충동 별채에 보관했으며, 도쿄로 조금씩 옮겨놓고 전시 공개하였다. 대구와 서울에 있는 오구라의 저택에는 골동상인과 도굴꾼들이 문전성시를 이루었고, 이런

---

27 「오구라 다케노스케 씨 기부(박물관)에 관한 건」(1943.8.30), 「기부자 포상에 관한 건」(1943.9.27)(황수영 편, 2014, 앞의 책, 55-56쪽).
28 「銃後의 赤誠이 怒濤-小倉氏六萬圓獻金」, 『매일신보』, 1941.12.17. 이 외에도 「4만 원 국방헌금, 남선합동전기사장 小倉씨의 赤誠」, 『매일신보』, 1942.6.28; 「徵兵에 十萬圓喜捨, 대구의 小倉武之助氏」, 『매일신보』, 1943.8.3.

유명세 탓에 1938년에는 오구라의 대구 저택 창고에 도둑이 들어 금불상 등 10점을 훔쳐갔는데, 그 값이 대략 3천여 원어치였다.[29]

특히 창녕 고분군의 도굴과 흩어진 유물은 오구라와 관련이 있었다. 우메하라에 의하면 "다수의 창녕 고분군은 야쓰이 세이이치의 발굴 이후 이어진 지방 인사의 도굴로 인하여 지금은 전부가 내용물을 잃었다"고 하였으며, 창녕에서 도굴된 "부장품은 산일되어 대구의 이치다 지로, 오구라 다케노스케 등의 소장으로 돌아갔는데, 그중에는 아국(일본)의 국보와 중요미술품으로 지정된 귀중품도 있다"고 하였다.[30] 실제 오구라 컬렉션에는 창녕 출토품으로 전해지는 '금동투조관모', '금동조익형관식', '단룡문환두대도', '금제태환이식' 등 7건 8점의 일괄 유물이 포함되어 있었다. 뿐만 아니라 동래 방면의 많은 고분군도 심하게 도굴되었으며, 흩어진 수많은 부장품들 중 한반도에서는 보기 드문 "철제단갑과 투구는 출토 후 오구라 다케노스케의 소유로 돌아가 종전 때까지 그의 대구 저택에 보존되고 있다"고 하였는데 이는 오구라컬렉션 중 '전 경남 동래군 연산리' 출토 일괄 유물을 의미하는 것으로 추정된다.[31]

도굴품은 도굴꾼과 수집가 사이에서 직접 거래가 이루어질 뿐만 아니라 경찰서장, 교장 등 공직에 있는 지역 유지들이 개입하는 경우도 있었다. 경주 계림보통학교 교장으로 부임한 지바 젠노스케(千葉善之助)는 일요일마다 건장한 학생 몇 명을 불러 미리 보아둔 신라고분을 대놓고 도굴하였다고 한다. 그렇게 파낸 유물은 모두 교장 관사로 옮겨놓고, 경

---

29 「금불상수난시대 대구에서 삼천원어치 도난」, 『매일신보』, 1938.8.23.
30 梅原末治, 1947, 앞의 책, 108-109쪽.
31 국외소재문화재재단 편, 2014, 앞의 책, 74쪽.

주경찰서장과 오구라에게 유물을 보러 오라고 연락하면 오구라는 한밤중에라도 술을 사들고 찾아왔으며, 값은 마음대로 계산해서 경찰서장과 지바 교장에게 얼마씩 나누어 주고 유물을 실어갔다고 한다.[32] 이 밖에도 경찰서장이 도굴꾼을 잡아들인 뒤 압수한 골동품을 오구라에게 사례금을 받고 넘기기도 하였으며, 전문 골동상과 경매를 통해 수시로 거래를 하였는데, 위조품이나 복제품 등이 제작 유통되는 경우도 빈번하였다. 이에 오구라는 고가의 물건을 구입하는 경우에는 구입에 앞서 도쿄제실박물관의 심사위원들의 감정을 거친 후 진위 여부와 가격을 결정하였기에 보통 일주일 이상의 시간이 걸렸다.[33]

1931년경 오구라는 도쿄에 대흥전기 도쿄출장소 겸 사저를 지을 때, 콘크리트로 저장고를 만들었다. 공사가 끝난 1932년부터 본격적으로 한국에 있던 소장품을 옮겨갔는데, 1943년에는 보관 공간을 고민해야 할 정도였다고 한다. 또한 당시의 유명 소장가들은 자신의 컬렉션을 전시하거나 단행본에 수록하여 공개하였는데, 오구라도 "오구라 소장"으로 일본 『고고학잡지』에 수록하였다.[34] 그리고 1937년과 1940년에는 도쿄제실박물관 전시회에 소장품의 일부를 출품하였으며, 1941년 5월에는 도쿄의 사저에서 전람회를 개최하였다.

오구라는 반출해간 유물에 대해 자신의 안목이나 컬렉션의 학술적 가치를 인정받고자 도쿄국립박물관 유물담당자에게 선보여 감정을 받기도 하였고, 1936년부터 1939년까지 자신의 소장품 중 일부를 중요미

---

32 이경희, 2006, 「추적 小倉컬렉션의 행방」, 『월간 조선』 27-5(국외소재문화재재단 편, 2014, 앞의 책, 74쪽 재인용).

33 송원(이영섭), 1973, 앞의 글, 15쪽.

34 「小倉武之助氏所藏品展觀目錄」, 『考古學雜誌』 31-8, 1941.

술품으로 신청하였다. 그 가운데 중요문화재로 지정된 것이 8점, 중요미술품으로 지정된 것이 31점이었다.[35] 일본 문부성 종교국 보존과에서는 1936년과 1937년에 『중요미술품 등 인정 물건 목록』 1, 2집을 발간하였는데, 중요미술품으로 인정된 물건 가운데 오구라의 소장품이 포함되었다(〈표 1〉 참고).

1945년 10월 일본으로 돌아간 오구라는 지바현 나라시노(習志野)에 새롭게 창고를 짓고 도쿄 사저 창고에 있던 소장품과 한국에서 가져간 수집품을 보관하였다. 당시 대구에서 가져간 유물의 양을 혹자는 "트럭 일곱 대에 가득 실어야 할 분량"이었다고 하였다.[36] 또 1973년 1월 아들 오구라 야스유키가 인사동에 와서 골동상 석굴암 주인 변영덕(邊英德)에게 10년 전을 회상하며, 자기 부친이 그 소장품을 전부 도쿄 시내 모 박물관으로 옮겨갔는데 물건을 실어 나르는 데만 꼬박 10일이 걸렸다고 말한 적도 있었다.[37] 그러나 정작 당사자는 대부분을 한국에 두고 와 잃게 되어 유감스럽기 그지없다고 하였다.

한 가지 일화로 광복 직후 오구라는 트럭 한 대를 몰고 부여박물관에 찾아가서 그곳에 남아 있던 일본인 직원에게 부여 유적에서 발굴한 백제 문화재를 자기에게 팔라고까지 하였다. 박물관의 물건은 나라의 재산이라고 하는 직원에게 "지금 나라가 어디에 있느냐"고 반문하였다고 한다.[38] 오구라의 회사에 근무하던 조용하의 회고에 의하면, 광복이 되던 날부터 오구라의 집으로 불려가서 문화재를 하나하나 포장하는 일

---

35 황수영 편, 2014, 앞의 책, 54쪽.
36 이경희, 2006, 앞의 글.
37 송원(이영섭), 1973, 앞의 글, 21-22쪽.
38 최순우, 1992, 앞의 책 권5, 371쪽(정규홍, 2012, 앞의 책, 463쪽 재인용).

〈표 1〉 일본 중요미술품 인정 물건 목록

번호	물건	출토지	소장자
	1936년 9월 12일(문부성고시 제321호) 인정/ 공예품 및 고고학자료부		
3212	銅製多鈕細文鏡 1면		도쿄시 혼고구 유시마미쿠미정 오구라 다케노스케
3213	구리스형 동검 1점, 附, 銅製鏃 1점	경북 경주 부근 출토	
3214	銅製肩甲 1점	전 경주 부근 출토	
3215	透彫銀金具付佩礪 1점	전 경주 부근 출토	
3216	木製鱗文鞍橋殘闕 1점 革地金銅透彫金具張杏葉 2점 銀製飾付金銅雲珠 2점 銀製星形座附金銅鐶 2점 金銅製鐶頭刀子 1점	전 조선 경상북도 성주 출토품 8점	
3217	銀平脫葡萄唐草文龜甲形小匣 1합	전 경상남도 출토	
3218	金製冠金具 1개 金製瓔珞付耳飾 1쌍	전 경상남도 합천 부근 출토품	
3219	金銅透彫鞍金具殘闕 1개분 附 附屬金具	전 경남 창녕 부근 출토	
3220	金銅毛彫三重搭文舍利容器 1점 銀製槌出寶塔形舍利容器 1점 銀製槌立唐草文舍利容器(덮개 결실) 1점 金製舍利小瓶 2점	전 경북 경주 남산 출토품 4점	
3221	銅製漆塗鋺 1점 銀製小壺(5寶36개입) 1점 金銅長方形箱 1점	전 경북 경주 남산 출토품 3점	
	1936년 11월 28일(문부성고지 제357호) 인정 / 공예품 및 고고학자료부		
3265	銅鐘共蓋付 1점	전 평남 대동군 낙랑 유적 출토	후쿠오카시 마스고야정 다마스 간이치(田增關一)
3266	嵌玉金銅熊脚	전 평남 대동군 낙랑 유적 출토 1점	후쿠오카시 마스고야정 다마스 간이치
	1937년 2월 16일(문부성고시 제50호) 인정		
3473	陶製三嶋竿頭水指 胴에 '高靈 仁壽府'의 명문 有	古蹟圖譜 15-6107	도쿄 아자부구 도리이자카정 남작 이와사키 고야타(岩崎小彌太)
3474	청자향로(조사필요) 1점		아카사카구 아오이정 재단법인 오쿠라 슈코칸(大倉集古館)

	1937년 5월 27일(문부성고시 제253호) 인정		
3730	磁製合襴手仙盞甁有蓋 1개		도쿄 고이시카와구 다카다오이 마쓰정 후작 호소카와 모리타쓰
	1937년 11월 11일(문부성고시 제359호) 인정		
4040	木製漆塗案 漢 永元 14년 銘文 有	평남 대동군 낙랑 유적 출토 1개	도쿄 아카사카구 아오야마미나미정 6정목 네즈 가이치로(根津嘉一郎)
	1937년 12월 24일(문부성고시 제434호) 인정		
4225	靑磁多嘴缾 宋 元豊 3년 등 銘文 有	중국? 1점	**오구라 다케노스케**

출처: 文部省 宗敎局 保存課, 1938.3, 『重要美術品等認定物件目錄』 2.

을 하였다고 한다. 그가 포장한 문화재는 트럭 7개 분량이었다고 하며, 부산까지 따라가서 문화재를 기범선에 실어주고 대구로 돌아왔다고 하였다.[39]

1945년 11월 미군정청은 일본인의 귀중한 서류, 예술품 등을 접수하여 조선은행에 보관하도록 재산관리과에 지시하였다. 그리고 1945년 12월 31일에는 일반 고시 제7호로 문화적 물품을 반환하고 일체 일본으로 가져가는 것을 불허하였다.[40] 그러자 오구라는 대구시에 수백 점을 기증 형식으로 내놓고, 다른 일부는 그의 심복이던 최창섭(崔昌燮)에게 약 200여 점을 맡겨두었다고 한다.[41] 10년 후에 다시 올 터이니 잘 보관해달라는 당부가 있었음에도 불구하고 최창섭은 이 유물을 과수원에 묻

---

39 이경희, 2006, 앞의 글.
40 『조선일보』, 1946.1.8(정규홍 편저, 2018b, 앞의 책 참고).
41 송원(이영섭), 1973, 앞의 글, 21쪽.

어두었다가 1949년부터 처분하기 시작하였다.

그 후 1964년 5월 27일, 오구라가 숨겨두었던 문화재가 발견되었다. 즉 경상북도 대구 시내의 육군 제8053부대 대장실 마루 밑에서(천장이라고도 함) 전기시설 보수공사 중 전기공이 발견하여 행정부서를 거쳐 문화재관리국에 신고하였다. 이 건물은 일제강점기 오구라의 저택으로 광복 후 일본으로 철수할 때 숨겨 놓은 고고·미술품이었던 것이다. 그 가운데는 '신라미안(新羅美顔)'이라 칭하는 얼굴이 일부 파손된 수막새기와도 있었다. 당시 문교부에서는 1964년 6월 19일 경주박물관에 조사·인수토록 하여 현재 국립경주박물관에 수장하고 있는데, 총 144점(한국 유물 119점, 일본 도자 23점, 중국 도자 2점)의 유물이 발견 조사되었다.[42]

---

42 「어딘가에 감춰, 개운찮은 뒷소문, 의문은 149점, 500여 점」, 『동아일보』, 1964.6.20. 이 사실은 발견 후 신고한 숫자(500여 점)와 현물의 숫자(149점)의 현격한 차이로 20여 일이 지난 후 신문지상에 알려졌다.

3. 일본으로 반출해간 오구라컬렉션

1) 오구라컬렉션보존회 설립[43]

광복 이전부터 일본으로 조금씩 옮겨놓은 유물은 귀국 후 오구라의 유일한 재산이자, 생계수단이 되었다. 하나둘씩 처분하여 생활비로, 이사 비용으로, 아들 부부의 미국 유학비로 충당하면서 그는 "마치 키우던 개에게 보살핌을 받는 듯한"[44] 기분이었다고 회고하였다. 지바현 나라시노에 새롭게 창고를 짓고 이전하는 과정에서 일부가 분실 파괴되었고, 두 번이나 도난을 당하였다. 이에 오구라는 남은 컬렉션의 보존에 대해 고민을 하였고, 법인을 설립하여 소장품을 보존하고자 하였다. 1956년 6월에 작성한 「오구라컬렉션보존회 설립취의서」에는 이를 밝혀두었다.

조선 문화의 자재(資材)는 일본 문화를 연구하는 데에 필요 불가결한 재료라고 믿는다. 그러한 의미에서 힘이 닿는 한 고고학적 문화 자재를 수집하였던 것인데, 뜻밖에도 이번에 변을 당해 갑작스럽게 귀국하게 되어 그 대부분을 조선에 두고 와 잃게 된 것은 한 개인의 이해(利害)를 떠나 일본 문화의 연찬(研鑽)을 위해 실로 유감스럽기 그지없다. 다행히 내지(일본)에 둔 적은 일부분이 전재(戰災)를 면하여 자

---

43 이순자, 2014, 「오구라컬렉션보존회의 설립과 운영」, 국외소재문화재재단 편, 앞의 책, 96-118쪽 참고.
44 小倉武, 1963, 앞의 글 재인용.

연히 조선 고문화재군을 이루고 있는 것인데, 오늘날 이것도 새로 수집하려면 절대 불가능한 것이라고 생각한다.

그래서 수집품군의 산실(散失)을 애석해하며 일본 고대문화 연구에 기여하려는 취지와 내가 전력을 기울여 개척하고 경영한 조선에서의 전기사업의 추억을 담아 작은 문화재단을 만들고 이를 법인으로 하여 영구히 보존하는 길을 강구하고자 한 것이다.[45]

즉, 일본과 한국의 오랜 문화적·민족적 관계를 뒷받침할 만한 유물을 모아왔고, 고대 한일관계를 연구하는 데 도움이 되고자 문화재단을 설립한다는 취지를 밝혔다.

1956년 8월 9일, 지바현 혼정(本町) 청운각(靑雲閣)에서 설립준비회를 갖고, 1957년 초부터 법적 절차를 본격적으로 준비하여, 1958년 4월 3일 마침내 재단법인 오구라컬렉션보존회를 설립하였다. 보존회의 조직은 이사장 1명(오구라 다케노스케)과 상무이사 1명(아들 오구라 야스유키)을 포함하여 이사 6명, 감사 2명, 평의원 12명이었다. 특히 오구라 사후에는 오구라 야스유키가 이사장직을 맡았다. 시기별로 보존회 임원 명단은 〈표 2〉와 같다.

평의원은 주로 이 분야에 식견이 있는 인물로 이사회에서 선출해 이사장이 위촉하였는데, 주목되는 인물은 감사였던 가야모토 가메지로(榧本龜次郎)와 평의원인 후지타, 우메하라, 아리미쓰, 하라다, 미카미(三上次男) 등이다. 이들은 일제강점기 조선총독부가 실시한 고적조사사업 및 박물관사업, 조선사편찬사업 등에 깊이 관여하였던 인물들로, 한국 출토

---

45 小倉コレクション保存會 編, 1980, 앞의 글.

<표 2> 오구라컬렉션보존회 임원

구분		1958	1960	1962	1964.4	1965.3
이사회	이사장	小倉武之助(4.1)	小倉武之助	小倉武之助	小倉武之助	小倉安之(65.2.2)
	상임이사	小倉安之(4.1)	小倉安之	小倉安之(61.5.5)		上條一也(65.2.2)
	이사	永久正志(4.1)	永久正志	永久正志(61.5.5)	永久正志	永久正志
	이사	林茂樹(4.1)	林茂樹	林茂樹(61.5.5)		田中誠一郎(65.2.2)
	이사	田中誠吉(4.1)	田中誠吉			山下重輔(65.2.2)
	이사	平野元三郎(4.1)	平野元三郎	平野元三郎(61.5.5)	平野元三郎	平野元三郎
	감사	椛本龜次郎(4.1)	椛本龜次郎	宮崎甚三(61.5.5)	宮崎甚三	宮崎甚三
	감사	松本範(4.1)	松本範	松本範(61.5.5)	松本範	松本範
평의원회		原田淑人(4.1)	原田淑人	原田淑人(62.5.3)	原田淑人	原田淑人
		堀越友三郎(4.1)	堀越友三郎	堀越友三郎	堀越友三郎	堀越友三郎
		大澤新一(4.1)	梅原末治	梅原末治	梅原末治	梅原末治
		萩原三郎(4.1)	萩原三郎	萩原三郎	萩原三郎	萩原三郎
		鎌田博(4.1)	鎌田博	鎌田博	鎌田博	鎌田博
		山下重輔(4.1)	山下重輔	山下重輔	山下重輔	
		○山順吉(4.1)	○山順吉	○山順吉	○山順吉	○山順吉
		佐藤金治(4.1)	佐藤金治		三上次男	三上次男
		佐藤英一郎(4.1)	佐藤英一郎	佐藤英一郎	佐藤英一郎	
		藤田亮策(4.1)	藤倉武男	藤倉武男	藤倉武男	
		小倉秀信(4.1)	小倉秀信	小倉秀信	小倉秀信	
		三橋孝一郎(4.1)		有光教一	有光教一	有光教一

* 괄호 안은 확인되는 취임 날짜.

유물에 대한 식견을 가지고 보존회에 참여하였던 것이다.

아리미쓰나 우메하라는 한국에서부터 오구라와 깊은 인연을 갖고 누구보다 그의 컬렉션에 대해 잘 알고 있었던 인물로, 10년 넘게 오랜 기간 평의원직에 재임하면서 직·간접적으로 영향을 주었다. 특히 아리미쓰는 경주의 신라고분을 발굴조사하던 1931~1933년경 오구라의 대구 자택을 방문하여 오구라컬렉션을 직접 보았다고 회고하였다. 이후에도 인연을 유지하며, 1952년 교토대학 문학부 고고학연구실 근무시 우메하라의 한국고고학 관계 자료 정리작업의 일환으로 오구라컬렉션을 조사하며, 주요 유물을 촬영·실측·기록하는 전 과정에 참여하였다.[46] 가야모토 모리토(榧本杜人)라는 이름으로도 활동한 가야모토 가메지로는 1930년부터 조선총독부 고적조사 사무촉탁으로 재직하였고, 패전할 때까지 조선총독부박물관에서 근무하였다. 평양 오야리 낙랑고분군 등 주로 평양 일대의 낙랑·고구려 유적 발굴조사에 참여하였다. 귀국해서는 국립박물관 나라분관을 시작으로 도쿄국립박물관 고고과 유사실장, 나라국립문화연구소에서 활동하였다.

평의원의 주요 임무 중 하나가 이사회의 자문에 응하는 것이었던 만큼, 한국에서 오랫동안 활동하며 유적·유물에 조예가 깊었던 이들의 참여는 오구라컬렉션보존회 활동에 큰 도움이 되었을 것이다. 보존회 활동 후반부에 접어드는 1974년 5월부터는 도쿄국립박물관 직원이었던 후지타 구미오(藤田國雄)와 하세베 가쿠지(長谷部樂蟹)도 평의원이 되어 보존회가 해산될 때까지 함께하였다. 이들은 컬렉션의 가치에 대해 자문해주는 한편, 보존회 해산시 유물이 도쿄국립박물관으로 기증되는 절차에도 역할을 담당하였던 것이다.[47]

---

46 有光敎一, 1947.3,「小倉武之助氏を偲ぶ」,『國立博物館ニュース』418.
47 국외소재문화재재단 편, 2014, 앞의 책, 106쪽.

재단법인 설립 당시 재산 목록에는 컬렉션 목록이 첨부되었는데, 유물의 수량과 당시의 가격 등을 기록하였다.[48] 법인 설립 당시 등기에는 총 1,034점의 컬렉션이 기록되었는데, 종류별로 보면 임나와 신라 관련 유물이 각각 245점과 211점으로 가장 많으며, 낙랑을 비롯한 고고유물들도 상당수였다(〈표 3〉 참고).

〈표 3〉 오구라컬렉션보존회 재산 목록(1957.12.2)

종류별 명칭	수량(단위: 점)	평가액(단위: 엔)
선사시대 관계	63	8,500,000
낙랑 관계	62(63)	21,000,000(21,600,000)
고구려 관계	14	1,500,000
백제 관계	21	3,000,000
임나 관계	245	55,000,000
신라 관계	211(212)	40,000,000(40,509,500)
고려시대	133(140)	15,000,000(15,870,000)
이조시대	130(134)	5,500,000(5,640,000)
불상	47	20,000,000
서함	93	5,000,000
일본 관계	16	1,500,000
계	1,034	176,000,000

* 괄호 안은 추후 수기로 수정된 금액.

등기상에 오구라컬렉션은 1천여 점으로 기재되었으나 그즈음 컬렉션을 직접 본 현위헌의 회고록에 따르면, 실제 수량은 그보다 훨씬 많아

---

48 小倉コレクション保存會 編, 1980, 「財團法人小倉コレクション保存會寄附行爲」, 앞의 책.

보였다고 한다.[49] 컬렉션 관리자이자 보존회 이사로도 활동하였던 히라노 겐자부로(平野元三郎)도, 등기에는 당시 감정이 이루어졌던 상대적으로 큼직한 유물들만 포함되었으며, 법인 설립 당시 시간 관계상 모든 수집품을 감정할 수 없었으며, 누락된 것을 합하면 최소한 1,500여 점이 넘는다고도 하였다.

오구라컬렉션의 소장 유물은 1957년 보존회 설립 당시 1,034점이었다가, 1980년 보존회 해산시 1,047점이었던 것을 볼 때, 전체 수량면에서는 큰 차이가 없었으며, 대부분의 소장 유물은 보존회 설립 이전에 흩어졌을 것으로 추측한다.[50] 전체 총 자산도 설립 초기 177,775,320엔이었는데, 해산 직전인 1979년 3월 31일 자료에 보면 181,188,400엔으로 20여 년 동안 재산상의 변동도 크게 없었다.[51]

보존회 사업은 오구라 다케노스케의 사망 전과 후로 구분되는데, 먼저 1958년 재단법인 설립 1년차 사업은 컬렉션의 보존관리, 고증 및 목록 작성, 소장품 목록 간행(300부), 컬렉션 공개사업을 진행하였으며, 필요하면 공개 강연, 사진 촬영 등을 추가로 진행하였다.[52] 1962년에는 보존진열관 확장 계획을 세우고, 1964년에 본격적으로 장소와 규모, 예산 조달 방법까지 구체적으로 논의하였으나[53] 그해 12월 오구라 다케노스

---

49 현위헌, 2006, 『우리것을 찾아 한평생-현위헌 자전실화』, 경남, 370쪽.
50 오구라의 유물은 광복 후 경주박물관에 1차 접수된 450여 점, 집에서 발견된 145점, 도쿄국립박물관에 기증한 1,100여 점 등 2,200여 점으로 파악된다. 여기에 그가 일본에 건너간 후 개인적으로 처분하였거나 계속 은닉 중인 유물을 포함하여 4,000여 점에 이를 것으로 추정한다(정규홍 편저, 2018b, 앞의 책 참고).
51 小倉コレクション保存會 編, 1980, 「昭和54年度事業計劃」, 앞의 책.
52 小倉コレクション保存會 編, 1980, 「昭和33年度事業計劃」, 앞의 책.
53 小倉コレクション保存會 編, 1980, 「昭和37年度收支決算書」, 앞의 책.

케의 사망으로 중단되었다. 오구라 사망 이후 보존회가 해산될 때까지 약 15년 동안의 활동은 기존 소장품의 정비·유지·보존 등 소규모 활동만으로 현상 유지를 하였다. 적극적으로 문화재를 모았던 부친과는 달리 아들 오구라 야스유키에게 컬렉션은 아버지의 유산일 뿐 큰 의미가 없었던 것 같다.

이렇게 20년 이상 유지되던 오구라컬렉션보존회는 1981년 3월 19일 해산 인가 신청을 내고, 마침내 3월 26일 해산하였다. 이후 7월 10일, 도쿄국립박물관에 한국 문화재 1,030건을 포함한 1,110건의 문화재를 기증하였고, 9월 18일 제국호텔에서 해산 모임을[54] 가짐으로써 역사 속으로 사라졌다. 오구라가 일제강점기 내내 막대한 경제력을 이용하여 한국 문화재를 광범위하게 수집·반출하였던 것을 감안해보면, 보존회를 통해 도쿄국립박물관에 기증한 유물은 극히 일부에 지나지 않았던 것이다.

한편 보존회는 해산을 앞두고 컬렉션의 대표작을 선별하여 『오구라컬렉션사진집』을 발행하였다.[55] 이 도록에 실린 사진은 도쿄국립박물관에서 1982년에 간행한 도록과 일부 사진이 동일하였다. 이 무렵은 도쿄국립박물관 직원인 후지타와 하세베가 보존회 평의원으로 활동하고 있었을 시기로, 도쿄국립박물관 측에서 기증받을 유물들을 사진 촬영하고 조사하는 작업이 이미 진행되고 있었던 것 같다.[56] 유물을 기증받은 도쿄국립박물관은 1982년 3월 2일부터 4월 4일까지 동양관 특별전시실

54　小倉コレクション保存會 編, 1980, 「小倉コレクション解散案內文」, 앞의 책.
55　財團法人小倉コレクション保存會, 1981, 앞의 책.
56　국외소재문화재재단 편, 2014, 앞의 책, 123-124쪽.

에서 '특별전관 기증 오구라컬렉션'을 개최하였다. 오구라컬렉션보존회가 있던 지바현의 지역 신문에서는 이를 극찬하였다.

> 금년 봄 3월 2일부터 도쿄국립박물관 동양관 특별전시실에서는 4월 4일까지 오구라컬렉션의 전시가 행해진다. … 오구라컬렉션은 나리타시(成田市) 출신 고(故) 오구라 다케노스케 옹이 재한 중, 1921년 경부터 1945년에 걸쳐 수집한 조선의 고고학적 학술자료를 중심으로 한 고미술품이다. 품목도 대단한 것이지만 그 가운데 일본의 중요 문화재 지정품 6건 1구, 고고·금공·조각·도자·칠공·서적·회화·염직 등 1,100건이다. 옹은 수집품이 오래 분산되지 않고 널리 학계에 활용되는 것을 바라고 다액의 사재를 투자하여 재단법인을 설립하여(이사장 小倉安之 이학박사) 영구보존을 도모하고, 개인도 이사의 의뢰를 받아 협력하며 1981년(쇼와 56) 3월부터 그 보관 감리를 도쿄국립박물관에 의뢰하였다. … 그는 사학자도 고고학자도 아니었지만 컬렉션의 중점은 학술적 자료가 되며 … 오구라컬렉션의 연구에 의해 한일 양국의 문화 관계를 알리는 데 큰 공헌을 남겼다고 생각한다.[57]

이에 반해 당시 한국 언론에서는 매우 강한 어조로 오구라컬렉션 기증에 대한 비판 기사를 실었다.[58] 특히 기증된 오구라컬렉션에는 중국이

57　平野元三郎, 「價値ある學術的資料: 小倉コレクション」, 『千葉日報』, 1982.3.24.
58　이난영, 「小倉컬렉션 공개 소식을 듣고-"빼앗기는 문화재 다신 없어야"」, 『경향신문』, 1982.4.6; 정구종, 「일본에 억류된 우리 조상 슬기」, 『동아일보』, 1982.3.29; 황병렬, 「가야권 도굴 문화재 일천여 점 특별전」, 『경향신문』, 1982.3.23; 황병렬, 「일

나 일본 문화재도 몇 점 포함되어 있었지만 대부분은 한국에서 수집한 문화재였다. 그럼에도 불구하고 도쿄국립박물관 측에서는 전시 제목이나 도록 어디에도 '오구라 기증'이라는 점만을 강조하였을 뿐 '한국 문화재'라는 점을 내세우지 않고 있어, "그 많은 우리의 것을 전시하면서도 '한국'이라는 문화재의 국적 표시를 의도적으로 회피하려는 일본 측의 처사에 새삼 분노를 느끼지 않을 수 없다"고 하였다.[59] 이처럼 기증 당시 특별전을 개최한 이래 도쿄국립박물관에서는 이후 오구라컬렉션을 내세운 어떠한 전시도 개최하지 않았다.

2) 도쿄국립박물관에 기증한 오구라컬렉션 내용

현재 도쿄국립박물관에 소장된 오구라컬렉션은 모두 1,110건에 이른다.[60] 그리고 동양관에 전시된 한국 문화재(총 241건) 가운데 반 이상(125건)이 오구라컬렉션보존회에서 기증한 문화재이다.[61]

고고유물이 가장 많고, 도자기와 금속공예품이 그다음을 차지하였다.

인 골동상 도굴꾼 배후 조종 가야고분 마구 도굴」,『경향신문』, 1982.3.24.

59 「수탈한 천여 점 한국 관계 문구 하나 없이 공개」,『동아일보』, 1982.3.29; 이용우, 「나라 잃은 문화재들, '한국' 국적표시 안한 日, '오구라컬렉션' 국가 차원 반환운동 벌릴 때 아닐까」,『동아일보』, 1982.3.30.

60 1985년 지바현 나라시노시(習志野市) 주변의 골동상에서 '박물관에 수용되지 못한 오구라컬렉션의 일부'라고 하여 꽤 여러 유물이 진열되었다고 한다. 따라서 도쿄국립박물관에 기증된 유물은 오구라컬렉션의 일부였을 것으로 추측된다[松本松志, 2001,「日本有數の朝鮮考古學コレクションの謎」,『歩いて知る朝鮮と日本の歴史』千葉のなかの朝鮮』, 東京: 明石書店, 151쪽(국외소재문화재재단의 2013년 국외문화재 출처조사 재인용)].

61 국외소재문화재재단 편, 2014, 앞의 책, 125쪽.

고고유물은 삼국시대 고분 출토품과 와전류가 주류이며, 낙랑고분 출토품이 그다음이다. 삼국 중에는 특히 신라와 가야의 고분 출토품이 다량 포함되어 있었다. 고분 출토품은 장신구류, 무기류, 말갖춤류와 같은 금속기와 토기가 대부분이었다. 토기는 특정 모양으로 만든 상형토기가 많은데, 집·오리·말·소·기마형인물형토기 등이 대표적이다. 이들 중 상당수는 '전 ○○ 출토'라고 전하는데 이것은 도굴품이라는 것을 증명하는 것으로, 오구라가 도굴꾼들로부터 사들일 때 도굴 장소를 메모해주었던 것으로 짐작되며, 그만큼 치밀하게 출토지를 기입 또는 도굴을 사주하였다는 것을 의미할 수도 있다. 또한 유물을 다른 중간 단계를 거치지 않고 오구라에게 직접 가져온 것이라고도 볼 수 있다.[62]

불교 문화재는 크게 조각·공예품·불화·전적류로 나뉘는데, 조각은 대부분 소형 금동불이고, 제작시기는 삼국시대부터 고려시대까지 다양하나 신라와 통일신라시대 유물이 가장 많다. 공예품은 사리장엄구가 다수이며, 불교 의식용 법구(法具) 등도 있었다. 그 외에 도자기와 회화 등과 함께 조선왕실 관련 복식 유물도 포함되었다.

오구라는 유물을 모으기 시작하면서 자신이 어떤 시대의 무슨 유물을 소장하고 있는지, 이러한 유물들이 어디에서 출토되었으며, 어떤 경위로 입수하였는지를 정리할 필요성을 느꼈던 것 같다. 그래서 소장품 목록을 만들었는데, 현재까지 알려진 오구라컬렉션의 소장 목록은 10여 종이다.[63] 가장 오래된 목록은 1941년에 작성된 『오구라다케노스케씨소

---

62 정규홍 편저, 2018b, 앞의 책 참고.
63 국외소재문화재단 편, 2014, 앞의 책, 135쪽, 〈표 2〉 오구라컬렉션 관련 목록 및 사진집.

장품전관목록(小倉武之助氏所藏品展觀目錄)』이며, 1982년에 도쿄국립박물관이 오구라컬렉션을 기증받은 후 특별전시를 개최하면서 공식적으로 간행한 『기증오구라컬렉션목록(寄贈小倉コレクション目錄)』이 가장 최근 것이다. 여기에는 한국 유물 1,030건(1건에 여러 개가 포함되어 실제 숫자는 이보다 많음)의 목록과 대부분의 유물 사진이 함께 실려 있다. 이전까지 간행된 목록과는 달리 종류별 구분을 우선시하여 고고유물·조각·금속공예·칠공예·서적·회화·염직·토속 순으로 정리한 것이 특징이다 (〈표 4〉 참고).

10여 종의 오구라컬렉션 관련 목록을 보면, 목록에 따라 유물 수량, 시대 분류, 계측치 등이 다르며, 출토지 또는 출처 내용 역시 차이가 있다.[64] 특히 목록 작성 시기가 늦어질수록 사찰명과 같은 구체적인 출토지나 지명, 조선왕실과 관련된 내용 등이 삭제되었다. 이것은 일제강점기 고고유물은 지정 여부와 관계없이 무단 조사와 도굴품의 거래가 금지되어 있었으며, 폐사지 출토품 역시 국가 소유로 개인들의 취득이 불허하였기 때문이다. 더욱이 왕실 관련 유물은 민간에서 함부로 거래될 수 없음은 알고 있었기에 삭제하였을 것이다.[65]

특히 오구라컬렉션 가운데 고고유물은 일제강점기에 실시한 고적조사사업과도 밀접한 관련이 있다. 오구라는 대부분 도굴이나 발견 이후 부당하게 유통되던 고고유물을 매입하였는데, 수집가들의 고고유물 매

---

[64] 2013년도 국외소재문화재재단의 국외문화재 출처 조사 내용에 따르면, 오구라컬렉션 가운데 출토지나 입수유형이 확인된 고고유물은 36건, 불교 관련 유물은 45건, 서화 및 전적은 9점, 도자는 10점(골동상이나 개인 소장가를 통한 입수 건 7점), 금속공예 30건, 목·지공예 2건, 유리공예 2건, 조선왕실 관련 유물 19점으로 파악하고 있다.

[65] 국외소재문화재재단 편, 2014, 앞의 책, 147쪽.

〈표 4〉 도쿄국립박물관 소장 오구라컬렉션

종류	한국	중국	일본	기타
고고	557	10	4	4
조각	49			
금속공예	128	2		
도자기	130	18	2	2
칠공예	44			
서적	26	1	9	
회화	69		25	
염직	25			
토속(민속)	2	1	1	1
합계	1,030	32	41	7

출처: 국외소재문화재재단 편, 2014, 앞의 책, 130쪽.

입으로 인해 더 많은 유적이 파괴되고 유물이 도굴되는 결과를 초래하였다. 오구라가 수집한 고고유물은 선사시대, 낙랑시대, 삼국시대, 통일신라시대 등이었다.

선사시대 유물[66] 중 대표적인 것은 일본 중요미술품으로 지정된 견갑형동기[肩甲形銅器, 전(傳) 경북 출토], 다뉴세문경[多紐細文鏡, 전 경남 출토]과 1920년 경주 입실리에서 출토된 7건의 유물이다. 특히 견갑형동기는 현재까지 오구라컬렉션에만 있는 유일무이한 유물이다. 낙랑 유물은 주로 낙랑고분 출토품이 다수를 차지하는데 칠이배(漆耳杯), 칠반(漆盤) 등 칠기와 동기, 그리고 한나라 경(鏡), 귀걸이, 패옥 등이다. 삼국시대 유물의 대부분은 고분에서 출토된 금속공예품과 토기·기와이다. 일본 중요문화재로 지정된 금제관(金製冠, 전 경남 출토)을 비롯하여 창녕 출토로 전

---

66   이하 내용은 국외소재문화재재단 편, 2014, 앞의 책, 150-184쪽의 내용을 참고.

해지는 금동투조관모(金銅透彫冠帽), 금동조익형관식(金銅鳥翼形冠飾), 금동투조식리(金銅透彫飾履), 금제태환이식(金製太鐶耳飾), 금제천(金製釧), 금동비갑(金銅臂甲), 단용문환두대도(單龍文環頭大刀) 등이다. 이 외에도 경남 창녕, 부산 동래군 연산리, 산청군 단성면 등에서 출토된 일괄유물도 포함되었다. 통일신라시대 유물은 토기와 골호(骨壺)·막새기와류가 많다. 고고유물들은 출토지와 출토유물과의 관련 정보가 학술적으로 중요함에도 불구하고 오구라 소장 유물은 대부분 도굴이나 발견 이후 부당하게 유통된 고고유물을 매입하거나 반출한 것으로 관련 정보가 알려지지 않아 학술적 자료로 아쉬움이 크다.

이 가운데 1920년 8월경 발견된 경주 입실리 유적은 남한의 대표적인 초기 철기시대의 유적으로, 경주-울산 간 철도공사 중에 다량이 출토되었다. 하지만 당시에는 공사 관계자들에게만 유적이 알려졌을 뿐 공식적으로 보고되지 않은 채 유물이 사방으로 흩어졌다. 얼마 지나지 않아 경주고적보존회의 모로가 히데오, 오사카 긴타로가 이 사실을 알게 되었지만 경찰에 알리지 않았다. 이런 와중에 입실리에서 출토된 유물 중 일부인 세형동검 등 6점의 유물이 경주읍의 한 골동상에게 흘러갔다. 그리고 나서야 모로가는 비로소 경주경찰서장에게 신고하였고, 1921년 1월 경주 입실리 유적이 세상에 알려졌다. 조선총독부는 일본인 공사 감독을 불러 경위를 조사하였고, 골동상이 보관하던 유물 중 세형동검 3점, 동모 2점, 동과 1점의 유물을 조선총독부박물관에서 구입하도록 하였다. 이후 조선총독부박물관은 1923년 후지타 등으로 하여금 입실리 유적을 조사하도록 하여 박물관 직원들이 직접 방문하긴 하였지만 유적이 드러난 지 이미 2년이 지난 뒤였다. 유물은 조선총독부박물관을 비롯하여 경주고적보존회, 대구의 오구라 다케노스케와 가와이 아사오(河井

朝雄) 등이 주로 소장하였다.

이때 오구라가 입수한 유물은 세형동검, 동마탁, 원형식금구, 적갈색 연질토기 등인데 후지타의 보고서에 상세한 기록이 남아 있다.[67] 오구라가 입수한 세형동검은 입실리에서 출토된 6점의 세형동검 중 1점이며, 조선총독부박물관에서 구입한 3점 이외, 1점은 경주고적보존회에서 보관하다가 후에 경주국립박물관으로 넘겼으며, 나머지 1점은 가와이가 소장하였던 것이다. 이외에도 오구라컬렉션에는 동돈(銅鐓), 동과(銅戈), 동령(銅鈴) 등이 경주 입실리 유적 출토품으로 기록되어 있다. 고고유물이 학술적인 중요성을 지니기 위해서는 유물 자체뿐만 아니라 출토지와 출토 상황이 중요한데 오구라컬렉션의 경주 입실리 출토유물은 발견 직후 일괄유물이 흩어진 채 개인의 수중에 들어갔다는 점에서 학술적 가치면에서는 치명적인 한계를 지니고 있다.[68]

또한 오구라컬렉션에 있는 차양주(遮陽冑), 철제단갑(鐵製短甲), 관모형복발(冠帽形覆鉢), 원두대도(圓頭大刀) 등은 경상남도 연산리 출토유물로 알려져 있다. 이들 유물은 거대하게 무덤을 만들고 그 속에 다양한 부장품을 넣던 5~6세기 한반도 중남부 지역 사회의 단면을 잘 보여주는 유물이었다. 연산리 고분 출토 일괄 유물의 도굴 시기는 당시 신문기사나 공문서에 의하면 대개 1931년 6월경에 도굴되었을 가능성이 높으며,[69]

67　藤田亮策, 1925,「南朝鮮に於ける漢代の遺蹟」,『大正十一年度古蹟調査報告』2, 1-2쪽.
68　국외소재문화재단 편, 2014, 앞의 책, 156-162쪽.
69　「동래읍연산리에 신라보물 발견: 석조 무기와 보석 도기 등 발굴밀매자 취조중」,『동아일보』, 1931.6.15. 이어「휘보」,『고고학잡지』23-1, 1933.1에 의하면 "남조선에서 일본 上代의 短甲 및 眉庇付冑와 同型式의 鐵製甲冑가 발견되었는데 대구의 오구라(小倉) 씨의 손에 들어갔다"고 하며 "부산 부근 동래에서 발견된 도굴품"이라고 전하고 있다(정규홍 편저, 2018b,「우리 문화재를 농단한 오구라 다케노스케」, 앞의 책

1941년 도쿄 자택에서 개최한 전시회에 연산동 고분군 출토유물이 공개되었으므로, 그 이전에 일본으로 반출된 것으로 추정된다.[70] 이처럼 연산동 고분군 출토유물은 일제강점기 조선총독부의 정식 발굴 허가를 받아 조사한 것이 아니었기에 1916년「보존규칙」이나 1933년「보존령」을 위반한 명백한 도굴 문화재이다.

이 밖에도 컬렉션 가운데는 정확한 출토지는 알 수 없으나 보통의 신라금관 형태와는 다른 금제관(金製冠)과 1921년 우연히 발견된 금관총 출토유물이라고 명시된 금제수식(金製垂飾), 금제흉식금구(金製胸飾金具), 금제도장구(金製刀裝具), 곡옥(曲玉), 청령옥(蜻蛉玉), 옥충익편(玉蟲翼片) 등이 있다. 이 유물들은 수습 조사 전후에 유출된 유물의 일부로 시중에 유통되다가 오구라컬렉션에 포함된 것이다.

요컨대 오구라컬렉션의 고고유물 대부분은 도굴품으로 일제강점기 조선총독부의 문화재 법령이 존재하였음에도 불구하고 법적인 제재를 받은 적이 없었다. 오히려 권력과 긴밀한 관계를 유지하면서 나름의 보호를 받았던 것이다. 그의 수집 행위는 일제강점기에는 법규에 위배되는 것이었으며, 광복이 되면서 1945년 8월 9일 자로 소급하여 일본인이 가졌던 모든 재산은 그 권리가 소멸된 것이기에 그의 수집품에 대한 소유권도 당연히 한국에 귀속되어야 하였다. 따라서 그의 수집 방법과 반출은 원천적으로 불법인 것이다.

참고).
70 국외소재문화재재단 편, 2014, 앞의 책, 169-170쪽.

맺음말을 대신하여:
1965년 '한일협정'과
문화재 반환을 돌아보며

일제강점기 조선총독부는 침탈과 동화라는 이중적 방법으로 한국의 고유문화를 말살·탄압하고 더 나아가 왜곡·변형시켜 이데올로기적으로 활용하는 것을 식민지 문화정책의 기조로 삼았다. 바로 이런 맥락에서 실험적으로 실시한 관련 법령과 제도를 기반으로 문화재 정책을 수립하였고, 임의적으로 발굴·기록한 고적조사를 시행하였다. 그 과정에서 약탈적인 도굴과 반출은 식민통치기간 내내 지속적으로 진행하였다.

일제강점기 고적조사사업에서 일본인들의 주요 관심 유적은 고분이었다. 고적조사위원회나 조선고적연구회에 의한 '합법적'인 발굴조사와 일반인들에 의한 불법적인 도굴이 동시에 이루어졌다. 전자의 경우는 고적조사라는 명목하에 실시하였는데, 이때 발굴유물들은 조선총독에게 보고하고 박물관에 소장하는 것이 원칙이었으나 발굴에 참여한 일제 관학자들에 의해 '학술적인 목적'이라는 명분으로 산일·반출되는 경우들이 많았다. 그리고 도굴·매매 등으로 지방군수를 비롯한 도굴자들의 손에 들어가 개인 소장품으로 전락하는 경우도 빈번하였다. 문화재 관련 법령과 제도가 있었음에도 불구하고 한반도의 발굴유물들은 철저한 보호 및 관리가 이루어지지 못한 상황에서 원래의 소재지를 떠나 흩어지거나 유출되었던 것이다.

가장 피해가 심한 지역은 평양 일대 낙랑고분과 고려청자가 부장되어 있는 개성 고려고분, 임나일본부설의 현장으로 추정된 가야고분, 경주 신라고분, 그리고 공주·부여의 백제고분이었다. 이것은 순수한 학문적인 관심에서 시작된 것이 아니라 식민통치 이데올로기를 문헌뿐만 아니라 고고학적으로 증명하고자 하는 의도에서 실시되었던 것이다. 즉 일제가 식민통치를 정당화하기 위해 내걸었던 일선동조론·타율성론을 고고유물을 통해 증명하고자 이 지역에 대한 집중적인 고적조사를 실시한 것이다.

수집된 유물의 일부는 조선총독부박물관에 진열되어 다양한 면에서 식민지배의 선전도구로 이용하였고, '근대적 전시공간'인 박물관은 식민통치를 받고 있는 한국인들의 교육의 장(場)으로 활용하였다. 또한 고적조사와 박물관사업에 참여한 일제 관학자들은 조선역사 편찬사업에도 참여함으로써 고적조사사업과 박물관사업 그리고 역사편찬사업이 일제가 주장하는 식민사관을 증명하는 작업으로 일관되게 적극 활용되었다.

특히 조선총독부는 고적 발굴조사시 일본인의 감독하에 현지 한국인들을 인부로 고용하여 유물을 출토하고, 운반하는 정도의 역할만을 시켰을 뿐, 발굴 현장에서 철저히 배제시켰다. 물론 고적조사위원에 한국인이 몇 명 포함되어 있기는 하나 보조적인 역할만을 하게 할 뿐이었다. 발굴 보고 단계에서도 발굴 결과에 대한 해석은 일본인 관학자들이 주도적으로 맡았다.

결국 일제강점기 한반도에서 실시한 문화재 정책은 한국인을 철저하게 타자화(他者化)하였으며, 고고학적 발굴조사는 일제의 한반도 식민지배를 합리화하기 위한 '증거'를 찾는 작업으로 활용되었던 것이다. 그리고 그 과정에서 법령이나 관련 기구가 마련되어 있었음에도 불구하고 많은 유물들이 공적 조사를 통한 반출과 관료·경찰·일제 관학자 및 개인 수집가들에 의해 밀반출됨으로써 문화재의 이중적 침탈이 이루어졌다.

기록이 없던 선사시대나 문헌기록이 적은 고대사회를 연구할 때 주목하는 것이 바로 고고학이다. 한국에서 고고학은 19세기 후반 한반도에 건너온 일본인들에 의한 고적조사로부터 시작하였지만, 중국이나 대만처럼 학문적인 접근이기보다는 일본과의 역사적 관계를 밝혀 식민사관을 증명하기 위한 유물의 발굴 및 수집을 위한 작업이었다고 해도 과언이 아니다. 그리고 그 결과물 또한 순수한 학문적 실증보다는 일제 식민통치의 도구로 이용되어 일본이 말하고 싶은 역사, 보여주고 싶은 역사를 대변하는 증거물로 재구성되었던 것이다.

광복을 맞이한 지 75년이 지난 오늘날까지도 한국 사회에서는 여러 분야에서 일제 청산에 대한 목소리가 끊이지 않고 있다. 약탈·반출 문화재에 대한 반환 문제도 예외는 아니다. '문화재 반환(返還)'이란 상대방이 약탈(掠奪)·도취(盜取)·도굴(盜掘) 등 반인륜적·불법적인 행위로 빼앗아 간 문화재를 돌려보낸다는 의미이다. 그나마 현재 일본에 있는 반환 대상 반출 한국 문화재 가운데 소재가 확인된 것은 주로 공공기관에 소장된 것이며, 개인 소장 유물은 대부분 소재조차 파악되지 않고 있어 이들 문화재의 반출 경로 파악이 꾸준히 이루어져야 한다. 정확한 반출 경로가 밝혀져야만 그 과정에서 불법성이 있는 것에 대해 정당한 반환을 요구할 수 있는데 이것 또한 쉬운 일은 아니다.

따라서 맺음말을 대신해 광복 이후 일제강점기 약탈 문화재 반환 문제를 공식적으로 거론하였던 1965년 '한일협정' 과정 속에서 논의된 문화재 반환협정 내용을 간략하게 정리함으로써 이후 해외로 반출된 문화재 반환에 대한 참고자료로 삼고자 한다.[1]

광복 이후 반출 문화재 반환을 위한 움직임이 아주 없지는 않았으나 한일 간에 약탈 문화재 반환 문제가 본격적으로 시작된 것은 '한일협정'

---

[1] 2015년 9월에 광복 70주년과 한일국교정상화 50주년 맞이하여 국외소재문화재재단에서는 '한일 문화재 반환 문제의 과거와 미래를 말하다'라는 주제로 기념 학술대회를 열었다. 이 장에서는 이 대회에서 발표된 김인덕·류미나·이근관의 글과 국성하, 2006, 「한일회담 문화재 반환협상 연구」를 참고하였다.

때부터였다. 한일 양국은 1950년부터 1965년까지 1차례의 예비 회담과 7차례의 본 회담을 진행한 끝에 마침내 '한일협정'을 체결하였다. 그동안은 '한일협정' 관련 외교문서를 공개하지 않아 회담 과정의 구체적인 내용들을 알 수 없었으나, 2005년 8월 26일에 관련 외교문서 전체가 공개됨으로써[2] 청구권 협상뿐만 아니라 문화재 반환 협상에 대한 내용도 알 수 있게 되었다.

'한일협정' 과정에서 문화재 반환 교섭은 1952년 2월 15일 제1차 회의가 시작된 후, 1965년 6월 22일 회담이 타개될 때까지 14년 동안 6차에 걸쳐 일본 도쿄에서 열렸다. 1952년 2월 23일, 제1차 한일회담 제2차 청구권위원회에서 한국 측은 일본에 '탈취한 국보 및 문화재' 반환을 요구하였고, 일본은 역(逆)으로 반환 대상 문화재 목록을 구체적으로 제시하라고 요구하였다. 일본은 국제적 전례를 따라, 과거 식민지 조선은 평화적인 지배 지역이므로 정당한 매매를 통해 문화재를 반출할 수 있었고, 정당한 매매가 아닌 문화재의 반출 입증 책임은 한국에 있다고 주장하였던 것이다.[3] 그러나 당시 대한민국은 정부를 수립한 지 4년여에 지나지 않아 우리 문화재에 대한 파악이나 관리 체계는 물론 전문 인력조차 없는 상태였기에 일본의 역 요구에 명확한 답변을 내지 못하였다. 즉 일제강점기 조선총독부박물관이나 고적조사사업에 참여한 인물들은 대부분이 일본인들이었고, 몇몇 한국인들은 관련 전문가들이 아니었다. 게다가 한국인 직원들은 단순한 보조적 역할만을 담당하였기에,

---

2 동북아역사넷(www.contents.nahf.or.kr/한일회담외교문서).
3 김인덕, 2015, 「일본 측 문서로 본 1965년 한일회담 문화재 반환교섭에 대한 소고」, 『한일 문화재 반환 문제의 과거와 미래를 말하다』, 197쪽.

타 분야와 마찬가지로 해방 공간에서 한국인 가운데 이 분야를 담당할 만한 제대로 된 인력 계승은 없었다. 그런 중에 일본의 요구에 떠밀려, 1953년 5월 19일에서야 '한국 국보, 역사적 기념물(미술공예품, 고서적 그 외)'의 즉시 반환청구목록을 일본에 건넸다.[4]

이후 한국 정부가 일본 측에 문화재 반환 문제를 공식적으로 거론한 것은 1958년 제4차 회담부터였는데, '구보타 발언'이 계기가 되었다. 즉 일본의 수석대표인 구보타 간이치로(久保田貫一郎)가 1953년 10월 15일 제3차 회담의 재산청구권위원회 2차 회의에서 한국 측 대표(홍진기)와 심한 언쟁을 하였다. 홍진기는 한국은 36년간의 일제 식민지배에 대한 피해 보상을 요구할 권리를 가지고 있으나 그 대신 순수한 법률적 청구권만을 제출하였다고 하면서 한국에 대한 청구권(역청구권) 주장을 철회할 것을 촉구하였다. 이에 구보타는 식민지배의 '유익성' 내지 '근대화'를 언급하면서 도리어 일본의 보상 요구 권리를 주장하였다. 이러한 구보타의 식민지 지배 옹호 발언으로 인해 약 4년 가까이 회담이 결렬되었다.

그 후 제4차 한일회담(1958.4.15~1960.4.19)을 앞두고, 일본은 '한국 문화재 일부를 반환하겠다'는 결정을 내렸다. 즉 한일회담 재기 및 한국 내 외국인 수용소에 억류되어 있는 일본인 어부의 송환을 성사시키기 위해 기시 노부스케(岸信介) 총리는 구보타 발언과 역청구권 주장을 철회하였던 것이다. 그러면서 한국이 반환을 요구하였던 문화재 가운데 일부를 이승만 정부에 돌려주기로 결정하였다.[5] 이것이 한일 간에 처음으

---

4 김인덕, 2015, 앞의 글, 198쪽.
5 「제4차 한일회담 재개합의 문서(1957.12.31)」, 『제4차 한일회담 예비교섭, 1956-58』

로 이뤄진 문화재 반환이었다. 그러나 이때 일본은 문화재로서의 가치가 높지 않은 금제이식(金製耳飾) 등 106점의 문화재를 '반환(返還)' 대신 '인도(引渡)'라는 용어를 사용하여 돌려주었다.[6] 당시 일본 외무성은 '국교정상화'를 위해 문화재 반환을 '외교적 수단'으로 이용하려 하였던 것이다.

제4차 한일회담 전에 한국은 반환 문화재를 조사하여, 「피탈문화재 중 일부 설명서」, 「일본정부가 대한민국에 인도해야 하는 미술품 목록」, 「도쿄국립박물관 소재 미술품 97점의 목록」, 「한국체신부문화재 대일현물반환요구품목」(1958.2.28), 「한국 출토 미술품 목록」을 정리하였다. 이를 근거로 제4차 한일회담부터 시작되는 문화재소위원회에서 논의를 본격적으로 진행할 계획이었으나, 제4차 한일회담에서 한국 측의 계획은 철저히 무시되었다. 열두 차례 진행된 문화재소위원회에서 시종일관 일본 측의 반환 협상 회피로 반환의 원칙조차 합의하지 못하였던 것이다.

제5차 한일회담(1960.10.25~1961.5.16)에서야 드디어 전문가들이 참여하였다. 한국 측(단장 유진오, 실무담당 황수영, 자문 김상기·이홍직·김원룡)에서는 문화재 반환 문제에 일본 측이 보다 적극적으로 임해줄 것을 요청한 데 반해, 일본 측은 주무 당국인 일본 문부성에서 문화재 반환을 적극 반대하며, 본 문화재소위원회 위원 파견조차 거부하고 있다면서 지연 작전을 폈다. 그러다가 며칠 후 일본 측은 수석대표 간 비공식회의에

V2, 1957.

[6] 금제 이식 2점, 도제장경호 고배 50점, 도제장경호 제개(製蓋) 24점, 도제완 10점 등 창녕 교동고분군 출토품 총 106점은 제4차 회담 기간 중인 1958년 4월 16일 일본 측으로부터 인도받아 주일본대사관에서 보관, 1967년 6월 22일 반입되었다. 이 출토품은 이미 한국 정부가 소유권을 넘겨받은 것으로 협정을 통한 반환 품목 대상에 포함하지 말았어야 하였다(『오마이뉴스』, 2006.2.16, 김인덕, 2015, 앞의 글, 재인용).

서 "첫째, 국유문화재는 원칙적으로 돌려주겠다. 돌려준다는 것은 반환의 뜻이 아니라 기부(寄附)한다는 뜻이다. 둘째, 사유문화재는 인도할 수 없다. 셋째, 문화재를 돌려주는 것이 어디까지나 정치적, 문화적 고려이지 법률적 의무로 하는 것은 아니다"라고[7] 하며 약탈 사실을 회피하면서 조건을 제시하였다. 이처럼 일본 측의 입장은 한국 측과는 분명한 차이가 있었던 것이다.

이후 한일 양국은 전문가회의를 구성하였다. 한국 측에서는 문화재 반출 경위와 일본 소재 문화재의 구체적인 품목과 그 소재 등을 논의하였다. 특히 일본 정부에서 국보로 지정한 문화재, 조선총독부에 의하여 반출된 문화재, 이른바 통감 또는 총독에 의하여 반출된 문화재 등이 이 논의의 중심이었다.[8] 그러나 전문가회의에서 얻은 확인사항은 구속력이 없고, 문화재소위원회의 검토와 인정을 거쳐야 협상의 효력이 있었기에 구체적인 성과는 없었다.

제6차 한일회담(1961.10.20~1964.4.5) 문화재소위원회에서는, 양측 전문가들이 참여하여 별도로 전문가회의를 운영하였는데, 당시 전문가회의에서 한국 측이 조사를 요청한 문화재는 소네본(曾禰本), 데라우치문고(寺內文庫), 통감본(統監本), 가와이(河合) 장서, 오구라(小倉) 박물관, 이치다(市田) 소장품, 석굴암 불상·소석탑·불국사 다보탑, 지도 원판, 체신문화재 등 7개 항목이었다. 전문가회의를 통해 한국 측은 이들 문화재가 불법으로 반출된 것과 그 문화재가 우리 문화에서 중요한 유물들임

---

7 「수석대표간 비공식회의」, 『제5차 한일회담, 예비회담 문화재 소위원회 및 전문가회의보고』.

8 「문화재소위원회 및 전문가회의 보고」, 『제5차 한일회담 예비회담 문화재 소위원회 및 전문가회의보고』.

을 강조하였다. 이에 대해 일본 측은 "한국이 청구하는 문화재에 대해 일본은 국제법상으로 돌려줄 의무가 없고, 한국은 청구할 권리도 없다"고 주장하면서 "다만 일본이 한일국교정상화라는 일종의 '정치적' 목적으로 자발적 기증을 할 수 있을 뿐"이라고 언급하였다.[9] 이처럼 양국의 분명한 입장 차이에도 불구하고 문화재소위원회에서는 문화재 반환목록을 검토하였다.

1항은 일본에서 국보 또는 중요미술품으로 지정한 문화재, 2항은 이른바 총독부에 의하여 반출된 문화재, 3항은 이른바 통감·총독 등에 의하여 반출된 문화재, 4항은 경상남북도에 있는 분묘 또는 기타 유적으로부터 출토된 것, 5항은 고려시대의 분묘 및 기타 유적에서 출토된 것, 6항은 특수 권력의 배경하에 일본으로 불법 반출된 전적·미술품(서화), 7항은 개인 수집품[10]

이를 검토한 일본 측의 견해는 다음과 같았다.

첫째, 한국 측은 일본에 반출된 문화재의 대부분이 부당 또는 불법 수단에 의하여 반출되었으므로 반환하라고 하나 이는 벌써 수십 년 전의 일로써 증거가 확실치 않으며, 비록 증거가 있다고 하더라도 국제법 원칙에 따라 일본인 개인이 취한 불법행위에 대하여 일본 정

---

9 「제2차 문화재소위원회의 의사록」, 『제6차 한일회담 문화재 소위원회 전문가 회의』, 1961(국성하, 2006, 앞의 글, 379쪽 재인용).
10 「제2차 문화재소위원회의 의사록」; 「제3차 문화재소위원회의 의사록」; 「제4차 문화재소위원회의 의사록」; 『제6차 한일회담 문화재 소위원회 전문가 회의』, 1961.

부가 책임을 져야 할 의무가 없다. 둘째, 한국 측은 문화재는 성질상 출토국에 반환되어야 한다고 하는데 그러한 국제법 원칙과 관례는 없다. 따라서 당시 총독부의 일본 관헌이 적법 반출한 문화재는 반환할 의무가 없다고 본다. 셋째, 금번 일본은 한국과 장차 문화협조를 한다는 의미에서 국교정상화 후에 자발적인 기증을 할 생각이다.[11]

일본 측의 이와 같은 입장은 제6차 한일회담이 끝날 때까지 별다른 성과 없이 양측의 입장만 확인하였다.

문화재 반환 협상은 제7차 한일회담(1964.12.3~1965.6.22)에서 마무리되었다. 한국 문교부는 최종 협상 전에 외무부에 최종 요구사항을 보냈다.

첫째, 1962년 2월 21일 한국 측에서 수교한 반환청구목록에 의하여 계속 추진할 것이며 그중 국유물(國有物)에 관하여는 원칙적으로 일본 측에서도 반환대상이 되는 바이나, 인도(引渡)라는 용어하에 고려가 될 것이다.

둘째, 사유물(私有物)에 대해서는 어려움이 있지만 명목을 기증(寄贈)이라는 형식을 취하더라도 반드시 반환을 청구할 것은 다음과 같다.

- 오구라(小倉武之助) 수집품
- 데라우치(寺內正毅) 수집 한적(韓籍)·서화(書畵)
- 일본 내에서 지정된 한국 문화재

---

11 「제5차 문화재소위원회의 의사록」, 『제6차 한일회담 문화재 소위원회 전문가 회의』, 1961.

- 석조물 중 석굴암의 감불(龕佛) 2구 및 소석탑[12]

즉 '반환' 대신 '인도'라고 하고, 일본 측이 제시하는 대로 기증이라는 형식을 취하더라도 오구라 다케노스케 등의 수집품은 반드시 반환받으라는 내용이었다.

한국 정부는 문교부의 최종 요구를 기초로 「문화재 문제에 관한 훈령(1965.3.17)」을 통보하였다.[13] 문화재 최종 반환 협의 단계에서 결국 양보할 것은 양보하지만, 중요한 문화재들은 꼭 반환받을 수 있게 협상에 임하라는 내용이었고 이를 바탕으로 최종 협상이 이루어졌다.

당시 문화재 반환에 대한 양측의 입장은 팽팽하였다. 협상 과정에서 한국 측은 문화재 문제 관련 양측 간의 쟁점을 반환의 법적 의무 유무, 반환의 대상, 반환의 방법, 문화 협력 교류로 보았다. 이 가운데 반환의 법적 의무가 존재하는지에 대해서는 양측이 상당한 시각차를 보였다. 한국 측이 문화재 반환을 요구하는 주된 근거는 "일본이 부당·불법한 수단으로 도굴·반출해 간 문화재"이며, "일본에 반출된 문화재는 1905~1915년간에 문화재보호를 위한 법적 조치가 취해지기 전에 일인에 의하여 도굴되어 불법 반출된 것들이었다. 그 기간 중 반출에 대한 학술보고서가 한 건도 발표되지 않은 것으로도 그것이 도굴이었음이 확실하며, 도굴 사실을 기록한 문헌에 의하여도 이를 증명할 수 있고, 또 당시의 도굴 광경을 목격한 증인들도 이러한 사실을 증언하고 있다"고 하

---

12 「문화재반환에 관한 문교부측의 최종요구요강」, 『제7차 한일회담(1964.12.3~1965.6.22) 문화재위원회 회의 개최 계획』.
13 「문화재 문제에 관한 훈령(1965.3.17)」, 『제7차 한일회담 문화재위원회 회의 개최 계획』.

였다.¹⁴ 즉 반출 문화재는 원 소재지 국가로 반환되어야 한다는 것이 한국 측의 입장이었다. 이에 대해 일본은 이들 문화재는 적법한 방식으로 취득·반출되었으며, 한국으로의 반환을 강제할 어떠한 국제법규도 존재하지 않는다고 반박하였다.

또한 문화재 반환의 대상 내지 범위에 대해서도 한국 측은 "1905년 이후 부당 불법한 수단으로 일본에 반출된 한국 문화재 중 한국 측이 제출한 목록의 문화재를 반환한다(현재 일본의 국유·사유를 막론하고)"고 한 데 반해, 일본 측은 "일본에 소장된 국유 한국 문화재 중 약간을 기증하며, 민간인에게도 자발적인 기증을 촉구할 생각이나 강요할 수는 없다"는 입장을 고수하였다.¹⁵ 반환의 방법과 관련해서도 한국 측은 "인도(turn over)라는 용어의 표현으로 반환한다"는 방침이었는 데 비해, 일본 측은 "기증한다"고 주장하였다.¹⁶

결국 협정은 양국의 입장을 적당히 절충하여 제2조에서 반출의 불법성을 전제로 하는 '반환'이나 적법성을 전제로 하는 '증여' 대신 '인도'라는 용어를 채택하였다. 일본에 의한 식민통치의 불법성 문제가 기본관계조약이나 청구권 협정에서 명쾌히 해결되지 않은 것과 마찬가지로 문화재 반출의 적법성 여부 역시 양국 간 정치·외교적인 절충의 대상이 되고 말았다.¹⁷

또한 최종 단계에서 한 가지 결정이 유보된 사항이 있었는데, 바로

---

14 『한일회담 청구권 관련문서』 제45권, 122쪽(이근관, 2015, 「국제법 사례를 통해 본 문화재 반환 문제의 해법」, 271쪽 재인용).

15 위의 책, 123쪽(이근관, 2015, 앞의 글, 273쪽 재인용).

16 위의 책.

17 위의 책.

문화재 청구권에 관한 사항이었다. 일본 측은 문화재를 포함한 모든 청구권을 '한일협정'을 통해 해결하고자 하였다. 이에 이동원 외무장관과 시이나 에쓰사부로(椎名悅三郎) 외무대신 간에 문화재 청구권 문제에 대한 합의사항이 도출되었다. 내용은 청구권은 '한일협정' 체결시에 완전히 소멸하고, 문화재 반환 문제도 문화협력 증진과 관련한 협의와 문화재 인도 후에 소멸하는 것으로 합의하였던 것이다.[18] 즉 문화재가 반환·인도·기증 등 어떠한 형태로든 한국으로 온 후에는 그 이상의 문화재와 관련된 청구권을 주장할 수 없게 된 것이다. 이 결정은 지금까지도 문화재 반환 문제가 거론될 때마다 가장 큰 걸림돌이 되고 있는 항목이다.

이와 같은 내용의 '한일협정'은 1965년 6월 22일 제55차 국무회의 의결을 거쳐 2일 도쿄에서 서명하였고, 한국은 국회의 비준 동의를 받아 1965년 12월 18일 자로 '대한민국과 일본국 간의 조약 및 제 협정'을 공포하였다. 문화재와 관련해서 체결된 조약은 제181호 '대한민국과 일본국 간의 문화재 및 문화협력에 관한 협정'과 제182호 '대한민국과 일본국 간의 문화재 및 문화협력에 관한 협정에 대한 합의 의사록'이다.

결국 1965년 '한일협정' 중 한일 간의 문화재에 관한 논의는 불법 반출 문화재의 반환이 아니라 양국의 문화관계 증진을 위함이었고, 부속서에 명시된 문화재만이 '반환'이 아닌 '인도'로 정하였으며, 만약 문화재를 이용할 경우 편의를 제공한다는 차원에서 정리하였다. 또한 합의 의사록에서 개인 소유 민간 문화재의 자발적 기증과 정부의 권장만을 언급함으로써 민간 문화재의 실질적인 반환 문제를 회피하였다. 따라서 일

---

18 「한일간의 청구권문제 해결 및 경제협력에 관한 합의사항」, 『제7차 한일회담 문화재위원회 회의 개최 계획』.

본은 우리 측에서 반환 청구한 문화재 가운데 국유에 속한 것만을 '인도' 하였다. 즉, 앞서 1차로 1958년에 106점이 돌아왔고, '한일협정'이 타결되고 약 1년 뒤인 1966년 5월 28일, 2차로 전적(典籍) 852점이 포함된 1,326점이 돌아와 총 1,432점의 문화재만 '인도'되었다. 종류로는 도자기·고고자료·석조미술품·도서·체신관계물품 등으로 한국 측이 제시한 목록의 3분의 1가량 정도만 '반환'되었고, 끝까지 확보하려 하였던 오구라컬렉션은 포함되지 않아 양적으로나 질적인 면에서 만족스럽지 못한 결과를 초래하였다.

특히 일본 문부성의 외국단체 문화재보호위원회에서 문화재 반환 문제 협의에 참여한 인물 가운데는 후지타, 사이토 등 일제강점기 한국의 고적조사와 발굴에 참여한 인물과, 조선고적연구회를 재정적으로 후원한 호소카와가 있었다. 이들은 일제의 고적조사와 발굴사업이 기념비적인 것이라고 평가하고, 수집·발굴된 유물을 조선총독부박물관 등에 소장하였으며, 패전 후에도 대부분 남기고 왔다고 주장하였던 인물들이었다.

결국 '한일협정'에 의한 문화재 반환은 문화재 반환이 아닌 '인도'였고, 문화재 청구권이 아닌 문화협력 차원에서 돌려받게 됨으로 인해, 반환 의무가 사실상 퇴색되었다. 그리고 자국의 미술관·박물관·도서관 및 기타 학술문화에 관한 시설에서 보유하는 중요한 문화재는 연구의 기회를 부여하기 위해 가능한 편의를 제공한다고 하여 일본 측은 반환을 실질적으로 거부하였던 것이다. 더욱이 일본은 그나마도 조약이 체결되고 문화재를 반환받는 과정에서조차 합의 의사록을 무시하였는데, 즉 1966년 4월에는 "일본 문화재는 문화재보호법에 의하여 보호되고 있으므로 일본 정부가 (개인의) 기증을 권장하기는 곤란하고, 권장하는 것은 개인적인 활동을 의미하는 것"이라고 하며[19] 공식적으로 개인 소장 문화재의 반환 독려 조항을 회피하였다. 반환받은 문화재만 놓고 볼 때도 '한일협정' 체결은 14년에 걸친 협상의 결과로는 초라한 성과였다.

당시 초라한 성과의 원인을 찾자면, 협상이 체결될 당시 한국 측 협상팀은 매우 열악한 처지에 있었다. 처음 협상이 시작된 한국전쟁기부터 협상이 체결된 1965년까지 한국 사회는 국내외적으로 상당한 혼란을 겪었으며, 이 분야의 전문 인력도 부족하였다. 더구나 양국 간의 전반적인 협상력 차이와 함께 일제강점기 반출 문화재의 원 소유국 반환에 관한 국제사회의 규범의식도 약하였다. 또한 문화재 반환 협상을 전개하기 위해서는 반출 문화재의 현황 파악이 필수적이었는데, 당시 한국 협상팀은 반환 요청 대상 문화재의 목록 작성에도 상당한 어려움을 겪었다.[20] 그리고 무엇보다 반출 문화재가 어떤 경로를 거쳐 일본으로 반출되었는지에 대한 분명한 증거를 제시하지 못한 한계를 가지고 있었다.

지금도 일본 정부는 한국 문화재 반환 요청은 구속력이 없는 '권장사항'이라는 이유로 오구라컬렉션을 비롯한 개인 소유 한국 문화재의 반환 문제는 이미 마무리되었다고 주장하고 있다. 그 결과 '한일협정' 이후 일본 정부가 권유해서 반환된 개인 소장 문화재는 하나도 없다. 그나마 반환된 문화재는 모두 우리 측에서 소장자에게 직접 연락하고, 민간 차원

---

19 「외무부 정세보고처리」, 『한일간의 문화재 및 문화협력에 관한 협정 서명 이후의 문화재 인수』, 1966.4.18(국성하, 2006, 앞의 글, 389쪽 재인용).

20 이근관, 2015, 앞의 글, 279쪽. 1965년 문화재협정 협상 과정에서 한국은 4,479점의 반환을 요구하는 데 그쳤는데, 2020년을 기준으로 일본 소재 한국 문화재는 81,889점으로 파악하고 있어 실태 파악이 미약하였음을 알 수 있다.

의 설득과 교섭을 통한 것이었다.[21]

우리나라 사람들은 일제강점기에 한국의 문화재가 전부 약탈 혹은 '부당한 방법'으로 일본에 반출되었다고 생각하고 있는 것이 일반적이다. 반면 일본은 당시 조선총독부는 나름대로 법의 테두리 안에서 한국을 통치하였기에 모든 문화재를 약탈하였다고는 볼 수 없다며, 더 나아가서 일본이 한반도에서 가져간 문화재들은 '정당한 구입이나 절차'에 의한 것이므로 반환의 의무가 없다고 주장한다. 일본인들이 말하는 '정당함'은 바로 무력으로 주권을 빼앗긴 피식민지 한국인의 입장에서는 '부당함'으로 읽힐 수밖에 없는 지점이다. 이것은 일제강점기를 바라보는 한국과 일본의 가장 큰 시각의 차이일 것이다.

1965년 '한일협정'을 통한 '청구권 포기 규정'으로 인해 오늘날까지도 한국과 일본 정부는 첨예한 갈등을 빚고 있고, 이로 인해 정식으로 문화재 반환을 요청하는 것도 어렵게 되었다. 그러나 불법적으로 반출된 문화재에 대해서는 이러한 규정으로만 제한할 수 없는 문제이기에 앞으로도 관민 차원에서의 지속적인 노력과 반출 경로를 밝히려는 다양한 연구들이 필요하리라 생각한다.

무엇보다 한일 양국이 동북아시아의 새로운 평화 공존시대를 만들어가야 하는 이 즈음에, 정부와 전문 연구자 및 민간의 협력으로 과거 역사에 대한 분명한 반성과 성찰을 반드시 이끌어내야 한다. 그리고 국내적으로도 1965년 '한일협정'에 대한 역사적 재평가 작업이 동시에 이루어

---

[21] 1966년 이후 환수된 대표적인 국외 소재 한국 문화재는 모두 민간 차원의 노력에 의해 환수된 것으로, 1996년 데라우치 문고, 2005년 북관대첩비, 2006년 조선왕조실록 오대산본 잔본, 2011년 프랑스 외규장각 의궤와 일본 궁내청 조선왕실도서 등이다.

져야 할 것이다. 그 선상에서 반출 및 약탈 문화재에 대한 문제도 지속적으로 관심을 가지고 논의되어야 할 과제이다.

부록

연표

날짜	내용
1900.10	야기 쇼자부로(八木奬三郎)의 고고인류학 분야의 1차 조사.
1901.10	야기 쇼자부로의 2차 조사.
1902.6.27~9.5	세키노 다다시(關野貞)의 한국 고건축조사(1차). 결과보고는 1904년 도쿄제대 공과대학 학술보고 제6호 『韓國建築調査報告』로 출간.
1904	시바타 조에(柴田常惠)의 가야 김해패총 조사.
1905	가을 도리이 류조(鳥居龍藏)의 만주 일대 고구려고분과 광개토대왕릉비 조사.
1906.9	이마니시 류(今西龍)의 경주 일대 조사.
1909.9.20~12.17	세키노 다다시 팀의 한국 고건축·고적조사(2차). 결과보고는 『韓紅葉』, 『朝鮮藝術之研究』로 발간.
1910.9.22~12.7	세키노 다다시 팀의 한국 고건축·고적조사(3차). 결과보고는 『朝鮮藝術之研究 續篇』으로 발간.
1911.9.13~11.5	세키노 다다시 팀의 한국 고건축·고적조사(4차). 결과보고는 『朝鮮古蹟調査略報告』로 발간.
1912.3	개성보승회 설립.
1912.7.13	평양명승구적보존회 설립.
1913.5.21	경주고적보존회(경주신라회) 설립.
1915.4.22~8.2	구로이타 가쓰미(黑板勝美)의 조선사적유물조사.
1915.9.11~10.31	시정5주년기념 조선물산공진회 개최.
1915.11	고시 제296호 「조선총독부박물관 설치의 건」 공포.
1915.12.1	조선총독부박물관 개관.
1915	부여고적보존회 설립.
1916.4.26	고적조사위원회 구성.
1916.7.4	조선총독부령 제52호 「고적급유물보존규칙」, 조선총독부 훈령 제29호 「고적조사위원회규정」, 조선총독부 훈령 제30호 「고적급유물에 관한 건」 반포.
1916~1920	조선총독부 고적조사위원회 고적조사 5개년 사업 실시.
1921.9.27~9.30	경주 금관총 발굴 조사.
1921.10	학무국 고적조사과 신설.

날짜	내용
1922.4.15	재단법인 경주고적보존회 설립 허가.
1922.12.4	조선총독부 훈령 제64호 「조선사편찬위원회규정」 반포.
1924.10	학무국 고적조사과 폐지. 박물관 업무 학무국 종교과로 이관.
1925.6	조선총독부 칙령 제218호 「조선사편수회관제」 반포. 조선사편찬위원회는 조선사편수회로 개편.
1926.6.20	조선총독부박물관 경주분관 설립.
1929.2.20	재단법인 부여고적보존회 설립.
1931.8	조선고적연구회 설립.
1931.11.1	개성부립박물관 개관.
1932	박물관 업무를 학무국 사회과로 이관.
1933.8.9	조선총독부 제령 제6호 「조선보물고적명승천연기념물보존령」 반포.
1933.8.12	조선총독부 칙령 제224호 「조선총독부보물고적명승천연기념물보존회 관제」 반포.
1933.10.7	평양부립박물관 개관.
1933.12.5	조선총독부령 제136호 「조선보물고적명승천연기념물보존령 시행규칙」, 조선총독부부령 제42호 「조선보물고적명승천연기념물보존령 시행수속」, 조선총독부 훈령 제43호 「조선총독부보물고적명승천연기념물보존회 의사규칙」 반포.
1937	박물관 업무 학무국 사회교육과로 이관.
1939.4.1	조선총독부박물관 부여분관 설립.
1940	공주박물관 개관.
1958.4.3	재단법인 오구라컬렉션보존회 설립.
1965.6.22	한일협정 조인.
1965.12.18	대한민국과 일본국 간의 조약 및 제 협정 공포. 조약 제181호 「대한민국과 일본국 간의 문화재 및 문화협력에 관한 협정」, 조약 제182호 「대한민국과 일본국 간의 문화재 및 문화협력에 관한 협정에 대한 합의 의사록」.
1981.3.26	재단법인 오구라컬렉션보존회 해산.
1981.7.10	오구라컬렉션 1,030건을 도쿄국립박물관에 기증.

법령

자료 1
「고적급유물보존규칙」(조선총독부령 제52호)
『朝鮮總督府官報』 1916년 7월 4일(제1175호)

제1조 본령에서 고적이라 칭함은 패총, 석기, 골각기류를 포함한 토지 및 수혈 등의 선사유적과 고분, 도성, 궁전, 성책, 궐문, 교통로, 역참, 봉수, 관부, 사우, 단묘, 사찰, 도요 등의 유지 및 전적, 기타 사실에 관련 있는 유적을 말하고, 유물이라 칭함은 연대를 지나온 탑, 비, 종, 금석불, 당간, 석등 등으로 역사, 공예, 기타 고고의 자료가 될 만한 것을 말함.

제2조 조선총독부에 별기 양식의 고적 및 유물 대장을 갖춘 전도의 고적 및 유물 중 보존의 가치가 있는 것에 대해 좌의 사항을 조사하여 이를 등록함.

  1. 명칭
  2. 종류 및 형상 대소
  3. 소재지
  4. 소유자 또는 관리자의 주소, 씨명 혹은 명칭
  5. 현황
  6. 유래 전설 등
  7. 관리보존의 방법

제3조 고적 또는 유물을 발견한 자는 현상에 변경을 가하지 말고 3일 이내 구두 혹은 서면으로 그 지역의 경찰서장(경찰서의 사무를 취급하는 헌병분대 또는 분견소의 장을 포함 이하 같음)에게 신고하도록 함.

제4조 고적 또는 유물에 대하여 조선총독부에서 이를 고적 및 유물 대장에 등록할 때는 바로 그 취지를 해당 물건의 소유자 또는 관리자에게 통지하고, 그 대장의 등본을 해당 경찰서장에게 송부하도록 함. 전조에 의해 신고된 고적 또는 유물에 대하여 고적 및 유물 대장에 등록하지 않은 것은 속히 해당 경찰서장을 거쳐 그 취지를 신고인에게 통지하도록 함.

고적 및 유물 대장에 등록한 것으로 그 등록을 취소할 경우는 전항에 준하여 그 물건의 소유자 또는 관리자에게 통치하도록 함.

제5조 고적 및 유물 대장에 등록한 물건의 현상을 변경하고, 이를 이전하고, 수선 혹은 처분해야 할 때 또는 그 보존에 영향을 미칠 만한 시설을 할 경우, 해당 물건의 소유자 또는 관리자는 좌의 사항을 갖추어 경찰서장을 거쳐 미리 조선총독의 허가를 받도록 함.

1. 등록번호 및 명칭
2. 변경, 이전, 수선, 처분 또는 시설의 목적
3. 변경, 이전, 수선 또는 시설을 하고자 하는 것을 그 방법 및 설계도와 함께 비용의 견적액
4. 변경, 이전, 수선, 처분 또는 시설의 시기

제6조 고적 또는 유물에 대한 대장의 등록사항에 변경이 발생할 경우 경찰서장은 속히 이를 조선총독에게 보고하도록 함.

제7조 경찰서장이 유실물법 제13조 제2항에 해당하는 매장물 발견 신고를 받을 경우, 동법에 의해 신고사항 외 동법 제13조 제2항에 해당

하는 것을 증명하기에 충분할 경우 사항을 갖추어 경찰총장을 거쳐 조선총독에게 보고하도록 함.

제8조 제3조 또는 제5조의 규정에 위반하는 자는 2백 원 이하의 벌금 또는 과태료에 처함.

부칙

본령은 1916년 7월 10일부터 이를 시행함.

(양식)

등록번호	
명칭	
종류 및 형상 대소	
소재지	
소유자 내지는 관리자의 주소, 씨명 혹은 명칭	
현황	
유래 전설 등	
관리보존의 방법	
비고	

자료 2
「조선보물명승고적천연기념물보존령」(제령 제6호)
『朝鮮總督府官報』 호외, 1933년 8월 9일

제1조 건조물·전적·서적·회화·조각·공예품 기타 물건으로 특히 역사의 증징(證徵) 또는 미술의 모범이 될 만한 것을 조선총독이 보물로 지정하도록 한다. 패총·고분·사지·성지·요지 기타 유적 경승지 또는 동물·식물·지질·광물 기타 학술연구의 자료가 될 만한 물건에 대해 보존의 필요가 있다고 인정되는 것을 조선총독이 고적·명승 또는 천연기념물로 지정하도록 한다.

제2조 조선총독은 전조의 지정할 만한 것은 조선총독부보물고적명승천연기념물보존회(이하 보존회라 칭함)에 자문을 받는다. 전조의 지정 이전에 시급을 요하여 보존회에 자문을 구할 겨를이 없다고 인정될 경우에는 총독이 임시 지정한다.

제3조 조선총독은 보물·고적·명승 또는 천연기념물에 관한 조사를 할 필요가 있다고 인정될 경우는 해당 관리로 하여 필요한 장소에 관여하여 조사에 필요한 물건 제공을 요구하고 측량조사를 하며, 또는 토지의 발굴, 장애물의 변경 제거 기타 조사에 필요한 행위를 하도록 하고, 이 경우 해당 관리는 그 신분을 증명할 만한 증표를 휴대하도록 한다.

제4조 보물은 수출(輸出) 또는 이출(移出)하지 못하며, 다만 조선총독의 허가를 받을 경우는 이 제한을 받지 않는다. 조선총독이 전항의 허가를 할 경우에는 보존회에 자문을 받는다.

제5조 보물·고적·명승 또는 천연기념물에 관해 그 현상을 변경하고

또는 그 보존에 영향을 미칠 만한 행위를 할 경우는 조선총독의 허가를 받도록 한다.

제6조 조선총독은 보물·고적·명승 또는 천연기념물 보존에 관해 필요하다고 인정되는 경우 일정 행위를 금지, 제한하고 또는 필요한 시설을 명하도록 한다. 전항의 시설에 필요한 비용에 대해서는 국고 예산의 범위 내에서 그 일부를 보조하도록 한다.

제7조 조선총독은 제5조의 규정에 의해 허가 또는 전조 제1항의 규정에 의해 명령을 하게 될 경우 보존회에 자문하고 단지 가벼운 사항에 대해 이 제한을 두지 않는다.

제8조 보물 소유자에 대해 변경할 경우 조선총독이 정한 바에 의해 소유자로부터 이를 조선총독에게 신고하도록 하고, 보물의 감실(減失) 또는 훼손하는 경우도 또한 동일하다.

제9조 보물의 소유자는 조선총독의 명령에 의해 1년 내에 기간을 두고 이왕가 관립 또는 공립의 박물관 또는 미술관에 그 보물을 내어놓을 의무가 있으며, 단지 제사법용 또는 공무집행을 위해 필요할 경우, 기타 사유가 있는 경우 이 제한을 두지 않는다.

제10조 전조의 규정에 의해 보물을 내놓는 자에 대해서는 조선총독이 정한 바에 의해 국고로 보조금을 교부받도록 한다.

제11조 제3조의 규정에 의한 행위 또는 제6조 제1항의 규정에 의해 명령을 하고 손해를 받는 자가 있을 경우, 또는 제9조의 규정에 의해 출진한 보물, 그 출진 중 불가항력에 의해 멸실 또는 훼손할 경우 조선총독은 그 정한 바에 의해 손해를 보상하도록 한다.

제12조 제9조의 규정에 의해 출진하기로 한 보물에 대해 그 출진 중 소유자를 변경할 경우 새로운 소유자는 해당 보물에 관해 본령에 규정

한 구 소유자의 권리·의무를 승계한다.

제13조　조선총독은 지방 공공단체를 지정하여 보물·고적·명승 또는 천연기념물의 관리를 하도록 한다. 전항의 관리에 필요한 비용은 해당 공공단체의 부담이다. 전항의 비용에 대하여 국고에서 예산 범위 내에서 그 일부를 보조받도록 한다.

제14조　공익상 기타 특수한 사유에 의해 필요가 있다고 인정될 경우 조선총독은 보존회에 자문하고 보물·고적·명승 또는 천연기념물의 지정 해제를 하기도 한다.

제15조　조선총독이 제1조 혹은 제2조 제2항의 규정에 의해 지정을 하고 또는 전조의 규정에 의해 지정 해제를 하는 경우는 그 정한 바에 의해 이를 고시하고, 또 해당 물건 또는 토지의 소유자·관리자 또는 점유자에게 통지하고, 단지 지정할 물건의 보존상 필요하다고 인정될 경우 고시하도록 한다.

제16조　조선총독은 나라의 소유에 속하는 보물·고적·명승 또는 천연기념물에 관해 별도로 정하도록 한다.

제17조　사찰의 소유에 속하는 보물은 이를 차압(差押)하지 않는다. 전항의 보물의 관리에 관한 사항은 조선총독이 이를 정한다.

제18조　패총·고적·사지·성지·요지 기타 유적이라고 인정할 만한 것은 조선총독의 허가를 받지 않으면 발굴 기타 현상을 변경할 수 없다. 전항의 유적이라고 인정할 만한 것을 발견하는 자는 즉시 그 요지를 조선총독에게 신고하도록 한다.

제19조　조선총독은 본령이 규정한 그 직권의 일부를 도지사에게 위임하도록 한다.

제20조　조선총독이 허가하지 않은 보물을 수출 또는 이출하는 자는

5년 이하의 징역이나 금고 또는 2천 엔 이하의 벌금에 처한다.

제21조 보물을 손괴훼기(損壞毀棄) 또는 은닉하는 자는 5년 이하의 징역이나 금고 또는 5백 엔 이하의 벌금에 처한다. 전항의 보물이 자기의 소유와 관련될 경우 2년 이하의 징역이나 금고 또는 2백 엔 이하의 벌금 혹은 과태료에 처한다.

제22조 다음 각호에 해당하는 자는 1년 이하의 징역이나 금고 또는 5백 엔 이하의 벌금 또는 과태료에 처한다.
1. 허가를 받지 않은 보물·고적·명승 또는 천연기념물에 관해 그 현상을 변경하고 또는 그 보존에 영향을 미칠 만한 행위를 하는 자.
2. 제6조 제1항의 규정에 의해 명령에 위반하는 자.
3. 제18조 제1항의 규정에 의해 명령에 위반하는 자.
4. 제5조 혹은 제18조 제1항의 규정에 위반, 혹은 제6조 1항의 규정에 의해 명령에 위반하여 얻은 물건을 양수(讓受)하는 자.

제23조 제3조의 규정에 의해 해당 관리의 직무 집행을 거부하고 방해 또는 기피하여 조사에 필요한 물건을 제공하지 않거나 혹은 조사에 필요한 물건에 대해 허위가 될 만한 것을 제공하는 자는 2백 엔 이하의 벌금에 처한다.

제24조 제8조 또는 제18조 제2항의 규정을 위반하고 신고하지 않는 자는 1백 엔 이하의 벌금 또는 과태료에 처한다.

부칙

본령 시행 기일은 조선총독이 이를 정함.

자료 3

「고적조사위원회규정」(조선총독부 훈령 제29호)

『朝鮮總督府官報』1916년 7월 4일(제1175호)

제1조 조선에서 고적·금석류 기타 유물 및 명승지 등의 조사 및 보존에 관한 사항을 심사하기 위해 조선총독부에 고적조사위원회를 둠.

제2조 고적조사위원회는 위원장 1인, 위원 약간으로 조직함.

제3조 위원장은 정무총감으로 충당함.

위원은 조선총독부 고등관 중에서 임명하거나 또는 학식 경험이 있는 자 중에서 촉탁함.

제4조 위원장은 회의 업무를 총괄함.

위원장이 사고가 있을 경우는 위원장이 지정하는 위원이 그 사무를 대리함.

제5조 위원회에서는 좌의 사항을 심사함.

1. 고적 및 유물의 조사에 관한 사항
2. 고적의 보존 및 유물 수집에 관한 사항
3. 고적·유물·명승지 등에 영향을 미칠 만한 시설에 관한 사항
4. 고문서 조사 및 수집에 관한 사항

제6조 위원회는 고적·유물·고문서의 조사 및 유물·고문서의 수집과 아울러 그 보존에 관한 일반 계획을 작성하는 것 외에 각 연도에 실지 조사할 계획을 작성하고, 전년 말일까지 위원장이 이를 조선총독에게 제출함.

전항 외에 위원회에서 필요하다고 인정되는 사항 또는 조선총독의 자문에 관련된 사항에 관해서는 그 심사 결과에 이유를 갖추어 위원

장이 그 의견서 또는 보고서를 조선총독에게 제출함.

제7조 위원회에서 위원이 실지 조사를 하게 되는 경우는 그 조사의 계획, 조사할 물건의 종목·소재지 아울러 조사의 방법 및 시일을 구체적으로 조선총독에게 신청함.

제8조 위원이 실지 조사를 명받는 경우 위원장은 그 위원의 씨명, 조사할 물건의 종목, 소재지, 조사의 방법 및 시일을 미리 그 지역을 관할하는 도 장관 및 경무부장에게 통지함.

제9조 실지 조사에 종사하는 위원은 고적 소재지의 지방청 및 경찰관서와 협의하여 그 조사에 있어 가능한 헌병 또는 경찰관의 입회를 요구함.

제10조 실지 조사를 명령 받은 위원은 그 조사에 관한 상세한 보고서를 작성하여 위원장에게 제출하며, 위원장은 이를 조선총독에게 보고함. 실지 조사시 위원이 수집한 물품은 그 목록을 첨부, 그 지역의 경찰관서에 위탁하고 이를 조선총독부에 보내야 함. 단 파손의 우려가 있는 것은 스스로 이를 휴대함.

제11조 위원회에 간사를 둠.

간사는 조선총독부 고등관 중에서 임명함.

간사는 위원장의 지휘를 받아 서무를 처리함.

자료 4
「조선총독부보물고적명승천연기념물보존회 관제」(칙령 제224호)
『朝鮮總督府官報』 1933년 8월 12일 (제1978호)

제1조 조선총독부보물고적명승천연기념물보존회는 조선총독의 감독에 속하며, 그 자문에 응하며, 보물·고적·명승 또는 천연기념물 보존에 관한 중요한 사항을 조사 심의함. 보존회는 보물·고적·명승 또는 천연기념물 보존에 관한 사항에 부합하여 조선총독에게 건의하도록 함.
제2조 보존회는 회장 1인 및 위원 40인 이내로 이를 조직함. 특별한 사항을 조사 심의하기 위해 필요가 있는 경우는 임시위원을 두도록 함.
제3조 회장은 조선총독부 정무총감으로 충당하고, 위원 및 임시위원은 조선총독의 주청에 의해 내각에서 이를 명함.
제4조 회장은 회무를 총괄함. 회장 사고가 있는 경우는 회장이 지정한 위원이 그 직을 대신함.
제5조 보존회의 의사에 관한 규칙은 조선총독이 이를 정함.
제6조 보존회에 간사를 두고, 조선총독의 주청에 의해 조선총독부 고등관 중에서 내각을 임명함. 간사는 회장의 지휘를 받아 서무를 처리함.
제7조 보존회에 서기를 두고, 조선총독부 판임관 중에서 조선총독이 이를 임명함. 서기는 상사의 지휘를 받아 서무에 종사함.
부칙
본령 시행 기일은 조선총독이 정함.

자료 5

「조선총독부보물고적명승천연기념물보존회 의사규칙」(훈령 제43호)

『朝鮮總督府官報』1933년 12월 5일(제2072호)

제1조　조선총독부보물고적명승천연기념물보존회에 제1부 및 제2부를 둠.

　　　제1부에서는 보물 및 고적에 관한 사항을 관장.

　　　제2부에서는 명승 및 천연기념물에 관한 사항을 관장.

제2조　부 의결은 이를 보존회의 의결로 간주함.

제3조　위원 및 임시위원의 부 소속은 조선총독이 이를 지정함.

제4조　총회 및 부회는 회장이 이를 소집하고, 단지 부회에서 의결할 만한 간단한 사건에 대해서는 회의를 열지 않고 서면으로 그 부의 위원 및 임시위원의 의견을 듣고, 그 3분의 2 이상의 동의가 있는 경우는 이를 그 부의 의견으로 간주하도록 함.

　　　회장은 총회 및 부회의 의장이 되며, 회의를 개폐하여 의사를 정리함.

제5조　총회는 각부의 위원 및 임시위원을 포함하여 각각 그 반수 이상, 부회는 그 부의 위원 및 임시위원을 합하여 그 반수 이상 출석하지 않으면 열지 못하며, 단지 급한 경우는 이 제한을 두지 않음.

제6조　의사는 출석한 위원 및 임시위원을 합해 과반수로 이를 결정하고, 가부 동수가 되는 경우는 의장이 결정하는 바에 의함.

제7조　위원 또는 임시위원 건의안을 제출하는 경우는 그 안을 갖추어 총회에 올리는 경우 5인 이상, 부회에 올리는 경우 3인 이상의 찬성자로 연서하여 이를 의장에게 제출함.

제8조　간사는 회의록을 작성하고, 관련 서류와 함께 이를 보존함.

제9조 본령에 규정하는 것 외 보존회의 의사에 관해 필요한 사항은 회장이 이를 정함.

자료 6
「조선고적연구회 회칙」(1931)

제1조 본회는 조선고적연구회라 칭한다.
제2조 본회는 평양 및 경주를 중심으로 고적을 연구하여 조선 문화의 발양을 도모하는 것을 목적으로 한다.
제3조 본회의 사무소는 조선총독부박물관 내에 둔다.
제4조 본회의 경비는 본회의 사업을 찬조하는 유지의 기부금으로 이를 충당한다.
제5조 본회의 사업연도는 정부 회계연도에 의한다.
제6조 본회의 사업계획은 이에 소요되는 예산과 함께 매 연도 개시 전, 평의원회의 의결을 거쳐 정하고, 사업실시 결과는 결산과 함께 연도 경과 후 2개월 이내에 이를 평의원회에 보고해야 한다.
제7조 본회는 아래와 같이 직원을 둔다.
　　　이사 5명, 감사 2명, 평의원 약간 명, 간사 2명.
　　　이사 중 1명을 이사장으로 하고, 조선총독부 정무총감 직에 있는 자를 추대한다.
　　　이사장 이외 이사·감사 및 평의원·간사는 이사장이 이를 선임한다.
제8조 이사장은 회무를 총괄하고 본회를 대표한다. 이사장의 유고시에는 이사장이 지명한 이사가 직무를 대리한다.
　　　이사는 이사장을 보좌하고 업무 수행의 책임을 진다.
　　　감사는 본회의 회계 및 재정 상태를 감사한다.
　　　간사는 이사장의 명을 받아 서무를 처리한다.
제9조 평의원회는 이사 및 평의원으로 회를 조직하고, 본회에 관한 중

요한 사항을 의결한다. 평의원회는 필요한 경우에 이사장이 소집하고 그 의장이 된다.

제10조 본회의 사업 시행에 의해 수집한 유물은 법령에 의해 국고에 귀속하는 것을 제외하고는 평의원회의 결의에 의해 이를 처분한다.

제11조 본회의 사업 시행에 관한 필요한 세부 규칙은 평의원회의 결의를 거쳐 이사장이 정한다.

참고문헌

1. 자료

『경성일보』,『대한매일신보』,『동아일보』,『매일신보』,『부산일보』,『조선일보』,『조선중앙일보』,『황성신문』,『千葉日報』.

『新羅舊都慶州古蹟圖彙』 1·2, 1922·1926.

岡本喜一 編, 1911,『開城案內記』, 개성신문사.

開城圖書館 編, 1927,『開城郡高麗王陵誌』, 개성도서관

輕部慈恩, 1934.11,「公州に於ける百濟の遺蹟」,『朝鮮』.

_____, 1935,『忠南鄕土誌』, 공주공립고등보통학교교우회.

_____, 1941,『百濟遺蹟の硏究』, 吉川弘文館.

關野貞, 1904,『韓國建築調査報告』(京帝國大學工科大學學術報告 6), 東京帝國大學工科大學.

_____, 1910,『朝鮮藝術之硏究』, 탁지부건축소.

_____, 1911,『朝鮮藝術之硏究 續編』.

_____, 1914.10,「朝鮮に於ける樂浪帶方時代の遺蹟」,『人類學雜誌』29-10.

_____, 1917.1,「樂浪時代の遺蹟」,『朝鮮彙報』.

_____, 1919,『平壤附近に於ける樂浪時代の墳墓』, 조선총독부.

_____, 1921.12,「慶州に於ける發見遺物に就て」,『朝鮮』.

_____, 1923.11·1923.12,「朝鮮最古の木造建築」,『朝鮮』.

_____, 1925.1,「高句麗の平壤城及長安城に就て」,『朝鮮』.

_____, 1928.11,「平壤の樂浪遺物陳列博物館に就て」,『朝鮮と建築』7-11.

_____, 1931,『樂浪帶方兩郡の遺蹟及遺物』, 雄山閣.

_____, 2005,『朝鮮の建築と藝術』, 岩波書店.

關野貞 等著, 1900,『韓紅葉』, 탁지부건축소.

金聖道, 1928,『樂浪古蹟案內』, 私立三惠學校.

大坂六村, 1937, 『慶州の傳說』, 蘆田書店.

_____, 1939, 『趣味の慶州』, 慶州古蹟保存會.

渡邊豊日子, 1933.9, 「朝鮮寶物古蹟名勝天然記念物保存令の發布に就て」, 『朝鮮』.

_____, 1934.11, 「朝鮮の寶物古蹟名勝天然記念物保存に就て」, 『朝鮮』.

島田屬, 1924, 『朝鮮總督府博物館ニ關スル調査』.

東京帝國大學工科大學 編, 1903-1916, 『東京帝國大學工科大學紀要』 1~7권, 東京帝國大學.

藤田亮策, 1924, 「朝鮮古蹟及遺物」, 『朝鮮史講座 特別講義』.

_____, 1925.5·1925.6, 「樂浪の古墳と遺物」, 『朝鮮』.

_____, 1931, 「朝鮮古蹟研究會の創立とその事業」, 『靑丘學叢』 6.

_____, 1931.12, 「朝鮮に於ける古墳の調査及び保存の沿革」, 『朝鮮』.

_____, 1933, 「昭和八年度の朝鮮古蹟研究會の事業」, 『靑丘學叢』 14.

_____, 1933.4, 「朝鮮考古學略史」, 『ドルメン』 2-4.

_____, 1938.1, 「滿洲に於ける高句麗遺蹟」, 『朝鮮』.

_____, 1951, 「朝鮮古文化財の保存」, 『朝鮮學報』 1.

_____, 1963, 「朝鮮古蹟調査」, 『朝鮮學論考』.

梅原末治, 1934, 「朝鮮古蹟研究會の樂浪古墳調査」, 『史學』 13-1. 慶應義塾大學 三田史學會.

_____, 1969, 「日韓併合の期間に行われた半島の古蹟調査と保護事業にたずさわった一考古學徒の回想錄」, 『朝鮮學報』 51.

扶餘古蹟保存會 編, 1926, 『百濟の事蹟と扶餘の名勝舊蹟』.

_____, 1933, 『扶餘古蹟名勝案內』.

_____, 1934, 『舊都百濟古蹟名勝寫眞帖』.

_____, 1937, 『扶餘古蹟名勝案內記』.

榧本龜次郎, 1944.6~8·10, 「考古學より見た古代內鮮關係 1-4」, 『朝鮮』.

濱田耕作, 1932, 『慶州の金冠塚』, 岡書院.

_____, 1984, 『新羅古瓦の研究』, 民族文化.

善生永助, 1926.12, 「開城に於ける高麗燒の秘藏家」, 『朝鮮』.

小田幹治郎, 1922.12·1923.1, 「慶州の二日」, 『朝鮮』.

小倉コレクション保存會 編, 1980, 『小倉コレクション保存會關係資料』, 지바현립도서관 소장.

小泉顯夫, 1932, 「朝鮮古蹟研究會の創立及びその成績」, 『史學雜誌』 43-9.

_____, 1933.4, 「朝鮮博物館見學旅日記」, 『ドルメン』 2-4.

_____, 1951, 「古墳發掘漫談」, 『朝鮮學報』 1.

_____, 1986, 『朝鮮古代遺跡の遍歷』, 六興出版.

速水滉, 1939.3, 「日本學術振興會朝鮮委員會の設置に就て」, 『朝鮮』.

安倍能成, 1935.8, 「百濟の古都扶餘」, 『朝鮮』.

奧田悌, 1920, 『新羅舊都 慶州誌』, 玉村書店.

有光敎一, 1933.4, 「慶州の博物館」, 『ドルメン』 2-4.

_____, 1934, 「朝鮮古蹟研究會昭和9年度事業の槪況」, 『靑丘學叢』 18.

_____, 1984 여름호·1985 봄호·1985 여름호, 「私の朝鮮考古學」 1-3, 『季刊三千里』
(1) 38호·(2) 41호·(3) 42호.

_____, 2000, 「序說, 朝鮮古蹟研究會の創立」, 『朝鮮古蹟研究會遺稿』.

齋藤忠, 1940, 「朝鮮に於ける古蹟保存と調査事業とに就いて」, 『史蹟名勝天然記念物』 15-8.

田中萬宗, 1930, 『朝鮮古蹟行脚』, 泰東書院.

조선고적연구회 편, 1935, 『朝鮮古蹟研究會古蹟調査槪報』.

朝鮮新聞社 編, 1922·1935, 『朝鮮人事興信錄』, 조선신문사(여강출판사, 1987).

朝鮮紳士錄刊行會, 1931, 『朝鮮紳士錄』(여강출판사, 1987).

조선총독부, 『朝鮮古蹟調査報告』.

_____, 『朝鮮古蹟調査特別報告』.

_____, 『朝鮮總督府及所屬官署職員錄』.

_____, 『朝鮮總督府統計年報』.

_____, 『朝鮮總督府官報』.

_____, 1914, 『朝鮮古蹟調査略報告』.

_____, 1915~1935, 『朝鮮古蹟圖譜』.

_____, 1916, 『施政五周年紀念朝鮮物産共進會報告書』.

_____, 1924, 『古蹟及遺物登錄臺帳抄錄』.

_____, 1930, 『朝鮮史料展覽目錄』.

_____, 1933, 『朝鮮總攬』.

_____, 1937, 『佛像佛具特別展觀目錄』.

_____, 1942, 『朝鮮寶物古蹟調査資料』.

조선총독부박물관, 1926, 「朝鮮總督府博物館略案內」, 『博物館報』1-1.

조선총독부박물관 편, 『博物館陳列品圖鑑』 전17권.

조선총독부 사회교육과, 1933, 『朝鮮寶物古蹟名勝天然記念物保存要覽』.

_____, 1934, 『朝鮮寶物古蹟名勝天然記念物保存要目』.

_____, 1941, 『朝鮮社會教育要覽』.

佐瀨雄山, 1938.12, 「博物館週間に於ける特別展觀と內鮮一體の史實に就て」, 『朝鮮』.

_____, 1940.1, 「博物館事業の現況と使命」, 『朝鮮』.

中村榮孝, 1930.9, 「古蹟は如何に保存せらべきか」, 『朝鮮』.

靑木文一郞, 1940.11, 「博物館を見學して」, 『朝鮮』.

충청남도 공주읍 공주보승회, 1933, 『百濟舊都としての公州の史蹟と遺物』.

針替埋平, 1932.4, 「樂浪古墳の話」, 『朝鮮』.

八田蒼明, 1934, 『樂浪と傳說の平壤』, 平壤硏究會.

平壤名勝舊蹟保存會 編, 1914, 『平壤の古蹟』.

黑板勝美, 1940, 『虛心文集』4, 吉川弘文館.

「樂浪文化の殿堂平壤府立博物館」, 『朝鮮』, 1933.12.

「朝鮮の博物館と陳列館」(1~2), 『朝鮮』, 1938.6·1938.7.

2. 단행본

고유섭, 1993, 『고유섭 전집』 전4권, 通文館.

_____, 2007, 『송도의 고적』, 열화당.

국립경주박물관, 1993, 『다시 보는 경주와 박물관』.

국립박물관 개성분관 편, 1949, 『開城府立博物館案內記』.

국립중앙박물관, 1996, 『국립중앙박물관 보관 고문서 목록』.

_____, 1997, 『광복 이전 박물관 자료목록집』.

_____, 2000, 『일제강점기자료조사보고1: 경주 노동리4호분』.

_____, 2001, 『일제강점기자료조사보고2: 봉산 양동리 전실묘』.

_____, 2002, 『일제강점기자료조사보고3: 평양 정백리8,13호분』.

＿＿＿＿＿＿＿, 2006, 『국립중앙박물관60년, 1945~2005』.
＿＿＿＿＿＿＿, 2008, 『한국박물관100주년의 역사적 의의』.
국사편찬위원회, 1971, 『續陰晴史』 전2권(한국사료총서 제11권).
국외소재문화재재단 편, 2013, 『우리 품에 돌아온 문화재』.
＿＿＿＿＿＿＿＿＿＿, 2014, 『오구라 컬렉션 일본에 있는 우리 문화재』, 국외소재문화재재단.
＿＿＿＿＿＿＿＿＿＿, 2018, 『문화재로 이어가는 한일의 미래: 한일공동선언 20주년』, 국외소재문화재재단.
국외소재문화재재단·고려대학교 민족문화연구원 해외한국학자료센터 편, 2018, 『일본 도쿄대학 소장 오구라문고 한국전적』, 국외소재문화재재단.
김인덕, 2007, 『식민지시대 근대공간 국립박물관』, 국학자료원.
김재원, 1992, 『박물관과 나의 평생』, 탐구당.
오영찬, 2006, 『낙랑군 연구』, 사계절출판사.
이경재, 2000, 『일본 속의 한국 문화재』, 미래M&B.
이구열, 1996, 『한국 문화재 수난사』, 돌베개.
이난영, 1993, 『박물관학 입문(개정판)』, 삼화출판사.
이만열, 1981, 『한국 근대역사학의 이해』, 문학과지성사.
이성규 외, 2007, 『낙랑문화연구』, 동북아역사재단.
이성시·박경희 옮김, 2001, 『만들어진 고대, 근대국민국가의 동아시아 이야기』, 삼인.
이순자, 2009, 『일제강점기 고적조사사업 연구』, 경인문화사.
이현혜 외, 2008, 『일본에 있는 낙랑 유물』, 학연문화사.
이호관, 2003, 『일본에 가 있는 한국 불상』, 학연문화사.
임지현·이성시 엮음, 2004, 『국사의 신화를 넘어서』, 휴머니스트.
전경수, 2005, 『한국박물관의 어제와 내일』, 일지사.
정규홍, 2005, 『우리 문화재 수난사』, 학연문화사.
＿＿＿, 2007, 『석조문화재 그 수난의 역사』, 학연문화사.
＿＿＿, 2009, 『유랑의 문화재』, 학연문화사.
＿＿＿, 2010, 『위기의 문화재』, 학연문화사.
＿＿＿, 2012, 『우리 문화재 반출사』, 학연문화사.

_____, 2013,『경북지역의 문화재 수난과 국외반출사』, 경상북도 우리문화재찾기운동본부.

_____, 2016,『우리 문화재 수난일지』 1-10, 학연문화사.

_____, 2018,『충남도 2018년 반출문화재 실태조사보고서』, 문화유산회복재단.

정규홍 편저, 2018,『구한말·일제강점기 경상도지역의 문화재 수난일지』, 경상북도·한국국외문화재연구원.

정인성 외, 2013,『일제강점기 영남지역에서의 고적조사』, 학연문화사.

조유전, 1996,『발굴 이야기』, 대원사.

지건길, 2016,『한국고고학100년사: 연대기로 본 발굴의 역사 1880-1980』, 열화당.

지수걸, 1999,『한국의 근대와 공주사람들』, 공주문화원.

총무처 정부기록보존소 편, 1995,『國權回復運動判決文集』, 정부기록보존소.

최석영, 1997,『일제의 동화이데올로기의 창출』, 서경문화사.

_____, 2001,『한국 근대의 박람회·박물관』, 서경문화사.

_____, 2004,『한국박물관의 '근대적' 유산』, 서경문화사.

_____, 2008,『한국박물관역사100년: 진단&대안』, 민속원.

_____, 2015,『일제의 조선 '식민지고고학'과 식민지 이후』, 서강대출판부.

최순우, 1992,『최순우전집』 전5권, 학고재.

한국박물관100년사 편찬위원회 편, 2009,『한국박물관 100년사』, 국립중앙박물관·한국박물관협회.

현위헌, 2006,『우리것을 찾아 한평생-현위헌 자전실화』, 경남.

황수영 편, 이양수·이소령 증보, 강희정·이기성 해제, 2014,『일제기 문화재 피해자료』, 국외소재문화재재단.

東京國立博物館, 1973,『東京國立博物館百年史』.

_____, 2004,『東京國立博物館圖版目錄(朝鮮陶磁器 篇)』.

梅原末治, 1972,『朝鮮古代の墓制』, 國書刊行會.

_____, 1974,『朝鮮古代の文化』, 國書刊行會.

梅原末治·藤田亮策, 1947·1948,『朝鮮古文化綜鑑』 1·2, 養德社.

有光敎一, 1997,『有光敎一著作集』 1~3, 청구문화사.

_____, 2000~2003,『朝鮮古蹟研究會遺稿』 전3권, 재단법인 동양문고.

_____, 2007,『朝鮮考古學七十年』, 昭和堂.

3. 논문

강기선, 1994,「조선총독부 청사의 건축 양식에 관한 연구: 대만총독부 청사와의 비교분석을 중심으로」, 홍익대 박사학위논문.

吉井秀夫, 2009,「일본고고학사에서 본 조선고적조사사업과 조선총독부박물관」,『한국박물관 개관 100주년 기념세미나』, 국립중앙박물관.

국성하, 2002,「일제강점기 박물관의 교육적 의미 연구」, 연세대 박사학위논문.

_____, 2004,「일제강점기 일본인의 낙랑군 인식과 평양부립박물관 설립」,『고문화』63, 한국대학박물관협회.

_____, 2006,「한일회담 문화재 반환협상 연구」,『한국독립운동사연구』25.

김대환, 2014,「일제강점기 금관총의 조사와 의의」,『고고학지』20.

_____, 2015,「조선총독부 조선고적조사 사업과 후지타 료사쿠」,『한일 문화재 반환 문제의 과거와 미래를 말하다』(광복 70주년 및 한일국교정상화 50주년 기념 학술대회 자료집), 국외소재문화재재단.

김도형, 2001,「일제하 총독부박물관 문서와 관리체계」,『기록학연구』3.

김상엽, 2003,「한국 근대의 골동시장과 경성미술구락부」,『동양고전연구』19.

김성민, 1988,「조선사편수회 조직과 운영」, 국민대 석사학위논문.

김용성, 2010.「일본인의 신라 고분 조사」,『선사와 고대』33.

김용철, 2017,「근대 일본의 문화재 보호제도와 관련 법령」,『미술자료』92.

김인덕, 2008,「1915년 조선총독부박물관 설립에 대한 연구」,『향토서울』71.

_____, 2010,「조선총독부박물관 본관 상설 전시와 식민지 조선 문화-전시 유물을 중심으로」,『향토서울』76.

_____, 2011,「조선총독부박물관 전시에 대한 소고: 시기별 본관 전시실을 중심으로」, 전남대 세계한상문화연구단 국제학술회의.

_____, 2015,「일본 측 문서로 본 1965년 한일회담 문화재 반환 교섭에 대한 소고: 1960년 4월 일본측 문서를 중심으로」,『한일 문화재 반환 문제의 과거와 미래를 말하다』(광복 70주년 및 한일국교정상화 50주년 기념 학술대회 자료집), 국외소재문화재재단.

김자순, 2002,「박물관의 정치성에 대해: 박물관사 연구방법론에 대한 생각」,『미술사논단』14.

목수현, 2000,「일제하 박물관의 형성과 그 의미」, 서울대 석사학위논문.

_____, 2000, 「일제하 이왕가박물관의 식민지적 성격」, 『미술사학연구』 227.

문옥표, 1990, 「일제의 식민지 문화정책: '동화주의'의 허구」, 『한국의 사회와 문화』 14.

류미나, 2015, 「문화재 반환 교섭을 통해 본 한일국교정상회 50년」, 『한일 문화재 반환 문제의 과거와 미래를 말하다』(광복 70주년 및 한일국교정상화 50주년 기념 학술대회 자료집), 국외소재문화재재단.

배재식·백충현·이상면, 1994, 「한일간의 법적 문제-1965년 제 조약의 시행상의 문제점」, 『서울대학교법학』 35-2(95).

송원(이영섭), 1973, 「내가 걸어온 고미술계 30년」, 『월간 문화재』.

양현미, 2002, 「박물관 연구와 박물관 정책: 문화연구의 관점에서 본 우리나라 박물관 연구와 정책」, 홍익대 박사학위논문.

오세탁, 1996, 「일제의 문화재 정책-그 제도적 측면을 중심으로」, 『문화재』 29.

_____, 1997, 「문화재보호법과 그 문제점」, 『문화재』 30.

오영찬, 2011, 「조선고적연구회의 설립과 운영: 1931-1932년을 중심으로」, 『한국문화』 55.

_____, 2015, 「'고적'의 제도화: 조선총독부 문화재 정책의 성립」, 『한일 문화재 반환 문제의 과거와 미래를 말하다』(광복 70주년 및 한일국교정상화 50주년 기념 학술대회 자료집), 국외소재문화재재단.

_____, 2018, 「식민지 박물관의 역사만들기: 조선총독부박물관 상설전시의 변천」, 『역사와현실』 110.

_____, 2019, 「조선총독부박물관 문서의 분류 체계에 대한 시론」, 『미술자료』 96.

이경희, 2006, 「추적 小倉컬렉션의 행방」, 『월간 조선』 27-5.

이구열, 1982, 「한국의 박물관·미술관, 역사와 실태」, 『계간미술』.

_____, 1997, 「일제의 한국문화재 파괴와 약탈」, 『한국독립운동사연구』 11.

이근관, 2015, 「국제법 사례를 통해 본 문화재 반환 문제의 해법」, 『한일 문화재 반환 문제의 과거와 미래를 말하다』(광복 70주년 및 한일국교정상화 50주년 기념 학술대회 자료집), 국외소재문화재재단.

이기성, 2009, 「조선총독부의 고적조사위원회와 고적급유물보존규칙: 일제강점기 고적조사의 제도적 장치」, 『영남고고학』 51.

_____, 2010, 「일제강점기 고적조사 제도에 관한 검토」(제34회 한국고고학 전국대회 발표

_____, 2018, 「일본 제국주의 시기 고고학 조사의 다양성과 평가」, 『한국상고사학보』 100.

이성시, 1999, 「黑板藤美를 통해본 식민지와 역사학」, 『한국문화』 23.

_____, 2015, 「조선총독부의 고적조사와 총독부박물관」, 『미술자료』 87.

이성주, 1999, 「제국주의시대 고고학과 그 잔적」, 『고문화』 46.

_____, 2013, 「일제강점기 고고학 조사와 그 성격」, 『일제강점기 영남지역에서의 고적조사』, 학연문화사.

이순자, 2008, 「1930년대 부산고고회의 설립과 활동에 대한 고찰」, 『역사학연구』 33.

_____, 2009, 「일제강점기 지방 고적보존회의 활동에 대한 일고찰: 개성보승회를 중심으로」, 『한국민족운동사연구』 58.

_____, 2012, 「일제강점기 조선고적조사의 정치성」, 황종연 엮음, 『고도의 근대』, 동국대출판부.

이인범, 2002, 「한국 박물관제도의 기원과 성격」, 『미술사논단』 14.

이태희, 2015, 「조선총독부박물관의 중국 문화재 수집: 관야정의 수집활동을 중심으로」, 『미술자료』 87.

이현일·이명희, 2014, 「조선총독부박물관 공문서로 본 일제강점기 문화재 등록과 지정」, 『미술자료』 85.

임헌영, 1992, 「일제하 식민문화정책」, 『한국독립운동사연구』 6.

전경수, 1998, 「한국 박물관의 식민주의적 경험과 민족주의적 실천 및 세계주의적 전망」, 『한국 인류학의 성과와 전망』, 松峴李光奎 교수 정년기념논총위원회.

정순훈·김형만, 1995, 「일제의 문화재 약탈과 그 해결방안-문화재 반환에 관한 국제법적 고찰을 중심으로」, 『일제식민지정책연구논문집』(광복50주년기념논문집), 학술진흥재단.

정인성, 2006, 「관야정의 낙랑유적 조사·연구 재검토: 일제강점기 '고적조사'의 기억1」, 『호남고고학보』 24.

_____, 2009, 「일제강점기 경주고적보존회와 모로가 히데오(諸鹿央雄)」, 『대구사학』 95.

조동준, 2015, 「서구의 사례를 통해 본 식민주의 청산과 문화재」, 『한일 문화재 반환 문제의 과거와 미래를 말하다』(광복 70주년 및 한일국교정상화 50주년 기념 학술대회 자료집), 국외소재문화재재단.

진홍섭, 1970, 「개성박물관의 회고」, 우만형 편, 『개성』, 예술춘추사.

차순철, 2006, 「일제강점기의 신라고분 조사 연구에 대한 검토」, 『문화재』 39.

_____, 2008, 「일제강점기 경주지역의 고적조사와 관광에 대한 검토」, 『신라사학보』 13.

최석영, 2002, 「일제 강점 상황과 부여의 '관광명소'화의 맥락」, 『인문과학논문집』 35, 대전대학교 인문과학연구소.

_____, 2002, 「식민지 시대 '고적보존회'와 지방의 관광화: 부여고적보존회를 중심으로」, 『아시아문화』 18, 한림대 아시아문화연구소.

함순섭, 2011, 「일제강점기 경주의 박물관에 대하여」, 『경북대학교 고고인류학과 30주년 기념 고고학논총』.

_____, 2011, 「한일강제병합 전후 일제관학자의 경주지역 조사」, 『신라문물연구』 5, 국립경주박물관.

高橋潔, 2001.5, 「關野貞を中心た朝鮮古蹟調査行程」, 『考古學史研究』 9.

_____, 2003.10, 「朝鮮古蹟調査における小場恒吉」, 『考古學史研究』 10.

高正龍, 1996.11, 「八木奬三郞の韓國調査」, 『考古學史研究』 6.

廣瀨繁明, 2003.10, 「朝鮮の建築・古蹟調査とその後の'文化財'保護」, 『考古學史研究』 10.

近藤義郎, 1964, 「前後日本考古學の反省と課題」, 『日本考古學の諸問題 考古學研究會十周年記念論文集』.

_____, 2013, 「朝鮮古蹟調査事業と'日本'考古學」, 『考古學研究』 60-3.

內田好昭, 2001.5, 「日本統治下の朝鮮半島における考古學的發掘調査(上)」, 『考古學史研究』 9.

大橋敏博, 2004, 「韓國における文化財政策システムの成立と展開」, 『文化政策論叢』 8, 島根縣立大學.

裵炯逸, 2002, 「朝鮮の過去をめくる政治學-朝鮮半島における日本植民地考古學の遺産」, 『日本研究』 26.

西川宏, 1968, 「帝國主義下の朝鮮考古學はたして政策に密着しなかったか」, 『朝鮮研究』 75.

_____, 1970, 「日本帝國主義下における朝鮮考古學の形成」, 『朝鮮史研究會論文集』 7.

有光敎一 氏인터뷰, 2003.10, 「私と朝鮮古蹟調査研究-戰前から戰後を通して」, 『考古學史研究』 10.

李進熙, 1990,「三人の博物館人」,『靑丘』.

田中琢, 1982,「遺蹟遺物に關する保護原則の確立過程」,『考古學論考』, 小林行雄博士古希記念論文集刊行委員會.

早乙女雅博, 1997,「關野貞の朝鮮古蹟調査」,『精神のエクスペデイシオン』, 東京大出版部.

_____, 2001,「新羅の考古學調査'100年'の研究」,『朝鮮史研究會論文集』39.

_____, 2010,「總論 植民地期の朝鮮考古學」,『月刊考古學ジャーナル』596.

千田剛道, 1997,「植民地朝鮮の博物館-慶州古蹟保存會陳列館を中心」,『朝鮮史研究會論文集』35.

4. 웹사이트

국립중앙박물관 소장 조선총독부박물관 공문서(www.museum.go.kr/site/main/archive/post/article_89).

동북아역사넷(www.contents.nahf.or.kr)

찾아보기

ㄱ

가루베 지온(輕部慈恩) 259, 261, 262, 310, 312, 314, 315

가시이 겐타로(香椎源太郎) 374

가야모토 가메지로(榧本龜次郎) 268, 298, 302, 303, 307, 309

가와이 아사오(河井朝雄) 229, 391, 412

가토 간가쿠(加藤灌覺) 83

간다 소조(神田惣藏) 227, 230, 257, 258, 268, 269

개마총(鎧馬塚) 201

개성보승회 322, 358, 359

개성부립박물관 359~367

거섭3년은도구협저칠반(居攝三年銀塗釦夾紵漆盤) 297

거섭원년명경(居攝元年銘鏡) 237

검총(劍塚) 57, 76

경주고적보존회 225, 232, 267, 284, 322~329

경주고적순회영사단 238

경주유물진열관 329

『고구려시대의 유적(高句麗時代の遺蹟)』 265

고미야 미호마쓰(小宮三保松) 45, 144, 145

고야마 후지오(小山富士夫) 41

고유섭(高裕燮) 360

고이소 구니아키(小磯國昭) 392

고이즈미 아키오(小泉顯夫) 36, 160, 161, 227, 228, 230, 232~234, 236, 237, 241, 243, 253, 255, 267, 268, 272, 283, 296, 297, 303, 307, 308, 311, 312, 354

고자이 요시나오(古在由直) 240

「고적급유물보존규칙」(「보존규칙」) 88~110, 112, 113, 124, 125, 165, 238, 240, 261, 274, 277, 414

「고적급유물에 관한 건」 89, 94

고적조사과 154~161, 221, 228, 233, 236

고적조사위원회 126~139, 143, 171, 239, 246, 282, 284, 289, 318, 322

「고적조사위원회 규정」 89, 126, 240

고토 게이지(後藤慶二) 76

곤도(近藤) 38, 41

광주전기회사 383

구로이타 가쓰미(黑板勝美) 61, 79, 82, 83, 85, 86, 93, 94, 96, 128, 135, 140, 146, 150, 173, 174, 199, 206, 207, 209, 211, 239, 241, 243, 275~277, 279, 327, 340, 352, 374

구리야마 슌이치(栗山俊一) 58, 66, 75, 199

구보타 간이치로(久保田貫一郎) 420

구스타프 6세 아돌프(Gustarf Ⅵ Adolf) 254

구키 류이치(九鬼隆一) 34

구희서(具羲書) 132

「국보보존법」 93, 108, 109

금관고(金冠庫) 330

금관총(金冠塚) 155, 222, 225, 227, 230, 232, 234, 324

금관총 출토유물진열관 227

금령총(金鈴塚) 232, 234, 272

금사총 201

금환총 77

기무라 시즈오(木村靜雄) 323

기시 노부스케(岸信介) 420

『기증오구라컬렉션목록(寄贈小倉コレクション目錄)』 410

기타무라 다다지(北村忠次) 252

김병태(金秉泰) 359

김상권(金尙權) 329

김용진 143

김한목(金漢睦) 132

김해고적보존회 369

김현성(金玄成) 373

김홍대(金洪大) 293, 294, 333

ㄴ

나카니시 요시이치(中西嘉市) 251

나카다 이치고로(中田市五郎) 49

낙랑경(樂浪鏡) 236

『낙랑군시대의 유물(樂浪郡時代の遺物)』 251

낙랑박물관 352

낙랑 봉니(封泥) 185, 252, 304

낙랑진열소 250

『낙랑채협총』 350

낙랑태수연왕광지인(樂浪太守掾王光之印) 299

남선합동전기주식회사 383, 384

남정철(南廷哲) 204

네즈 가이치로(根津嘉一郞) 301

노모리 겐(野守健) 153, 160, 161, 199, 257~259, 268, 269, 307, 308

ㄷ

다쓰노 겐고(辰野堅固) 52

다카바타케 고우이치(高畠仰一) 344

다카야마 소우로(高山聰郎) 258

다카하시 이사무(高橋勇) 37, 303

다쿠보 신고(田窪眞吾) 296, 302, 303, 304, 307

대구전기주식회사 383

대구전등주식회사　382
대흥전기주식회사　383
데라우치 마사타케(寺内正毅)　90, 134, 150, 220
데이비드총　266, 267
도리이 류조(鳥居龍藏)　57, 61, 91, 128, 160, 173, 199, 207, 217
도미타 기사쿠(富田儀作)　231
도미타상회(富田商會)　231, 251
도미타 신지(富田晋二)　237, 249, 251
도이 에이사쿠(土井禮作)　344
도총(都塚)　72
도쿄국립박물관　303
도쿄인류학회　32
도쿄제실박물관　279, 281, 300, 301, 395
동문동종(同門同種)　85
동화(同化)　144
동화정책　31

ㅁ

마쓰나가 다케요시(松永武吉)　350
마쓰모토 에이이치(松本榮一)　302
만선사관(滿鮮史觀)　188, 282
모로가 히데오(諸鹿央雄)　161, 223, 224, 232, 254, 276, 284, 290, 291, 294, 332
모로카 에이지(諸岡榮治)　237, 252
모리 다메조(森爲三)　143, 264
모리 이노시치로(毛利猪七郎)　37

문명개화론　144
미나미 지로(南次郎)　273
미쓰이물산(三井物産)　281
미야카와 고로사부로(宮川五郎三郎)　348
미야케 요산(三宅與三)　222, 223
미야케 조사쿠(三宅長策)　39
미카미 쓰기오(三上次男)　303, 401
민영주(閔泳冑)　344
민재식(閔宰植)　344

ㅂ

박문환　222
『박물관진열품도감』　189
박물관협의회　143, 171
박신주(朴新冑)　373
박용기(朴鏞基)　258
박우현(朴宇鉉)　358
박철희(朴喆熙)　257
반도적 성격론(半島的 性格論)　188
백제연구소　317
변영덕(邊英德)　396
보문리 부부총　77
부산고고회　374
부여고적보존회　322, 336~341
부여신궁　317, 347
북한산 신라진흥왕순수비　266

ㅅ

사군대방태수장무이전(使君帶方太守張撫

夷塼) 66
사다 지로(定次郎) 301
사세 나오에(佐瀨直衛) 193
사와 슌이치(澤俊一) 153, 161, 199, 216, 227, 234, 253, 267, 268, 272, 297, 302~304, 306, 311, 316
사이토 이와조우(齋藤岩藏) 269
사이토 다다시(齊藤忠) 294, 295, 308, 309, 316, 333
사이토 마코토(齋藤實) 232, 254
「사적명승천연기념물보존법(史蹟名勝天然記念物保存法)」 93, 109
「사적보호법(史蹟保護法)」 90
「사찰령(寺刹令)」 89
삼실총(三室塚) 201
서봉총(瑞鳳塚) 238, 254, 255, 267, 272
서북총 201
서영수(徐泳洙) 293, 294, 333
석침총(石枕塚) 77
선남상업은행(鮮南商業銀行) 383
세키구치 한(關口半) 237, 304
세키노 다다시(關野貞) 50, 52, 55, 57, 58, 60~68, 73, 74, 77, 78, 86, 91, 99, 128, 143, 150, 160, 173, 197, 199, 201, 205~207, 211, 217, 224, 226, 230, 251, 296, 304, 327, 340
송산리 고분 257
스에마쓰 구마히코(末松熊彦) 47, 132,

145, 173, 266, 308
시라카미 주키치(白神壽吉) 237, 391
시라카와 마사하루(白川正治) 60
시바타 조에(柴田常惠) 57
시부사와 에이이치(澁澤榮一) 380
시이나 에쓰사부로(椎名悅三郎) 427
시정5주년기념조선물산공진회(施政五周年紀念朝鮮物産共進會) 147, 176
식리총(飾履塚, 金鞋塚) 231, 232, 234, 272
신라예술품전람회 391
신사사원규칙(神社寺院規則) 89
쓰노다 고다로우(角田幸太郎) 345
쓰마키 요리나카(妻木賴黃) 58

ㅇ

아가와 시게로(阿川重郎) 38
아라이 겐타로(荒井賢太郎) 58
아리미쓰 교이치(有光敎一) 161, 284, 291, 292, 306, 315, 316, 401, 402
아마누마 슌이치(天沼俊一) 140
아마쓰 모타로(天池茂太郎) 231
아사카와 노리타카(淺川伯敎) 47
아유카이 후사노신(鮎貝房之進) 38, 143, 145, 173, 282
아이즈 야이치(會津八一) 314
야기 쇼자부로(八木奬三郎) 50
야마나카상회(山中商會) 47, 301
야마다 자이지로(山田財次郎) 250, 252,

304
야마요시 모리요시(山吉盛義) 39
야시마 교스케(矢島恭介) 302
야쓰이 세이이치(谷井濟一) 58, 61, 66, 72, 74, 76, 128, 153, 160, 199, 207, 211, 212, 214, 216, 217, 229
야지마 교우스케(矢島恭介) 281
양산 부부총 155, 217, 218
양세환(梁世煥) 230
어윤적(魚允迪) 137
여수 통제이공 수군대첩비 373
오가와 게이키치(小川敬吉) 153, 161, 199, 217, 224, 227, 230, 257, 265
오관연왕우지인(五官掾王旰之印) 242
오구라 구메마(大倉粂馬) 380
오구라 다케노스케(小倉武之助) 229, 327, 378~399, 425
『오구라다케노스케씨 소장품 전관목록(小倉武之助氏所藏品展觀目錄)』 409
오구라 야스유키(小倉安之) 388, 396, 406
오구라 요시노리(小倉良則) 379
오구라컬렉션 215, 428
오구라컬렉션보존회 384, 400~408
『오구라컬렉션사진집』 406
오다 쇼고(小田省吾) 128, 135, 136, 143, 154, 156, 173, 236, 264, 266, 268, 327
오바 쓰네키치(小場恒吉) 72, 132, 143, 153, 157, 161, 173, 199, 295, 296, 302, 303, 306~309
오사카 긴타로(大坂金太郎) 83, 161, 223, 284, 333
오카쿠라 덴신(岡倉天心) 150
오타니 고즈이(大谷光瑞) 151
오타오 쓰루키치(太田尾鶴吉) 37
오타 후쿠조(太田福藏) 65, 72
오하라 도시타케(大原利武) 132
온고각(溫古閣) 330
와총(瓦塚) 77
와타리 후미야(渡理文哉) 223, 224
왕광묘(王光墓) 251, 317
왕우묘(王旰墓) 238, 241~243, 249
요네다 미요지(米田美代治) 283, 316
요시무라 시즈오(吉村鎭雄) 383
요코야마 쇼자부로(橫山將三郎) 264
우마주카 제이치로(馬場是一郎) 217
우메하라 스에지(梅原末治) 140, 211, 212, 217, 225~229, 232, 234, 237, 241, 267, 272, 282, 290, 296, 302, 303, 306~308, 315, 316, 401, 402
원시4년협저칠이배(元始四年夾紵漆耳杯) 297
유기환(兪箕煥) 54
유만겸(兪萬兼) 132
유맹(劉孟) 132, 137
유아사 구라헤이(湯淺倉平) 246
유정수(柳正秀) 132, 133, 143
윤정대(尹正大) 344

찾아보기 465

이나바 이와키치(稻葉岩吉) 282
이능화(李能和) 137, 143
이동원 427
이마니시 류(今西龍) 57, 61, 74, 91, 128, 135, 136, 173, 199, 201, 205, 207, 209, 217, 248
이마세키 미츠오(今關光夫) 291, 298
이마이다 기요노리(今井田淸德) 140, 280, 289, 292, 293, 302, 303
이병소(李秉韶) 137
이시다 시게사쿠(石田茂作) 308, 316
이실총(二室塚) 201
이영순(李英淳) 362
이와미 히사미(岩見久光) 223
이와사키(岩崎小彌太) 남작 278, 284
이와이 조자부로(岩井長三郞) 128
이완용 144
이용익 381
이우성(李雨盛) 284, 291
이진호(李軫鎬) 133, 323
이창근(李昌根) 132, 281
이치다 지로(市田次郞) 391
이케다 기요시(池田淸) 269
이케우치 히로시(池內宏) 132, 140, 216, 281, 303
이토 진지로(伊藤甚之郞) 383
이토 히로부미(伊藤博文) 39, 40, 47
이항복(李恒福) 373
일본고고학회 32

일본학술진흥회 288, 302, 306, 316
일선동조론(日鮮同祖論) 31, 137, 144, 188, 416
일한와사전기(日韓瓦斯電氣) 주식회사 382
임나일본부설(任那日本府說) 79, 84~86, 135, 189, 207, 209, 210, 218, 295, 416

ㅈ

'장무이묘(張撫夷墓)' 65
장시상(張偲相) 384
재단법인 경주고적보존회 323~329
재단법인 부여고적보존회 336~341
『전설의 평양(傳說の平壤)』 350
정체성론(停滯性論) 188
정한론(征韓論) 31
제실박물관(帝室博物館, 李王家博物館, 御苑博物館) 40, 144, 292, 293
젠쇼 에이스케(善生永助) 49
『조선고적도보(朝鮮古蹟圖譜)』 219, 221
조선고적연구회 241, 273, 275, 276, 278, 283, 284, 288~290, 293, 302, 308, 315, 318, 322, 356
조선물산공진회 151
조선미술공예품진열관 231
『조선반도사』 134
「조선보물고적명승천연기념물보존령」(「보존령」) 99, 107~125, 139, 252, 374, 414

「조선보물고적명승천연기념물보존령 시행규칙」 109
「조선보물고적명승천연기념물보존령 시행수속」 109
조선사편수회 134, 135, 137, 265, 282
조선사편찬위원회 134
『조선예술지연구(朝鮮藝術之研究)』 58
『조선예술지연구 속편(朝鮮藝術之研究 續編)』 63
조선총독부박물관 144, 146, 176, 234, 290, 292, 302
조선총독부박물관 경주분관 290, 329~335
조선총독부박물관 부여분관 317, 341~347
「조선총독부박물관약안내」 179
조선총독부보물고적명승천연기념물보존회 126, 139~143, 280, 282
「조선총독부보물고적명승천연기념물보존회 관제」 139
「조선총독부보물고적명승천연기념물보존회 의사규칙」 139
「중요미술품 등의 보존에 관한 법률」 93, 108, 109
지바 젠노스케(千葉善之助) 394
지역고적보존회 322, 367
진홍섭(秦弘燮) 363
집고관(集古館) 330

ㅊ

차능파(車綾波) 256
창녕 신라진흥왕척경비 266
채협총(彩篋塚) 298, 317, 356
천왕지신총(天王地神塚) 265
최남선(崔南善) 137, 143, 265
최순봉(崔順鳳) 290, 291
최창섭(崔昌燮) 398
칠실총(七室塚) 201

ㅌ

타율성론(他律性論) 137, 188, 205, 416

ㅍ

퍼시빌 데이비드(Sir Percival David) 266, 267
평양명승구적보존회 322, 348~351
평양부립박물관 348, 351~358
『평양부립박물관진열품회엽서』 350
『평양의 고적(平壤の古蹟)』 350
『평양의 현재와 미래(平壤之現在及將來)』 350

ㅎ

하기노 요시유키(萩野由之) 60
하라다 요시토(原田淑人) 140, 211, 281, 296, 306, 401
하리가이 리헤이(針替理平) 223, 269
하마다 고사쿠(濱田耕作) 55, 132, 140,

173, 211, 212, 217, 225~228, 254, 263, 281, 284, 288, 302, 303
하마모토 스케치요(濱本助千代) 281, 301, 302
하세가와 요시미치(長谷川好道) 37
하세베 가쿠지(長谷部樂蟹) 84, 403, 406
하시모토 료우도(橋本良藏) 229
하시즈메 요시키(橋都芳樹) 252
하야시 곤스케(林權助) 54
『한국건축조사보고(韓國建築調査報告)』 51, 55
'한일협정' 292, 418
『한홍엽(韓紅葉)』 58
함흥전기주식회사 383
해남 명량대첩비 373
호소카와 모리타쓰(細川護立) 241, 277
홍진기 420
홍한표(洪漢杓) 336
홍희(洪熹) 137
황초령 신라진흥왕순수비 266
후지사와 가즈오(藤澤一夫) 317
후지시마 가이지로(藤島亥次郎) 140
후지이 가즈오(藤井和夫) 314
후지카와 이사부로(藤川利三郎) 325
후지타 구미오(藤田國雄) 403
후지타 료사쿠(藤田亮策) 62, 90, 108, 132, 135, 136, 143, 146, 157, 173, 228, 233, 241, 242, 246, 267, 268, 272, 274, 276, 277, 281, 283, 290, 291, 296, 298, 302, 306, 308, 311, 315, 317, 327, 352, 401, 406
히다 쇼사쿠(肥田昭作) 379
히라노 겐자부로(平野元三郎) 405
히로타 나오사부로(廣田直三郎) 82, 84

동북아역사재단 일제침탈사 연구총서 44

일제강점기 문화재 정책과 고적조사

초판 1쇄 인쇄　2021년 12월 20일
초판 1쇄 발행　2021년 12월 31일

지은이　이순자
펴낸이　이영호
펴낸곳　동북아역사재단

등　록　제312-2004-050호(2004년 10월 18일)
주　소　서울시 서대문구 통일로 81 NH농협생명빌딩
전　화　02-2012-6065
팩　스　02-2012-6189
홈페이지　www.nahf.or.kr
제작·인쇄　역사공간

ISBN　978-89-6187-678-0　94910
　　　　978-89-6187-669-8　(세트)

- 이 책은 저작권법에 의해 보호를 받는 저작물이므로 어떤 형태나 어떤 방법으로도 무단전재와 무단복제를 금합니다.
- 책값은 뒤표지에 있습니다. 잘못된 책은 바꾸어 드립니다.